Sri Aurobindo

ZYKLUS DER MENSCHLICHEN ENTWICKLUNG

Sri Aurobindo

SRI AUROBINDO

ZYKLUS DER MENSCHLICHEN ENTWICKLUNG

MIRAPURI - VERLAG

Copyright Sri Aurobindo Ashram, Pondicherry, Indien

1983
ISBN 3-922800-07-6
© der deutschen Ausgabe by Mirapuri-Verlag, Planegg
Gesamtherstellung: Miraprint, Planegg
Druckrechte für die deutsche Ausgabe wurden erteilt vom
Sri Aurobindo Ashram, Pondicherry, Indien

INHALT

Zyklus der Gesellschaft	7
Zeitalter des Individualismus und des Denkens	18
Der Aufstieg des subjektiven Zeitalters	29
Die Entdeckung der National-Seele	38
Wahrer und falscher Subjektivismus	47
Objektive und subjektive Lebensanschauungen	59
Das ideale Gesetz sozialer Entwicklung	67
Zivilisation und Barbarei	78
Zivilisation und Kultur	87
Ästhetische und ethische Kultur	98
Die Vernunft als Herr des Lebens	109
Aufgabe und Grenzen der Vernunft	122
Vernunft und Religion	133
Die überrationale Schönheit	147
Das überrationale Gute	158
Das überrationale Ziel des Lebens	167
Religion als Gesetz des Lebens	188
Das vorrationale Zeitalter	198
Die Kurve des rationalen Zeitalters	209
Ende des Zeitalters des Verstandes	227
Das spirituelle Ziel und das Leben	242
Notwendige spirituelle Wandlung	253
Vorbedingungen für ein spirituelles Zeitalter	268
Aufbruch und Fortschritt des spirituellen Zeitalters	284

ZYKLUS
DER GESELLSCHAFT

Die moderne Wissenschaft, besessen von der Größe ihrer physikalischen Entdeckungen und dem Gedanken, daß allein die Materie Bestand habe, versuchte seit langem auch die Erforschung der Seele und des Menschen und jenes Naturgeschehen in Mensch und Tier, das eine ebenso psychologische wie physikalische wissenschaftliche Kenntnis zur Voraussetzung haben müßte, allein auf physikalische Gegebenheiten zurückzuführen. Selbst ihre Psychologie gründete sich auf Physiologie und Untersuchungen von Gehirn und Nervensystem. Was Wunder, daß in Geschichte wie Soziologie äußere Fakten, Gesetze, Einrichtungen, Riten, Gebräuche, wirtschaftliche Faktoren und Entwicklungen besondere Beachtung erfuhren, während die tieferen psychologischen Elemente, die für die Handlungen eines denkenden, gefühlsbestimmten und ideenträchtigen Wesens, wie es der Mensch ist, so bedeutsam sind, gänzlich vernachlässigt wurden. Solche Wissenschaft versucht möglichst alles in Geschichte und sozialer Entwicklung aus wirtschaftlichen Notwendigkeiten oder Motiven - Wirtschaft im weitesten Sinn verstanden - zu erklären. Es gibt sogar Historiker, die die Wirkung einer Idee oder den Einfluß des denkenden Menschen auf die Entwicklung der menschlichen Ordnung leugnen oder sie als gänzlich unwesentlichen Faktor verwerfen. So wird angenommen, daß der Ausbruch der Französischen Revolution aus wirtschaftlicher Notwendigkeit in der gleichen Art und Zeit hätte erfolgen müssen, auch wenn Rousseau und Voltaire ihre Werke nie geschrieben hätten und die philosophische Bewegung des 18. Jahrhunderts im Reich des Denkens nie ihr kühnes und radikales System von Spekulationen errichtet hätte.

In jüngster Zeit erhob sich nun der Zweifel, ob zur Erklärung von Spirit und Seele die Materie allein genüge, und es setzte eine Bewegung ein, die sich aus der Herrschaft der Naturwissenschaft löst, mag auch zunächst der Versuch noch ungeschickt und primitiv sein. Man beginnt einzusehen, daß hinter den wissenschaftlichen Motiven und Ursachen der sozialen und geschichtlichen Entwicklung tiefe seelisch bedingte, vielleicht sogar rein seelische

Gegebenheiten liegen.

Im Vorkriegs-Deutschland, diesem Stammland des Rationalismus und Materialismus, das gleichzeitig anderthalb Jahrhunderte lang Ursprung von neuen Ideen und guten wie bösen, wohltätigen wie vernichtenden geistigen Strömungen war, wurde zum erstenmal eine psychologisch bedingte Geschichtstheorie erfunden und von einem originellen Geist verkündet. Anfängliche Versuche auf einem neuen Gebiet sind nur selten ganz erfolgreich; und der deutsche Historiker, der Entdecker dieser Theorie, hatte zwar eine bedeutende Erleuchtung, war aber unfähig, sie sehr weit auszubauen oder tiefgehend auszuschürfen. Er stand noch unter dem Zwang der Ansicht, daß der wirtschaftlichen Gegebenheit das größere Gewicht zukäme; und entgegen dem üblichen Vorgehen der europäischen Wissenschaft sichtete, ordnete und reihte seine Theorie das Phänomenologische weit erfolgreicher ein, als daß sie es zu erklären vermochte. Trotzdem gestaltete seine Grundidee eine mitreißende und erhellende Wahrheit, und es lohnt, einigen der Anregungen nachzugehen, die sie vor allem im Hinblick auf östliches Denken und Erfahren bietet.

Der Theoretiker Lamprecht stützt sich auf die europäische, besonders die deutsche Geschichte und geht dabei von der Voraussetzung aus, daß die menschliche Gesellschaft durch bestimmte, seelisch bedingte Stufen vorwärtsschreite, die er als symbolisch, typisch und konventionell, individualistisch und subjektiv bezeichnet. Diese Entwicklung bildet etwas wie einen seelisch bedingten Zyklus, durch den ein Volk oder eine Kultur gehen muß. Unleugbar, daß solche Einteilungen in ihrer Starrheit Irrtümern verfallen und gedanklich eine gerade Linie an die Stelle des bewegten Hin und Wider der Natur setzen. Die Psychologie des Menschen und seiner Gesellschaften ist zu umfassend, zu sehr aus vielgestaltigen und ineinander verflochtenen Tendenzen zusammengesetzt, als daß sie einer solchen strengen und formelhaften Zergliederung genügen könnte. Auch sagt uns diese Theorie eines seelisch bedingten Zyklus nichts über die innere Bedeutung seiner aufeinanderfolgenden Phasen, über die Notwendigkeit dieses Ablaufs oder über das von ihnen verfolgte Ende und Ziel. Zum Verständnis der natürlichen Gesetze sowohl des Stoffes wie des Spirits muß aber deren Wirken in die erkennbaren und hauptsächlichen Grundbestandteile und die vorherrschenden Kräfte aufgegliedert werden, wenn diese in der Wirklichkeit auch nie gesondert zu finden sind. Ich möchte die Art der Gedankenführung dieses westlichen Denkers unberücksichtigt lassen. Die bedeutsamen, von ihm vorgeschlagenen Bezeichnungen aber mögen nach Prüfung auf ihren inneren Sinn und Wert einiges Licht auf das dichtverhängte Geheimnis unserer geschichtlichen Entwicklung werfen, und in dieser Hinsicht sollten weitere Untersuchungen angestellt werden.

Zweifellos finden wir, wo immer wir auch auf eine menschliche Gesellschaft in ihren scheinbar primitivsten Anfängen oder Frühstufen stoßen - gleichgültig ob die jeweilige Rasse zivilisiert, primitiv, wirtschaftlich entwickelt oder zurückgeblieben ist -, eine stark im Symbol wurzelnde Mentalität, die ihr Denken, ihr Brauchtum und ihre Lebensformen beherrscht oder zumindest durchsetzt. Wir finden, daß diese soziale Stufe immer religiös ist und diese Religion getragen wird vom Bild. Denn Symbolik und ein weit ausladendes, von Phantasie getragenes oder intuitives religiöses Empfinden sind naturgemäß verwandt und gehen besonders in frühen oder primitiven Bildungsstufen immer Hand in Hand. Beginnen im Menschen Intellekt, Skepsis und Urteilsvermögen zu überwiegen, hebt eine auf dem Individuum ruhende Gesellschaftsform an, und das Zeitalter von Symbolik und Konvention schwindet dahin oder verliert an Kraft. Dann wird das Symbol dem Menschen zu etwas Hintergründigem, das er hinter seinem Leben und Tun ahnt - das Göttliche, die Götter, das Unermeßliche, Unnennbare, Verborgene, das voll des Geheimnisses in der Natur der Dinge lebt. Alle seine religiösen und sozialen Einrichtungen, alle Augenblicke und Abschnitte seines Lebens werden ihm zum Symbol, in dem er auszudrücken sucht, was er an mystischen Einflüssen hinter seinem Leben und seiner Erscheinungsform weiß oder ahnt, was seine Bewegungen beherrscht oder zumindest in sie eingreift.

Wenden wir uns den Anfängen der indischen Gesellschaft zu, dem so weit zurückliegenden Zeitalter der Veden, das wir nicht mehr begreifen, da uns seine Geisteshaltung verloren ist, so erscheint uns alles symbolisch. Der religiöse Ritus des Opfers beherrscht die ganze Gesellschaft, jede ihrer Stunden, jeden Augenblick. In jeder Wendung, jeder Einzelheit ist das Ritual des Opfers, wie bereits ein oberflächliches Studium der Brahmanas und Upanishaden zeigt, voll mystischer Symbolik. Die Theorie, dem Opfer liege nichts weiter als eine Versöhnung der Naturgötter zur Erlangung weltlichen Reichtums und des Paradieses zugrunde, ist ein Mißverstehen später Menschen, die von einer intellektuellen und praktischen Verirrung des Denkens, sogar in ihrer eigenen Religion und ihrer eigenen Mystik und Symbolik schon tief beeinflußt waren. So war ihnen der Zugang zu dieser Geisteshaltung verwehrt. Nicht allein die wirkliche religiöse Verehrung, sondern ebenso die sozialen Einrichtungen hatten einen vollkommen symbolischen Charakter. Als Beispiel diene die Hymne des Rig-Veda, die als Hymnus bei der Verehelichung eines Menschenpaares gedacht war und als solche sicher auch noch in der späteren vedischen Zeit benutzt wurde. Der Inhalt dieses Hymnus behandelt lediglich die aufeinanderfolgenden Ehen von Surya, der Sonnentochter, mit verschiedenen Göttern. Die Menschenehe spielt darin eine ganz untergeordnete Rolle und wird völlig beherrscht und überschattet von der göttlich-mystischen Gestalt, auch mit ihrem Namen bezeichnet. Dabei ist zu beachten, daß, nicht wie in der späteren Dichtung, die göttliche Heirat etwa nur als Zierbild oder poetischer Rahmen zur Darstellung und Verschönerung der menschlichen Verbindung gewertet wird. Im Gegenteil, das Menschliche ist nur von untergeordnetem Rang, ein Abbild des Göttlichen. Diese Unterscheidung zeigt den ganzen Widerspruch zwischen dieser älteren Geisteshaltung und unserem heutigen Denken. Diese Symbolik beeinflußte lange Zeit Indiens Denken über die Ehe, selbst heute gehört es noch zur überkommenen Vorstellung, mag auch ihr Sinn nicht mehr tatsächlich verstanden werden.

Streifen wir noch kurz, daß Indiens Ideal von der Beziehung zwischen Mann und Frau stets von der Symbolik der Beziehung zwischen Purusha und Prakriti (im Veda: Nri und Gna), dem männlichen und weiblichen Prinzip im Weltall, beherrscht wurde. In gewisser Hinsicht besteht sogar eine praktische Verbindung zwischen der Stellung der Frau und dieser Idee. In den frühen vedischen Zeiten, in denen im symbolischen Kult das weibliche dem männlichen Prinzip gleichermaßen gleichgeordnet war, wenn auch dem letzteren ein bestimmtes Übergewicht zukam, war die Frau gleicherweise Gefährtin wie Gattin des Mannes. Seitdem in der späteren Vorstellung Prakriti dem Purusha untergeordnet wurde, hängt auch die Frau vollkommen vom Mann ab, besteht nur durch ihn und hat kaum ein eigenes spirituelles Sein. In der Tantrik-Sakta Religion, in der das weibliche Prinzip noch am höchsten gewertet wird, wurde der in der sozialen Ordnung zwar nie zur Auswirkung gelangte Versuch unternommen - auch der Tantrik-Kult konnte die Unterordnung unter die Vedanta-Idee nie ganz beseitigen -, die Frau höher zu stellen und zu einem Gegenstand der tiefen Achtung, ja Verehrung zu machen.

Wir können auch - dies Beispiel scheint uns das beste - die vedische Institution der viergeteilten Ordnung, Caturvarna, betrachten, die fälschlich als System der vier Kasten bezeichnet wird, wobei Kaste eine dem Übereinkommen entsprechende, Varna aber eine symbolische und typische Institution bedeutet. Die Institution der viergliedrigen Gesellschaftsordnung wurde als Ergebnis einer wirtschaftlichen, von politischen Gründen erschwerten Entwicklung bezeichnet. Dies mag sehr wahrscheinlich sein. Bedeutsam aber ist, daß dies der Mensch jener Zeiten nicht so auffaßte und auch nicht so auffassen konnte.* Während wir uns mit der Feststellung der praktischen und materiellen Gründe einer sozialen Erscheinung beruhigen und auch nicht darüber hinaus sehen wollen, betrachtete man damals wenig oder nur nebenbei die äußeren Gegebenheiten, dagegen zuerst und vor allem ihre symbolische, religiöse oder psychologische Bedeutung. Dies erhellt auch aus dem Purushasukta der Veden, in dem die vier Ordnungen als Blüten beschrieben werden, die aus dem Körper der Schöpfungsgottheit, aus seinem Kopf, seinen Armen, Schenkeln und Füßen sprießen. Uns ist dies nur ein dichterisches Bild, in dem die Brahmanen Männer des Wissens, die Kshatriyas Männer der Macht, die Vaishyas Erbauer und Erhalter der Gesellschaft, die Shudras ihre Diener sind. Als wäre dies alles! Als hätten die Menschen jener Tage rein dichterischen Vorstellungen gegenüber, wie etwa dem Körper Brahmas oder den Ehen Suryas, eine so tiefe Verehrung empfunden, um auf ihnen solche durchgearbeiteten Systeme von Ritual und heiligen Zeremonien, zwangsvollen Einrichtungen, starken Abgrenzungen sozialer Schichten und ethischer Disziplin aufzubauen! Wir unterschieben immer unsere eigene Geisteshaltung jener der frühen Vorfahren und finden deshalb in ihnen nichts als

---

* Es ist zumindest zweifelhaft. Die Kaste der Brahmanen scheint zuerst alle Arten wirtschaftlicher Funktionen ausgeübt und sich nicht nur auf das Amt der Priesterschaft beschränkt zu haben.

phantasievolles Barbarentum. Uns bedeutet Dichtung ein Spiel aus Intellekt und Phantasie; Einbildung ist uns lediglich Spielzeug und Stoff zu unserem Vergnügen, ist uns Unterhaltung und Animiermädchen des Geistes.

Den Alten aber war der Dichter noch Seher, der verborgene Wahrheiten kündete; die Einbildung war keine tanzende Kurtisane, sondern Priesterin im Hause Gottes, deren Aufgabe es war, nicht trugvolle Täuschungen zu ersinnen, sondern schwerverständliche, verborgene Wahrheiten bildhaft darzustellen. Selbst Metapher oder Gleichnis wurde im vedischen Stil in ernster Absicht angewandt, um eine Wirklichkeit zu vermitteln, nicht um ein angenehmes künstliches Gedankengebilde aufzurichten. Das Bild war diesen Sehern eine symbolhafte Offenbarung des Unoffenbarten. Man benutzte es, weil es das Mentale zu erhellen vermochte, was das genaue, vom Verstand geprägte Wort, das nur des logischen und praktischen Denkens oder der Erklärung physikalischer und oberflächlicher Tatsachen fähig ist, nie ausdrücken könnte. Ihnen war dieses Symbol, das des Schöpfers Körper darstellte, mehr als nur ein Bild. Es war ihnen göttliche Wirklichkeit. Die menschliche Gesellschaft war ihnen ein Versuch zur Darstellung des kosmischen Purusha im Leben, der sich andererseits im materiellen und metaphysischen Weltall ausdrückte. Mensch und Kosmos sind gleicherweise Symbol und Ausdrucksform der gleichen verborgenen Wirklichkeit.

Dieser symbolischen Haltung entsprang das Bestreben, in der Gesellschaft alles zum Sakrament zu erheben, religiös und geheiligt, doch mit einer breiten und machtvollen Freiheit in all seinen Erscheinungsformen - einer Freiheit, die wir in der Strenge der »primitiven« Gemeinschaften nirgendwo finden, da sich diese schon aus der symbolischen in die konventionelle Stufe hinüberwandelten. Dieser Wandel geschah in einem Abstieg der Entartung, nicht in einem Aufstieg des Wachstums. Die spirituelle Idee beherrscht alles. Die sie stützenden religiös symbolischen Formen sind in Grundsätzen festgelegt. Die sozialen Formen sind dehnbar, frei und unendlicher Entwicklung fähig. Eines aber drängt zur Festlegung: die psychologische Typisierung. So gelangen wir zuerst zur symbolischen Idee der vier Ordnungen. Diese erfassen - um eine abstrakt bildhafte Sprache, die die vedischen Denker niemals angewendet, ja vielleicht nicht einmal verstanden hätten, zu benutzen - das Göttliche als Weisheit im Menschen, das Göttliche als Macht, das Göttliche als Schöpfung, als Freude, Wechselseitigkeit und das Göttliche als Dienst, Gehorsam und Arbeit. Diese Einteilung entspricht vier kosmischen Prinzipien: der Weisheit, die die Ordnung und das Grundlegende der Dinge wahrnimmt, der Macht, die rechtfertigt, erhält und stärkt, der Harmonie, die die Teile in die rechte Ordnung setzt, und der Arbeit, die der anderen Befehle ausführt. Zunächst entwickelt sich aus dieser Idee eine feste, wenn auch nicht starre Sozialordnung, die vorwiegend auf Temperament und psychischen Typus (Guna) mit einer entsprechenden ethischen Disziplin und danach erst auf der sozialen und wirtschaftlichen Tätigkeit (Karma) beruht. Die Tätigkeit wurde nach ihrer Anpassung an den Typus und ihrer Unterstützung der Disziplin bestimmt.

Sie bildete nicht den vorherrschenden oder einzigen Faktor. Die erste, symbolische Stufe dieser Entwicklung ist vor allem religiös und spirituell. Die anderen Elemente, die psychologischen, ethischen, wirtschaftlichen, physikalischen sind mit eingeschlossen, aber der religiösen und spirituellen Idee untergeordnet. Die zweite Stufe, die wir die typische nennen können, ist in der Hauptsache psychologisch und ethisch. Alles andere, selbst das Religiöse und die Spiritualität, ist in der psychologischen Idee und dem ethischen Ideal untergeordnet, die sie ausdrückt. Religion wird somit zur mystischen Rechtfertigung der ethischen Beweggründe und zuchtvollen Ordnung, Dharma. Diese übernehmen die für die Gesellschaft notwendige Hauptrolle. Im übrigen tritt mehr und mehr eine weltliche Einstellung auf. Nicht mehr herrscht der Gedanke, das Göttliche Wesen, der kosmische Purusha stelle sich unmittelbar im Menschen dar und sei der Führer und Träger der Hauptrolle. Das Göttliche tritt in den Hintergrund und schwindet endlich aus der Führung, zuletzt sogar aus der Theorie des Lebens. Die typische Stufe formt die großen sozialen Ideale, die dem Menschengeist auch nach dem Vergehen dieser Stufe noch eingeprägt bleiben. Der aktive Beitrag, den sie nach ihrem Verschwinden hinterläßt, ist der Gedanke der sozialen Ehre, der Ehre der Brahmanen, die in Reinheit, Frömmigkeit, in hoher Achtung vor den mentalen und spirituellen Dingen, in selbstlosem Besitz und bedingungsloser Hingabe an Lernen und Wissen besteht; der Ehre des Kshatriya, der mutig, ritterlich und kraftvoll, in stolzer Selbstbeschränkung und Selbstbeherrschung, im Adel des Charakters und der Verpflichtung diesem Adel gegenüber lebt; der Ehre des Vaishya, der sich durch rechtes Handeln, kaufmännische Treue, durch ernsten Erwerb, Ordnung, Freizügigkeit und Menschenliebe erhält; und der Ehre des Shudra, die in Gehorsam, Unterordnung, in treuer Dienstbarkeit und selbstloser Hingabe besteht. Diese Ordnungen aber verlieren immer mehr ihre lebendige Verwurzelung in der klaren psychologischen Idee. Sie entspringen nicht mehr natürlich dem inneren Leben des Menschen. Sie werden zur gewohnten Gepflogenheit, wenn auch zur edelsten Gewohnheit. Zuletzt bilden sie nur noch eine Überlieferung der Gedanken und Lippen, nicht mehr eine Wirklichkeit des Lebens.

Denn das Typische wandelt sich naturgemäß in den Zustand des Übereinkommens. Diese Gewohnheitsstufe der menschlichen Gesellschaft entsteht, wenn die äußeren Stützen und Erscheinungsformen des Geistes oder Ideals bedeutsamer werden als das Ideal selbst, wenn der Körper, ja selbst nur die Kleider wichtiger werden als die Person. So begannen bei der Entwicklung des Kastensystems die äußeren Stützen der vierfachen ethischen Ordnung - Geburt, wirtschaftliche Funktion, religiöses Ritual und Sakrament, Familienbrauchtum - ihr Verhältnis und ihre Bedeutung im Gesamtaufbau riesenhaft aufzublähen. Zuerst war scheinbar nicht die Geburt der Hauptfaktor der sozialen Ordnung; Fähigkeit und Können hatten den Vorrang. Als sich dann später der Typus herausbildete, wurden Bildung und Überlieferung erforderlich, und diese formten sich naturgemäß in erbmäßige Prägung aus. Gewohnheitsgemäß wurde der Sohn des Brahmanen auch als Brahmane angesehen. Geburt und Beruf waren das doppelte Band der vererbten Überlieferung zu einer Zeit, als sie noch fest und genau dem Charakter entsprachen. Nachdem dies feststand, trat die Aufrechterhaltung des ethischen Typus an die zweite, ja sogar dritte Stelle. Einst war er die Grundlage des Systems. Nun war er seine nicht unbedingt notwendige Krönung, oder auch nur ein Anhang. Der Denker und idealistische Gesetzgeber legte noch Wert auf sein Bestehen, nicht aber die tatsächliche Regel der Gesellschaft oder deren Handhabung. Da der ethische Typus nicht mehr unentbehrlich war, ließ man ihn nur noch als reizvolle Einbildung gelten. Schließlich verfiel selbst die wirtschaftliche Grundlage der Zersetzung; Geburt, Familie, Brauch und Überreste, Verunstaltungen, neue Einfügungen bedeutungsloser oder phantastischer religiöser Zeichen und Rituale, Vogelscheuchen und Karikaturen der alten tiefen Symbolik wurden die Kettenglieder des Kastensystems im eisernen Zeitalter der alten Gesellschaft. In der hochentwickelten wirtschaftlichen Periode des Kastensystems traten Priester und Pandits in der Verkleidung des Brahmanen, Aristokraten und Feudalbarone in der Verkleidung des Kshatriya, Händler und Geldmacher in der Verkleidung des Vaishya, halbverhungerte Knechte und wirtschaftliche Sklaven in der Verkleidung des Shudra auf. Bricht auch die wirtschaftliche Grundlage zusammen, beginnt die unsaubere und krankhafte Altersschwäche des alten Systems. Es bleibt nur noch ein Name, eine tönende Schelle, eine Lüge, die im Schmelztiegel einer individualistischen Gesellschaftsperiode zerstört werden muß, während das jedem System zugrunde liegende Leben verhängnisvoll geschwächt und betrogen wird. Letzteres ist offenkundig der augenblickliche Zustand des Kastensystems in Indien.

Das Bestreben des konventionellen Zeitalters der Gesellschaft ist das Binden, Festlegen, das Kleiden in äußeren Schein, das Errichten eines Systems starrer Stufen und Hierarchien, das steriotype Gleichmachen der Religion, die Bindung von Erziehung und Schule an überlieferte unveränderliche Formen, das Unterwerfen des Denkens unter unfehlbare Autoritäten, das Aufpressen des Stempels der Endgültigkeit auf alles, was das fertige Leben des Menschen zu sein scheint. Die konventionelle Periode der Gesellschaft hat ihr goldenes Zeitalter, wenn Geist und Gedanke, die ihre Erscheinungsformen beeinflussen, begrenzt, aber noch lebendig sind, wenn sie noch nicht ganz vermauert, noch nicht erstickt und versteinert sind von der zunehmenden Härte der Struktur, in die sie eingebaut wurden. Dies goldene Zeitalter wirkt auf die späteren Nachfahren durch die genaue Ordnung und Symmetrie, durch den feinen gesellschaftlichen Aufbau, die wunderbare Unterordnung der Teile unter einen allgemeinen edlen Plan oft sehr schön und anziehend. So blickten neuzeitliche Literaten, Künstler oder Denker oft mit Bewunderung und fast sehnsüchtig auf das Mittelalter Europas. Angesichts der damaligen Dichtkunst, Vornehmheit und Geistigkeit vergaßen sie den vielen Unsinn, die Unwissenheit, Ungerechtigkeit und Unterdrückung in jenen harten Zeiten, das Leiden und die Empörung, die unter dieser dünnen Oberfläche schwelten, Elend und Schmutz, die hinter der glänzenden Fassade sich verbargen. Ebenso blickt der rechtgläubige indische Idealist auf eine vollkommen geordnete Gesellschaft, dem weisen Joch der Shastra hingebungsvoll gehorsam. Das ist sein goldenes Zeitalter, ein edleres als jenes der Europäer, in dem das scheinbare Gold meist nur glänzend poliertes Kupfer mit einer dünnen Blattgoldschicht war, aber eben doch nur eine Metall-Legierung, noch nicht das wahre Goldene Zeitalter Satya Yuga. In diesen konventionellen Zeiten der Gesellschaft bot sich dem Fortschritt der Menschheit tatsächlich noch viel wirklich Echtes und Schönes. Aber es sind immer nur die kupfernen, nicht die wahren goldenen Zeiten, die Zeiten, in denen die von uns erstrebte Wahrheit noch nicht verwirklicht und vollendet ist.* Sie ist noch Stückwerk, oder die vollendete Erscheinung wird künstlich nachgeahmt; und unser Besitz von der Wirklichkeit beginnt bereits zu versteinern und ist dazu verurteilt, in einer harten Masse von Regeln, Ordnungen und Konventionen unterzugehen.

Immer hat die Form den Vorrang; der Spirit zieht sich zurück und schwindet hin. Wohl versucht er zurückzukommen, um die Form neu zu beleben und zu verändern, irgendwie zu überleben und auch die Form am Leben zu erhalten. Aber der Zug der Zeit ist zu stark. Dies wird in der Geschichte der Religion offenkundig. Die Bemühungen der Heiligen und religiösen Erneuerer wurden immer mehr zerstreut, verkürzt und in ihren tatsächlichen Erfolgen oberflächlich, so stark und lebendig der Impuls auch gewesen sein mag. Wir können diesen Rückgang in der zunehmenden Verdunkelung und Schwächung Indiens während der letzten tausend Jahre verfolgen. Die immerwährende Bemühung machtvollster spiritueller Menschen hielt die Seele des Volkes am Leben, vermochte aber nicht die alte freie Kraft, Wahrheit und Lebensfülle wieder aufzuwecken. Sie vermochte eine konventionell erstarrte Gesellschaft nicht wieder zur lebendigen Wirksamkeit zu führen. In einer oder zwei Generationen fiel jedesmal von neuem der eiserne Griff dieser konventionellen Gewöhnung auf die neue Bewegung und riß die Namen der Gründer an sich. Wir sehen dies in Europa in der wie-

---

* Der indische Name für das goldene Zeitalter ist Satya, das Zeitalter der Wahrheit, und Krita, das Zeitalter, in dem das Gesetz der Wahrheit erfüllt wird.

derholten moralischen Tragödie der Geistlichkeit und des katholischen Mönchtums. Dann folgt eine Periode, in der der Abgrund zwischen Konvention und Wahrheit unüberbrückbar wird und der Mann der intellektuellen Macht aufsteht, die Formeln mit Kraft und Heftigkeit »verschlingt« oder mit ruhiger Vernunft Symbol, Typ und Konvention verwirft. Er schlägt an die Mauern des Gefängnisses und sucht mit Hilfe individueller Vernunft, moralischem Sinn oder emotioneller Leidenschaft die Wahrheit, die die Gesellschaft verloren oder in ihren übertünchten Gräbern begraben hat. Dann wird das individualistische Zeitalter der Religion, des Denkens und der Gesellschaft geboren. Das Zeitalter des Protestantismus begann, das Zeitalter des Verstandes, das Zeitalter der Empörung, des Fortschritts und der Freiheit. Aber es ist nur eine teilweise und äußere Freiheit, noch betrogen durch die konventionelle Zeit mit ihrer Idee, daß die Wahrheit im Außen gefunden werden kann, und dem vergeblichen Traum, Vollendung könne mechanisch bestimmt werden. Aber der Übergang zur subjektiven Periode der Menschheit ist notwendig, da der Mensch durch den Kreislauf zur Entdeckung seines tieferen Selbst und einer neuen aufsteigenden Kurve oder zu einem neu kreisenden Zyklus der Kultur zurückfinden muß.

ZEITALTER
DES INDIVIDUALISMUS
UND DES DENKENS

Ein individualistisches Zeitalter der menschlichen Gesellschaft steigt als Ergebnis der Verderbtheit und des Versagens des Überkommenen auf, als Auflehnung gegen die Herrschaft des erstarrt Typischen. Bevor dies Zeitalter aber geboren werden kann, müssen die alten Wahrheiten aus Seele und Verhalten der Menschen getilgt sein, ja selbst die Konventionen, die sie nachäffen und ersetzen, müssen ihres wirklichen Sinnes und verstandesmäßiger Gültigkeit enthoben sein. Jeder praktischen Rechtfertigung bar, leben sie rein mechanisch dank fixer Ideen, der Kraft der Gewohnheit und der Bindung an Formen. Ist dies erst erkannt, werden die Menschen, trotz des angeborenen Konservativismus der sozialen Denkgewöhnung, am Ende doch zwangsläufig verstehen, daß die Wahrheit darin erstorben ist und sie aus Lügen leben. Der Individualismus des neuen Zeitalters ist der Versuch, aus überkommenem Glauben und Verhalten zu einem festen Gefüge einer wie immer gearteten wirklichen und faßbaren Wahrheit zurückzufinden. Dies Zeitalter muß notwendig individualistisch sein, da alle alten Allgemeinstandpunkte fehlgeschlagen sind und keine innere Hilfe mehr bieten können. Der individuelle Mensch muß die Pionierarbeit des Entdeckers leisten und, von persönlichen Vernunftgründen, von Intuition, Idealismus, Sehnsucht, von Ansprüchen an das Leben oder irgendeinem anderen Licht geleitet, in sich selbst der Welt und seines eigenen Wesens wahres Gesetz entdecken. Dank dieser Entdeckung wird er versuchen, Religion, Gesellschaft, Ethik, politische Einrichtungen, Beziehungen zu den Mitmenschen, das Streben nach eigener Vollkommenheit wie die Arbeit für die Menschheit auf einem festeren Gefüge und lebendiger, wenn auch ärmer aufzubauen und neu zu gestalten.

In Europa hat das Zeitalter des Individualismus Aufgang und Ausbreitung gefunden. Der Osten ist nur durch Beziehung und Beeinflussung, nicht aus ureigenem Antrieb in dies Zeitalter eingetreten. Der Westen verdankt dem Verlangen nach Entdeckung der wirklichen Wahrheit der Dinge und der Beherrschung des menschlichen Lebens durch Auffindung eines Gesetzes der Wahrheit, seine Jahrhunderte der Stärke, Kraft, Aufklärung, des Fortschritts und der hemmungslosen Ausdehnung. Dagegen ging der Osten nicht durch ursprünglich fehlerhafte Ideale, die sein Leben begründeten, sondern durch den Verlust des lebendigen Sinnes der einst erfaßten Wahrheit und seines langen geruhsamen Schlafes im krampfhaften Zwang der mechanischen Konventionen hilflos der Stunde seines Erwachens entgegen - ein ohnmächtiger Riese, eine träge Menschenmasse, die mit Tatsachen und Mächten frei umzugehen vergaß, weil sie nur in einer Zeit erfrorener Gedanken und überkommener Handlungen zu leben gelernt hatte. Doch die von Europa während seines individualistischen Zeitalters entdeckten Wahrheiten beziehen sich nur auf die oberflächlichsten, physischen und äußerlichen Lebensdinge oder nur auf solche verborgenen Wirklichkeiten und Kräfte, die die Gewohnheit analytischen Urteilens und deren praktische Nutzanwendung dem Menschen nahebringen. Der Grund für die sieghafte Verbreitung seiner rationalistischen Zivilisation über die Welt liegt darin, daß sie einer tieferen und mächtigeren Wahrheit nicht begegnete. Denn die ganze übrige Menschheit lag noch in der Tatenlosigkeit der letzten Düsternisse des konventionellen Zeitalters.

Das individualistische Zeitalter in Europa war zunächst eine Auflehnung des Verstandes, und sein Höhepunkt war ein triumphaler Fortschritt der Naturwissenschaften. Eine solche Entwicklung war im geschichtlichen Zusammenhang unvermeidlich. Das Aufdämmern des Individualismus ist immer ein Fragen, ein Leugnen. Dem Individuum wird eine Religion aufgezwungen, die Dogma und Ritual nicht auf dem lebendigen Inhalt einer sich stets bezeugenden spirituellen Wahrheit, sondern auf dem Buchstaben alten Schrifttums, auf dem unfehlbaren Gebot eines Papstes, der Überlieferung einer Kirche, der gelehrten Kasuistik von Schulmännern und Meistern, von kirchlichen Konklaven, Klosteroberen oder Professoren aufbauen, die alle nur unfehlbare Richtersprüche verkünden, ein eigenes Nachforschen, Prüfen, Beweisen, Fragen und Entdecken aber weder für notwendig noch erlaubt halten. Wie unter solcher Herrschaft unvermeidlich, wird jede wahre Wissenschaft und Erkenntnis entweder verbannt, bestraft, verfolgt, oder durch die Gewohnheit eines blinden Vertrauens auf feststehende

Autorität ausgeschaltet. Aber selbst altehrwürdige Wahrheiten sind heute wertlos, weil sie entweder dem Gelehrten als Material dienen oder sinnlos nachgesprochen werden, ihr wahrer Inhalt aber überhaupt nicht mehr oder nur von wenigen einzelnen gelebt wird. Der individuelle Mensch findet heute im politischen Leben überall göttliche Rechte, eingeführte Vorrechte, offensichtliche gewalttätige, doch geheiligte Tyrannei, die sich mit langen Vorschriften rechtfertigt, in Wirklichkeit aber weder wirklichen Anspruch noch Daseinsberechtigung besitzt. Im gesellschaftlichen Leben findet er eine ebenso erstarrte Herrschaft der Konvention und Unfähigkeit, festgelegte Vorrechte, selbstgefällige Überheblichkeit des Vorgesetzten, blinde Unterwerfung des Untergebenen, während die alten Funktionen, die einst solche Unterscheidung gerechtfertigt hätten, entweder überhaupt nicht mehr oder nur als Teil eines Kastenstolzes ohne Sinn für Verpflichtung geübt werden. All diesen Verhältnissen gegenüber muß sich der Mensch empören. Mit entschiedener Frage muß er sein Auge auf jeden Autoritätsanspruch richten. Der Behauptung, dies sei geheiligte Wahrheit der Dinge, Gottes Gebot oder uralte Ordnung des Menschenlebens, muß er antworten: »Verhält es sich wirklich so? Wie soll ich wissen, ob dies die Wahrheit der Dinge und nicht Aberglaube oder Irrtum ist? Wann gab Gott diesen Befehl, oder wie soll ich wissen, daß dies Sinn seines Gebotes und nicht Irrtum oder Erdichtung war? Wie soll ich wissen, daß das betreffende Buch wirklich sein Wort ist, oder daß er seinen Willen überhaupt je Menschen kundgab? Ist diese uralte Ordnung, von der du sprichst, wirklich ein uraltes Naturgesetz oder nur das unvollkommene Ergebnis der Zeit und eine derzeit höchst fehlerhafte Konvention?« Und bei allem Gesagten muß sich doch noch die Frage erheben: Stimmt dies mit den Gegebenheiten der Welt, mit meinem Rechtsgefühl, meinem Urteil der Wahrheit, meiner Erfahrung der Wirklichkeit überein? Ist dies nicht der Fall, wirft das revoltierende persönliche Wesen die Last ab, erklärt die Wahrheit nach eigener Anschauung und dringt so unvermeidlich zu den Wurzeln der Religion, des Sozialen, Politischen und unmittelbar auch zur vorhandenen moralischen Ordnung der Gemeinschaft vor, da diese auf der von ihm beargwöhnten Autorität und der von ihm zerstörten Konvention und nicht auf einer lebendigen Wahrheit aufgebaut ist, die der seinen erfolgreich gegenübergestellt werden könnte. Die Verfechter der alten Ordnung suchen einen solchen Menschen mit Recht als eine zerstörende und für die soziale Sicherheit, die politische Ordnung oder religiöse Überlieferung gefährliche Macht zu unterdrücken. Aber er steht da und kann nicht anders. Denn Zerstören ist seine Aufgabe, Zerstören der Falschheit und Raumschaffen für eine neue Grundlage der Wahrheit.

Welche individuelle Fähigkeit oder Regel aber ermöglicht dem Erneuerer, eine neue Grundlage zu finden oder neue Maßnahmen aufzubauen? Offensichtlich hängt dies von dem Stand der für seine Zeit erreichbaren Erleuchtung und von den ihm zugänglichen Möglichkeiten der Erkenntnisform ab. In der Religion begann es mit einer persönlichen, im Westen von theologischer, im Osten von philosophischer Erkenntnis getragenen Aufklärung. In Gesellschaft und Politik lag der Ausgangspunkt in einer grob primitiven Auffassung von natürlichem Recht und Gerechtigkeit, die aus der Erbitterung über das Leiden oder aus einem anfänglichen Gefühl für die allgemeine Unterdrückung, das Böse, Ungerechte, für das nicht zu verteidigende System der bestehenden Ordnung erwuchs, wenn diese einer anderen Prüfung als den Grundsätzen von Vorrechten und überkommenem Brauch unterzogen wurde. Es begann mit dem religiösen Antrieb. Die nach einer schnellen Unterdrückung der ersten groben und heftigen Regungen maßvoller gewordenen sozialen und politischen Beweggründe benutzten die religiöse Reform als brauchbaren Verbündeten und warteten zur Übernahme der Führung auf ihre Zeit, sobald sich die geistige Bewegung verbraucht hatte oder gerade durch die zu Hilfe gerufene Kraft des säkularen Einflusses auf Abwege geraten war. Die Bewegung der religiösen Freiheit in Europa baute sich zunächst auf dem begrenzten, dann auf dem absoluten Recht der individuellen Erfahrung und erleuchteten Vernunft auf, den wahren Sinn der offenbarten Schriften, das wahre christliche Ritual und die Ordnung der Kirche zu bestimmen. Die Heftigkeit dieses Anspruchs entsprach jener der Empörung gegen Anmaßung, Anspruch und Brutalität der kirchlichen Macht, die die Kenntnis der heiligen Schriften der breiten Masse vorenthielt und mittels moralischer Autorität und äußerer Gewaltsamkeit dem widerstrebenden individuellen Gewissen ihre eigene Deutung aufzwang. Eine lauere und gemäßigtere Form der Empörung ließ Kompromisse wie die Episkopalkirche entstehen; erbitterte Auflehnung führte zum kalvinistischen Puritanismus, während die Weißglut zu Schwärmereien individueller religiöser Beurteilungen und Vorstellungen wie in den Sekten der Wiedertäufer, der Unabhängigen, der Sozinianer und zahlloser anderer Sekten führte. Im Osten hätte eine solche Bewegung ohne politische oder bilderstürmende soziale Bedeutung nur eine Reihe religiöser Reformatoren, erleuchtete Heilige und neue Glaubenssätze mit entsprechender kultureller und sozialer Auswertung hervorgebracht. Im Westen dagegen waren Atheismus und Säkularisierung das unvermeidliche und vorbestimmte Ziel. Zunächst wurden nur die überkommenen Formen der Religion, die Mittlerschaft des Priesters zwischen Gott und Seele und die Autorität des Papstes in Fragen der Schrift angezweifelt. Dann aber mußte das Fragen zwangsläufig weitergehen, und die Schriften selbst wie alles Übernatürliche, der religiöse Glaube und die überrationale Wahrheit, wie auch die äußere Glaubensform und Einrichtung wurden angezweifelt.

Denn letztlich wurde die Entwicklung Europas weniger von der Reformation als von der Renaissance bestimmt. Sie erblühte mehr durch die machtvolle Rückkehr des alten griechisch-römischen Geistes als durch die hebräische und religiös-ethische Haltung der Reformation. Die Renaissance gab Europa einerseits die freie Wißbegier des griechischen Geistes, sein eifriges Suchen nach den ersten Grundlagen und rationalen Gesetzen, sein freudiges Erforschen der Tatsachen des Lebens mit Hilfe unmittelbarer Beobachtung und individueller verstandesmäßiger Beurteilung und andererseits den breiten Tatendrang des Romanen und sein Gefühl für Lebensordnung in Übereinstimmung mit greifbarer Nützlichkeit und den richtigen Grundbegriffen der Dinge. Diese beiden Bestrebungen aber wurden mit einer Leidenschaft, einem Ernst, einem moralischen, ja fast religiösen Eifer verfolgt, die dem alten griechisch-römischen Geist fehlten, und die Europa den langen Jahrhunderten jüdisch-christlicher Schulung verdankte. Aus diesen Quellen entstand das eingehende Suchen des individualistischen Zeitalters der westlichen Gemeinschaft nach jenem Prinzip der Ordnung und Kontrolle, deren jede menschliche Gemeinschaft bedarf und die die alten Zeiten zuerst durch Verwirklichung fester, schließlich durch die unfehlbare Autorität immer gleicher Überlieferungen auszuführen suchten.

Offenbar ist der unbeschränkte Gebrauch individueller Aufklärung oder Urteilsbildung ohne äußere Regel oder eine allgemein erkennbare Wahrheitsquelle für unsere unvollkommene Rasse ein gefährliches Wagnis. Er kann eher zu einem dauernden Schwanken und einer Unordnung der Ansichten als zu einer fortschreitenden Entwicklung der den Dingen zugrunde liegenden Wahrheit führen. Ebenso kann das Streben nach sozialer Gerechtigkeit durch die betonte Behauptung der individuellen Rechte oder Klasseninteressen und Klassenwünsche eine Quelle von unaufhörlichem Kampf und Aufruhr sein und zu einer übertriebenen Selbstbehauptung des eigenen Willens, zur Befriedigung selbständiger Pläne und Wünsche führen, so daß ernsthaftes Unbehagen oder grundsätzliche Beschwerden im sozialen Körper verursacht werden. Deshalb muß von jedem individualistischen Zeitalter der Menschheit das Streben nach zwei höchsten Forderungen verlangt werden: es muß eine allgemeine Wahrheitsnorm gefunden werden, der sich das individuelle Urteil eines jeden, durch innerliche Überzeugung, aber nicht durch körperliche Maßnahmen oder irrationale Autorität vergewaltigt, unterwerfen soll. Ebenso muß ein Grundprinzip sozialer Ordnung erstrebt werden, das sich gleichfalls auf einer allgemein erkennbaren Wahrheit der Dinge aufbauen läßt. Eine Ordnung ist notwendig, die Wunsch und Interesse zügelt, wobei diese beiden mächtigen und gefährlichen Kräfte zumindest einer vernünftigen und moralischen Prüfung zu unterziehen wären, ehe sie berechtigte Ansprüche an das Leben stellen können. Die fortschrittlichen Nationen Europas haben in ihrem Streben nach einem solchen Licht und Gesetz spekulative und wissenschaftliche Gedanken, die Forschung nach einer anwendbaren sozialen Gerechtigkeit und vernünftige wie nützliche geistige Überlegungen eingesetzt.

Sie hatten auch Erfolg auf diesem Weg und entdeckten das Gesuchte voller Begeisterung in den Naturwissenschaften. Die triumphierende Herrschaft, der alles überwältigende unwiderstehliche Sieg der Wissenschaft im Europa des neunzehnten Jahrhunderts läßt sich durch die absolute Vollkommenheit erklären, mit der sie scheinbar die großen psychischen Bedürfnisse der westlichen Mentalität eine Zeitlang zu befriedigen vermochte. Die Wissenschaft schien die geistige Sehnsucht nach den beiden höchsten Ansprüchen eines individualistischen Zeitalters unfehlbar zu erfüllen. Hier war endlich die auf keiner fragwürdigen Schrift, auf keiner zweifelhaften menschlichen Autorität beruhende Wahrheit der Dinge entdeckt. Hier hatte sie die Mutter Natur selbst für alle lesewilligen, geduldigen Beobachter mit ehrlich gesundem Urteil in ihr ewiges Buch eingeschrieben. Hier waren Gesetze, Grundsätze, Grundtatsachen des Weltgeschehens und menschlichen Daseins, die jeder für sich selbst bezeugen konnte, die daher das freie individuelle Urteil zu befriedigen und zu lenken vermochten, da sie von fremdem Zwang wie von eigenem Irrtum frei blieben. Hier waren Gesetze und Wahrheiten, die Ansprüche und Wünsche des individuellen Menschen rechtfertigten und zugleich beherrschten. Hier war eine Wissenschaft mit einer Regel, einer Wissensnorm, einer vernünftigen Lebensgrundlage, klaren Umrissen und überlegenen Mitteln für Fortschritt und Vollendung von Mensch und Rasse. Der Versuch, das menschliche Leben durch bezeugbares Wissen, durch ein Gesetz, eine wirklich realisierbare Wahrheit, durch Ordnung und Grundsätze zu beherrschen und zu organisieren, die alle beobachten und in ihrer Grundstruktur wie tatsächlichen Darstellung ungezwungen und nach eigenem Urteil unterschreiben können, bildet den Höhepunkt der europäischen Zivilisation. Es ist Erfüllung und Triumph des individualistischen Zeitalters der menschlichen Gesellschaft. Es scheint aber auch ebenso ein Ende zu sein, der Grund für das Sterben des Individualismus, seinen Abbau und sein Begräbnis unter den Denkmalen der Vergangenheit.

Denn die Entwicklung der Weltgesetze durch das freie Denken des Individuums, das hierbei fast zur Nebensache und notwendigerweise unterdrückt wurde, dieser Versuch, das soziale Leben der Menschheit tatsächlich in bewußter Übereinstimmung mit dem Mechanismus dieser Gesetze zu lenken, scheint logischerweise zur Unterdrückung der individuellen Freiheit selbst zu führen, die diese Entdeckung und den Versuch dazu erst ermöglichte. Das Individuum scheint auf seinem Weg zur Wahrheit und zum Gesetz des eigenen Seins eine Wahrheit und ein Gesetz entdeckt zu haben, das überhaupt nicht seiner eigenen individuellen Wesensart, sondern dem Kollektiv, der Menge, Herde, Masse zugehört. Hieraus ergibt sich scheinbar fast unwiderruflich eine neue Ordnung der Gesellschaft durch einen strengen Wirtschafts- oder Staats-Sozialismus, durch den das Individuum im eigenen und im Menschheitsinteresse, wieder seiner Freiheit beraubt, sein ganzes Leben und Handeln auf jeder Stufe und an jedem Punkt von Geburt bis zum

Alter durch den gut organisierten Mechanismus des Staates bestimmt findet.* So kämen wir zu einer seltsamen neuen Abwandlung der altasiatischen oder altindischen Gesellschaftsordnung, wenn sich auch bedeutsame Unterschiede ergeben. An Stelle der religiös-ethischen Ordnung finden sich wissenschaftliche und rationale oder naturalistische Motive und Regeln. An die Stelle des Brahmanen Shastrakara tritt der wissenschaftliche, verwaltungskundige und wirtschaftliche Fachmann. An die Stelle des Königs, der selbst das Gesetz beachtet und mit Hilfe und Zustimmung der Gesellschaft alle ohne Ausnahme zwingt, den für sie ausgezeichneten Pfad des Dharma zu befolgen, tritt der ähnlich gelenkte und ermächtigte Staat.

An die Stelle einer hierarchischen Rangordnung mit entsprechenden Machtbefugnissen, Vorrechten und Pflichten wird eine auf gleicher Basis beginnende Erziehung und Gelegenheit gesetzt, die letztlich auch die Art der Tätigkeit durch Fachleute bestimmen läßt, die uns besser als wir selbst kennen und die für uns Arbeit und Stand auswählen. Vielleicht werden Ehe, Zeugung und Erziehung des Kindes von dem wissenschaftlichen Staat wie einst von den Shastras festgesetzt. Für einen jeden wird der Staat ein großes Arbeitsgerüst brauchen, das von kollektivistischen Autoritäten überwacht wird; und vielleicht wird es am Ende eine Zeit der Freiheit geben, die entsprechend den Vanaprastha und Sannyasa Ashrams der altarischen Gesellschaft nicht zur Arbeit, sondern zu Muße und persönlicher Selbst-Belehrung verwandt werden muß. Die Strenge eines solchen Sozialstaates aber würde das System der asiatischen Vorbilder bei weitem übertreffen. Denn dort gab es zwei wichtige Ausnahmen: Rebell und Reformator. Es gab für das Individuum die Freiheit eines frühzeitigen Sannyasa, den Verzicht auf das gemeinschaftliche zugunsten des freien spirituellen Lebens, und das bedeutete für die Gruppe die Freiheit, eine wie die Sikh oder Vaishnava von neuen Gesichtspunkten beherrschte Unter-Gesellschaft

---

* Wir sahen schon einen gewaltsamen, wenn auch noch unvollkommenen Beginn dieser Richtung sozialer Entwicklung im faschistischen Italien, Nazi-Deutschland und kommunistischen Rußland. Mehr und mehr Nationen streben danach, den Beginn dieser neuen Ordnung aufzugreifen, und der Widerstand der alten Ordnung ist mehr passiv als aktiv. Es fehlt ihm das Feuer, Selbstvertrauen und die Begeisterung, die die neue Idee beseelen.

zu bilden. Keine dieser gewaltsamen Abweichungen von der Norm aber könnte von einer streng wirtschaftlichen, durchaus wissenschaftlichen und einheitlichen Gesellschaft geduldet werden. Offensichtlich würde auch ein festes System von sozialer Moral und Sitte und eine sozialistische Lehre entstehen, die weder in der Praxis, noch vielleicht in der Theorie in Frage gestellt werden dürfte, weil damit das System ins Wanken geriete oder überhaupt unterhöhlt würde. So erhielten wir einen neuen, auf rein wirtschaftlicher Fähigkeit und Tätigkeit, *gunakarma,* aufgebauten Ordnungstyp, der durch das Verbot der persönlichen Freiheit sehr schnell zu einem System rationaler Konventionen erstarren würde. Sicher würde diese statische Ordnung über kurz oder lang von einem, wahrscheinlich von den Grundsätzen eines extremen philosophischen Anarchismus geführten, neuen individualistischen Zeitalter der Empörung durchbrochen.

Andererseits aber sind Kräfte am Werk, die diese Entwicklung noch vor ihrem drohenden Höhepunkt zu durchkreuzen oder zu verändern scheinen.

Erstens: Rationalistische und physikalische Wissenschaft haben sich selbst überwachsen und werden in Kürze von der anschwellenden Flut psychologischer und psychischer Erkenntnis übertroffen, die sicher eine ganz neue Anschauung vom menschlichen Sein erzwingen und der Menschheit eine neue Aussicht eröffnen. Gleichzeitig geht das Zeitalter des Denkens sichtbar zu Ende. Neue Ideen erfüllen die Welt und werden mit bemerkenswerter Schnelligkeit aufgenommen, Ideen, die unvermeidlich jeden vorzeitig eingeordneten Typ von wirtschaftlichem Rationalismus umstürzen müssen, dynamische Ideen, wie Nietzsches Lebenswille, Bergsons Erhebung der Intuition oder den Intellekt oder die jüngste philosophische Richtung Deutschlands, die eine überrationale Fähigkeit und eine überrationale Rangordnung von Wahrheiten zugibt. Noch ein anderes geistiges Gegengewicht beginnt sich abzuzeichnen, und im Gebiet des praktischen Lebens beginnen sich Begriffe einzuschalten, die zu der Hoffnung berechtigen, daß die Nachfolge des individualistischen Zeitalters der Gesellschaft nicht eine neue Typenordnung, sondern ein subjektives Zeitalter als ein möglicherweise großer und augenblicklicher Übergang zu einem ganz anderen Ziel übernehmen wird. Möglich, daß wir schon in der Morgendämmerung einer neuen Periode des menschlichen Zyklus stehen.

Zweitens: Der Westen hat mit seinem gewaltigen Sieg über die Welt den schlafenden Osten erweckt und in ihm einen wachsenden Kampf zwischen dem eingeführten westlichen Individualismus und der altüberkommenen Gesellschaftsform hervorgerufen. Letztere bricht hier schneller, dort langsamer zusammen, aber etwas ganz anderes als der westliche Individualismus mag sie ersetzen. Manche nehmen zwar an, Asien ahme Europas Zeitalter der Vernunft mit all seinem Materialismus und diesseitigem Individualismus nach, während Europa selbst zu neuen Formen und Ideen vorwärtsstrebe. Aber dies steht letztlich außer Beweis. Dagegen mehren sich die Zeichen, daß die individualistische Periode im Osten ihrem Wesen nach weder von langer Dauer noch vorwiegend rationalistisch und diesseitig sein wird. Dann könnte der Fall eintreten, daß der Osten als Ergebnis seines Erwachens seinen eigenen Neigungen folgt und eine neue soziale Richtung und Kultur mit einer großen Wirkung auf die Richtung der Weltkultur entwickelt. Wir können diesen möglichen Einfluß schon nach den wesentlichen Erfolgen bemessen, die der erste Ideenzustrom selbst des noch unerwachten Ostens auf Europa ausübt. Was auch diese Wirkung sein mag, sie wird nicht eine Wiedereinordnung der Gesellschaft in die Strömungen der noch vorhandenen Richtung eines mechanistischen Wirtschaftssystems sein, das nie aufgehört hat, Mentalität und Leben des Westens zu beherrschen. <u>Der östliche Einfluß wird mehr auf der Linie zum Subjektivismus und einer praktischen Spiritualität, einer größeren Bereitschaft unseres körperlichen Daseins liegen</u>, andere Ideale als die praktischen, aber beschränkten Ziele zu verwirklichen, die Leben und Körper in ihrer eigenen Grobstofflichkeit bestimmen.

Am wichtigsten aber ist, daß das individualistische Zeitalter Europas mit seiner Entdeckung des Individuums zwei Ideen-Kräfte von wesentlicher Bedeutung in die Zukunft eingeprägt hat, die von keiner vorübergehenden Reaktion vollkommen ausgelöscht werden können. Die erste, heute allgemein anerkannte Idee ist die demokratische, des Rechtsanspruchs aller Individuen als Glieder der Gesellschaft auf das ganze Leben und die ganze Entwicklung, zu denen jedes Individuum befähigt ist. Es ist nicht mehr möglich, irgendeine Vereinbarung als Ideal anzunehmen, die gewisse Gesellschaftsklassen als Fortschritt und sozialen Vollgenuß für sich selbst beanspruchen, während andere nur nutzlosen und ärmlichen Dienst leisten müssen. Es steht heute fest, daß sozialer Fortschritt und Wohlergehen für alle Individuen der Gesellschaft gilt und nicht ein Aufblühen der Gemeinschaft in der Masse bedeutet, das in Wirklichkeit nur aus Glanz und Macht von einer oder zwei Klassen besteht. Diese Auffassung wurde von allen fortschrittlichen Nationen angenommen und ist die Grundlage der heutigen sozialen Strömungen in der Welt. Hinzu aber kommt noch die tiefere, vom Individualismus entdeckte Wahrheit, daß das Individuum nicht nur eine solziale Einheit ist, daß sein Dasein, Recht, Lebens- und Wachstumsanspruch nicht allein auf seiner sozialen Arbeit und Tätigkeit beruhen. Es ist nicht nur Glied einer Menschenmasse, eines Bienenschwarms oder Ameisenhaufens, es ist etwas in sich selbst, eine Seele, ein Wesen, das seine eigene individuelle Wahrheit und Gesetzmäßigkeit wie seinen natürlichen oder zugewiesenen Anteil an Wahrheit und Gesetz des kollektiven Daseins zu erfüllen hat.*

Es verlangt Freiheit, Raum, Anregung für seine Seele, für seine Natur, dieses mächtige und schreckliche Ding, dem die Gesellschaft so sehr mißtraut, und das sie in der Vergangenheit entweder ganz zu unterdrücken oder allein auf das rein geistige Feld zu verdrängen suchte, ein individuelles Denken, Wollen und Bewußtsein. Diese können sich nicht in die vorherrschenden Gedanken, Willens- und Bewußtseinsformen anderer, sondern nur in etwas Jenseitiges einfügen, in das der Mensch für sich und alle gemeinsam frei hineinzuwachsen sowohl Erlaubnis wie Hilfe erlangen muß. Diese Idee, diese Wahrheit, die Europa intellektuell in ihrer ganzen äußeren oberflächlichen Bedeutung erfaßte und gestaltete, entspricht wurzelhaft den tiefsten und höchsten geistigen Vorstellungen Asiens und wird einen großen Anteil an der Umgestaltung der Zukunft haben.

---

* Dies erkennt die neue Ordnung - Faschisten oder Kommunisten - nicht an. Sie drücken den individuellen Menschen zu einer Zelle herab oder zu einem Atom des menschlichen Körpers. Ein deutscher Exponent des Nazitums erklärte, »es wäre eine falsche Ansicht, daß der Mensch ein individuelles Wesen sei. Es gäbe keine Freiheit des Individuums, nur Freiheit für Nationen oder Rassen«.

DER AUFSTIEG
DES SUBJEKTIVEN ZEITALTERS

Innewohnendes Ziel, Bemühen und Rechtfertigen, der seelische Urgrund, die ganze Richtung der Entwicklung eines individualistischen Zeitalters der Menschheit geht auf die eine alles überragende Notwendigkeit zurück, die von falschen konventionellen Standpunkten überlagerten grundlegenden Wahrheiten des Lebens, Denkens und Handelns wieder zu entdecken, die für die Wahrheit der Ideen, aus denen sie stammen, nicht mehr offen sind. Zuerst mag scheinen, der kürzeste Weg zur Befreiung ihres Wahrheitskernes aus der harten Schale der Konvention führe zu den Urideen selbst zurück. Doch liegt hier eine große praktische Schwierigkeit, und es gibt noch einen anderen Weg, hinter die Oberfläche der Dinge und zur Annäherung an die tieferen Grundsätze der seelischen Entwicklung in der menschlichen Gesellschaft zu gelangen. Eine Wiederentdeckung der alten, heute von der Konvention überdeckten Urideen begegnet dem praktischen Nachteil, nach einer gewissen Zeit den Konventionen wieder Kraft zuzuführen, die der Zeitgeist zu überwachsen sucht, während die Konventionen, läßt das tiefere Wahrheitsstreben in seinem Impuls nach, wieder durchbrechen und ihren Einfluß ausüben werden. Sie werden zweifellos anders, aber noch immer mächtig aufleben, und wieder wird eine neue Erstarrung einsetzen und die Wahrheit der Dinge durch eine noch weiterreichende Fälschung verschütten. Wäre dies auch nicht der Fall, so ist es keineswegs richtig, daß die Entwicklung der Menschheit immer zu ihrem alten Gedankengut zurückkehren muß. Notwendig ist vielmehr der Fortschritt zu breiterer Erfüllung, in der auch das wieder aufgenommene Alte verändert und transzendiert werden muß. Die allem zugrunde liegende Wahrheit bleibt gleich und ewig, doch ihre mentale Gestaltung, ihre Lebensformen, ihre physischen Verkörperungen verlangen dauernd Wachstum und Veränderung. Diese Grundregel und Notwendigkeit der Dinge rechtfertigen ein Zeitalter der Individualisation und des Rationalismus und machen dieses, wenn auch noch so kurz, zu einer unvermeidbaren Periode des Zyklus. Eine zeitweilige Herrschaft des in seiner Auswirkung stark destruktiven, kritischen

Verstandes bedeutet für den menschlichen Fortschritt eine Notwendigkeit.

Seit der großen buddhistischen Erhebung des nationalen Gedankens und Lebens wurde in Indien die Entdeckung der Wahrheit von Seele und Leben und das Durchstoßen der erstickenden Konvention immer wieder versucht. Diese Versuche wurden von einer großzügigen toleranten Vernunft, einer gestalterischen seelischen Intuition und tiefer persönlicher Sehnsucht getragen, die weder kriegerisch noch zerstörend wirkten. Wurden auch große innere und beträchtliche äußere Veränderungen herbeigeführt, so entledigte man sich doch nicht der vorherrschenden konventionellen Ordnung. Nie ging die Arbeit einer auflösenden und zerstörenden intellektuellen Kritik weit genug, fehlte sie einigen Bewegungen auch nicht ganz. Da die aufbauende Kraft von der zerstörenden nicht genug unterstützt wurde, konnte sie keinen breiten und freien Raum für ihre Neugründung schaffen. Erst durch den europäischen Einfluß und Antrieb wurden Umstände und Tendenzen stark genug, um den Anfang eines neuen Zeitalters grundlegender und wirksamer Neuwertung von Ideen und Dingen zu erzwingen. Die bemerkenswerteste Kraft dieser Einflüsse war durchgehend - oder wenigstens bis vor kurzem - rationalistisch, utilitaristisch und individualistisch. Das nationale Mentale war zu einem neuen forschenden und kritischen Standpunkt auf allen Gebieten gezwungen, und selbst die, die nach der Erhaltung des Gegenwärtigen oder der Neuaufrichtung des Vergangenen streben, müssen ihr Streben unterbewußt oder halbbewußt von dem neuen Standpunkt und seinen Überlegungen aus rechtfertigen. Im ganzen Osten muß sich das subjektive asiatische Bewußtsein den Notwendigkeiten der veränderten Lebens- und Denkwerte anpassen. Durch den Druck der westlichen Wissenschaft und den Zwang völlig veränderter Lebensbedürfnisse und Lebensumstände wird es zur Selbstbesinnung gezwungen. Das nicht von innen Vermochte ist ihm als äußere Notwendigkeit auferlegt, und dieses Gegenständliche bringt einen ebenso bedeutsamen Vorteil wie große Gefahren mit sich.

Das individualistische Zeitalter ist also ein grundlegender Versuch der Menschheit, Wahrheit und Gesetz sowohl des individuellen Seins wie der Welt zu entdecken, zu der das Individuum gehört. Am Anfang mag, wie dies in Europa geschah, der Wunsch stehen, besonders auf dem religiösen Gebiet, zu den von der Konvention überwucherten, entstellten oder zerstörten Urwahrheiten zurückzukehren. Von diesem ersten Schritt aber muß der Weg bis zur letzten Allgemeinfrage nach der Grundlage des Denkens und der praktischen Anwendung auf allen Gebieten des menschlichen Lebens und Handelns gegangen werden. Letzte unabdingbare Folge ist ein revolutionärer Neubau von Religion, Philosophie, Wissenschaft, Kunst und Gesellschaft. Anfang ist zunächst das Licht des individuellen Mentalen und der individuellen Vernunft, die Frage nach Leben und Lebenserfahrung; aber der Fortschritt muß vom Individuum zur Allgemeinheit gehen. Denn die Bemühung des Individuums beweist bald, daß Wahrheit und Gesetz des eigenen Wesens nicht ohne Entdeckung eines universalen Gesetzes, einer universalen Wahrheit, auf die es die eigene beziehen kann, mit Sicherheit gefunden werden können. Es ist ein Teil des Universums; in allen Bereichen, seinen innersten Spirit ausgenommen, ist es ihm untertan, eine kleine Zelle in diesem Riesenorganismus. <u>Seine Substanz besteht aus der des Weltalls, von dessen Lebensgesetz das seine bestimmt und beherrscht wird.</u> Aus einer neuen Weltschau und Welterkenntnis muß seine neue Ansicht und Erkenntnis des eigenen Selbst, das Wissen um seine Kraft, Fähigkeit und Begrenzung, sein Anspruch an das Leben, der hohe Pfad und das ferne oder nahe Ziel seiner individuellen und sozialen Bestimmung hervorgehen.

Im Europa der Neuzeit wurde dies Wissen zu einer klaren und machtvollen Naturwissenschaft ausgebaut. Diese ging aus von der Entdeckung der Gesetze des physikalischen Weltalls und der wirtschaftlichen wie soziologischen Bedingungen des menschlichen Lebens, das vom physischen Sein des Menschen, von seiner Umgebung, seiner Entwicklungsgeschichte, seinen körperlichen und vitalen individuellen und kollektiven Bedürfnissen bestimmt wird. Nach einiger Zeit aber muß offenbar werden, daß durch die Erkenntnis der physikalischen Welt der Mensch ebenso ein mentales wie ein physisches und vitales Wesen und sogar weit geistiger als physisch und vital ist. Wird auch seine Seele von seinem körperlichen Befinden und seiner Umgebung stark beeinflußt und eingeschränkt, so wird sie doch wesentlich nicht von diesen bestimmt, sondern reagiert dauernd auf sie und bestimmt höchst empfindsam die körperlichen Handlungen. Durch die seelischen Forderungen, die der Mensch an das Leben stellt, werden diese sogar umgeformt.

Selbst ein wirtschaftlicher Zustand und seine sozialen Einrichtungen werden von seinen seelischen Forderungen an die Möglichkeiten, Umstände und Neigungen gelenkt, und diese entstehen durch die Beziehung des Mentalen und der Seele der Menschheit zu ihrem Leben und Körper. Will er also die Wahrheit der Dinge und das Gesetz seines Seins hinsichtlich dieser Wahrheit entdecken, muß er tiefer eindringen und ebenso das persönliche Geheimnis seiner selbst, der Dinge wie auch ihrer objektiven Formen und Umgebungen ergründen.

Vielleicht versucht er dies einige Zeit mit Hilfe seines kritischen und analytischen Verstandes, der ihn schon so weit führte. Aber das kann nicht sehr lange dauern. Denn bei diesem Studium seiner selbst und der Welt muß er notgedrungen seiner eigenen Seele und der Weltseele gegenübertreten und sie als eine so tiefe, umfassende Ganzheit voll verborgener Geheimnisse und Kräfte erkennen, daß sich sein intellektuelles Denken als ein ungenügendes Licht und ein linkischer Sucher nur in der Analyse der Oberfläche und des ihr naheliegenden erfolgreich erweist. Die Notwendigkeit tieferer Erkenntnis muß ihn dann zur Entdeckung neuer Kräfte und Möglichkeiten in sich selbst führen. So findet er, daß er sich nur ganz kennen kann, wenn er aktiv selbstbewußt und nicht nur selbstkritisch wird. Dazu gelangt er durch ein immer stärkeres Eindringen in seine Seele, durch ein nicht oberflächlich bleibendes Leben und Handeln aus ihrer Tiefe, durch bewußte Übereinstimmung mit dem jenseits der oberflächlichen Mentalität und Psychologie liegenden, durch Erhellung seiner Vernunft und Aktivieren seiner Handlungen mittels dieser tieferen Einsicht und Mächtigkeit, der er sich so erschließt. Hierbei beginnt sich das Ideal des rationalistischen Denkens dem der intuitiven Erkenntnis und einer tieferen Selbstschau zu unterwerfen. Der zweckhafte Standpunkt gibt dem Streben nach Selbstbewußtsein und Selbstverwirklichung Raum. Das sich nach den offenbarten Gesetzen der physischen Natur richtende Gesetz des Lebens wird vom Streben abgelöst, dem verborgenen Gesetz zu leben, entsprechendem Willen und Können, die dem Sein der Welt und dem inneren wie äußeren Dasein der Menschheit zugrunde liegen.

Alle diese Tendenzen manifestieren sich heute, wenn auch noch in einer grob anfänglichen und kaum entwickelten Form in der Welt und werden täglich mit größerer Schnelligkeit wachsen.

Ihr Auftauchen und Anwachsen bedeutet den Übergang von der vom Individualismus hervorgebrachten rationalistischen und zweckhaften Periode der menschlichen Entwicklung zu einem mehr subjektiven Zeitalter der Gesellschaft. Der Wechsel begann mit einer schnellen Wendung des Denkens zu weiteren und tieferen Bewegungen hin, die den früheren intellektuellen Maßstäben entgegengesetzt sind und die alten Kategorien schnell durchbrochen haben. Der Materialismus des neunzehnten Jahrhunderts ist zuerst einem neuen und tiefen Lebenswillen mit verschiedensten Formen von Nietzsches Willen zur Macht als Lebenswille und -gesetz bis zur neuen vielheitlichen und pragmatischen Philosophie gewichen, vielheitlich, weil sie auf das Leben und nicht auf die Seele schaut, und pragmatisch, weil sie das Sein mit Begriffen von Kraft und Tat und nicht von Erleuchtung und Erkenntnis zu erklären sucht. Diese, Leben und Denken Europas vor dem Ersten Weltkrieg besonders in Deutschland und Frankreich stark beeinflussenden Gedankenrichtungen, bedeuteten nicht nur ein oberflächliches Abgehen vom Intellektualismus zu Leben und Handeln - wenn dieser Aspekt auch in der Anwendung durch weniger fortgeschrittene Denker hervortrat -, sondern waren der Versuch, die Lebensseele des Weltalls tiefer zu erforschen und in ihr zu leben. Die Methode hierzu erstrebte psychologische und subjektive Gründlichkeit. Hinter diesen Denkrichtungen erhob sich in der aus Mißachtung des alten rationalistischen Denkens entstandenen Leere eine neue Intuition, die ihre eigenen Antriebe und Natur noch nicht klar erkennt, in den Formen und Kräften des Lebens aber nach dem sucht, was hinter dem Leben steht, und selbst manchmal die noch unsicheren Hände auf die verschlossenen Tore des Spirits legt.

Auch Kunst, Musik und Literatur der Welt, die immer ein sicherer Maßstab der lebendigen Neigungen eines Zeitalters sind, haben eine starke Revolution zu einem vertieften Subjektivismus hin durchgemacht. Die große objektive Kunst und Literatur der Vergangenheit bestimmen nicht länger das Mentale des neuen Zeitalters. Zuerst entstand wie beim Denken so auch in der Literatur ein wachsender psychologischer Vitalismus, der eindringlich die feinststofflichen psychologischen Antriebe und Neigungen des Menschen darzustellen suchte, wie sie aus seinem gefühlsmäßigen, ästhetischen und lebendigen Drängen und Wirken nach außen traten. Diese mit großer Kunst und Subtilität, doch ohne jede wirkliche Innenschau in das Gesetz des menschlichen Lebens dargestellten Schöpfungen drangen selten bis zur entgegengesetzten Seite unserer oberflächlichen Gefühle, Empfindungen und Handlungen vor, die sie bis in alle Einzelheiten analysierten. Diese Gestaltungen schienen zunächst vielleicht interessanter, waren aber als Kunstwerke allgemein der alten Literatur unterlegen, die zumindest für längere Zeit fesselte und über eine größere und gewaltigere Meisterschaft auf ihrem Gebiet verfügte. Oft beschrieben sie eher des Lebens Krankheit als seine Gesundheit und Kraft oder die Ausschweifung und Empörung seiner gewaltsamen und deshalb ohnmächtigen und unbefriedigten Begierden als die Kraft ihrer Selbstdarstellung und Selbstbeherrschung. Auf diese Bewegung aber, die ihren Höhepunkt in Rußland fand, folgte die Wendung zu einer wirklich psychologischen Kunst, zu einer mehr mentalen, intuitiven und psychischen als vitalen Musik und Literatur, obwohl sie tatsächlich von einem oberflächlichen Vitalismus ausging, wie ihre Vorgänger von dem objektiven Mentalen der Vergangenheit ihren Ausgang nahmen. Diese neue Bewegung suchte ähnlich der neuen philosophischen Intuition weitgehend ein wirkliches Zerreißen des Schleiers und den Eingriff des menschlichen Mentalen in das nicht sichtbar Ausgedrückte, das Berühren und Eindringen in die verborgene Seele der Dinge. Vieles hiervon war noch schwach, unwesentlich im Ansatz, primitiv im Ausdruck, bedeutete aber das entschiedene Fortschreiten des menschlichen Bewußtseins von seinen alten Ufern und zeigte die auf der augenblicklichen Entdeckungsfahrt angestrebte Richtung zur Entdeckung einer neuen Welt im Innern, der vielleicht die Schaffung einer neuen Welt im äußeren Leben und der äußeren Gesellschaft folgen wird. Kunst und Literatur scheinen eine bestimmte Wendung von der rationalen und objektiven Regel oder Natur zur subjektiven Erforschung der sogenannten verborgenen Seite der Dinge getan zu haben.

Schon in der Lebenserfahrung gibt es fortgeschrittene, von diesem tieferen Subjektivismus eingegebene Bestrebungen. Aber noch nichts ist bisher zu Ende geführt; alles ist noch anfänglicher Versuch und das erste Erspüren einer Stoffgestalt für diesen neuen Geist. Die beherrschenden Taten der Welt, die großen neuerlichen Ereignisse wie die starken nationalen Gegensätze in Europa und die früheren und späteren Erhebungen und Veränderungen innerhalb der Nationen waren eher Ergebnis eines wirren halb Kampf-, halb Anpassungsversuchs zwischen den alten intellektuellen und materialistischen und den neuen noch oberflächlichen und vitalen Impulsen des Westens. Letztere waren noch nicht von einem wirklichen inneren Wachstum der Seele erleuchtet und mußten deshalb auf den früheren Impulsen aufbauen und diese für ihre ungezügelten Forderungen an das Leben benutzen. Die Welt strebte einer ungeheuer vollkommenen Organisation des Lebens- und Machtwillens zu. Diese führten zum Zusammenprall des Krieges und finden nun für sich selbst neue Lebensformen oder sind im Begriff, solche zu finden, die besser ihre beherrschenden Ideen und Antriebe erkennen lassen. Der titanische Charakter des letzten Weltzusammenstoßes ist auf diese furchtbare Verbindung einer falsch aufgeklärten vitalistischen Antriebskraft mit einer großen Kraft von dienstfertiger Intelligenz und verstandesmäßigem Scharfsinn zurückzuführen, die ihr als Werkzeug und als Genius einer vollendeten materialistischen Wissenschaft, als ihr riesenhafter Werkmeister zu großen, groben und leblosen Wundern dienten. Der Krieg war der Ausbruch der so geschaffenen Explosivkraft, und obgleich er die Welt ins Verderben zog, haben wohl erst seine Folgen den Zusammenbruch vorbereitet, da sie ein nicht mehr zu ordnendes Chaos schufen oder zumindest eine bittere Unordnung in der gewaltigen Vereinigung hervorriefen, die zu diesem Zusammenbruch geführt hat. Mit diesem heilsamen Verfall säubern sie das Feld des menschlichen Lebens von den hauptsächlichen Hindernissen, die eine wahrheitsgemäßere Entwicklung zu einem höheren Ziel hemmen.

Alle Hoffnung der Rasse liegt in diesen noch jungen und bisher untergeordneten Bemühungen, die den Samen einer neuen subjektiven und psychischen Einstellung des Menschen zu seinem eigenen Wesen, seinen Mitmenschen und zur Einordnung seines individuellen und sozialen Lebens in sich tragen. Die bemerkenswerte Note dieses Strebens kann in den neuen Gedanken über Kindererziehung liegen, die in der Vorkriegszeit stark in den Vordergrund traten. Früher war die Erziehung nur ein mechanisches Einzwängen der kindlichen Natur in willkürliche Züge von Schule und Wissen, die seine individuelle Subjektivität kaum berücksichtigen, und sein Heranwachsen in der Familie war ein immerwährendes Unterdrücken und zwangvolles Formen seiner Gewohnheiten,

Gedanken und seines Charakters in das von konventionellen Ideen oder individuellen Interessen und Idealen der Lehrer und Eltern für sie festgelegte Verhalten. Die Entdeckung, daß Erziehung das bestmögliche Herausarbeiten der dem Kind eigenen intellektuellen und moralischen Fähigkeiten bedeutet und auf der Psychologie der kindlichen Natur aufgebaut werden muß, war ein Fortschritt zu einem gesünderen, weil subjektiveren System, mußte aber noch versagen, weil das Kind noch als ein Gegenstand betrachtet wurde, der vom Lehrer behandelt und geformt, das heißt erzogen werden muß. Zumindest aber bedeutet es ein Aufglimmen der Erkenntnis, daß jedes menschliche Wesen eine sich selbst entwickelnde Seele ist, und daß es Aufgabe der Eltern und Lehrer sein muß, dem Kind zu helfen und es zu befähigen, sich selbst zu erziehen, seine eigenen verstandesmäßigen, moralischen, ästhetischen und praktischen Fähigkeiten zu entwickeln und sich als organisches Wesen frei auszuwachsen, anstatt einer trägen Masse gleich geknechtet und gepreßt zu werden. Man hat aber noch nicht erkannt, was diese Seele ist, oder daß beim Kind wie beim Erwachsenen das wahre Geheimnis die Suche nach dem tieferen Selbst, der wahren Seelen-Einheit im Inneren bedeutet. Dies Selbst wird, geben wir ihm jemals die Möglichkeit hervorzutreten oder stellen wir es selbst in den Vordergrund, als »Führer in der ersten Reihe«, die meiste Arbeit der Erziehung uns aus den Händen nehmen und die der Seele innewohnende Fähigkeit entwickeln, ihre Möglichkeiten in einem Ausmaß zu verwirklichen, von dem unsere gegenwärtige mechanistische Ansicht von Leben und Menschen und den gewöhnlichen äußeren Behandlungsmitteln nichts erfahren oder begreifen kann. Die neuen erzieherischen Verfahren führen unmittelbar zu dieser richtigeren Behandlung. Die engere Verbindung, die mit der psychischen Wesenheit jenseits der lebendigen und stofflichen erstrebt wird, und ein zunehmendes Vertrauen in ihre Möglichkeiten müssen zu der höchsten Entdeckung führen, daß der Mensch in seinem Inneren eine Seele und eine bewußte Kraft des Göttlichen besitzt, daß die Erweckung dieses wirklichen inneren Menschen die rechte Erziehung und daß es das rechte Ziel des menschlichen Lebens ist, die verborgene Wahrheit und das tiefste Gesetz des eigenen Seins zu entdecken und dementsprechend zu leben. Diese Weisheit suchten die Alten in ihren religiösen und sozialen Symbolen auszudrücken, und der Subjektivismus ist ein Weg der Rückfindung zu dieser verlorenen Erkenntnis. Dieser Weg beginnt mit der Vertiefung der innersten menschlichen, vielleicht auf einer noch nicht erschöpften Einsicht und Selbsterkenntnis der Rasse aufbauenden Erfahrung und endet zwangsläufig im Revolutionieren der sozialen und kollektiven Selbstdarstellung.

Inzwischen kam der aufbrechende, das neue Zeitalter einleitende Subjektivismus noch nicht so sehr zum Ausdruck in den Beziehungen der Einzelwesen oder in den vorherrschenden Ideen und Neigungen der sozialen Entwicklung, die, noch stark rationalistisch und materialistisch, nur ganz undeutlich von der tieferen subjektiven Haltung berührt werden, sondern in dem neuen kollektiven Selbstbewußtsein des Menschen, in jenem organischen, in der Vergangenheit am stärksten ausgebauten Hauptteil seines Lebens: in der Nation. Hier begann er, als vitalistischer oder psychischer Subjektivismus, schon gewaltig Früchte zu tragen, und hier werden wir am deutlichsten seine wahre Triebkraft, seine Schwächen und Gefahren erkennen, wie den wahren Zweck und die Bedingungen eines subjektivistischen Zeitalters der Menschheit und das Ziel, zu dem der soziale, in die Erscheinung tretende Zyklus in seiner weitgespannten Revolution hinstrebt.

DIE ENTDECKUNG
DER NATIONAL-SEELE

Oberste Regel und Ursache des individuellen Lebens ist das Streben nach eigener Selbstentwicklung. Bewußt, halb-bewußt oder mit dunkel unbewußtem Tasten strebt es immer und mit Recht nach Selbstgestaltung, Selbstfindung, danach, in sich selbst Gesetz und Kraft des eigenen Seins zu entdecken und zu erfüllen. Dies Ziel ist grundlegend, richtig und unumgänglich. Denn trotz aller Einschränkungen und Vorbehalte ist das Individuum nicht nur das ephemere physische Geschöpf, eine zusammengesetzte und sich wieder auflösende Form aus Mentalem und Körper, sondern ein Wesen, eine lebendige Kraft der ewigen Wahrheit, ein sich selbst offenbarender Spirit. Gleicherweise ist oberstes Gesetz, oberster Zweck der Gesellschaft, Gemeinschaft oder Nation, daß sie ihre eigene Selbsterfüllung sucht. Mit Recht trachtet sie, sich selbst zu finden, in sich selbst Gesetz und Macht ihres eigenen Seins zu erkennen und sie möglichst vollkommen zu erfüllen, alle Möglichkeiten zu verwirklichen und das eigene, sich selbst offenbarende Leben zu leben. Der Grund hierfür ist der gleiche. Denn auch sie ist ein Wesen, eine lebendige Kraft der ewigen Wahrheit, eine Selbst-Offenbarung des kosmischen Spirits und bestimmt, auf ihre Weise und nach ihrem Befähigungsgrad die besondere Wahrheit, Kraft und Sinnhaftigkeit des ihr innewohnenden kosmischen Spirits darzustellen und zu erfüllen. Dem Individuum entsprechend hat die Nation oder Gesellschaft Körper, organisches Leben, moralisches und ästhetisches Temperament, ein sich entfaltendes Mentales, eine hinter all diesen Zeichen und Kräften verborgene Seele, um derentwillen diese existieren. Man könnte sogar feststellen, sie sei wie das Individuum eher wesenhaft eine Seele, als daß sie eine besitze. Es ist, hat sie sich erst einmal besonnen, eine immer bewußter werdende Gruppenseele, die sich immer mehr erfüllt, je mehr sie ihr gemeinsames Handeln, ihre Mentalität und ihr organisches, sich selbst darstellendes Leben entfaltet.

Überall erweist sich diese Übereinstimmung, denn es geht um mehr als nur um eine Ähnlichkeit. Es ist eine wirkliche Gleichheit der Natur. Es besteht nur der Unterschied, daß die Gruppenseele weit umfassender ist, weil sie eine große Zahl von selbstbewußt denkenden Individualitäten als Bestandteile ihres physischen Seins an Stelle einer Verbindung rein vitaler unterbewußter Zellen besitzt. Darum wirkt sie in der von ihr angenommenen Gestalt zuerst viel gröber, primitiver und künstlicher. Sie hat auch eine viel schwierigere Aufgabe zu erfüllen und braucht länger, um sich zu finden, ist zerfließender und weniger organisch. Gelingt ihr das Verlassen des Zustandes der noch nicht klar bewußten Selbstgestaltung, ist ihr erstes bestimmtes Selbstbewußtsein mehr objektiv als subjektiv. In seiner Subjektivität bleibt es noch oberflächlich, ungefügt und unbestimmt. Die Objektivität zeigt sich sehr stark in dem gemeinhin gefühlsbetonten Begriff der Nation, der ihren äußerlichsten und gröbsten, den geographischen Aspekt umfaßt, in der Leidenschaft für das Land, in dem wir leben, dem Land unserer Väter, unserer Geburt - patria - Vaterland, *janmabhumi*. Erkennen wir, daß das Land nur die, wenn auch sehr lebendige und in ihren Einflüssen auf die Nation mächtige Schale des Körpers ist, beginnen wir zu fühlen, daß die eine nationale Einheit bildenden Männer und Frauen, ebenso wie der individuelle Mensch immer wechselnde, aber immer gleiche wirkliche Körper sind, dann sind wir auf dem Weg zu einem wirklich subjektiven gemeinsamen Bewußtsein. Dann haben wir eine gewisse Möglichkeit der Erkenntnis, daß selbst das physische Sein der Gesellschaft eine subjektive Macht, nicht ein rein objektives Sein ist. <u>Mehr noch, ihr inneres Wesen ist eine große gemeinschaftliche Seele mit allen Möglichkeiten und Gefahren der Gruppenseele.</u>

Die objektive Meinung über die Gesellschaft beherrschte während der geschichtlichen Menschheitsperiode den Westen; sie war auch im Osten reichlich verbreitet, wenn auch nicht absolut bestimmend. Herrscher, Volk und Denker, alle verstanden unter nationalem Sein übereinstimmend einen politischen Zustand, den Bereich ihrer Grenzen, Einrichtungen und deren Auswirkung. Deshalb herrschten die politischen und wirtschaftlichen Beweggründe überall nach außen vor, und Geschichte ist Bericht ihres Wirkens und Einflusses. Die einzige, bewußt anerkannte und nur schwer zu leugnende subjektive und psychologische Macht blieb das Individuum. Dieses Übergewicht des Objektiven ist so groß, daß die meisten neueren Geschichtsschreiber und einige politische Denker folgerten, die objektiven Notwendigkeiten seien dank

Naturgesetz die einzig wirklich bestimmenden Kräfte und alles übrige nur ihre Folge oder oberflächliche Beigabe. Man sah die wissenschaftliche Geschichte als Bericht und Würdigung der das politische Handeln umgebenden Beweggründe, des Spiels der wirtschaftlichen Kräfte, der Entwicklung und des Verlaufs der vorgezeichneten Entwicklung. Wenige, die das psychologische Element noch mit einbezogen, richteten ihr Augenmerk auf einzelne Menschen und betrachteten die Geschichte etwa als eine Anhäufung von Biographien. Die wahrhaftigere und umfassendere Wissenschaft der Zukunft wird erkennen, daß sich diese Bedingungen nur auf die noch nicht vollkommen selbstbewußte Periode nationaler Entwicklung beziehen. Trotzdem wirkte auch dort eine stärker subjektive Macht hinter den Individuen, den politischen und wirtschaftlichen Bewegungen und dem Wandel der Institutionen. Aber sie wirkte meist unterbewußt mehr als ein sublimiertes Selbst denn als bewußte Denkweise. Erst mit Hervorkehren dieser unterbewußten Kraft der Gruppenseele beginnen die Nationen von ihrem subjektiven Selbst Besitz zu ergreifen und, wenn auch noch so unbestimmt und unvollkommen, an ihre Seele heranzukommen.

Sicher wirkt immer ein dumpfes Gefühl dieses subjektiven Seins an der Oberfläche des gemeinsamen Denkens mit. Wird dies unklare Gefühl aber überhaupt klar, beschäftigt es sich mit Einzelheiten und Unwesentlichem, mit völkischen Empfindsamkeiten, Gewohnheiten, Vorurteilen, festgefahrenem Denken. Es ist sozusagen ein objektives Gefühl von Subjektivität. Wie sich der Mensch selbst als Körper und Leben, als stoffliches Tier mit bestimmter moralischer oder unmoralischer Verfassung anzuschauen pflegte, wie die Dinge des Denkens nur als zarte Blüte betrachtet wurden, während das Wissen vom stofflichen Leben für weit wesentlicher galt, so und noch stärker betrachtete die Gemeinschaft diesen kleinen, von ihr wahrgenommenen Teil ihres subjektiven Selbst. Sie hängt zwar objektiv noch weiter verblendet an ihren Empfindsamkeiten, Gewohnheiten und Vorurteilen, da sie an ihrem äußeren Rahmen festhält und dahinter überhaupt nicht ihren Seinsgrund erkennt, jenen Hintergrund, den sie verständnislos auszudrücken sucht.

Dies gilt nicht nur für die Nation, sondern für alle Gemeinschaften. Kirche ist organisierte religiöse Gemeinschaft, während Religion, wenn überhaupt etwas in der Welt, subjektiv sein sollte.

Denn ihr eigentlicher Seinsgrund - ist sie nicht nur ethisches Glaubensbekenntnis mit übernatürlicher Autorität - beruht im Finden und Verwirklichen der Seele. Die Religionsgeschichte aber war insgesamt - die Zeit ihrer jeweiligen Gründer und deren unmittelbaren Nachfolger ausgenommen - ein Geltendmachen objektiver Dinge wie Riten, Zeremonien, Autorität, Kirchenregierung, Dogmen, Glaubensformeln. Beweis ist die ganze äußere Religionsgeschichte Europas, diese seltsam frevelhafte Tragikomödie von Uneinigkeiten, blutigen Auseinandersetzungen, »religiösen« Kämpfen, Kriegen, Verfolgungen, Staatskirchen und allem anderen, das eine Verneinung des spirituellen Lebens bedeutet. Erst jüngst haben die Menschen ernsthaft mit dem Nachdenken begonnen, was Christentum, Katholizismus, Islam wirklich in ihrer Seele, das heißt in ihrer tiefsten Wirklichkeit, ihrem Wesensgrund sind.

Nun aber drängt sich sichtbar und schnell diese neue psychologische Richtung aus dem gemeinsamen Bewußtsein herauf. Erstmals hören wir von einer Nationalseele, und, was wesentlicher ist, wir erleben, daß Nationen sich wirklich um ihre Seelen bemühen, sie zu finden suchen und ernsthaft danach trachten, aus diesem neuen Gefühl zu handeln und es im täglichen Leben und Handeln bewußt einzusetzen. Nur natürlich, daß dieses Streben überwiegend in neuen Nationen oder in jenen mächtig hervortrat, die trotz politischer Unterdrückung oder Schwäche um ihre Verwirklichung kämpfen. Denn sie müssen den Unterschied zwischen sich und den anderen stärker empfinden; sie müssen gegenüber der Übermacht, die sie aufzusaugen oder auszustreichen sucht, ihre Individualität betonen oder rechtfertigen. Gerade wegen der Schwäche ihres objektiven Lebens und einer kaum gegebenen Möglichkeit der Bewährung in den widrigen Umständen besteht die größere Chance, daß sie ihre eigene Individualität und deren Kraft der Selbstbehauptung in den subjektiven und psychologischen Bereichen oder zumindest in dem suchen, was eine subjektive oder psychologische Bedeutung hat.

Darum war in solchen Nationen dies Streben nach Selbsterkenntnis sehr rege und schuf in einigen, wie in Irland und Indien, sogar einen Typus nationaler Bewegung. Dies und nichts anderes war der Beweggrund für die Entstehung des Swadeschismus in Bengalen und der irischen Erhebung in ihren frühen, noch nicht rein politischen Zeiten. Die Erhebung Bengalens als einer Unternation Indiens erfolgte durch eine sehr subjektive Bewegung, und ihre spätere Entwicklung machte dies sehr deutlich. Die Revolution von 1905 in Bengalen verfolgte eine ganz neue Auffassung, die Nation nicht mehr nur als Land, sondern als eine Seele, ein psychologisches, fast spirituelles Wesen zu betrachten; und selbst bei ihrem wirtschaftlich und politisch begründeten Beginn suchte sie diese Beweggründe durch solche subjektive Auffassung zu stärken und sie eher zum Werkzeug der Selbstdarstellung als an sich zu gestalten. Vergessen wir aber nicht, daß diese Bewegungen, in ihren Anfängen noch von oberflächlichen Gedanken getragen, den alten Motiven eines objektiven und äußerst politischen Selbstbewußtseins folgten. Der Osten ist tatsächlich weit subjektiver als der Westen; und wir können das Subjektive selbst in seinen politischen Bewegungen, ob in Persien, Indien oder China oder selbst in der stark nachempfundenen Bewegung der japanischen Erhebung beobachten. Aber erst in jüngster Zeit ist dieser Subjektivismus selbstbewußt geworden. Daraus läßt sich folgern, der bewußte und überlegte Subjektivismus gewisser Nationen sei Zeichen und Vorläufer einer großen Veränderung in der Menschheit und sei durch örtliche Bedingungen vorwärtsgetrieben, aber keineswegs von ihnen abhängig oder irgendwie ihr Ergebnis.

Diese allgemeine Veränderung ist unbestreitbar. Sie ist eine der Grunderscheinungen des nationalen und gemeinschaftlichen Lebensstrebens der Gegenwart. Der von Irland und Indien zuerst formulierte Begriff des »Wir-selbst-Sein« - so verschieden gegenüber den von Antrieb und Ehrgeiz abhängigen oder unglücklichen Nationen, die lieber anderen ähnelten - ist heute ein immer allgemeiner anerkannter Grundtrieb des nationalen Lebens. Er bereitet den Weg für große Gefahren und Fehler, schafft aber auch die wesentliche Voraussetzung für die heutige Forderung des Zeitgeistes an die menschliche Rasse. Sie hat die Aufgabe, nicht nur im Individuum, sondern in der Nation, ja in der ganzen menschlichen Rasse das tiefere Sein, das innere Gesetz, ihr wahres Selbst zu entdecken und das Leben entsprechend diesem und nicht nach künstlichen Gesichtspunkten aufzubauen. Diese Richtung bereitete sich überall vor und zeigte sich zum Teil schon vor dem Krieg besonders, wie wir sagten, in neuen Nationen wie in Deutschland oder in abhängigen wie Irland und Indien. Der Schock des Krieges weckte von Anfang an ein unmittelbares - damals kämpferisches - Aufkommen des gleichen tieferen Selbstbewußtseins. Die meisten seiner anfänglichen Erscheinungsformen waren reichlich grob, ja oft von einer barbarischen und rückständigen Rohheit. Vor allem schien sich der teutonische Fall zu wiederholen: ein nicht nur völliges und richtiges »Sich-Selbst-Leben«, sondern ein für sich allein und nur um seiner selbst willen Leben, was, über einen gewissen Punkt hinaus, zum verheerenden Irrtum wird. Denn soll das subjektive Zeitalter der Menschheit seine besten Früchte tragen, müssen sich die Nationen nicht nur ihrer eigenen, sondern auch der Seele der anderen bewußt werden und lernen, sich gegenseitig nicht nur wirtschaftlich und erkenntnismäßig, sondern auch subjektiv und spirituell zu achten, zu helfen und zu fördern.

Der große und bestimmte Faktor war das Beispiel und die Aggression Deutschlands. Beispiel, weil keine andere Nation so selbstbewußt, so methodisch und klug und, von außen gesehen, so erfolgreich bemüht war, sich zu finden, sich dynamisch zu formen, sich zu leben und das meiste aus seiner Wesensstärke zu erreichen. Aggression, weil die Natur selbst und die herausgestellten Schlagworte für den Angriff beim Angegriffenen ein Selbstbewußtsein in der Abwehr hervorrief und ihn zwang, die Quelle dieser riesigen Anstrengung wie die Notwendigkeit zu erkennen, bewußt in den gleichen Tiefenschichten eine erwidernde Kraft zu suchen. <u>Deutschland war in jener Zeit das bemerkenswerteste Beispiel einer Nation, die sich für die subjektive Stufe vorbereitete.</u> Denn erstens war ihm eine Art Schau eigen - bedauerlicherweise mehr aus dem Verstand als der Erleuchtung - sowie der Mut, ihr zu folgen - unglücklicherweise wieder eher vital und intellektuell als spirituell. Zweitens konnte es in der Meisterung seines Schicksals sein eigenes Leben so führen, daß es diese Selbst-Einsicht auch darzustellen vermochte. Wir dürfen uns durch den äußeren Schein nicht zur Annahme verleiten lassen, daß Deutschlands Stärke von Bismarck geschaffen oder von Kaiser Wilhelm II. gelenkt wurde. Bismarcks Erscheinung war in vielerlei Hinsicht für die heranreifende Nation eher ein Unglück, da seine machtschwere Hand ihre Subjektivität zu früh zu Form und Tat zwang. Eine längere Zeit des Reifens hätte weniger verheerende Folgen für Deutschland gezeitigt, weil die Menschheit weniger gewaltsam von ihm gereizt worden wäre. Die wirkliche Quelle dieser großen, doch in ihrer objektiven Tat so stark verunstalteten subjektiven Kraft lag nicht in Deutschlands Staatsmännern und Soldaten, die überwiegend recht armselige Typen waren, sondern in seinen großen Philosophen Kant, Hegel, Fichte, Nietzsche, in seinem großen Dichter und Denker Goethe, in seinen großen Musikern Beethoven und Wagner und vor allem in der deutschen Seele und Anlage, die diese verkörperten. Eine Nation, deren größter Erfolg fast ausschließlich auf den beiden Gebieten Philosophie und Musik lag, ist klar dafür vorausbestimmt, zum Subjektivismus hinzuführen und wesentlich Gutes wie Böses in den Anfängen eines subjektiven Zeitalters auszulösen.

Dies war die eine Seite der Bestimmung Deutschlands. Die andere betrifft ihre Gelehrten, Lehrer, Wissenschaftler und Organisatoren. Diese Nation war schon lange für ihren Fleiß, ihre Zuverlässigkeit, ihren ehrlichen und sorgsamen Arbeitsgeist und die Treue zu ihren Ideen berühmt. Ein Volk mag in seinen subjektiven Fähigkeiten hochbegabt sein und kann doch ohne die Pflege dieser niederen Seite unserer vielfältig zusammengesetzten Natur versagen, jene Brücke zu bauen, die von Idee und Phantasie zur Welt der Tatsachen, von der Schau zur Durchsetzungskraft führt und allein die Verwirklichung ermöglicht. Seine höheren Fähigkeiten mögen die Welt erfreuen und begeistern, aber es wird nie in den Besitz seiner eigenen Welt gelangen, wenn es nicht auch seine untergeordnete Aufgabe gelernt hat. In Deutschland war diese Brücke vorhanden, wenn sie auch meist durch einen dunklen Tunnel an einem steilen Abhang entlangführte. Denn es gab keine ungestörte Verbindung vom subjektiven Geist der Denker und Sänger zum objektiven der Gelehrten und Organisatoren. Beispielhaft hierfür ist Treitschkes falsche Anwendung von Nietzsches Lehren zu nationalem und internationalem Vorteil, die diesen Philosophen selbst angewidert hätte. Und doch war es noch eine Verbindung. Denn über ein halbes Jahrhundert bewahrte Deutschland zur Erforschung der Wahrheit des eigenen Seins und der Welt diese tiefe Einsicht in sich selbst wie in die Dinge und Ideen, und ein weiteres halbes Jahrhundert beharrte es in der geduldigen Schau der wissenschaftlichen Erforschung in die objektiven Möglichkeiten, um das zu organisieren, was es besaß oder zu besitzen glaubte. Und etwas war geschaffen, etwas Gewaltiges und Großes, wenn auch in gewissen, nicht in allen Richtungen mißgeformt und verworren. Bedauerlicherweise aber waren es gerade die Hauptrichtungen, auf denen falsch zu gehen das Ziel verfehlen hieß.

Es sei aber betont, daß die letzte Folge dieses Etwas, das geschaffen wurde - Krieg, Zusammenbruch, heftige Reaktion gegen den starren, bewaffneten, aggressiven, furchtbaren Nazistaat - nicht nur sehr entmutigend ist, sondern auch eine deutliche Warnung, diesen Weg aufzugeben und auf ältere und sichere Wege zurückzugehen. Der Mißbrauch großer Kräfte aber ist kein Beweis gegen die Möglichkeit ihres richtigen Gebrauchs. Es ist unmöglich, umzukehren. Solcher Versuch ist tatsächlich immer eine Täuschung. Wir müssen alle das gleiche tun, was Deutschland versucht hat, müssen uns aber davor hüten, daß wir nicht in gleicher Weise handeln. Darum müssen wir über die nebelhafte Düsternis des blutigen Krieges hinausblicken, hinaus über die finsteren Rauchschwaden der Verwirrung und des Chaos, die jetzt auf der Welt lasten, um Ursprung und Ursache der Fehler zu erkennen. Denn Deutschlands Versagen, das durch den Ausgang seiner Handlungen offenbar wurde und zum völligen Zusammenbruch führte, wurde auch dem nur die Wahrheit suchenden, leidenschaftslosen Denker klar. Deutschland erfuhr, was manchmal den Suchenden auf dem Weg des Yoga, dieser Kunst des bewußten Selbst-Findens, geschieht, einem Weg, der viel größere als dem Durchschnittsmenschen bekannte Gefahren in sich birgt, wenn er einem Irrlicht zu seiner spirituellen Vernichtung folgt. Es hatte sein vitales Ich für sein Wesen gehalten; es hatte seine Seele gesucht und nur seine Stärke entdeckt. Wie Asura hatte Deutschland zu sich selbst gesagt: »Ich bin mein Körper, mein Leben, mein Verstand, mein Temperament«, und hat sich mit titanischer Gewalt daran gebunden. Es hatte vor allem gesagt: »Ich bin mein Leben und mein Leib.« Einen größeren Fehler als diesen kann es weder für Mensch noch Nation geben. Das Selbst des Menschen und der Nation ist mehr und göttlicher als jene. Es ist größer als seine Werkzeuge und kann nicht in einer körperlichen, vitalen, durch Verstand und Temperament bedingten Form eingeengt werden. Eine solche Begrenzung kann - selbst wenn dieses falsche Gefüge in dem waffenstarrenden sozialen Gebilde eines riesigen kollektiven menschlichen Ungetüms verkörpert wird - das Wachstum der inneren Wirklichkeit nur zum Ersticken, Verfall oder Erlöschen bringen, das alles Umgeformte und nicht Angepaßte überfällt.

Es gibt offenbar einen falschen wie einen richtigen Subjektivismus; und die Irrtümer, denen die subjektive Richtung unterworfen sein kann, sind ebenso gewaltig wie ihre Möglichkeiten und können sehr leicht zu großem Unheil führen. Dieser Unterschied muß klar erkannt werden, soll der Weg dieser Stufe der sozialen Entwicklung für die Menschheit gesichert werden.

WAHRER UND FALSCHER SUBJEKTIVISMUS

Die subjektive Stufe der menschlichen Entwicklung ist jener kritische Punkt, in dem unsere Rasse sich tiefer zu schauen müht und das hinter dem Außen und unter der Oberfläche Liegende zu erkennen, zu erfühlen und deshalb von innen her zu leben sucht, nachdem sie Symbol, Typus, Konvention hinter sich gelassen, ihr Augenmerk bar jeder Tiefe auf das individuelle Wesen gerichtet hat, um seine Wahrheit, sein rechtes Gesetz des Handelns und seine Beziehung zur äußeren und oberflächlichen Wahrheit und dem Gesetz des Weltalls zu entdecken. Es ist ein Schritt zur Selbsterkenntnis, zum Leben in und aus dem Selbst, fort von dem Wissen um Dinge wie das Nicht-Selbst, fort von dem Leben nach dieser objektiven Idee des Daseins und des Weltalls. Alles hängt davon ab, wie diese Stufe angegangen wird, zu welcher Art von Subjektivität wir gelangen, und wie weit wir in der Selbsterkenntnis voranschreiten. Denn hier sind die Gefahren des Irrtums ebenso groß und weitreichend wie die Erfolge des rechten Bemühens. Das symbolische, typische und konventionelle Zeitalter vermeidet diese Gefahren, indem es eine Mauer der Selbstbeschränkung gegen diese aufbaut. Doch weil diese Mauer letztlich zum Gefängnis der eigenen Unkenntnis wird, muß sie abgerissen werden, muß das gefährliche, aber fruchtbare Abenteuer des Subjektivismus gewagt werden.

Eine seelische Selbsterkenntnis lehrt uns, daß in unserem Wesen viele formale, äußere, sichtbare oder sich darstellende Selbstheiten vorhanden sind, aber nur ein Selbst, das vollkommen geheim und wirklich ist. Im Sichtbaren zu verharren und dies als das Wirkliche anzusehen, ist der große Grundirrtum, die Wurzel aller anderen und die Ursache allen Strauchelns und Leidens, denen der Mensch dank der Natur seiner Denkweise ausgesetzt ist. Wir können diese Wahrheit für das menschliche Bemühen anwenden und nach dem Gesetz seines subjektiven Wesens als individuelle oder als soziale, in ihrem gemeinschaftlichen Verstand und

Körper einheitliche Ganzheit leben.

Denn dies ist der Sinn der charakteristischen Wendung, die die heutige Zivilisation vollzieht. Überall beginnen wir, wenn auch noch selten und tastend, Dingen subjektiv nahezukommen. Ziel der Erziehung ist die Erkenntnis der Seele des heranreifenden Kindes und die Errichtung von Lehr- und Schulsystemen auf dieser Grundlage. Das neue Ziel will dem Kind helfen, sein intellektuelles, ästhetisches, gefühlsmäßiges, moralisches, spirituelles Wesen zu entwickeln und sein soziales Leben und Streben auf seinem eigenen Temperament und seinen eigenen Fähigkeiten aufzubauen, ein völlig von der alten Erziehung abweichendes Ziel, da diese nur im Einpauken steriotypen Wissens in ein widerstrebendes Gehirn und dem Aufprägen erstarrter Verhaltensmaßregeln auf seine aufbegehrenden und bezwungenen Lebensimpulse bestand.* Bei der Behandlung des Verbrechers begnügt sich die fortschrittliche Gesellschaft nicht mehr damit, diesen nur als Gesetzesübertreter zu bestrafen, einzusperren, abzuschrecken, zu erhängen oder ihn, sei es als Rache für seine Revolte oder als abschreckendes Beispiel für andere, körperlich und moralisch zu quälen, sondern es besteht der immer stärker werdende Versuch, ihn zu verstehen, seine Erbmasse, die Umwelteinflüsse und seine innere Schwäche mit einzubeziehen und ihn eher von innen her zu verwandeln als von außen zu knebeln. Allgemein beginnt man, die Gemeinschaft, Nation oder jede andere Menschengruppe als lebendigen Organismus mit einem eigenen subjektiven Sein und einer entsprechenden natürlichen Wachstums- und Entwicklungsmöglichkeit anzusehen, die zu vollenden und fruchtbar zu gestalten unser Anliegen ist. So weit ist dies gut; größere Erkenntnis, tiefere Wahrheit und weisere Menschlichkeit aus dieser neuen Sicht ist offenkundig, aber auch die Begrenzungen unserer Erkenntnis und Erfahrung auf diesem neuen Weg und die Möglichkeit irrezugehen.

Wenn wir an die neuen nach bewußter Erfüllung strebenden Versuche besiegter oder siegreicher Nationen denken, vor allem an das Experiment der subjektiven deutschen Nation, dann erkennen

---

* Diese Entwicklung erfährt einen jähen Rückschlag durch die Anschauung der totalitären Staaten, nach der es kein Individuum gibt und nur das Leben in der Gemeinschaft gilt. Die neue, größere Anschauung behauptet sich aber weiterhin in den freien Ländern.

wir den Ausgangspunkt dieser möglichen Irrtümer. Die erste Gefahr entsteht aus der geschichtlichen Tatsache der Entwicklung eines subjektiven Zeitalters aus dem individualistischen. Das erste und große Straucheln war dementsprechend die Umwandlung des Irrtums eines individualistischen Egoismus in den wichtigeren eines großen gemeinschaftlichen Egoismus. Das nach dem Gesetz seines Wesens suchende Individuum kann dies mit Sicherheit nur finden, wenn es zwei große psychologische Wahrheiten klar erkennt und dieser klaren Einsicht entsprechend lebt. Zuerst: Das Ich ist nicht das Selbst. Es gibt in allem nur ein Selbst, und die Seele ist Teil dieser universalen Gottheit. Die Erfüllung des einzelnen ist nicht die höchste Entwicklung seines egoistischen Intellekts, seiner Lebenskraft, seines leiblichen Wohlergehens und die äußerste Befriedigung seines mentalen, emotionalen und körperlichen Verlangens, sondern das Aufblühen des Göttlichen in ihm zu seiner höchsten Entfaltung der Weisheit, Kraft, Liebe und Allumfassung und dadurch zur höchsten Verwirklichung des Schönsten und Herrlichsten seines Daseins.

Der Wille zum Leben, zur Macht und zur Erkenntnis ist vollkommen rechtmäßig, seine Befriedigung ist das wahre Gesetz unseres Seins. Ihn zu entmutigen und fälschlich zu unterdrücken, heißt unser Wesen verstümmeln und die Quellen des Lebens und Wachstums vertrocknen und versiegen lassen. Diese Befriedigung darf aber keine egoistische sein - und dies nicht aus einem religiösen oder moralischen Grund, sondern einfach, weil auf diese Weise keine Befriedigung möglich ist. Ein solcher Versuch muß immer zu einem steten Kampf mit anderem egoistischem Verlangen führen, zu einem gegenseitigen Verwunden und Belästigen, selbst zu gegenseitiger Zerstörung, bei der wir, die Sieger von heute, die Besiegten oder Geschlagenen von morgen sein werden. Denn wir erschöpfen und verderben uns bei dem gefährlichen Versuch, durch Zerstörung und Ausbeutung anderer zu leben. Nur das kann bestehen, was in seinem eigenen Selbst-Sein lebt. Und im allgemeinen bedeutet das Verschlingen des anderen das Gefühl, selbst Untertan und vorherbestimmtes Opfer des Todes zu sein.

Zweifellos können wir in einem Leben ohne Selbsterkenntnis nicht anders handeln. Menschen und Nationen müssen egoistisch denken und handeln, weil sie in der Unwissenheit ihrer selbst kein anderes Leben kennen und Leben für sie der von Gott gegebene

Impuls ist. Deshalb können sie, wenn überhaupt, nur egoistisch leben und das Gesetz halten, das sie Moral und praktischer Menschenverstand ihrer selbstbeschränkten Natur und Erfahrung gelehrt haben. Subjektivismus aber ist in seiner wahren Natur ein Versuch zur Selbsterkenntnis und zum Leben aus wahrer Selbsterkenntnis und innerer Kraft, dem kein wirklicher Gewinn zugrunde liegt, wenn wir den alten Irrtum nur in neuen Worten wiederholen. Darum müssen wir erkennen, daß das wahre Individuum nicht das Ich, sondern die göttliche Individualität ist, die sich mit unserer Entwicklung in uns entfalten will. Ihre Entfaltung und Befriedigung, nicht die eines rein egoistischen Lebenswillens zum Wohl der eigenen niederen Teilorgane ist das wahre Ziel, nach dem die Menschheit auf subjektive Weise immer mehr trachten muß, um ihr inneres Gesetz, ihre höchste Wahrheit zu erkennen und zu erfüllen.

Die zweite psychische Wahrheit für das Individuum ist die Erkenntnis, daß es nicht nur selbst, sondern in Gemeinschaft mit allen seiner Art lebt - im Augenblick bleibe unberücksichtigt, was nicht seiner Art zu sein scheint. Unser Sein ist im Individuum, aber auch in der Allgemeinheit ausgedrückt, und hat sich auch jeder auf seine Weise zu erfüllen, so kann doch keiner vom anderen unabhängig zum Erfolg gelangen. Die Gesellschaft hat nicht das Recht, das Individuum zu erdrücken oder auszumerzen, um sich selbst besser zu entwickeln oder zu befriedigen. Das Individuum hat, zumindest solange es in der Welt leben will, nicht das Recht, um seiner eigenen gesonderten Befriedigung und Entwicklung willen seine Mitmenschen zu mißachten, sie zu bekriegen oder ein selbstisch gesondertes Wohlergehen zu suchen. Wenn wir sagen, kein Recht, so ist dies nicht sozial, moralisch oder religiös gemeint, sondern ist eine ganz einfache Ansicht, die auf dem Gesetz des Lebens selbst beruht. Denn so kann weder die Gesellschaft noch das Individuum seine Erfüllung erreichen. Wann immer die Gesellschaft das Individuum erdrückt oder ausmerzt, fügt es sich selbst eine Wunde zu und beraubt das eigene Leben von kostbaren Quellen des Anreizes und des Wachstums. Auch das Individuum kann sich nicht aus sich selbst entfalten. Denn das Universale, die Einheit und Gemeinschaft seiner Mitmenschen ist seine gegenwärtige Quelle und Grundlage. Es ist das Objekt, dessen Möglichkeiten es individuell ausdrückt, selbst wenn es seine augenblickliche Ebene überschreitet, deren Ergebnis es in seiner Erscheinungsform ist. Seine Unterdrückung trifft seine eigene Lebensquelle; sein Entfalten bedeutet das eigene Wachstum. <u>Ein wahrer Subjektivismus lehrt uns: wir sind ein höheres Selbst als unser Ich oder unsere Teilorgane; und wir sind in unserem Leben und Wesen nicht nur wir selbst, sondern zugleich alle anderen.</u> Denn es gibt eine verborgene Gemeinsamkeit, gegen die unser Egoismus angehen und kämpfen kann, der wir aber nicht entrinnen können. Nach alter indischer Entdeckung ist unser wirkliches »Ich« ein höchstes Wesen, das unser wahres Selbst ist, und das zu entdecken und bewußt zu verwirklichen unsere Aufgabe ist. Dieses Wesen ist eines in allem und drückt sich im Individuum wie in der Allgemeinheit* aus. Nur wenn wir unsere Einheit mit anderen bejahen und verwirklichen, können wir unser wahres Selbstsein ganz erfüllen.**

Von diesen beiden Wahrheiten hatte die Menschheit eine grundsätzliche, wenn auch unklare Vorstellung, obwohl sie nur einen sehr unzulänglichen Versuch gemacht hat, sie in die Praxis umzusetzen. Während neun Zehntel ihrer Existenz war sie jedoch damit beschäftigt, von ihnen abzuweichen - auch dort, wo sie nach außen hin sich zu dem Gesetz bekannte. Hierin lag der erste Irrtum des deutschen Subjektivismus. Vom Absoluten, Individuellen und Allgemeinen redend, schaute er in sich selbst und erkannte als Lebenstatsache wirklich das, was sich als Ich auszudrücken schien; vom Urteil der modernen wissenschaftlichen Schlußfolgerungen aber ausgehend, betrachtete er das Individuum nur als Zelle des kollektiven Ich. Dies kollektive Ich wurde nun zum größten, wirksam organisierten Lebensausdruck, dem alles unterstellt werden sollte. Denn so konnte der Natur und ihrer Entwicklung die beste Hilfe und Bestätigung gegeben werden. Zwar besteht das größere menschliche Kollektiv, aber es ist ein nur anfängliches, noch unorganisiertes Sein, dessen Wachstum am besten durch die größere Entfaltung des schon bestehenden bestorganisierten kollektiven Lebens entwickelt werden kann; praktisch also durch Wachstum,

---

* Yasti und Samasti.
** Es gibt noch eine andere Seite dieser Wahrheit, nach der die gegenseitige Abhängigkeit nicht so zwingend ist. Aber dies gilt für die spirituelle Entwicklung, die nichts mit unserem augenblicklichen Thema zu tun hat.

Vollendung und Herrschaft der fortschrittlichsten Nationen oder möglichst der einen fortgeschrittensten Nation, jenem Kollektiv-Ich, das am besten den Zweck der Natur verwirklicht hat, und dessen Sieg und Befehl deshalb der Wille Gottes ist. Denn jedes organisierte Leben, jedes selbstbewußte Ich ist in einem manchmal offenen, manchmal versteckten, manchmal vollkommenen, manchmal teilweisen Kriegszustand, und im Überleben der Besten wird der höchste Fortschritt der Rasse gesichert. Wer aber war die beste, die fortgeschrittenste, die am meisten sich selbst verwirklichende, wirksamste, kultivierteste Nation, wenn nicht, wie allgemein zugegeben und auch nach Deutschlands eigener Auffassung, die deutsche selbst? Die Erfüllung des kollektiven deutschen Ich und die Sicherung seines Wachstums und seiner Herrschaft war sowohl das vernünftigste und rechtmäßigste Gesetz, das höchste Wohl der Menschheit, wie auch die Mission der größten und höchsten nordischen Rasse.*

Aus dieser egoistischen Selbstbetrachtung entsprang eine Anzahl logischer Folgen, die jede in sich selbst ein subjektiver Irrtum war. Zuerst muß das Individuum als Zelle der Allgemeinheit sein Leben vollkommen dem schaffenden Leben der Nation unterstellen. Es muß zweifellos zum Handeln gebracht werden - und die Nation sollte auf seine Erziehung, seine richtigen Lebensbedingungen, seine Lebenszucht und eine sorgfältig geschulte und sich unterordnende Tätigkeit achten - aber als Teil der Maschine oder als geschultes Werkzeug des nationalen Lebens. Die Anregung muß bei dem Kollektiv, die Ausübung bei dem Individuum liegen. Wo aber war dieses unbestimmte Ding, das Kollektiv, und wie konnte es sich ausdrücken, nicht nur als selbstbewußter, sondern organisierter und wirksamer kollektiver Wille und als selbstleitende Kraft? Der Staat war das Geheimnis. Ist der Staat vollkommen, beherrschend, alldurchdringend, allsehend, allbewirkend, dann allein kann das kollektive Ich konzentriert werden, sich selbst finden, und sein Leben zur höchsten Kraftentfaltung, Organisation und Wirksamkeit gesteigert werden. So erfand und begründete Deutschland den Kult des Staates und die wachsende Unterwerfung, die

---

* Jetzt werden mehr die grob-vitalistischen Begriffe von Blut, Rasse und Lebensraum betont, aber die alte Idee wirkt in der neuen Formulierung nach.

schließlich zur Vernichtung des Individuums führte. Als Gewinn entstand eine ungeheure kollektive Macht, eine bestimmte wissenschaftliche Vollkommenheit und ein allgemein hohes Niveau von wirtschaftlicher, intellektueller und sozialer Leistung, abgesehen von dem riesigen augenblicklichen Kräftezuwachs, den die glänzende Erfüllung einer großen Idee Mensch oder Nation gewährt. Worin sein Verlust bestand, ist bisher nur undeutlich erkennbar - es ist all jenes tiefere Leben, jene Schau, intuitive Kraft, Macht der Persönlichkeit, Zartheit und Weite der Seele, die das freie Individuum als sein Geschenk der Rasse zubringt.

Zum zweiten wird der Dienst am Staat, ist dieser der höchste Vertreter des Göttlichen oder die höchste Funktion des menschlichen Daseins und hat er ein göttliches Recht auf Gehorsam, auf den bedingungslosen Dienst und den ganzen Einsatz des Individuums, ebenso wie der Dienst an der Gemeinschaft zum einzigen und absoluten Moralgesetz. Innerhalb des Staatsgefüges mag dieses alle anderen Moralgesetze einschließen und gutheißen, da hier kein aufrührerischer Egoismus erlaubt wird, weil das Individuum entweder sein Ich im Staat aufgeben oder Teil von ihm werden muß und jede Möglichkeit eines offenen oder versteckten Krieges im Gehorsam für das kollektive, vom kollektiven Willen bestimmte Wohl aufgeben muß. In Beziehung zu anderen Staaten und anderen kollektiven Einzelwesen aber besteht noch immer der Krieg als allgemeine Möglichkeit und tatsächliches Gesetz, der Kampf zwischen sehr unterschiedlichen Einzelwesen, von denen jedes sich selbst zu erfüllen sucht und von den anderen auf seinem Gebiet beschränkt und festgehalten wird. Krieg also ist das ganze Anliegen des Staates in seiner Beziehung zu anderen, ein Krieg der Waffen, des Handels, der Ideen und Kulturen, ein Krieg kollektiver Persönlichkeiten, von denen jede die Welt für sich besitzen oder zumindest beherrschen will, um die erste in der Welt zu sein. Hier kann es außer der des Erfolgs keine Moral geben, wenn diese auch als nützliches Mittel der Kriegsführung vorgeschoben wird. Der einzelne Deutsche in der Heimat wie im Ausland muß dem Staat, dem deutschen Kollektiv als dem größeren und wirklichen Staat dienen, wobei jeder Erfolg gerechtfertigt ist. Unfähigkeit, Untauglichkeit, Fehler sind die einzige Unmoral. Im Krieg ist alles gerechtfertigt, was zum militärischen Erfolg des Staates führt, im Frieden alles, was darauf vorbereitet. Denn Frieden zwischen den Nationen ist nur ein verdeckter Kriegszustand. Wie der Krieg das Mittel zu leiblichem Überleben und Herrschen, so ist der Handel jenes zum wirtschaftlichen Überleben und Herrschen. Es ist tatsächlich nur eine andere Art von Krieg, ein anderer Bezirk des Lebenskampfes; der eine im physischen, der andere im vitalen Bereich. <u>Und Leben und Körper sind, so versichert uns die Wissenschaft, die Gesamtheit des Lebens.</u>

Drittens: Da das Überleben des Besten das höchste Gut der Menschheit ist und dies Überleben durch Ausmerzen des Unfähigen und Anpassen des weniger Fähigen geschieht, war die Eroberung der Welt durch die deutsche Kultur der gerade Weg des menschlichen Fortschritts. Kultur aber ist in diesem Sinn nicht nur ein Zustand des Wissens oder ein System, ein Ausdruck von Ideen und moralischen wie ästhetischen Neigungen; Kultur ist von Ideen gelenktes Leben, die auf Lebenswahrheiten beruhen und so geordnet sind, daß sie diese zur höchsten Entfaltung bringen. Darum muß alles Leben, das zu dieser Kultur und Leistung nicht fähig ist, entfernt oder niedergetreten werden. Alles Leben, das dieser Kultur fähig ist, sie aber nicht tatsächlich erreicht, muß zu ihr emporgehoben und ihr angepaßt werden. Fähigkeit aber ist immer eine Sache der Gattung und Art und in der Menschheit eine Frage der Rasse. Logischerweise hielt sich also die deutsche Rasse für allein befähigt, und deshalb sollten alle anderen nordischen Rassen dem deutschen Kollektiv eingegliedert werden. Weniger fähige, wenn auch nicht ganz unfähige, sollten germanisiert werden, andere hoffnungslos dekadente, wie die lateinische Rasse in Europa und Amerika, oder von Natur unterlegenere wie die große Mehrzahl der Afrikaner und Asiaten sollten, wenn möglich, wie die Hereros ersetzt oder, wenn nicht möglich, beherrscht, ausgeplündert und ihrer Inferiorität entsprechend behandelt werden. So würde die Entwicklung voran- und die menschliche Rasse ihrer Vollkommenheit entgegengehen.*

Wir dürfen nicht annehmen, daß alle Deutschen so kühn dachten, wie es lange nach außen schien, oder daß die Mehrzahl

---

Dies wurde vor mehr als vierzig Jahren geschrieben. Die späteren Ereignisse aber stellten die Wahrheit dieser Beschreibung, die damals weniger offensichtlich war, nachdrücklich unter Beweis.

sich dies bewußt überlegte. Es genügt aber, daß eine kraftvolle Minderheit von Denkern und starken Persönlichkeiten sich des nationalen Lebens bemächtigen und ihm gewisse Richtungen aufprägen, so daß diese tatsächlich vorherrschen oder wenigstens eine allgemeine unbewußte Anziehung ausüben, auch wenn ein solcher Gedanke tatsächlich nicht bewußt ausgesprochen wird. Die wirklichen Ereignisse in der jüngsten Vergangenheit scheinen zu zeigen, daß diese Lehre zum Teil bewußt, zum Teil unterbewußt oder halb ausgesprochen von der kollektiven deutschen Denkweise Besitz ergriffen hatte. Es ist leicht, die Härte dieser schrecklichen Logik zu verhöhnen und ihr die geleugneten Ideen und Wahrheiten vorzuwerfen. Noch leichter ist es, mit Entsetzen, Furcht, Haß und Verachtung darauf zu antworten, während man praktisch selbst, nur mit weniger Offenheit, Eindringlichkeit und Mut, diesen Grundsätzen folgt. Nützlicher wäre es, dahinter die große dieser Bewegung zugrunde liegende Aufrichtigkeit zu sehen, die das Geheimnis ihrer Kraft ist, eine Art verkehrter Ehrlichkeit, die in ihren Irrtümern liegt - die Aufrichtigkeit, die gerade dem eigenen Verhalten und den Tatsachen des Lebens ins Auge zu sehen, die wirklichen Grundsätze dieses Verhaltens zu verkünden und nicht - von gelegentlicher Diplomatie abgesehen - andere mit Worten zu loben, in der Praxis aber zu mißachten sucht. Soll dies deutsche Ideal nicht nur vorübergehend auf dem Schlachtfeld und in der Kollektivperson der Nation oder der sich zu ihm bekennenden Nationen, wie dies durch den Krieg zu früh geschah, sondern auch im Bewußtsein des Menschen und der Menschheit besiegt werden, dann muß eine gleiche Aufrichtigkeit und eine weniger verkehrte Ehrlichkeit von denen geübt werden, die zu besserer Einsicht gelangten. Diese deutsche Lehre hat offenbar zwei Seiten, eine innere und eine äußere, den Kult des Staates, der Nation oder Gemeinschaft und den Kult des internationalen Egoismus. Für den ersteren hat Deutschland, wenn es auch vorübergehend auf dem Schlachtfeld geschlagen wurde, im moralisch-menschlichen Sinn schon den Sieg davongetragen. Die heftige Abneigung gegen die dem Individuum vom Staat geleistete »Hilfe«* - natürlich für sein und der Gemein-

---

* Nicht immer in der Gestalt von Sozialismus, Bolschewismus, Kommunismus oder Faschismus. Andere Regierungsformen, die dem Namen nach auf den Grundsätzen einer

schaft Wohl, denn wer würde schon behaupten, er zwänge den anderen zu seinem Schaden? - herrscht fast überall vor oder wird zu einer stark vorherrschenden Meinung. Die Kämpfer für die individuelle Freiheit sind heute ein moralisch geschwächter und zusammengeschrumpfter Haufe, der nur noch in der Hoffnung auf einen späteren Umschlag oder auf die Rettung einer seiner Grundsätze vor dem Untergang weiterkämpfen kann. Auf dem äußeren internationalen Feld geht der Kampf der Ideen, aber schon von Anfang an unter verhängnisvollen Vorzeichen, weiter.** Heute können wir nach dem Ende des Krieges und seinen ersten psychologischen Ergebnissen schon die Richtung sehen, die der Strom wahrscheinlich nehmen wird. Krieg ist ein gefährlicher Lehrer, und <u>Sieg im leiblichen führt häufig zu einer Niederlage im moralischen Bereich. Das im Krieg besiegte Deutschland hat den Nachkrieg gewonnen.</u> Die strenger und heftiger wiedererstandene deutsche Lehre droht ganz Europa zu überschwemmen.

Wollen wir uns nicht betrügen, so müssen wir erkennen, daß Deutschland gewisse stark aktuelle Richtungen und Grundsätze internationalen Handelns in ein System brachte und jeden Widerstand, jede tatsächliche Änderung davon ausschloß. Soll ein heiliger Egoismus - und dieser Ausdruck stammt nicht aus nordischem Mund - internationale Beziehungen beherrschen, dann kann man die Kraft der deutschen Stellung nicht leugnen. Von anderen als von deutschen Denkern wurde die Theorie der schwachen und dekadenten Rassen laut verkündet und beherrschte mit mehr oder minder starken Bedenken die allgemeine Ausübung der militärischen Macht und wirtschaftlichen Ausnützung der Schwachen durch die Starken. Alles, was Deutschland tat, war der Versuch, diese stärker auszuweiten und härter durchzuführen und sie auf Europa wie auf asiatische und afrikanische Völker anzuwenden. Auch die Härte oder Brutalität seiner militärischen Methoden und

---

individualistischen Demokratie und Freiheit basieren, haben begonnen, der gleichen Richtung zu folgen, während sie das Gegenteil vortäuschen und nach außen bekennen.
** Der Völkerbund war zu keiner Zeit ein gegenteiliges Zeichen. Was er auch an zufällig oder zeitweilig Gutem geschaffen haben mag, konnte nur ein Werkzeug zur Beherrschung der übrigen Länder durch Europa, vor allem durch zwei oder drei der Hauptnationen bedeuten.

der Mittel kolonialer oder innenpolitischer Erpressung war, selbst in ihrer schlimmsten Form - die, wie bezeugt und zugegeben, häufig von seinen Feinden willkürlich erlogen wurde -, eine Verdichtung gewisser neuer Bestrebungen, die manche alten Grausamkeiten des Mittelalters wieder aufleben ließen. Die Anwendung, selbst die Rechtfertigung von Mord und vielen anderen fürchterlichen Ausschreitungen im Krieg aufgrund militärischer Erfordernisse und wirtschaftlicher Ausbeutung oder aber als Unterdrückung von Aufstand und Unordnung, wurde jüngst auch in anderen Ländern des Kontinents festgestellt, ganz abgesehen von solchen außerhalb der Grenzen Europas.* Einerseits ist es gut, daß solch schreckliche Beispiele der äußersten Logik dieser Dinge der Menschheit zwangsweise vor Augen gestellt werden; <u>denn das Entschleiern des Bösen zwingt das menschliche Gewissen aus seinem Unbeteiligtsein zur Wahl zwischen Gut und Böse.</u> Wehe einer Rasse, wenn sie ihr Gewissen verblendet und ihren tierischen Egoismus mit den alten Rechtfertigungen verbrämt. Denn die Götter haben gezeigt, daß das Karma kein Scherz ist.

<u>Die ganze Wurzel des deutschen Irrtums aber liegt in dem Fehler, Leben und Körper für das Selbst zu halten.</u> Man hielt diese Lehre einfach für die Rückkehr zur Barbarei der alten Religion Odins. Aber das ist nicht die Wahrheit. <u>Es ist eine neue und moderne Lehre, geboren aus der Anwendung einer metaphysischen Logik auf die Schlußfolgerungen materialistischer Wissenschaft, eines philosophischen Subjektivismus auf den objektiven pragmatischen Positivismus neuer Gedanken.</u> Ebenso wie Deutschland die individualistische Haltung auf die Verwirklichung seines allgemeinen subjektiven Daseins anwendete, so gebrauchte es das moderne materialistische und vitalistische Denken und stattete es mit einer subjektivistischen Philosophie aus. So kam es zu einem falschen Glauben, einem objektiven Subjektivismus, der vom wahren Ziel eines subjektiven Zeitalters weit entfernt ist. Um den Irrtum aufzuzeigen, ist es nötig, die wahre Individualität von Mensch und Nation zu erkennen. Diese liegt nicht in ihrem physischen, wirtschaft-

---

* Zeugnis sind: Ägypten, Irland, Indien, später Abessinien, Spanien, China - alle Länder, in denen Menschen oder Nationen noch versuchen, mit Gewalt andere Menschen oder Nationen zu beherrschen.

lichen, selbst nicht in ihrem kulturellen Leben, die nur Mittel und Möglichkeiten sind. Sie liegen in etwas Tieferem, dessen Wurzeln nicht im Ich ruhen, sondern in einem Selbst, dem Einen in allem Unterschiedlichen, das das Wohl eines jeden auf der Grundlage der Gleichheit und nicht von Kampf und Herrschaft mit dem Wohl der übrigen Welt verbindet.

OBJEKTIVE UND SUBJEKTIVE LEBENSANSCHAUUNGEN

Der Grundsatz des Individualismus ist die Freiheit des Menschen, der sich als ein gesondertes Wesen zu entfalten und sein Leben zu erfüllen, seine mentalen Neigungen, emotionalen und vitalen Bedürfnisse wie sein physisches Sein nach eigenem, vernünftig gelenktem Verlangen zu befriedigen hat. Die einzigen von ihm anerkannten Grenzen seines Rechts und seiner Freiheit sind die Verpflichtung, gleiche individuelle Freiheit und Rechte im anderen zu achten. Das Gleichgewicht dieser Freiheit und Verpflichtung ist der vom individualistischen Zeitalter für seine Umbildung der Gesellschaft angenommene Grundsatz. Er benutzte einen harmonischen Kompromiß zwischen Recht und Pflicht, Freiheit und Gesetz, Zugeständnis und Beschränkung als Grundriß des persönlichen wie des gesellschaftlichen Lebens. Entsprechend erhob das individualistische Zeitalter die Freiheit im Leben der Nationen zum Ideal und suchte, wenn auch weniger erfolgreich als in seinem eigenen Bereich, gegenseitige Achtung für die Freiheit als Regel der Beziehungen der Nationen untereinander aufzustellen. Nach diesem Lebensgrundsatz hat jedes Individuum und jede Nation ihr eingeborenes Recht, frei über ihre eigenen Angelegenheiten und Wünsche zu verfügen und keinen Einbruch in ihre Rechte und Freiheiten zuzulassen, solange sie sich nicht selbst in Rechte und Freiheiten anderer Nationen einmischten. In Wirklichkeit aber will der Egoismus des Individuums und der Nation solche Grenzen nicht achten. Deshalb wurde das soziale Gesetz der Nation aufgestellt, um diese ebenso wie die zwischen Menschen verletzte Grundregel wieder zu stärken, und die Entwicklung eines gleichgearteten internationalen Gesetzes mit dem gleichen Ziel angestrebt. Die Wirkung dieser Gedanken ist noch groß. Im Zweiten Weltkrieg wurde die Freiheit der Nationen als das Ideal aufgestellt, für das der Krieg unternommen wurde, trotzdem die offensichtliche Tatsache des Kriegsausbruchs nur ein Zusammenstoß von Interessen war. Die Entwicklung des internationalen Gesetzes zu einer wirksamen Kraft, die den Egoismus der Nationen so zügeln soll wie das soziale Gesetz die Selbstsucht, ist die Lösung, die noch Anziehung besitzt und den meisten um die Schwierigkeiten der Zukunft Besorgten am geeignetsten erscheint.*

Die Entwicklung der modernen Wissenschaft hat inzwischen neue Ideen und Bestrebungen hervorgebracht: einerseits einen übertriebenen Individualismus oder besser einen vitalen Egoismus, und andererseits das gegenteilige Ideal des Kollektivismus. Die Wissenschaft entdeckte bei ihrer Erforschung des Lebens, daß seine Wurzel der Kampf ist, aus seiner Umwelt die größten Vorteile für die Selbsterhaltung, Selbsterfüllung und Selbsterhöhung zu ziehen. Das menschliche Denken, das sich in seiner üblichen eigenwilligen Schärfe dieses Aspektes der modernen Wissenschaften bemächtigte, schuf aus ihr neue Theorien, die das Recht eines jeden zum Aufbau seines Lebens durch Ausnutzung, ja selbst auf Kosten anderer zum Evangelium erhebt. Danach ist das erste Ziel des Lebens für das Individuum, sich möglichst lange am Leben zu erhalten, stark, tatkräftig, mächtig zu werden, Umgebung und Mitmenschen zu beherrschen, rastlos und egoistisch alle Fähigkeiten zu entfalten und ein Höchstmaß an Freude zu genießen. Philosophien wie die Nietzsches, gewisse Formen der Anarchie - nicht die idealistische Anarchie des Denkers, die eher der alte, zu seiner logischen Schlußfolgerung geführte Individualismus des idealistischen Denkens ist -, auch gewisse Formen des Imperialismus sind von solchen Ideen stark beeinflußt und gestärkt, wenn auch nicht tatsächlich von ihnen geschaffen worden.

Andererseits hat die Wissenschaft bei Erforschung des Lebens festgestellt, daß das individuelle Leben, mit anderen verbunden und einem Gesetz allgemeiner Selbstentwicklung unterworfen, am besten gesichert und wirkungsvoller ist als durch aggressive Selbstbestätigung, und daß Menge, Herde, Haufe oder Schwarm über das einzelne Tier oder Insekt wertmäßig herrschen wie die menschliche Gruppe über den einzelnen Menschen. Denn in Wahrheit will die Natur nur den Typus und nicht das Einzelwesen erhalten. Deshalb sollte das Individuum, nach dem wahren Gesetz und der

---

* Vielleicht heute nicht mehr, mit Ausnahme einer schwindenden Minderheit, seitdem der Völkerbund immer wieder durch den Egoismus und die Unwahrhaftigkeit der großen Mitgliedsstaaten mißbraucht oder an seiner wahren Aufgabe gehindert wurde und somit in Ohnmacht und Fehler geriet.

Natur der Dinge, für alle leben und sich stets Wachstum, Wohl und Fortschritt der Menschheit unterwerfen, anstatt eigene Selbsterfüllung zu suchen und das Leben der Allgemeinheit den eigenen Notwendigkeiten unterzuordnen. Der moderne Kollektivismus leitet seine gewaltige Stärke von dem Eindruck ab, den dieser Aspekt der modernen Wissenschaft auf das menschliche Denken ausübt. Wir sahen die deutsche Mentalität beide wissenschaftlichen Ideen aufnehmen und sie auf Grund des tatsächlichen heutigen menschlichen Lebens miteinander verbinden: sie bestätigte das völlige Unterordnen des Einzellebens unter Gemeinschaft, Nation oder Staat. Andererseits bestätigte sie ebensosehr die egoistische Selbstbehauptung der individuellen Nation gegenüber anderen, gegenüber einer Gruppe oder aller Gruppen der das Gesamt der menschlichen Rasse bildenden Nationen.

Aber hinter diesem Streit zwischen der Idee eines nationalistischen und imperialistischen Egoismus und der alten individualistischen Lehre von der individuellen und nationalen Freiheit und Gesondertheit versuchte sich eine neue Idee des menschlichen Universalismus oder Kollektivismus durchzusetzen, die, zur Macht geworden, wahrscheinlich das Ideal des nationalen Separatismus und der Freiheit besiegen wird, wie sie schon in der Gesellschaft selbst das Ideal der individuellen Freiheit und gesonderten Selbsterfüllung überwunden hat. Diese neue Idee verlangt von der Nation, daß sie ihr freies Einzelsein dem Leben eines größeren Kollektivs unterwirft, wenn nicht überhaupt darin aufgibt und opfert. Dies Kollektiv kann eine imperialistische Gruppe, eine kontinentale oder kulturelle Einheit wie die Idee des Vereinten Europa oder das gesamt einheitliche Leben der menschlichen Rasse sein.

Der Grundsatz des in das menschliche Denken und Handeln eingehenden Subjektivismus, der notwendig eine große Veränderung in Motiv und Charakter unseres Lebens hervorrufen mußte, scheint trotzdem zunächst keinen Unterschied in den Lebensumständen zu bewirken. Subjektivismus und Objektivismus gehen von den gleichen Tatsachen aus: von Individuum und Kollektiv, der umfassenden Natur dieser beiden mit ihren verschiedenen Kräften des Denkens, Lebens und Körpers und ihrer Suche nach dem Gesetz ihrer Selbsterfüllung und Harmonie. Aber der Objektivismus, der vom analytischen Denken weiter getrieben wird, sieht das ganze Problem von einem äußeren und mechanischen Gesichtspunkt aus. Er sieht die Welt als Gegenstand, Objekt, als einen Vorgang, der durch einen beobachtenden Verstand erforscht werden kann. Dieser stellt sich abstrakt aus den Einzelheiten und der Summe des zu Betrachtenden hinaus und nimmt sie wie einen verwickelten Mechanismus von außen her wahr. Die Gesetze dieses Vorgangs werden wie so viele mechanische Regeln oder wie geordnete, auf das Individuum oder die Gruppe einwirkende Kräfte betrachtet, die, beobachtet und vom Verstand unterschieden, durch eigenen oder fremden Willen organisiert und ebenso gebraucht werden müssen, wie die Wissenschaft die von ihr entdeckten Gesetze anwendet. Diese Gesetze oder Regeln müssen dem Individuum von seinem eigenen, als führende Macht von den übrigen Teilen seines Ichs oder von Verstand und Willen anderer Individuen oder Gruppen abgesonderten, abstrakten Verstand und Willen auferlegt werden, entweder von deren eigenem kollektivem Verstand und Willen, der sich in irgendeiner Kontrollmaschine verkörpert, die das Bewußtsein als etwas vom Gruppenleben Gesondertes betrachtet, oder von Verstand und Willen einer anderen Gruppe, die außerhalb von ihr bestehen oder deren Teil sie auf irgendeine Weise ist. So wird der Staat im modernen politischen Denken als eine Ganzheit in sich selbst, als etwas von der Gemeinschaft und ihren Individuen Abgesondertes betrachtet, dem das Recht zukommt, sie zu bestimmen und bei Ausführung gewisser Ideen von Recht, Interesse oder Vorteil zu beaufsichtigen, Ideen, die ihnen eher von einer sie begrenzenden und formenden Macht aufgezwungen werden, als daß sie in sich und von sich aus zu etwas entwickelt wurden, zu dem hin ihr Ich und ihre Natur geführt werden soll. Das Leben soll behandelt, in Einklang gebracht, durchgeformt und in einen vollkommenen Zustand versetzt werden. Ein Gesetz außerhalb von uns selbst - außerhalb, auch wenn es vom individuellen Denken entdeckt oder bestimmt, vom individuellen Willen angenommen oder bekräftigt wurde - ist die beherrschende Idee des Objektivismus; eine mechanische Behandlung, Ordnung und Vollendung ist die Art ihrer Anwendung.

Subjektivismus kommt von innen und betrachtet alles vom Standpunkt eines einwohnenden und sich entwickelnden Selbstbewußtseins aus. Das Gesetz liegt hiernach in uns selbst. Das Leben ist ein selbstschöpferischer Vorgang, ein erst unterbewußtes, dann halbbewußtes und zuletzt mehr und mehr vollbewußtes Wachsen dessen, was wir in der Möglichkeit sind und in uns bewahren. Die Grundregel seines Fortschritts ist ein zunehmendes Selbsterkennen, Selbstverwirklichen und daraus hergeleitetes Selbstformen. Verstand und Wille sind nur wirksamer Ausdruck des Selbst; Denken ein Vorgang der Selbsterkenntnis; Wille eine Kraft der Selbstbestätigung und Selbstgestaltung. Ferner sind Verstand und Wille nur ein Teil der Möglichkeiten, dank deren wir uns selbst erkennen und verwirklichen. Der Subjektivismus sucht eine große und umfassende Übersicht über unsere Natur und unser Sein zu gewinnen und viele Erkenntnis- und Verwirklichungskräfte aufzunehmen. In seiner ersten, ihn von der äußeren und objektiven Betrachtungsweise entfernenden Bewegung sehen wir, wie er die Arbeit des Verstandes mindert und schwächt und die Überlegenheit des Lebenstriebs oder des wesentlichen Lebenswillens erhöht. Dieser steht im Gegensatz zu den Forderungen des Intellekts oder bejaht eine tiefere, heute Intuition genannte Erkenntniskraft, die die Dinge in ihrer Gesamtheit, Wahrheit, Tiefe und Harmonie erschaut, während das intellektuelle Denken zergliedert, verfälscht, äußere Erscheinungen bestätigt und nur mechanische ausgleicht. Wesensgemäß erkennen wir, daß diese Intuition das Selbstbewußtsein ist, das in seinem Inhalt und seinen Ausdrucksformen erfühlt, begriffen und erfaßt wird und dessen eigene Wahrheit, Natur und Kräfte nicht in seinen Auswirkungen zergliedert werden. Der ganze Impuls des Subjektivismus ist der Weg zum Selbst, zum inneren und äußeren Darleben der Wahrheit des Selbst, aber immer von einem inneren Ausgangs- und Mittelpunkt aus.

Noch aber bleibt die Frage nach der Wahrheit des Selbst, nach dem, was es ist, wo es in Wirklichkeit seinen Ort hat. Und hier hat der Subjektivismus mit derselben Gegebenheit zu arbeiten wie die objektive Lebens- und Seinsauffassung. Wir können das individuelle Leben und Bewußtsein als unser Ich bestimmen und seine Macht, seine Freiheit, sein wachsendes Licht, seine Befriedigung und Freude als Gegenstand des Lebens betrachten und somit zu einem subjektiven Individualismus gelangen. Wir können aber auch das Gruppen-Bewußtsein betonen, das kollektive Selbst und den Menschen nur als Ausdruck dieses Gruppenselbst in seinem individuellen und gesonderten Sein, als zwangsweise unvollkommen und nur in dieser größeren Ganzheit vollkommen ansehen.

Wir mögen das Leben des einzelnen der wachsenden Macht, Wirksamkeit, Kenntnis, Freude, Selbsterfüllung der Menschheit zu unterwerfen wünschen, ja es ihr selbst opfern und als Nichts außerhalb seiner Bedeutung für Leben und Wachstum einer Gemeinschaft oder Art betrachten. Wir mögen eine berechtigte Unterdrückung des Individuums verlangen und ihm verstandesmäßig und praktisch beibringen, es habe außer seiner Beziehung zur Gemeinschaft keinen Anspruch auf Dasein, kein Recht auf Selbsterfüllung. Diese Gemeinschaft hätte danach allein sein Denken, Handeln, Dasein und seinen individuellen Wunsch zu bestimmen nach einem Gesetz seines eigenen Seins, seiner eigenen Natur, die zu erfüllen er ein Recht hat. Ein Verlangen nach Gedankenfreiheit, die notwendig auch die Freiheit zu irren einschließt, und nach einer Freiheit des Handelns, die notwendig auch die Freiheit zu straucheln und zu sündigen umfaßt, würde hiernach als Beleidigung und Täuschung gelten. Dann würde dem kollektiven Selbstbewußtsein das Recht zukommen, überall in das Leben des Individuums einzugreifen, ihm alles Eigenleben und Sonderdasein, alle Selbstkonzentration und Einsamkeit, alle Unabhängigkeit und Selbstbestimmung zu verbieten, und alles, was das Kollektiv für das beste Denken, höchste Wollen, richtige Fühlen und für das Streben nach dem Notwendigen und Wünschenswerten zur Befriedigung der Gemeinschaft hält, für das Individuum selbst festzulegen.

Wir können aber auch die Vorstellung vom Ich erweitern, und ebenso wie die objektive Wissenschaft eine Universalkraft der Natur als die eine Wirklichkeit ansieht, aus der alles entsteht, subjektiv zur Verwirklichung eines Universalwesens oder -seins gelangen, das sich in der Welt erfüllt und für das der einzelne und die Gruppe nur gleichberechtigte Teilkräfte seiner Selbstoffenbarung sind. Dies ist offenbar die scheinbar richtige Selbsterkenntnis, da sie auf verständliche Weise die verschiedenen Aspekte des Weltprozesses und das ewige Streben der Menschheit umfaßt und einbezieht. So gesehen kann weder das gesonderte Wachstum des einzelnen noch das verschlingende der Gruppe, sondern nur eine gleichmäßige, gleichzeitige und möglichst parallele Entwicklung von beiden das Ideal sein, durch die jedes zur Erfüllung des anderen beiträgt. Jedes Wesen hat seine eigene Wahrheit der unabhängigen Selbstverwirklichung und die der Selbstverwirklichung im Leben der anderen und sollte mit dem Wachsen und Ausbreiten seiner Macht mehr und mehr, sowohl im Fühlen wie im Wünschen und Helfen, an dem harmonischen und natürlichen Wachstum aller individuellen und aller kollektiven Einzelwesen des einen universalen Seins teilnehmen wollen. Recht verstanden sind beide nicht gesonderte, entgegengesetzte oder sich bekämpfende Richtungen, sondern derselbe Impuls des einen allgemeinen Daseins, gemeinsame Bewegungen, die nur auseinandergehen, um wieder zu einer reicheren und breiteren Einheit und gegenseitigem Erfolg zusammenfinden.

Ähnlich mag das subjektive Streben nach dem Selbst ebenso wie das objektive vorwiegend zu einer Gleichsetzung dieses Selbst mit dem bewußten physischen Leben führen, da der Körper tatsächlich oder scheinbar der Rahmen und hier bestimmende Faktor der mentalen und vitalen Bewegungen und Fähigkeiten ist. Oder das Selbst kann sich mit dem vitalen Sein, der Lebensseele in uns und mit ihren Empfindungen, Wünschen, Impulsen, ihrem Machtstreben, Wachstum und ihrer egoistischen Erfüllung gleichsetzen. Oder das Streben nach dem Selbst kann zu einer Auffassung des Menschen als einem mentalen und moralischen Wesen führen, seinem inneren Wachstum, seiner Macht und Vollendung individuell wie kollektiv den ersten Rang einräumen und es als wirkliches Ziel unseres Daseins bestimmen. Eine Art von subjektivem, gemeinnützigem und nach außen strebendem Materialismus ist ein möglicher Standpunkt. Aber dabei kann das subjektivere Streben nicht lange verweilen. Denn sein natürlicher Antrieb geht immer nach innen, und es wird nur sich selbst empfinden und sich befriedigt fühlen, wenn es seines inneren Lebens ganz bewußt ist und alle seine Kraft, Freude und die heftig nach Erfüllung strebende Potenz spürt. In solchem Zustand erkennt sich der Mensch als tiefen, vitalen Lebenswillen, der seinen Körper als Werkzeug benutzt, und dem die mentalen Kräfte dienen und helfen. Dies ist der Vitalismus, der in verschiedentlich auffallenden Formen jüngst eine so große Rolle gespielt hat und noch einen beträchtlichen Einfluß auf das menschliche Denken ausübt. Über ihn hinweg gelangen wir zu einem subjektiven Idealismus, der heute aufzukommen und mächtig zu werden beginnt. Dieser sucht die Erfüllung des Menschen in der Befriedigung seiner innersten religiösen, ästhetischen, intuitiven, seiner höchsten intellektuellen und ethischen, seiner tiefsten mitfühlenden und gefühlsmäßigen Natur und will dieser, die er als Erfüllung unseres Seins und als Ziel unseres Lebens betrachtet, das physische und vitale Sein unterordnen. Dieses wird eher als mögliches Sinnbild und Werkzeug des subjektiven, seine Gestaltung suchenden Lebens, als für einen eigenen Wert angesehen. Eine gewisse Neigung zu Mystizismus und Okkultismus und die Suche nach einem von Leben und Körper unabhängigen Selbst begleitet diese neue Bewegung - neu für das heutige Leben nach der Herrschaft des Individualismus und des objektiven Intellektualismus - und betont ihr Wesen und Streben.

Hier aber ist es auch dem Subjektivismus möglich, weiterzugehen und das wahre Selbst als etwas dem Mentalen Überlegenes zu entdecken. <u>Mentales, Leben, Körper werden somit nur zu Werkzeugen des wachsenden Ausdrucks dieses Selbst in der Welt</u> - Werkzeugen, die in ihrer Hierarchie ungleich, aber in ihrer Notwendigkeit für das Gesamt ebenbürtig sind, so daß ihre Vollendung, Harmonie und Einheit als Elemente unserer Selbstäußerung für das wahre Ziel unseres Lebens wesentlich werden. Dieses Ziel wäre aber nicht Vollendung von Leben, Körper und Mentalem an sich, sondern ihre Entwicklung als geeignete Grundlage und geeignete <u>Werkzeuge für die Offenbarung des strahlenden Selbst, der geheimen Gottheit</u> in unserem inneren und äußeren Leben, die einheitlich und doch verschieden in uns allen, in jedem Wesen und Sein sind. Das Ideal der persönlichen wie sozial menschlichen Entwicklung wäre deren fortschreitende Verwandlung in einen bewußten Strom von Freude, Macht und Liebe, von Licht und Schönheit des transzendenten und universalen Spirits.

DAS IDEALE GESETZ
SOZIALER ENTWICKLUNG

Das wahre Gesetz unserer Entwicklung und das Gesamtziel unserer sozialen Existenz kann uns nur klarwerden, wenn wir nicht nur wie die moderne Wissenschaft die vergangene physische und vitale Entwicklung des Menschen, sondern auch seine künftige mentale und spirituelle Bestimmung und seinen Platz in den Zeitaltern der Natur erkannt haben. Aus diesem Grund sind die subjektiven Perioden der menschlichen Entfaltung immer die verhältnismäßig fruchtbarsten und schöpferischsten. In den anderen Perioden wird der Mensch zu irgendeinem Gesicht, Bild oder Typ der inneren Wirklichkeit, die die Natur in ihm darstellen will, oder er folgt einem mechanischen Antrieb oder formt sich nach äußeren Einflüssen der Natur. Auf diesem Weg in sein Inneres aber findet er wieder zu sich selbst zurück, zur Wurzel seines Lebens und seiner unbegrenzten Möglichkeiten, und vor ihm beginnt sich die Größe einer neuen, vollkommenen Selbstschöpfung zu entfalten. Er entdeckt seinen rechten Platz in der Natur und öffnet seine Augen für die Größe seiner Bestimmung.

Das Sein ist eine unendliche und deshalb unbestimmbare und nicht zu begrenzende Wirklichkeit, die sich in mannigfachen Lebenswerten darstellt. Es beginnt, wenigstens auf unserer Daseinsebene, mit einem stofflichen Bild seiner selbst, einer Form aus fester Substanz, in das er Welten, Erde, Körper prägen und aufbauen kann. Hier wird dem Sein das Gesetz seiner Bewegung in bestimmter Form zugeteilt. Dies Gesetz besagt die Einheit aller Dinge in Wesen und Ursprung, in ihrer allgemeinen Lebensordnung, ihrer Abhängigkeit voneinander und der allgemeinen Art ihrer Beziehungen. Jedes Sein aber stellt nach seiner Eigenart diese Einheit von Zweck und Sinn dar und hat zur Bereicherung des Seins der Welt sein eigenes Gesetz der Wandlung. Im Stoff ist die Verschiedenheit begrenzt. Es gibt verschiedene Typen, die Individuen eines Typus aber sind im allgemeinen gleich. Diese Individuen haben eine besondere Lebensrichtung, die aber im wesentlichen gleich ist. Trotz gewisser, kleiner Abweichungen stimmen sie im großen überein und haben die gleiche Zusammensetzung von

Eigenschaften. Abgesehen von kleineren einzelnen Übereinstimmungen entstehen Abwandlungen im Typ durch Veränderungen der untergeordneten, zu einer allgemeinen Art gehörenden Gruppentypen, die Arten und Unterarten der gleichen Gattung sind. Ehe das Mentale seiner selbst bewußt wurde, herrschte das gleiche Gesetz in der Entwicklung des Lebens. Mit zunehmender Entfaltung des Lebens und mehr noch des Mentalen gelangt das Individuum zu größerer und lebendigerer Kraft der Wandlung. Es gelangt zur Freiheit der Entwicklung nach dem allgemeinen Gesetz von Natur und Typ, aber auch nach dem Gesetz seines individuellen Seins.

Der Mensch als mentales Wesen in der Natur unterscheidet sich gegenüber seinen weniger entwickelten Mitgeschöpfen durch ein größeres Vermögen zur Individualität, durch das Freiwerden des mentalen Bewußtseins, das ihm das innere tiefere Verstehen seiner selbst, seines Lebensgesetzes und seiner Entwicklung letztendlich ermöglicht. Ferner unterscheidet er sich durch das Freiwerden des mentalen Willens, der ihm unter der verborgenen Herrschaft des Weltwillens immer stärkeren Einfluß auf die Substanz und Wege seiner Entwicklung einräumt. Er ermöglicht es ihm, sich selbst und seine Mentalität zu überwachen und sein Bewußtsein dem zu öffnen, aus dem das Mentale, das Leben und der Körper hervorgehen. Im letzthin Erreichbaren kann er sogar, trotz augenblicklicher Unvollkommenheit, zu einem Bewußtsein der Wirklichkeit vordringen, die sein wahres Wesen ausmacht, und bewußt, wie sonst nichts in der irdischen Natur, das Selbst, die Idee, den Willen in Besitz nehmen, aus denen er besteht. So gelangt er zur Herrschaft über seine eigene Natur und wird zunehmend zum Herrn der Natur, doch nicht wie jetzt zum Kämpfer mit der Macht der Umstände. Es ist die Bestimmung des Menschen und Ziel seines individuellen und sozialen Seins, mit Hilfe des Mentalen und jenseits des Mentalen zu seinem Selbst, zu dem sich in aller Natur offenbarenden Spirit zu gelangen und sich mit ihm in seinem Wesen, seiner Kraft, seinem Bewußtsein, seinem Willen, seinem Wissen zu vereinen. Menschlich und göttlich soll er - nach Gesetz und Natur des menschlichen Seins, aber eines Seins, das in Gott erfüllt ist und Gott in der Welt erfüllt - sowohl sich selbst wie die Welt besitzen.* (Fußnote siehe nächste Seite).

Dies geschieht vor allem durch den individuellen Menschen,

der hierfür zur individuellen Seele geworden ist, damit das Eine sich finden und sich in jedem menschlichen Wesen manifestieren könne. Dieses Ziel aber vermag der individuelle Mensch ohne Hilfe aus eigener mentaler Kraft nicht zu erreichen. Er bedarf der Hilfe des geheimen Göttlichen, das jenseits seiner Mentalität in seinem überbewußten Selbst liegt. Er bedarf auch der Hilfe des verborgenen Göttlichen, das ihn in der Natur und in seinen Mitmenschen umgibt. Alles in der Natur ist für ihn eine Gelegenheit, seine göttlichen Kräfte zu entwickeln, eine Gelegenheit, die zu nutzen oder zu mißbrauchen er eine gewisse Freiheit besitzt.

Freilich werden Gebrauch ebenso wie Mißbrauch in ihrem Ergebnis von dem Weltwillen beeinflußt, damit sie schließlich doch der Entwicklung seiner Lebensgesetze und Bestimmung dienlich sind. Alles Leben der Umwelt ist für das Individuum eine Hilfe in der Erfüllung der göttlichen Aufgabe seines Inneren. Jeder ist dabei sein Mitarbeiter und hilft ihm durch Gemeinschaft und Verbundenheit oder durch Kampf und Gegensatz. Auch erreicht er sein Ziel nicht als Individuum allein zum Heile seiner individuellen Seele - die Erlösung nur eines einzelnen ist kein vollkommenes Ideal -, sondern auch <u>zum Heile der Welt, oder besser gesagt Gottes in der Welt, Gottes, der nicht allein und gesondert, sondern in allem und über allem ist. Er erreicht sein Ziel nicht eigentlich durch die Kraft seines gesonderten, individuellen Willens, sondern durch die Kraft des universellen Willens in seinem Fortschreiten</u> auf das Ziel der Zeitalter hin.

Es sollte deshalb das Ziel jeder Gesellschaft sein, zunächst die Bedingungen für Leben und Wachstum des einzelnen zu schaffen, durch die der individuelle Mensch, und zwar nicht der einzelne Mensch, eine Klasse oder eine bevorzugte Rasse, sondern alle individuellen Menschen entsprechend ihren Fähigkeiten zur göttlichen Vollendung hingeführt werden. Da die Menschheit im allgemeinen

---

* Man könnte sagen, daß diese Entwicklung und Organisation einer Kraft jenseits des Bewußtseins die Schaffung einer neuen übermenschlichen Rasse bedeuten würde, nachdem der Mensch ein denkendes Wesen ist, das durch Verstand, Leben und Körper begrenzt wird, und daß die Anwendung von Begriffen wie Mensch und menschlich nicht mehr zutreffen würde. Dies ist zweifellos richtig, aber diese Möglichkeit besteht für die Menschen als mögliche Vollendung, wenn auch nicht für alle im gleichen Maß und zur gleichen Zeit.

immer stärker in ein Bild des Göttlichen im Leben hineinwächst und immer mehr Menschen sich diesem Ziele nähern - denn es gibt viele Zeitalter und jedes Zeitalter hat sein eigenes Bild des Göttlichen Menschen -, muß zum anderen erreicht werden, daß in dem allgemeinen Leben der Menschheit das Licht, die Macht, die Schönheit, die Harmonie und Freude an dem Selbst ihren Ausdruck finden und dieses sich nun zugunsten einer freieren, edleren Menschheit auswirken kann. In Freiheit und Harmonien finden die beiden notwendigen Grundsätze der Verschiedenheit und Einheit ihren Ausdruck: Freiheit des Individuums, der Gruppe, der Rasse, gleichgeordnete Harmonie der individuellen Kräfte und der Anstrengungen aller Individuen in der Gruppe, aller Gruppen in der Rasse, aller Rassen in der Art. Dies sind die beiden Bedingungen für einen gesunden Fortschritt und für ein erfolgreiches Erreichen des Ziels.

Diese Bedingungen zu verwirklichen und sie miteinander zu verbinden, war das verschwommene und nur teilweise bewußte Streben der Menschheit im Verlauf ihrer Geschichte - eine Aufgabe, die wirklich schwierig war, die nicht voll erkannt wurde, die zu schwerfällig und mechanisch von Verstand und Verlangen angepackt wurde, um befriedigend gelöst zu werden, solange der Mensch noch nicht durch Selbsterkenntnis und Selbstbeherrschung die spirituelle und psychische Einheit mit seinen Mitmenschen erlangt hatte. Erst wenn der Mensch mehr und mehr die rechten Voraussetzungen schafft, wird er klarer und unmittelbar seinem Ziel zustreben können. Je mehr er sich diesem nähert, um so besser wird er die richtigen Bedingungen erkennen. Das Selbst im Menschen, das Klarheit und Erkenntnis ausweitet und den Willen in Übereinstimmung mit dieser Klarheit und Erkenntnis bringt, so daß er im Leben erfüllt, was er in seiner sich weitenden Schau und in der Idee des Selbst erblickt hat, ist die Kraftquelle des Menschen, das Gesetz seines Fortschritts und das Geheimnis seines Strebens nach weiterer Vollendung.

Die Menschheit auf Erden ist der wesentlichste Selbstausdruck des universalen Wesens in seiner kosmischen Selbstentfaltung und bringt unter den Bedingungen der irdischen Welt die mentalen Kräfte des universalen Seins zum Ausdruck. Alle Menschheit ist eins in ihrer physischen, vitalen, gefühlsmäßigen und mentalen Natur und war dies immer trotz aller Unterschiede in ihrer intellektuellen Entwicklung, die von der Primitivität des Buschmanns und Negroiden bis zu den reichen Kulturen Asiens und Europas reicht. <u>Die Menschheit als Gesamtheit hat *eine* Bestimmung, die sie erstrebt und der sie sich immer mehr nähert in den Zeitaltern des Fortschritts wie des Rückschritts, die sie in den unzähligen Jahrtausenden ihrer Geschichte durchschreitet.</u> Nichts, was eine individuelle Rasse oder Nation siegreich verwirklichen kann, kein Sieg der Selbsterhöhung, der Erleuchtung, intellektueller Vollkommenheit oder Beherrschung der Umgebung hat einen dauernden Sinn oder Wert, wenn nicht auf diese Weise etwas für den menschlichen Fortschritt erreicht, wiedergewonnen oder bewahrt wird. Das Ziel, das uns in den alten indischen Schriften als wesentlich für alle menschlichen Handlungen beschrieben wird, *lokasamgraha,* <u>das Zusammenhalten der Menschheit in ihrer Entwicklung durch die Zeitalter, ist der unveränderliche Sinn der Summe unserer Handlungen, ob wir dies wissen oder nicht.</u>

Innerhalb dieser allgemeinen Natur und Bestimmung der Menschheit aber muß jedes individuelle menschliche Wesen das allgemeine Ziel nach den Richtlinien seiner eigenen Natur verfolgen und durch inneres Wachstum seine größtmögliche Vollendung erreichen. Nur auf diese Weise kann auch die Menschheit selbst etwas Tiefes, Lebendiges und Eingewurzeltes erlangen. Dies kann nicht auf brutale, schwerfällige und mechanische Weise in der Masse geschehen. Die Gruppe hat selbst kein Recht, das Individuum so zu betrachten, als sei es nur eine Zelle seines Körpers, ein Stein seines Gebäudes, ein passives Werkzeug seines kollektiven Lebens und Wachstums. Dies entspricht nicht dem Wesen der Menschheit. Wir würden die göttliche Wirklichkeit im Menschen und das Geheimnis der menschlichen Geburt verlieren, wenn wir nicht verstehen, <u>daß jeder individuelle Mensch dieses Selbst ist und in seinem eigenen Wesen alle menschlichen Möglichkeiten zusammenfaßt.</u> Diese seine Möglichkeit muß er herausfinden, entwickeln und von innen her herausarbeiten. Kein Staat, kein Gesetzgeber oder Reformator kann das Individuum starr in ein vollkommenes Muster zwängen. Keine Kirche, kein Priester kann ihm auf mechanische Weise Heil bringen. Keine Ordnung, keine äußeres Leben oder Ideal, keine Nation, keine Zivilisation, kein Glaube, keine ethische, soziale oder religiöse Lehre darf ihm unausgesetzt vorhalten: »Nach meinen Vorschriften und Weisen mußt du handeln und wachsen. Du darfst dich auf keine andere Weise und nicht höher entwickeln.« Solche Vorschriften können ihm zeitweilig helfen oder ihn zurückhalten. Er wird sich entwickeln in dem Verhältnis, in dem er sie anwenden und dann über sie hinauswachsen kann. Sie werden seine Individualität schulen und unterstützen, aber diese letztendlich stets in ihrer göttlichen Freiheit bestätigen. Immer ist er der Wanderer im Kreislauf der Zeitalter, immer geht sein Weg voran.

Gewiß, sein Leben und Wachstum dienen dem Heil der Welt. Aber er kann der Welt durch Leben und Wachstum nur insoweit helfen, als er immer freier und breiter sein eigenes Selbst zu leben vermag. Sicherlich muß er sich der Ideale, Disziplinen und Systeme der Zusammenarbeit bedienen, die er auf seinem Wege vorfindet. Aber er kann sie nur recht anwenden, in rechter Weise und zum rechten Zweck, wenn sie für sein Leben Möglichkeiten auf dem Weg über sie hinaus bedeuten, wenn sie nicht Lasten sind, die er um ihrer selbst willen tragen muß, wenn sie nicht despotische Ansprüche an ihn stellen, denen er als Sklave oder Untertan gehorchen muß. Wenn auch Gesetze und Vorschriften oft eine Tyrannis über die menschliche Seele auszuüben suchen, so liegt ihre einzige Aufgabe doch nur darin, Werkzeug und Diener für sie zu sein. Bringen sie keinen Nutzen mehr, müssen sie aufgehoben und durchbrochen werden.

Der Mensch muß zugegebenerweise sein Material auch von den Gedanken und dem Leben seiner Mitmenschen und seiner Umwelt beziehen, selbst nochmals die meisten Erfahrungen der menschlichen Vergangenheit machen und sich nicht in einer engen Mentalität beschränken. Dies aber kann er nur dann erfolgreich tun, wenn er alles Material zu seinem eigenen macht, es den Grundgesetzen seiner eigenen Natur anpaßt und es auf dem vorwärts führenden Weg seiner breiter werdenden Zukunft sich dienstbar macht. Die Freiheit, die der kämpfende, menschliche Geist für das Individuum verlangt, ist nicht nur egoistische Herausforderung und Empörung, wie selbstsüchtig oder einseitig übersteigert und falsch angewendet sie auch manchmal sein mag. Sie ist ein göttlicher Antrieb, der dem Menschen innewohnt, das Gesetz seines Selbst, sein Anspruch auf Raum, die eine Bedingung für seine natürliche Selbstentfaltung.

Der individuelle Mensch gehört zur Menschheit nicht nur in

einem allgemeinen Sinn. Seine Natur ist nicht nur eine Abart der menschlichen Natur im allgemeinen, sondern er gehört auch einer Rasse, einer Klasse, einem mentalen, vitalen, physischen und spirituellen Typ an, in denen er den anderen gleicht, in vielem aber sich von ihnen zum Teil unterscheidet.

Den Ähnlichkeiten entsprechend sucht er sich in Kirchen, Sekten, Gemeinschaften, Klassen oder Sippschaften einzuordnen, in Verbindungen, deren Existenz er unterstützt und die ihn ihrerseits bereichern, ebenso wie das Leben der weiten wirschaftlichen, sozialen und politischen Gruppe der Gesellschaft, der er angehört. In den heutigen Zeiten ist diese Gesellschaft die Nation. Indem er das nationale Leben bereichert - aber nicht nur auf diese Weise -, hilft er dem Leben der gesamten Menschheit.

Es darf nicht übersehen werden, daß der Mensch nicht begrenzt ist oder begrenzt werden kann durch die Zugehörigkeit zu irgendeiner dieser Gruppen. Er ist nicht nur der Adlige, der Kaufmann, der Krieger, Priester oder Gelehrte, der Künstler, Landwirt oder Handwerker, er ist nicht nur Angehöriger einer religiösen, weltlichen oder politischen Gemeinschaft. Auch seine Nationalität kann ihn nicht begrenzen. Er ist nicht nur Engländer, Franzose, Japaner oder Inder. Wenn auch ein Teil von ihm der Nation angehört, so geht ein anderer doch über diese hinaus und gehört der Menschheit an. Und ein Teil von ihm, der größte, ist selbst nicht auf die Menschheit beschränkt. Denn mit diesem Teil gehört er Gott, der Welt aller Wesen und der Göttlichkeit der Zukunft an.

Der Mensch ist allerdings bestrebt, sich selbst zu begrenzen und sich seiner Umwelt, seiner Gruppe unterzuordnen. In gleicher Weise besitzt er aber auch die notwendige Neigung, sich auszuweiten und seine Umwelt, seine Gruppe zu überwachsen. Das einzelne Tier wird vollkommen von seinem Typ beherrscht, und wenn es sich in Gruppen zusammenfindet, ordnet es sich ihnen unter. Der individuelle Mensch hat schon begonnen, etwas von der Unendlichkeit, der Fülle und der freien Verschiedenartigkeit des Selbst anzunehmen, das er in der Welt manifestiert findet. Oder er hat zumindest die Möglichkeit hierzu, wenn sich dies auch noch nicht an der Oberfläche seiner Natur und seiner Lebensart ausdrückt.

Bei diesem allen handelt es sich nicht um einen formlosen, vagen Grundsatz, sondern um das Bestreben, sich mit der größtmöglichen Menge an Substanz zu bereichern, die dem Menschen ständig zugetragen wird, der er sich immerfort anpaßt und die er ständig nach dem Gesetz seiner individuellen Natur in einen Stoff wandelt, der seinem Wachstum und seiner göttlichen Ausweitung entspricht.

So steht die Gemeinschaft als Mittelglied und Mittelwert zwischen Individuum und Menschheit. Sie ist nicht Selbstzweck in sich, sondern besteht für das eine und das andere, damit beide sich gegenseitig erfüllen. Das Individuum hat in der Menschheit zu leben, ebenso wie die Menschheit im Individuum. Die Menschheit aber besitzt oder besaß eine zu große Macht, um diese Gegenseitigkeit dem Denken des gewöhnlichen Menschen vertraut und fühlbar zu machen. Selbst wenn die Menschheit zu einer leichter übersehbaren Lebenseinheit wird, müssen noch Zwischengruppen und Einheiten bestehen, um die Vielzahl zu ordnen und die verschiedenen Bestrebungen des menschlichen Zusammenlebens zu sammeln und zu verbinden. Deshalb muß die Gemeinschaft eine Zeitlang für das Individuum an die Stelle der Menschheit treten, selbst auf die Gefahr hin, daß sie sich zwischen die Gesellschaft und den Menschen stellt und damit den Umfang seiner Weltoffenheit und die Weite seiner Gefühle begrenzt. Und doch stellt der unbedingte Anspruch der Gemeinschaft, der Gesellschaft oder der Nation, die ihr Wachstum, ihre Vollendung und Größe zu dem einzigen Ziel des menschlichen Lebens machen, oder für sich allein gegen das Individuum und gegen den Rest der Menschheit bestehen wollen, die sich willkürlich des einen bemächtigen und eine feindliche Stellung gegen andere beziehen, in Angriff oder Verteidigung sich selbst zum Gesetz des Tuns in der Welt erhebend, stellt dieser unbedingte, nicht nur als eine bedauerliche, doch vorübergehende Notwendigkeit angesehene Anspruch der Gesellschaft, der Rasse, der Religion, der Gemeinschaft oder der Nation zweifellos ebenso eine Verirrung der menschlichen Vernunft dar, wie der Anspruch des Individuums, egoistisch für sich selbst zu leben, ein Irrtum und eine Verdrehung der Wahrheit ist.

Die Wahrheit, die durch diesen Irrtum entstellt wird, gilt ebenso für die Gemeinschaft wie für das Individuum. Die Nation oder die Gemeinschaft ist ein Zusammenleben, in dem das Selbst sich entsprechend dem allgemeinen Gesetz der menschlichen Natur ausdrückt und durch die eigene Entwicklung und die Erfüllung der eigenen Bestimmung, der Entwicklung und Bestimmung der

Menschheit hilft oder sie teilweise vollendet, und dies dem Gesetz des eigenen Seins und der Natur der verkörperten Individualität entsprechend. Diese hat ebenso wie das Individuum das Recht, sie selbst zu sein. Sie hat gerechterweise Anspruch darauf, gegen jeden Versuch der Beherrschung durch andere Nationen die eigene Existenz zu verteidigen, ebenso gegen jeden Angriff auf seine eigene Entwicklung oder gegen eine Überbetonung menschlicher Gleichförmigkeit und Einordnung. Sie hat das Recht, auf dem eigenen So-Sein zu bestehen und sich die Möglichkeit einer Entwicklung entsprechend der geheimen Idee in ihrem Innern oder, wie wir sagen, nach dem Gesetz ihrer eigenen Natur zu erhalten, und zwar nicht nur oder nicht in der Hauptsache im eigenen Interesse, sondern auch im Interesse der Menschheit. Denn das einzige, das wir wirklich unser Recht nennen können, sind die Voraussetzungen, die für unsere freie und gesunde Entwicklung notwendig sind.

Dieses Recht, sich selbst zu sein, bedeutet in der Gemeinschaft der Nation ebensowenig wie beim Individuum, daß man sich wie ein Igel einrollen, in Dogmen, Vorurteile, Beschränkungen und Unvollkommenheiten einschließen darf, in der Form und der Prägung des in Vergangenheit oder Gegenwart Erreichten, und daß man mentalen oder physischen Umgang und Austausch oder spirituelle und praktische Verbindung mit der übrigen Welt verweigern darf. Denn auf diese Weise kann auch diese nicht reifen und zu Vollkommenheit gelangen. Wie das Individuum durch das Leben anderer Individuen lebt, so lebt die Nation durch das Leben anderer Nationen, indem sie Stoff zur Entwicklung ihrer eigenen mentalen, wirtschaftlichen und physischen Existenz von ihnen annimmt. Diesem Stoff muß sie sich aber anpassen, ihn dem Gesetz ihrer eigenen Natur unterwerfen, ihn in eigenen Stoff wandeln und ihn mit dem eigenen Willen und Bewußtsein bearbeiten, um sicher leben und sich gesund entwickeln zu können. Werden die Grundsätze oder die Regeln einer anderen Natur ihr gewaltsam auferlegt oder durch einen Druck, der sie ihrer Individualität entkleidet, dann wird auch ihr Dasein bedroht, ihr Sein verwundet und ihr Fortschritt gehemmt. <u>Ebenso wie die freie Entwicklung des Individuums von innen her die beste Vorbedingung für das Wachstum und die Vollendung der Gemeinschaft ist, so</u> ist auch die Entwicklung der Gemeinschaft oder der Nation von innen her die beste Vorbedingung für das Wachstum und die Vollendung der Menschheit.

So ist das Gesetz des Individuums die Vollendung seiner Individualität durch freie Entwicklung von innen her. Dabei soll es aber auch den anderen achten und ihm Hilfe gewähren und soll selbst Hilfe empfangen von der gleichen, freien Entwicklung im anderen. Sein Gesetz ist es, sein Leben in Einklang zu bringen mit dem Leben der sozialen Gemeinschaft und sich selbst als eine Kraft auszuströmen zum Wachstum und zur Vollendung der Menschheit. Gleicherweise ist das Gesetz der Gemeinschaft oder Nation die Vollendung ihres gemeinsamen Daseins durch eine freie Entwicklung von innen her. Hierbei hilft sie dem Individuum oder empfängt von ihm Hilfe. Ebenso aber achtet und hilft sie anderen Gemeinschaften und Nationen, durch deren gleiche freie Entwicklung sie ihrerseits wieder Hilfe empfängt. Sie steht unter dem Gesetz, ihr Leben mit dem anderer menschlicher Gemeinschaften in Harmonie zu bringen und sich als eine Kraft zu verströmen zum Wachstum und zur Vollendung der Menschheit.

<u>Das Gesetz der Menschheit ist ihre Aufwärtsentwicklung zur Erkenntnis und Offenbarung des Göttlichen in ihr und</u> das Gebot, aus der freien Entwicklung und den Erfolgen aller Individuen, Gemeinschaften und Nationen größtmöglichen Nutzen zu ziehen. Sie muß auf den Tag hinarbeiten, an dem die Menschheit wirklich und nicht nur in der Idee eine göttliche Familie sein wird. Aber selbst dann, wenn sich diese zusammengefunden hat, muß sie weiterhin das freie Wachstum und das Tun der Individuen und der Gemeinschaften, aus denen sie besteht, achten, sie unterstützen und von ihnen Hilfe empfangen.

Selbstverständlich ist dies ein ideales Gesetz, das die unvollkommene Menschheit bisher niemals wirklich erreicht hat, und es mag lange dauern, bis sie dieses erreichen wird. Da der Mensch sich nicht besitzt, sondern nur danach strebt, sich zu finden, da er sich nicht bewußt kennt und nur unterbewußt oder halbbewußt dem Drang des Gesetzes seiner eigenen Natur in großen Zügen gehorcht, da er hierbei strauchelt, zögert und in die Irre geht, da er selbst eine Reihe von Gewaltsamkeiten dabei erfährt oder anderen zufügt, mußte sein Weg durch ein Gewirr von Wahrheit und Irrtum, von Recht und Unrecht, von Zwang und Empörung und von schwerfälligen Vergleichen führen. Auch heute besitzt er noch nicht die Weite der Erkenntnis, nicht die Beweglichkeit des Mentalen, die Reinheit der Seele, die es ihm ermöglichen könnten, dem

Gesetz der Freiheit und Harmonie zu folgen, anstatt dem Gesetz des Zwiespalts und der Unterordnung, des Zwanges, der Änderung und des Kampfes.

Es ist die eigentliche Aufgabe eines subjektiven Zeitalters, in dem das Wissen wächst und sich mit beispielloser Schnelligkeit verbreitet, in dem die Fähigkeiten Allgemeinbesitz werden, in dem Menschen und Nationen enger zusammenrücken und sich hier und dort vereinen - mag die Einheit auch noch unentwirrbar, verworren und chaotisch erscheinen, eine Einheit, in der die Menschen gezwungen werden, sich gegenseitig kennenzulernen und die Tiefen in sich selbst, in der Menschheit und in Gott zu erfahren, eine Einheit, in der die Idee der Selbstverwirklichung von Menschen und Nationen erst in das Bewußtsein heraufsteigt -, es ist die naturgemäße Aufgabe und sollte die bewußte Hoffnung der Menschen einer solchen Zeit sein, sich selbst wahrhaftig zu erkennen und das ideale Gesetz des eigenen Wesens und dessen Entwicklung zu finden. Kann der Mensch infolge der Schwierigkeiten seiner egoistischen Natur noch nicht vollkommen diesem Ideal nachleben, so sollte er es doch hochhalten und den Weg allmählich finden, der mehr und mehr die Richtung seines individuellen und sozialen Lebens zu diesem Ideal hin bestimmen wird.

ZIVILISATION UND BARBAREI

Steht einmal fest, daß dieses Gesetz vollkommener Individualität und Wechselwirkung das Idealgesetz für Individuum, Gemeinschaft und Menschheit bedeutet und daß eine vollkommene Vereinigung, selbst die Einheit in einer ungebundenen Vielfalt das Ziel ist, dann müssen wir klarer zu erkennen suchen, was unter dem Satz, daß Selbstverwirklichung der verborgene oder offene Sinn der individuellen oder sozialen Entwicklung ist, zu verstehen sei. Noch betrachten wir Art und Menschheit nicht als Einheit. Noch ist für uns die Nation die größte und umfassendste lebendige Einheit.

    Man beginnt am besten mit dem Individuum, da wir von seiner Natur vollkommenere und bessere Kenntnis und Erfahrung besitzen als von einem allgemeinen Seelen- und Lebensgefüge, und weil Gesellschaft oder Nation, selbst in ihrem breiteren Rahmen, ein weiteres zusammengesetztes Individualitätsgefüge, den kollektiven Menschen, bedeutet. Die für das Individuum gefundenen Werte gelten wahrscheinlich auch für das allgemeine Grundprinzip der größeren Ganzheit. Außerdem ist die Entwicklung des freien Individuums, wie schon gesagt, die Grundbedingung für die Entwicklung der vollkommenen Gesellschaft. Deshalb müssen wir vom Individuum ausgehen. Es ist unser Führer und unsere Grundlage.

    Das Selbst des Menschen ist ein verborgenes und geheimes Etwas. Es ist nicht sein Körper, nicht sein Leben, nicht sein Mentales - selbst wenn der Mensch auf der Stufenfolge seiner Entwicklung *manu,* das denkende Wesen ist. Deshalb kann die Erfüllung seiner physischen, vitalen oder mentalen Natur auch nicht letzter Ausdruck des wahren Zustands seiner Selbstverwirklichung sein. Sie sind lediglich Mittel der Offenbarung, untergeordnete Anzeichen, Grundlagen seiner Selbstfindung, Wertsetzungen, praktischer Ausdruck seines Selbst, was immer man will, aber nie dies Etwas selbst, das er im Verborgenen ist, nach dem er im Dunklen tastet oder das er offen und selbstbewußt zu werden sucht. Als Art besaß der Mensch nie die Wahrheit über sich selbst und besitzt sie auch heute nicht, es sei denn in der Schau und Selbsterfahrung der wenigen, denen die Masse nicht zu folgen vermag, wenn sie sie auch als Meister, Seher, Heilige oder Propheten verehrt. Denn die Überseele, Meister unserer Entwicklung, hat ihre eigenen großen Zeitfolgen, ihre eigenen großen Zeitalter langsamer oder schneller Ausdehnung, die wohl das starke, halbgöttliche Individuum, aber nicht die noch halbtierische Art überspringen kann. Der Lauf der Entwicklung, fortschreitend von Pflanze zu Tier, von Tier zu Mensch, beginnt bei diesem auf der untermenschlichen Stufe. Der Mensch muß das Tier, sogar Mineral und Pflanze in sich aufnehmen. Sie bilden seine Körpernatur. Sie beherrschen seine Lebenskraft und beeinflussen sein Denken. Seine Bereitschaft zu vervielfältigter Trägheit, seine Neigung zu vegetieren, seine Bindung an den Boden, sein Festhalten an den Wurzeln, um jede Art Halt zu finden, daneben sein Trieb zum Nomadentum, zum Raubtier, seine blinde Unterordnung unter Brauch und Regel der Masse, seine Herdenbewegungen wie sein Offensein für unterbewußte Suggestionen der Gruppenseele, sein Ausgeliefertsein an das Joch der Wut und Angst, die Notwendigkeit der Bestrafung wie das Abhängigsein von Strafen, sein Mangel an selbständigem Denken und Handeln, seine Unfähigkeit zu wirklicher Freiheit, sein Mißtrauen gegen das Neue, seine Langsamkeit im verstandesmäßigen Erfassen und Anpassen, sein Zug nach unten, sein erdwärts gerichteter Blick, seine vitale und leibliche Abhängigkeit von der Erbmasse, dies alles und noch mehr sind das Erbe aus den untermenschlichen Ursprüngen seines Lebens, seines Körpers und Körperdenkens. Auf Grund solcher Erbmasse bedeutet Selbstüberwindung für ihn die schwierigste Aufgabe und das mühevolle Streben. Und doch vermag die Natur nur im Hinauswachsen über das niedere Selbst die großen Räume ihres Entwicklungsablaufs zu erschließen. Aufgabe des denkenden Wesens ist es, aus dem Gewesenen zu lernen und die eigenen Möglichkeiten zu erkennen und zu stärken.

Dieses Zeitalter der Zivilisation geht seinem Ende entgegen, wie wir hoffen wollen, diese Zeit, in der dem allgemeinen Bewußtsein der Rasse die völlige Gleichsetzung des Selbst mit dem Körper und dem leiblichen Leben möglich war. Die Haltung solch barbarischer Unwissenheit liegt in der Überschätzung des Körpers und des leiblichen Lebens als dem einzig Wesentlichen, in der Bemessung des Menschseins nach der körperlichen Kraft, Entwicklung und Tapferkeit, in der Hingabe an die Triebe, die aus dem Unbewußten des Körpers aufsteigen, in der Verachtung des Wissens als

Schwäche und Unterlegenheit und nicht als notwendigen Teil des Menschentums zu betrachten. Dies Barbarische drängt in der atavistischen Zeit der Kindheit nach oben, wenn - wohlgemerkt - die körperliche Entwicklung von größter Bedeutung ist. Für den erwachsenen Menschen der Kulturmenschheit aber sollte dies unmöglich sein. Selbst die Lebenshaltung der Art beginnt sich unter dem Druck des modernen Lebens zu ändern. Damit endet das vordergründige, tierhaft Körperliche des Menschen, und er wird immer mehr zu einem vitalen Geschöpf und einem Produkt der Wirtschaftlichkeit. Weder schaltet er aus seiner Lebensanschauung den Körper und seine Entwicklung aus - er will es auch gar nicht -, noch vergißt er seinen rechten Unterhalt oder verachtet das tierhafte Sein und dessen Vorzüge seiner Lebensweise. Das Wohlergehen des Körpers, seine Gesundheit, Unversehrtheit, Kraft und harmonische Entwicklung sind für ein vollkommenes Menschtum notwendig und fordern eine größere und nachhaltigere Aufmerksamkeit als bisher. Aber der Körper darf nicht länger vorherrschen und noch weniger im Sinn einer barbarischen Zeit vollkommen bestimmend wirken.

Hat auch der Mensch die Botschaft der Weisen, das »Erkenne dich selbst« noch nicht ganz verstanden, so ergriff er doch bereits die Botschaft des Denkers: »Erziehe dich«, und - noch mehr - er verstand, daß die Erziehung ihm die Pflicht auferlegt, sein Wissen anderen mitzuteilen. Der Gedanke einer notwendigen allgemeinen Erziehung bedeutet die Erkenntnis der Menschheit, daß das Mentale und nicht das Leben und der Körper den Menschen ausmachen, und daß dieser ohne Entwicklung des Mentalen nicht sein wahres Menschtum besitzt. Der Gedanke der Erziehung ist primär noch Sache des Verstandes, der mentalen Fähigkeit und der Erkenntnis der Welt. Zweitens aber stellt er sich die Aufgabe der moralischen Bildung und der Entwicklung des Sinnes für Ästhetik.

In der heutigen zivilisierten Menschheit herrscht die Auffassung vor, daß der Mensch ein intelligentes, denkendes Wesen sei mit moralischen Anschauungen, ein Wesen, das seine Triebe und Gefühle durch Willen und Verstand leitet, das vertraut ist mit allem, was es von der Welt und ihrer Vergangenheit wissen muß, das fähig ist, durch dieses Wissen sein soziales und wirtschaftliches Leben mit Hilfe des Verstandes richtig zu organisieren und seine körperlichen Gewohnheiten, sein physisches Leben in rechter

Weise einzuordnen.

Dies bedeutet im wesentlichen eine Rückkehr des früheren griechischen Ideals und seine Weiterentwicklung mit größerem Nachdruck auf Fähigkeit und Nützlichkeit und einer sehr verminderten Betonung der Schönheit und Verfeinerung. Wir können aber annehmen, daß dies nur eine Übergangsperiode darstellt. Die verlorenen Elemente müssen ihre Bedeutung wieder erlangen, sobald die heutige Periode wirtschaftlichen Fortschritts überwunden ist. Diese Wiederentdeckung, die jetzt noch nicht sichtbar, aber unvermeidlich ist, wird uns alle Elemente erneut zur Verfügung stellen, die der Entwicklung des Menschen als mentalem Wesen förderlich sind.

Die frühere griechische oder griechisch-römische Zivilisation ging unter anderem deshalb zu Ende, weil sie der Kultur in ihrer eigenen Gesellschaft nur in unvollkommener Weise allgemeine Gültigkeit verschaffte und weil sie noch von großen Menschenmassen mit barbarischem Denken umgeben war. Eine Zivilisation kann niemals als gesichert gelten, solange sich die Kultur nur auf eine kleine Minderheit beschränkt und noch eine riesige Menge von Unwissenheit, eine Masse, ein Proletariertum großzieht. Wenn sich das Wissen nicht von oben her ausbreitet, läuft es immer Gefahr, von unten in die Nacht der Unwissenheit hinuntergezogen zu werden. Noch gefährdeter muß eine Kultur sein, wenn sie einer Vielzahl von Menschen erlaubt, außerhalb ihrer Grenzen, von ihrem Licht nicht erreicht, in der Kraft ihrer natürlichen primitiven Stärke zu leben, die in jedem Augenblick die physischen Waffen gegen die Zivilisation ergreifen können, ohne die verwandelnden Erkenntnisse ihrer Kultur aufzunehmen.

Die griechisch-römische Kultur löste sich von innen und von außen her auf, äußerlich durch das Hereinfluten der teutonischen Barbaren, innerlich durch den Verlust ihrer Vitalität. Sie gab den Proletariern ein gewisses Maß an Bequemlichkeit und Vergnügen, hob sie aber nicht hinauf zum Licht der Erkenntnis. Licht drang in die Menge erst durch die christliche Religion, die als Feind der alten Kultur erschien und sich an die Armen, Unterdrückten und Unwissenden wandte. Sie suchte sich der Seele und des ethischen Wesens zu bemächtigen, kümmerte sich aber wenig oder überhaupt nicht um das Denken, zufrieden, es im Dunkel zu lassen, wenn nur das Herz dazu gebracht werden konnte, die religiöse

Wahrheit zu spüren. Auch als die Barbaren die westliche Welt eroberten, genügte es ihr, sie zu christianisieren, ohne sich darum zu kümmern, ihnen Anteil an dem Denken zu geben. Sie mißtraute sogar dem freien Spiel des Verstandes. Christliches Kirchentum und Mönchswesen wurde anti-intellektuell, und es blieb den Arabern überlassen, die Anfänge wissenschaftlicher und philosophischer Kenntnisse einem halbbarbarischen Christentum und dem halbheidnischen Spirit der Renaissance zugängig zu machen. Es begann ein langer Kampf zwischen Religion und Wissenschaft, bis eine freie intellektuelle Kultur in den wieder erwachenden Geist Europas einzudringen vermochte. Wissen muß aggressiv sein, wenn es überleben und sich erhalten will. Läßt man zu, daß sich Unwissenheit unter dem Wissen oder in seiner Umgebung ausbreitet, dann setzt man die Menschen der ständigen Gefahr eines Rückfalls in die Barbarei aus.

Die moderne Welt läßt nicht Raum für eine Wiederholung dieser Gefahr in der gleichen Art oder im früheren Umfang. Davor bewahrt die Wissenschaft, die der Kultur die Möglichkeiten der Selbsterhaltung geliefert hat. Sie hat die zivilisierten Völker mit den Waffen von Organisation, Aggression und Selbstverteidigung ausgerüstet, die ein barbarisches Volk nur dann erfolgreich anwenden kann, wenn es aufhört, unzivilisiert zu sein und sich die Erkenntnisse erwirbt, die allein die Wissenschaft zu geben vermag. Die Welt hat gelernt, daß Unwissenheit ein Feind ist, den man nicht mißachten darf, und hat sich zum Ziel gesetzt, ihn auszurotten, wo immer sie ihn findet. Das Ideal einer allgemeinen Bildung verdankt ihr zumindest, soweit es sich um die Unterweisung des Mentalen und die Schulung der Begabung handelt, viele ihrer praktischen Möglichkeiten, wenn nicht sogar ihre Entstehung selbst. Diese Einsicht hat sich überall mit unwiderstehlicher Kraft durchgesetzt und in das Bewußtsein von drei Kontinenten das Verlangen nach vermehrtem Wissen gelegt. Sie hat eine allgemeine Erziehung zu der unverzichtbaren Bedingung nationaler Stärke und Wirksamkeit erhoben und deshalb den Wunsch nach ihr nicht nur in jedem freien Volk geweckt, sondern auch in jeder Nation, die nach Freiheit und Dauer verlangt. Deshalb ist für die Menschheit die allgemeine Verbreitung von Wissenschaft und intellektueller Tätigkeit nur noch eine Frage der Zeit. Gewisse politische und wirtschaftliche Hindernisse, die noch im Wege stehen, suchen das

Denken und Streben unserer Zeit schon zu überwinden. Alles in allem ist es der Wissenschaft schon gelungen, den intellektuellen Horizont bei allen Völkern endgültig zu erweitern und die allgemeine Denkfähigkeit der Menschheit zu heben, zu schärfen und zu vertiefen.

Es ist richtig, daß die ersten Arbeiten der Wissenschaft materialistisch ausgerichtet waren. Ihre unbestreitbaren Erfolge bezogen sich auf die Erkenntnis des physischen Weltalls, auf Körper und körperliches Leben. Aber dieser Materialismus ist sehr verschieden von der früheren Identifizierung des Selbst mit dem Körper. Wie immer auch die Bestrebungen der Wissenschaft erscheinen mögen, sie brachten jedenfalls vor allem eine Bestätigung des Menschen als denkendes Wesen und eine Behauptung der Vormachtstellung des Verstandes. Wissenschaft ist ihrer tiefsten Natur nach Wissen, Intellekt. Ihre ganze Arbeit bestand darin, das Mentale auf den vitalen und physischen Aspekt und auf die Umwelt auszurichten, um Leben und Materie zu erkennen, zu besiegen und zu beherrschen. Der Wissenschaftler ist der denkende Mensch, der die Kräfte der materiellen Natur durch seine Kenntnisse meistert. Leben und Materie sind trotz allem unsere Basis, unser Fundament auf der niederen Ebene. Ihren Ablauf und die ihnen eigenen Möglichkeiten und Gelegenheiten kennenzulernen, die sie dem Menschen bieten, bilden einen wesentlichen Teil der Erkenntnis, die notwendig ist, um über sie hinauszugelangen. Leben und Körper müssen überwunden werden; sie müssen aber auch nutzbar gemacht und vollendet werden. Weder die Gesetze noch die Möglichkeiten der physischen Natur lassen sich vollkommen erkennen, ehe nicht auch die Gesetze und Möglichkeiten der überphysischen Natur erkannt sind. Aus diesem Grund hat die Entwicklung neuen und die Wiederentdeckung früheren mentalen und physischen Wissens der Vollendung unserer physischen Erkenntnisse zu folgen, und dieses Zeitalter beginnt sich schon anzukündigen. Die Vollendung der physischen Wissenschaften aber war die wesentliche Voraussetzung. Sie mußte als Versuchsfeld dienen, auf dem sich der menschliche Geist in seinem Bemühen schulte, die Natur zu erkennen und die Welt zu besitzen.

Selbst in seiner negativen Arbeit hatte der Materialismus der Wissenschaft eine Aufgabe zu erfüllen, die letztendlich dem menschlichen Geist von Nutzen sein wird, wenn er den Materialismus überwindet. Die Wissenschaft hat freilich im Höhepunkt ihres Triumphes im Materialismus die Philosophie verachtet und abgetan. Ihre Vorherrschaft entmutigte durch ihren rechthaberischen und pragmatischen Zug den Spirit der Dichtkunst und anderer Künste und vertrieb sie von ihrem Platz an der Spitze der Kultur. Die Dichtkunst verlor Bedeutung und Einfluß, nahm Form und Rhythmus einer Prosa in Versen an und vermochte den meisten ihrer Anhänger nichts mehr zu geben. Die Malerei folgte kubistischen Extravaganzen und nahm Auswüchse in Form und Ideen an. Das Ideal trat zurück, und die sichtbaren Tatsachen wurden an seiner Stelle auf den Thron gehoben.

Die Wissenschaft ermutigte einen häßlichen Realismus, eine Zweckmäßigkeit in allem. In ihrem Kampf gegen religiösen Aberglauben gelang es ihr, die Religion und den religiösen Spirit zu zerstören. Die Philosophie aber war zu abstrakt geworden und suchte zu sehr nach abstrakten Wahrheiten in einer Welt der Ideen und Worte, als daß sie ihrer eigentlichen Bestimmung entsprechend die Wirklichkeiten der Dinge zu entdecken vermochte, mit deren Hilfe das menschliche Dasein sein Gesetz und Ziel und das Prinzip seiner Vollendung zu erfahren in der Lage ist. Dichtung und Kunst waren allzusehr zu rein kulturellen Beschäftigungen geworden, eingereiht unter die Schönheit und Verzierungen des Lebens. Sie beschäftigten sich mit schönen Worten, Formen und Einbildungen, statt Wahrheit und Schönheit konkret zu erschauen, sinnvoll darzustellen und der lebendigen Idee und geheimen Göttlichkeit zu dienen, die in allen Dingen hinter den sichtbaren Erscheinungen des Weltalls verborgen liegen. Die Religion selbst war festgelegt in Dogmen und Zeremonien, Sekten und Kirchen. Sie hatte im wesentlichen, mit der Ausnahme einiger weniger einzelner, den unmittelbaren Kontakt mit den lebendigen Quellen des Spirits verloren. Eine Periode der Negation war die Folge. Der Mensch mußte erneut in sich zurück, zu den eigenen, ewigen Quellen getrieben werden, um sich wieder auf sich selbst zu besinnen. Heute nun, wo der Druck der Negation vorbei ist und die Menschen wieder ihr Haupt erheben, sehen wir, wie sie nach der eigenen Wahrheit suchen, wie sie in der Rückkehr zu sich selbst wieder aufleben und sich aufs neue entdecken. Sie haben gelernt oder sind im Begriff, von dem Beispiel der Wissenschaft zu lernen, daß die Wahrheit das Geheimnis des Lebens und der Macht ist und daß sie Herren des menschlichen Daseins werden können, wenn sie die ihnen eigene Wahrheit finden.

Wenn auch die Wissenschaft auf diese Weise uns für ein Zeitalter von breiterer und tieferer Kultur vorbereitet, wenn sie trotz ihres Materialismus oder teilweise sogar durch diesen die Wiederkehr des wirklichen Materialismus barbarischer Mentalität unmöglich gemacht hat, so hat sie trotzdem mehr oder weniger indirekt durch ihre Einstellung dem Leben gegenüber wie durch ihre Erfindungen eine andere Art von Barbarei ermutigt - denn anders kann man dies nicht nennen -: die Barbarei des industriellen, kommerziellen und wirtschaftlichen Zeitalters, die jetzt ihrem Höhepunkt und ihrem Ende zuschreitet.

Diese wirtschaftliche Barbarei ist wesentlich die des vitalen Menschen, der das vitale Sein irrtümlicherweise für das Selbst hält und die eigene Befriedigung als erstes Lebensziel ansieht. Die Charakteristik seines Lebens ist Begierde und der Trieb nach Besitz. Ebenso wie die physische Barbarei den Körper an die erste Stelle setzt und die Entwicklung der physischen Kraft, Gesundheit und Tapferkeit zu ihrem Maßstab und Ziel erhebt, so tut dies die vitalistische oder wirtschaftliche Barbarei mit der Befriedigung der Bedürfnisse und Wünsche und der Anhäufung von Besitz. Ihr Idealmensch ist nicht der kultivierte, edle, gedankenvolle, moralische oder religiöse, sondern der erfolgreiche Mensch. Sein Dasein heißt Erreichen, Erfolghaben, Schaffen, Anhäufen und Besitzen. Das Sammeln von Wohlstand und immer mehr Wohlstand, das Anhäufen von Besitz auf Besitz, Reichtum, Protzentum, Genuß und schwerfälliger, unkünstlerischer Luxus, eine Fülle von Bequemlichkeiten, ein Leben ohne Schönheit und Adel, eine entwürdigte oder nüchtern formalistische Religion, Politik und Führung, die zu einem Handel, zu einem Beruf geworden sind, selbst Freude, die zum Geschäft gemacht wurde, das ist das kommerzielle Zeitalter.

Dem natürlichen, unverbildeten, wirtschaftlich denkenden Menschen bedeutet Schönheit etwas Verhaßtes oder Unnötiges, Malerei und Dichtkunst eine Frivolität, Prahlerei oder die Möglichkeit zu öffentlicher Schaustellung. Seine Idee von Kultur ist Bequemlichkeit, seine Idee von Moral soziale Achtbarkeit, seine Idee von Politik die Förderung der Industrie, die Öffnung von Märkten, Ausbeutung und Handel, der der eigenen Flagge folgt.

Seine Idee von Religion ist im besten Fall ein pietistischer Formalismus oder die Befriedigung gewisser vitalistischer Gefühle. Er bewertet die Erziehung nach ihrer Nützlichkeit für die Erfolge des Menschen im Wettstreit oder möglicherweise auch in einer sozialisierten industriellen Daseinsform. Wissenschaft beurteilt er nach der Nützlichkeit von Erfindungen und Erkenntnissen, nach den Bequemlichkeiten und Vorteilen, nach der Produktionskapazität, mit der sie ihn ausstattet, nach Wirksamkeit der Organisation, nach Verordnungen und dem Anreiz für die Produktion. Der reiche Plutokrat, der erfolgreiche Mammut-Kapitalist und industrielle Organisator sind die Übermenschen des kommerziellen Zeitalters und die eigentlichen, wenn auch oft verborgenen Führer seiner Gesellschaft.

Der Kernpunkt der Barbarei in all diesem ist das Erstreben von vitalem Erfolg, von Befriedigung, Produktivität, Anhäufung von Besitz, von Genuß, Bequemlichkeit und Vorteilen zum eigenen Wohl. Der vitale Teil des Menschen ist ebenso eines der Elemente der einheitlichen menschlichen Existenz wie sein physischer Teil. Er hat seine Bedeutung, darf aber nicht übertrieben werden. Ein ausgefülltes und gut geordnetes Leben ist für den Menschen wünschenswert, der der Gesellschaft angehört, aber es muß auch ein wahres und schönes Leben sein. Weder Leben noch Körper sind ein Selbstzweck. Sie sind Gefäß und Werkzeug eines höheren als des eigenen Gutes. Sie müssen den höheren Notwendigkeiten des mentalen Wesens untergeordnet werden, gezügelt und gereinigt nach einem höheren Gesetz der Wahrheit, des Guten und Schönen, bevor sie den richtigen Platz in dem Gesamt menschlicher Vollkommenheit einnehmen können. Deshalb wird die Seele in dem kommerziellen Zeitalter mit seinen gewöhnlichen und barbarischen Idealen von Erfolg, Lebensbefriedigung, Produktivität und Besitz vielleicht eine kurze Zeit verweilen, um gewisse Gewinne und Erfahrungen zu sammeln, aber sie wird hier nicht für längere Zeit bleiben. Würde sie sich doch festsetzen, so würde das Leben für sie versacken und in seiner eigenen Fülle verderben oder in seinem Streben nach stärkerer Ausbreitung auseinanderbrechen. Wie der allzu starke Titan zerbricht es an seiner eigenen Fülle: *mole ruet sua.*

ZIVILISATION UND KULTUR

Die Natur geht von der Materie aus, entwickelt ihr verborgenes Leben aus ihr und löst die rohe Substanz des Mentalen aus der Verwicklung des Lebens. Hat sie dies beendet, richtet sie in einer großen mentalen Kraftanstrengung das Mentale auf sich selbst, auf das Leben und die Materie, um alle drei in ihren Erscheinungsformen, ihrer sichtbaren Wirksamkeit, ihren geheimen Gesetzen, ihren natürlichen und außernatürlichen Möglichkeiten und Kräften zu verstehen. Sie strebt auf diese Weise an, sie bestmöglich und harmonisch zu nutzen und sie sowohl zu ihren höchsten wie weitesten Möglichkeiten auszudehnen, dank jener Fähigkeit, die der Mensch eindeutig als einziger unter den irdischen Geschöpfen besitzt, dank seinem intelligenten Willen. Erst auf dieser vierten Stufe ihrer Entwicklung gelangt sie zur Menschlichkeit. Atome und Elemente organisieren die rohe Materie; die Pflanze entwickelt das lebendige Sein; das Tier bereitet die rohe Substanz des Mentalen vor und organisiert sie auf eine gewisse mechanische Art. Die letzte Arbeit aber, die Erkenntnis und Kontrolle aller dieser Dinge, die Selbsterkenntnis wie die Selbstkontrolle wurden für den Menschen aufgespart, für das mentale Wesen der Natur.

Damit der Mensch das Werk besser vollbringen kann, das die Natur ihm aufgetragen hat, zwingt sie ihn, physisch und bis zu einem gewissen Grad mental die Stufen der tierischen Entwicklung zu wiederholen. Sie läßt ihn aber, auch wenn er schon im Besitz seines mentalen Seins ist, ständig mit Interesse, ja mit einer Art von Hingabe sich mit der Materie, mit dem Leben, dem eigenen Körper und mit dem vitalen Sein beschäftigen. Dies ist notwendig für den weitreichenden Zweck, den sie mit ihm verfolgt. Seine erste natürliche Einwohnung in Körper und Leben ist eng und ohne Intelligenz. Mit Zunahme seiner Intelligenz und mentalen Kraft löst er sich bis zu einem gewissen Grad ab und vermag höher zu steigen, wenn er durch Notwendigkeit und Verlangen auch noch an seine vitalen und materiellen Wurzeln verhaftet bleibt. Mit größerer Wißbegierde und Zweckgerichtetheit und mit immer höherer mentaler und letztendlich spiritueller Zielsetzung wird er immer wieder zur Natur zurückkehren müssen. Denn die Zeitalter sind Kreisläufe des Wachstums einer wenn auch noch unvollkommenen

Harmonie und Synthese, und die Natur bringt ihn mit Gewalt zu ihren ursprünglichen Prinzipien, ja manchmal sogar zu etwas, ihren früheren Zuständen Ähnlichem zurück, so daß er auf einer umfassenden Bahn des Fortschritts erneut beginnen kann. Es scheint im ersten Augenblick, daß der Mensch, da er vor allem ein mentales Wesen ist, in der Entwicklung seiner Mentalität und der Bereicherung seines mentalen Lebens höchstes Ziel finden sollte, ein Ziel, das ihn ganz in Anspruch nimmt, sobald er sich von der erdrückenden Sorge um Leib und Leben befreit und die notwendige Befriedigung seiner materiellen Bedürfnisse, die uns unsere physische und animalische Natur auferlegt, erlangt hat. Kenntnis, Wissenschaft, Kunst, Denken, Ethik, Philosophie, Religion, all diese sind das eigentliche Anliegen des Menschen, seine wirklichen Angelegenheiten. Das Dasein bedeutet für ihn nicht einfach Geborensein, Aufwachsen, Heiraten, Unterhalt verdienen, eine Familie ernähren und dann sterben - bedeutet für ihn nicht das vitale und physische Leben, eine menschliche Erweiterung des kleinen animalischen Sektors und Ausschnittes des göttlichen Kreises. Menschsein bedeutet ihm vielmehr, sich mental zu entwickeln und zu wachsen aus innerer Erkenntnis und Kraft heraus, von innen nach außen sich auswirkend. Dabei verfolgt die Natur eine doppelte Absicht, eine Dualität der menschlichen Aufgaben. Der Mensch ist hier auf Erden, um von ihr herrschen und schaffen zu erlernen. Aber ganz offensichtlich verlangt sie von ihm nicht nur Gestaltung seiner selbst, seines inneren Seins und seiner Mentalität in immer anderen und besseren Formen, sondern auch eine Beherrschung und Neugestaltung seiner Umwelt. Er soll sein Bewußtsein nicht nur auf sich selbst lenken, sondern auch auf das Leben, auf die Materie und das materielle Dasein. Diese Aufgabe ist nicht nur aus Gesetz und Natur seiner irdischen Entwicklung heraus verständlich, sondern auch aus seiner vergangenen und gegenwärtigen Geschichte.

Bei Beachtung dieser seiner Lebensbedingungen, seines höchsten Strebens und seines Impulses stellt er sich die Frage, ob der Mensch nicht dazu bestimmt sei, neben einer inneren und äußeren Ausweitung auch nach oben zu wachsen, in wunderbarer Weise sich selbst zu übersteigen, so wie er in wunderbarer Weise seine animalischen Anfänge überstiegen hat, zu etwas, das mehr als mental, mehr als menschlich ist, zu einem spirituellen und göttlichen Sein.

Aber selbst wenn er dies nicht zu tun vermag, so muß er sein mentales Bewußtsein doch all dem öffnen, was jenseits ist, muß er sein Leben immer mehr von dem Licht und der Kraft beherrschen lassen, die er von etwas größerem, als er selbst ist, empfängt. Das <u>Bewußtsein des Menschen von dem Göttlichen in sich selbst und in der Welt ist die wichtigste Tatsache seines Lebens.</u> In dieses hineinzuwachsen, kann sehr wohl die Aufgabe seiner Natur sein. In jedem Fall ist die Lebensfülle offensichtlich sein Ziel, das umfassendste und höchste Leben, das ihm möglich ist, gleichgültig, ob ein solches Leben eine Vollendung des Menschlichen oder eine neue, göttliche Rasse bedeutet. Wir müssen sowohl die Notwendigkeit des menschlichen Strebens nach Ganzheitlichkeit einbeziehen wie den Impuls des Menschen, sich selbst zu übersteigen, wenn wir die Bedeutung seiner individuellen Existenz wie Ziel und Maßstab der Vollkommenheit seiner Gesellschaft feststellen wollen.

Die Verfolgung eines mentalen Lebens um seiner selbst willen wird gewöhnlich Kultur genannt. Aber dieses Wort ist noch ein wenig zweideutig und kann in einem engeren oder weiteren Sinn je nach unseren Ideen und Neigungen gebraucht werden. Denn unser mentales Sein ist ein sehr umfassender Komplex und setzt sich aus vielen Elementen zusammen. Zuerst gibt es die niedrigere, grundlegende Stufe, die im Gang der Entwicklung der vitalen am nächsten liegt. Diese Ebene hat zwei Möglichkeiten, einmal das mentale Leben der Sinne, Empfindungen und Gefühlsregungen, in dem die subjektive Zielsetzung der Natur vorherrscht, wenn auch sein Anlaß ein objektiver ist, zum anderen das aktive oder dynamische Leben des mentalen Wesens, das sich mit den Mitteln seiner Tätigkeiten und dem Raum seines Wirkens befaßt und bei dem die objektive Zielsetzung vorherrscht, wenn auch ein subjektiver Anlaß mitspielt.

Als nächsthöhere Stufe finden wir einerseits das moralische Wesen und sein ethisches Leben, andererseits das ästhetische Wesen. Beide suchen den als wesentlich erkannten Bereich des Denkens in Besitz zu nehmen und zu beherrschen. Beide richten ihre Erfahrung und ihr Tun auf das eigene Wohlergehen, das eine durch Pflege und Verehrung des Rechts, das andere durch Pflege und Verehrung der Schönheit.

Darüber steht das intellektuelle Wesen, das all dies zu seinem Vorteil benutzt, das ihnen hilft, sie formt und oft vollkommen beherrscht. Das höchste Ziel, das der Mensch erreicht hat, ist ein Leben des Verstandes, der geordneten und harmonischen Intelligenz, mit ihrer dynamischen Kraft des intelligenten Wollens, dem *buddhi*, der Lenker des menschlichen Wagens ist oder sein sollte.

Die Intelligenz des Menschen besteht nicht ganz und ausschließlich aus dem rationalen Intellekt und Wollen. Es dringt in sie noch ein tieferes, mehr intuitives, herrlicheres und mächtigeres Licht ein, das aber noch viel weniger entwickelt und bisher nicht seiner selbst bewußt ist, eine Kraft, für die wir noch nicht einmal einen Namen haben. Ihr charakteristisches Merkmal ist jedenfalls, den Menschen zu einer Art Erleuchtung zu führen. Es ist nicht das trockene Licht des Verstandes, auch nicht das feuchte und überzogene Licht des Herzens, sondern ein Aufleuchten, ein Sonnenglanz. Es vermag sich unterzuordnen und nur Verstand und Herz mit seinem Aufflackern zu unterstützen. Aber es spürt noch einen anderen Drang in sich, einen ihm eigenen Drang, der den Verstand überschreitet. Es versucht das intellektuelle Wesen ebenso zu erleuchten wie das ethische und ästhetische, das gefühlsmäßige und aktive, es versucht sogar die Sinne und Empfindungen zu erleuchten. Es offenbart in Worten, es entschleiert durch blitzhaftes Aufleuchten, es läßt in einer Art mystischem oder psychischem Zauber aufscheinen oder stellt es in ein ruhiges, für den mentalen Menschen aber fast übernatürliches Licht. Dieses Licht ist die Wahrheit, die größer und wahrhaftiger ist als das Wissen, das Vernunft und Wissenschaft uns vermitteln, ist das Recht, das umfassender und göttlicher ist als das moralische Schema der Tugenden, ist die Schönheit, die tiefer ist, umfassender und entzückender als die vom Künstler verehrte, sinnenhafte oder eingebildete Schönheit, ist die Freude und göttliche Feinfühligkeit, gegen die die gewöhnlichen Empfindungen arm und blaß bleiben, ist ein Sinn jenseits der Sinne und Sinneswahrnehmungen, ist die Möglichkeit zu einem göttlicheren Leben und Handeln, das den Antrieben und der Schau des Menschen durch seine gewöhnliche Lebensführung verborgen bleibt. Sehr verschiedenartig, sehr bruchstückhaft, oft sehr verwirrt und mißleitend sind die Wirkungen dieses Lichts auf die Glieder, die niedriger sind als die Vernunft, aber das liegt letzten Endes, in Abwehr der vielfältigen Entstellungen, in seiner Absicht. Denn es wird eingefangen, ausgelöscht oder zumindest beschränkt, in formale Glaubenssätze und fromme Gebote eingeengt. Es wird durch die Primitivität religiöser Überlieferungen unbarmherzig in elender und niedriger Münze gehandelt und verfälscht. Aber es bleibt dennoch das Licht, dem der religiöse Spirit und die Spiritualität des Menschen folgt. Noch ein schwacher Abglanz von ihm liegt selbst in den schlimmsten Erniedrigungen.

Es ist die große Schwierigkeit, der Stein des Anstoßes für den Menschen, daß diese Vielfältigkeit seines mentalen Wesens nicht unter irgendeinem Grundsatz steht, der mit Sicherheit die Vorherrschaft übernimmt, daß nicht ein sicheres Licht die Vernunft und den intelligenten Willen in ihren Schwankungen führt und hält, wenn er hin- und herpendelt. All die feindlichen Unterscheidungen, Gegensätze und Widersprüche, die Zusammenstöße und Rückzüge, die Verkehrungen seiner Mentalität, all die chaotischen Auseinandersetzungen von Ideen, Trieben und Neigungen, die die menschlichen Bemühungen verwirren, sind die Folge des natürlichen Mißverständnisses und der sich streitenden Ansprüche der vielfältigen Glieder des Menschen. Seine Vernunft ist ein Richter, dessen Urteile sich widerstreiten und der von Bittstellern bestochen und beeinflußt wird. Sein intelligenter Wille ist ein Verwalter, der von den Streitigkeiten zwischen den verschiedenen Besitzungen seines Bereichs und von dem Gefühl der eigenen Parteilichkeit und seines letztlichen Ungenügens aufgerieben wird. Dennoch hat der Mensch inmitten dieses allen gewisse großzügige Ideen über Kultur und bewußtes Leben ausgebildet. Seine sich widerstrebenden Auffassungen über diese folgen gewissen festgelegten Linien, die, durch die Teilungen seiner Natur bestimmt und durch seine zahlreichen Versuche, entweder zu einem ausschließlich gültigen Maßstab oder zu einer ganzheitlichen Harmonie zu gelangen, zu einem allgemeinen System von Veränderungen führen.

Zunächst müssen wir zwischen Zivilisation und Barbarei unterscheiden. Im üblichen volkstümlichen Sinne bedeutet Zivilisation den Zustand, bei dem die bürgerliche Gesellschaft geführt, verwaltet, organisiert und erzogen wird, bei dem sie Wissen und die Mittel zu seiner Anwendung empfängt, als Gegensatz zu einem Zustand, der diese Vorteile nicht besitzt oder von dem man diese zum mindesten annimmt. In einem gewissen Sinn hatten die Indianer, die Basuto und die Fiji-Insulaner eine eigene Zivilisation. Sie besaßen eine strenge, wenn auch einfach organisierte Gesellschaft, ein soziales Gesetz, gewisse ethische Ideen, eine Religion, eine Art von Schulung, eine ganze Anzahl von Tugenden, von denen angeblich einige der Zivilisation leider fehlen. Aber man ist übereingekommen, sie Barbaren zu nennen, scheinbar hauptsächlich deshalb, weil ihr Wissen roh und begrenzt war, weil sie in ihrem Auftreten ungeschlacht waren und weil ihre soziale Organisation sehr primitiv war. Für entwickeltere Formen der Gesellschaft haben wir Beiworte wie halbzivilisiert und halbbarbarisch. Verschiedene Typen der Zivilisation wenden diese auf andere an. Dabei erhebt natürlich diejenige, die eine Zeitlang vorherrschend und physisch am erfolgreichsten ist, am lautesten und überzeugtesten ihre Stimme.

Früher waren die Menschen ehrlicher, einfacher in ihrem Denken und offener in dem Ausdruck ihres Standpunkts. Sie stempelten kurzerhand alle Menschen, die sich in ihrer allgemeinen Kultur von ihnen unterschieden, zu Barbaren. Auf diese Weise bekommt das Wort Zivilisation eine lediglich relative Bedeutung oder verliert überhaupt jeden festen Sinn. Wir müssen den Begriff deshalb von allem befreien, was zeitbedingt oder zufällig ist, und uns darauf festlegen, daß Barbarei derjenige Zustand der Gesellschaft ist, in dem der Mensch sich fast ausschließlich mit seinem Leben und seinem Körper, mit seiner wirtschaftlichen und physischen Existenz beschäftigt - zunächst mit ihrer ausreichenden Erhaltung und noch nicht mit einem größeren Wohlergehen oder Reichtum - und in dem er wenig Möglichkeiten und Neigung besitzt, seine Mentalität zu entwickeln. Demgegenüber ist Zivilisation ein höher entwickelter Zustand der Gesellschaft, bei dem eine wirksame soziale und wirtschaftliche Organisation ergänzt wird durch die Tätigkeit des bewußten Lebens in den meisten, wenn nicht in allen seinen Teilgebieten. Denn die Gesellschaft kann zweifellos zivilisiert, sogar hoch zivilisiert sein, obwohl manchmal einige dieser Teilgebiete zur Untätigkeit verurteilt und entmutigt werden oder vorübergehend kraftlos sind.

Eine solche Auffassung wird alle historischen und prähistorischen Zivilisationen als solche ansehen und alle angebliche Barbarei unberücksichtigt lassen, mag diese sich auf Afrika, Europa oder Asien, auf Hunnen, Goten oder Vandalen und Turcomanen beziehen. Es ist klar, daß sich die primitiven Anfänge der Zivilisation auch in einem Zustand der Barbarei abspielen können. Es ist auch klar, daß in einer zivilisierten Gesellschaft ein ganzes Maß von Barbarei oder zumindest viele Überreste von ihr noch bestehen können. So gesehen, sollte man alle Gesellschaften als halb-zivilisiert bezeichnen. Vieles in unserer gegenwärtigen Zivilisation wird später sicher einmal rückblickend von einer weiter entwickelten Gesellschaft mit Verwunderung und Abscheu als Aberglauben und Auswüchse eines nur unvollkommenen zivilisierten Zeitalters angesehen werden. Die Hauptsache aber bleibt, daß in einer Gesellschaft, die wir zivilisiert nennen, die Mentalität des Menschen tätig und sein mentales Streben entwickelt ist, und daß die Ordnung und Verbesserung seines Lebens durch das denkende Wesen für dieses ein eindeutig selbstbewußtes Streben ist.

In der zivilisierten Gesellschaft aber gibt es noch den Unterschied zwischen einer teilweise wirksamen, einer undifferenzierten, einer konventionellen Zivilisation und der Kultur. So scheint es, daß das Teilhaben an den üblichen Wohltaten einer Zivilisation allein nicht genügt, um den Menschen in das eigentlich mentale Leben zu erheben. Dafür bedarf es einer weiteren Entwicklung und höheren Entfaltung. Die letzte Generation zog eine betonte Unterscheidungslinie zwischen dem kultivierten Menschen und dem Banausen und hatte eine einigermaßen klare Idee, was sie damit meinte. Grob gesprochen, war der Banause für sie der Mensch, der nach außen ein zivilisiertes Leben führt und über alle äußeren Güter dieses Lebens verfügt, der die üblichen Ansichten, Vorurteile, Bräuche und Gefühle besitzt und äußert. Zugleich aber ist er unzugänglich für Ideen, macht keinen Gebrauch von der Freiheit der Intelligenz, weiß nichts von Schönheit und Kunst und veräußerlicht alles, womit er sich beschäftigt, sei es Religion, Ethik, Literatur oder das Leben. Der Banause ist tatsächlich der moderne, zivilisierte Barbar. Durch seine urteilslose Bindung an das Leben des Körpers, an seine vitalen Bedürfnisse und Antriebe und durch sein Ideal von einem nur häuslichen und wirtschaftlichen Tiere wird er oft zu einem physischen und vitalen Halb-Barbaren. Im wesentlichen und ganz allgemein ist er ein mentaler Barbar, ein durchschnittlich empfindender Mensch. Das bedeutet, daß sein mentales Leben der niederen Schicht des mentalen Bewußtseins angehört, dem Leben der Sinne und Wahrnehmungen, der Gefühlsregungen und der praktischen Lebensführung, der niedersten Stufe des mentalen Seins.

Auf allen diesen Gebieten mag der Mensch sehr tätig und sehr tüchtig sein. Aber er beherrscht sie nicht durch ein höheres Licht und versucht nicht, sie auf eine höhere, wertvollere Stufe zu heben. Eher zieht er seine höheren Fähigkeiten herab auf die Ebene seiner Sinne und Empfindungen, seiner unerleuchteten und ungezügelten Gefühlserregungen und der groben, zweckhaften Nützlichkeit. Die ästhetische Seite ist in ihm wenig entwickelt. Entweder interessiert er sich überhaupt nicht für Schönheit, oder aber er hat einen so primitiven ästhetischen Geschmack, daß er ganz allgemein die Maßstäbe ästhetischer Schöpfung und ästhetischen Gefühls herunterschraubt und veräußerlicht. Wohl hat er sehr strenge Moralbegriffe, hat meist stark vorgefaßte Meinungen über moralisches Benehmen als kultivierter Mensch, sein moralisches Sein aber ist ebenso roh und unentwickelt wie sein sonstiges Wesen. Er ist konventionell, ungezügelt, unintelligent, ist erfüllt von Zu- und Abneigungen, von Vorurteilen und landläufigen Meinungen, hält an sozialen Bräuchen und Werturteilen fest und lebt in einer unklaren Abneigung - die im mentalen Bereich körperlicher Empfindungen und nicht im Verstand wurzelt - gegen jede offene Herabsetzung oder Abweichung von allgemein anerkannten Maßstäben der Lebensführung. Seine ethische Haltung ist nichts als eine Gewohnheit seines sinnlich-mentalen Bewußtseins, ist die Moral eines durchschnittlichen, sinnlich empfindenden Menschen. Er besitzt Vernunft und scheinbar auch einen intelligenten Willen. Aber sie sind nicht sein eigen, sondern Teil der kollektiven Mentalität, die er von seiner Umwelt übernahm. Soweit sie sein eigen sind, sind sie nichts weiter als ein rein praktischer, empfindungsmäßiger, gefühlsmäßiger Verstand und Wille, eine mechanische Wiederholung gewohnheitsmäßiger Begriffe und Lebensregeln, nicht aber das Spiel wirklichen Denkens und intelligenter Entschlüsse. Auf diese Weise entwickelt er sich ebensowenig zu einem mentalen Wesen, wie der tägliche Gang zu seinem Arbeitsplatz oder von ihm zurück den Städter zu einer stärkeren Entwicklung seiner physischen Kräfte führt, oder den Bankangestellten sein täglicher Beitrag zu der wirtschaftlichen Entwicklung des Landes zu einem Wirtschaftler macht. Er ist nicht aktiv im Denken, sondern reaktiv - und dies ist ein großer Unterschied.

Der Banause ist nicht ausgestorben - ganz im Gegenteil: es gibt ihn im Überfluß, aber er steht nicht mehr an den entscheidenden Stellen. Die Vertreter der Kultur haben zwar nicht wirklich gesiegt, aber sie haben sich von dem alten Goliath befreit und ihn durch einen neuen Titanen ersetzt. Dies ist der Mensch der Empfindungen, der sich der Notwendigkeit geöffnet hat, wenigstens einen etwas vernünftigen Gebrauch von seinen höheren Fähigkeiten zu machen und zu versuchen, seine Mentalität zu aktivieren. Er wurde zu dieser Aktivität getrieben, zu ihr verurteilt und erzogen. Er lebt in einem Mahlstrom neuer Informationen, neuer intellektueller Moden, neuer Ideen und neuer Bewegungen, denen er sich nicht mehr eigensinnig verschließen kann. Deshalb ist er den neuen Ideen geöffnet, er vermag diese aufzufassen und sie in recht verwirrender Weise umeinanderzuwirbeln. Er kann Ideale verstehen oder mißverstehen, ihre Ausführung organisieren und sogar, wenn nötig, für sie kämpfen und sterben. Er weiß, daß er über ethische und soziale Probleme, über Fragen der Wissenschaft und Religion nachdenken muß, daß er neue politische Entwicklungen begrüßen und daß er sein Augenmerk bereitwillig auf all die neuen Bewegungen des Denkens, Forschens und Handelns richten muß, die einander auf dem Feld des modernen Lebens jagen oder hier zusammenstoßen. Er liest nicht nur Gedichte, sondern verschlingt auch Romane und Zeitschriften. Er kann ein Schüler Tagores sein und zugleich Whitman bewundern. Vielleicht hat er keine besonders klaren Ansichten über Schönheit und Ästhetik, aber man hat ihn gelehrt, daß die Kunst ein nicht ganz unwichtiger Teil des Lebens ist.

Der Schatten des neuen Titanen liegt über allem. Er ist das große, lesende Publikum. Ihm gehören Zeitungen und Zeitschriften. Romane, Dichtkunst und Malerei sind die Lieferanten für seine Mentalität. Theater, Film und Radio sind für ihn da. Die Wissenschaft beeilt sich, ihm ihre Erkenntnisse und Entdeckungen vor die Tür zu legen und sein Leben mit einer Vielzahl von Maschinen auszustatten. Politik wird nach seinem Bild gemacht. Er ist es, der sich zuerst der Befreiung der Frau widersetzte und sie dann durchsetzte. Er ist der Vater von Syndikaten, Anarchismus, Klassenkampf und Rationalisierung der Arbeit. Er führte die sogenannten Ideen- und Kulturkriege, eine grausame Art des Kampfes, recht eigentlich zu dem Bild dieser neuen Barbarei gehörig. Er brachte in wenigen Tagen die russischen Revolutionen hervor, die jahrhundertelange Anstrengungen und Leiden der Intelligenz nicht zu erreichen vermocht hatten. Sein Kommen gab den stürmischen Anstoß zu der Neugestaltung der modernen Welt. Daß Lenin, Mussolini und Hitler einen so schnellen und zumindest überraschenden Erfolg haben konnten, ist nur darauf zurückzuführen, daß diese treibende Kraft, diese schnell reagierende, aktive Masse vorhanden war, um sie zum Sieg zu führen - eine Kraft, die ihren weniger erfolgreichen Vorläufern gefehlt hatte.

Die ersten Erfolge dieser eingetretenen Wandlung brachten unserem Wunsch nach Bewegung neuen Auftrieb. Für den aber, der nachdenkt und der eine hohe und differenzierte Kultur liebt, waren sie ein wenig enttäuschend. Denn sie haben die Kultur oder das, was sie ausmacht, bis zu einem gewissen Grad demokratisiert, und auf den ersten Blick scheint es nicht, als ob sie diese emporgeführt oder gestärkt hätten, indem sie von unten her nur halb Gewonnenem weiten Zugang gegeben haben. Die Welt scheint auch nicht unmittelbar von Verstand und intelligentem Wollen ihrer besten Denker geführt zu sein als zuvor. Noch immer stehen die Geschäftsinteressen im Mittelpunkt der heutigen Zivilisation. Noch ist eine von Empfindungen gesteuerte Aktivität die treibende Kraft. Moderne Erziehung hat den Menschen im großen und ganzen noch nicht von dem Einfluß der Empfindungen abgelöst, sondern ihm nur die Notwendigkeit von Dingen klargelegt, an die er früher nicht gewöhnt war, wie zum Beispiel mentale Tätigkeiten und Beschäftigungen des Verstandes, intellektuelle und selbst ästhetische Empfindungen und das idealistische Gefühl.

Der Mensch lebt noch in seiner vitalen Schicht, aber er sucht Anreiz für diese von oben. Er bedarf eines Heeres von Schriftstellern, um ihn mental zu beschäftigen und ihm eine Art von intellektueller Nahrung zu bieten. Er dürstet nach allgemeiner Orientierung aller Art, die einzuordnen und anzupassen er nicht bereit ist oder nicht die Zeit aufwendet, nach volkstümlicher wissenschaftlicher Erkenntnis, nach neuen Ideen, sofern diese ihm mit Kraft oder Glanz vorgeführt werden, nach mentalen Sensationen und Aufregungen jeder Art, nach Idealen, von denen er sich Anregungen für sein Leben verspricht und die diesem manchmal eine besondere Färbung geben. Wohl gehört dies noch immer zu dem Aktivismus und der Welt der Empfindungen des primitiven mentalen Wesens, aber es ist schon um vieles freier und offener. Und die Schicht der Kultivierten, der Intelligenz glaubt, etwas zu empfangen, was die reinen Banausen ihr niemals zu geben vermocht hatten, vorausgesetzt, daß sie dieses primitive Mentale zunächst anregen oder erfreuen. Sie haben jetzt mehr als jemals zuvor die Möglichkeit, ihre Gedanken in die Tat umzusetzen. Die Folge davon war, daß Gedanken, Kunst und Literatur billig gemacht wurden, daß Talente und selbst Genies den Weg volkstümlichen Erfolgs betraten, daß dem Schriftsteller, dem Denker und Gelehrten eine ähnliche Stellung zugeteilt wurde wie dem kultivierten griechischen Sklaven in einem römischen Haushalt. Dieser Sklave mußte seinen Herrn erfreuen, unterhalten und unterrichten, hatte aber dabei genau auf dessen Geschmack und Vorliebe zu achten und klugerweise die Darstellungen und die Punkte zu wiederholen, die dessen Einbildung fesselten.

Zusammenfassend muß man feststellen, daß das höhere, mentale Leben demokratisiert, auf Empfindungen und Aktivität abgestellt wurde und dies mit gutem sowohl wie mit schlechtem Erfolg. Mit hoffnungsvollem Blick kann man in diesem allen vielleicht den Beginn einer zwar noch sehr in ihren Anfängen steckenden, aber doch sehr wesentlichen Veränderung erblicken. Gedanke und Erkenntnis, wenn nicht sogar Schönheit, vermögen heute Widerhall zu finden und in kürzester Zeit eine starke, zwar noch unklare, aber letztendlich doch wirksame Willenskraft lebendig zu machen, die ihnen Einfluß verschafft. Die Zahl der kultivierten Menschen, die nachdenken und ernsthaft nach Werten und Wissen streben, hat sich hinter der verschleiernden Oberfläche der Sensationslust wesentlich erhöht, und selbst der sensationslüsterne Mensch ist in einen Prozeß der Verwandlung eingetreten. Vor allem gewinnen neue Methoden der Erziehung, neue Grundsätze in der Gesellschaft praktische Möglichkeiten und werden vielleicht eines Tages als heute noch nicht verständliches Ergebnis eine Rasse, nicht nur Klasse von Menschen hervorbringen, die bis zu einem gewissen Grad ihr bewußtes Selbst gefunden und entwickelt haben - eine von Kultur getragene Menschheit.

ÄSTHETISCHE
UND ETHISCHE KULTUR

Die Idee der Kultur beginnt sich für uns ein wenig klarer abzuzeichnen. Zumindest hat sie ihre natürlichen Gegensätze in klarem Kontrast von sich abgesondert. Das unmentale, rein physische Leben ist offensichtlich ihr Gegensatz. Es ist Barbarei. Auch das nicht intellektuelle vitale, das ausschließlich wirtschaftliche oder das primitiv häusliche Leben, Formen, die nur auf Geldverdienen, Schaffen und Unterhaltung einer Familie eingestellt sind, stellen einen Gegensatz dar, eine andere sogar noch häßlichere Art der Barbarei. Wir pflegen einen Menschen, der von solchen Interessen beherrscht wird und an nichts Höheres denkt, unkultiviert und unentwickelt zu nennen, einen Nachkommen des Wilden, einen im wesentlichen barbarischen Menschen, auch wenn er in einer zivilisierten Nation, in einer Gesellschaft lebt, die sich eine allgemeine Idee und eine gewisse geregelte Ausübung von Kultur und Verfeinerungen des Lebens erworben hat. Gesellschaften oder Nationen dieser Art pflegen wir barbarisch oder halbbarbarisch zu nennen. Selbst wenn eine Nation oder ein Zeitalter in sich Erkenntnisse, Wissenschaft und Kunst entwickelt hat, aber trotzdem sich in ihrer allgemeinen Haltung, in ihren Lebens- und Denkgewohnheiten nicht von Wissen und Wahrheit, von Schönheit und hohen Lebensidealen leiten läßt, sondern sich mit einer primitiven, vitalen, kommerziellen, wirtschaftlichen Auffassung vom Leben begnügt, dann können wir eine solche Nation, ein solches Zeitalter nur bedingt als zivilisiert bezeichnen.

Trotz der reichlichen oder selbst überreichen Hilfsmittel und Werkzeuge, die eine Zivilisation ihnen zur Verfügung stellt, können sie nicht als Verwirklichung oder Verheißung einer kultivierten Menschheit angesehen werden. Deshalb müssen wir bis zu einem gewissen Grad selbst die europäische Zivilisation des neunzehnten Jahrhunderts mit ihrer triumphalen und befruchtenden Produktion, mit ihren großen wissenschaftlichen Entwicklungen und den Erfolgen des Verstandes verurteilen. Denn alle diese Dinge wurden zu einem Geschäft gemacht, zum alleinigen Einsatz für vitalen Erfolg verwandt. Dies ist sicherlich nicht die Vollendung, die die

Menschheit erstreben muß. Die eingeschlagene Richtung führt nicht auf den Weg einer höheren Entwicklung, sondern fort von dieser. Das Urteil kann zweifellos nur dahin lauten, daß diese Zeit, der Kultur des alten Athen, dem Italien der Renaissance, dem frühen oder klassischen Indien unterlegen war. Wie groß auch die Schwächen der sozialen Organisation in jenen frühen Zeiten waren, wie niedrig auch der Rang ihrer wissenschaftlichen Kenntnisse und materiellen Erfolge gewesen sein mag, auf dem Gebiet der Lebenskunst waren sie weiter fortgeschritten, kannten besser deren Ziel und strebten mit größerer Kraft nach einem klaren Ideal menschlicher Entwicklung.

Selbst in der Rangordnung des mentalen Lebens gibt es Gegensätze zu dem Idealbild der Kultur. Dies trifft zu für ein Leben von rein praktischer und dynamischer Aktivität oder einer Fülle von bewußten Gefühlen und Empfindungen, für ein Leben von konventioneller Haltung, von durchschnittlichen Gefühlen und gewohnten Gedanken, von Meinungen und Vorurteilen, die nicht die eigenen, sondern die der Umwelt sind. Dies trifft ferner zu für ein schwerfälliges, unbedachtes Leben, dem ein offenes und freies Spiel des Denkens mangelt und das sich den dumpfen Regeln der Masse unterordnet, für ein Leben, das den von gewissen Konventionen geregelten Sinnen und Empfindungen entspricht, aber durch kein Gesetz der Schönheit gereinigt, erleuchtet oder gezügelt wird. All dies ist auch dem kulturellen Ideal fremd. Ein Mensch kann vielleicht so leben mit dem Anschein oder den Ansprüchen eines zivilisierten Daseins, er kann mit Erfolg allen Reichtum seiner Vorrechte genießen, aber er ist nicht im wahren Sinne des Wortes ein entwickeltes menschliches Wesen. Eine Gesellschaft, die solchen Lebensregeln folgt, kann alles sein, was man will: stark, anständig, wohlgeordnet, erfolgreich, religiös, moralisch, aber sie ist eine Gesellschaft von Philistern. Es ist ein Gefängnis, aus dem sich die menschliche Seele zu befreien hat. Denn solange sie in ihm lebt, befindet sie sich in einem niederen mentalen Zustand, ohne Eingebungen und ohne Ausweitungsmöglichkeit. Sie vegetiert unfruchtbar in ihren niederen Schichten und wird nicht von den höheren menschlichen Fähigkeiten geleitet, sondern von den Roheiten eines unentwickelten, von Empfindungen beherrschten Zustandes.

Es genügt nicht, die Fenster dieses Gefängnisses zu öffnen, um Zugwind und angenehme, frische Luft eindringen zu lassen, um etwas zu spüren von dem freien Licht des Intellekts, von dem Duft von Kunst und Schönheit, etwas in sich aufzunehmen von dem weiten Atem breiter Interessen und höherer Ideale. Die Seele muß vielmehr aus ihrem Gefängnis ausbrechen, um in jenem freien Licht zu leben, um jenen Duft frei einzuatmen. Nur dann wird sie teilhaben an der natürlichen Atmosphäre eines entwickelten mentalen Wesens. Ideal wahrer Kultur und Beginn der Vollendung der Menschheit ist ein Leben, das sich nicht in sinnlicher Mentalität erschöpft, sondern in den Handlungen von Erkenntnis und Vernunft, in den Handlungen eines umfassenden Wissensdranges und eines kultivierten ästhetischen Seins, eines erleuchteten Willens, der am Aufbau des Charakters und der ethischen Ideale mitwirkt und das menschliche Tun weitet, so daß es nicht von dem niederen oder durchschnittlichen Denken beherrscht wird, sondern von Wahrheit, Schönheit und dem selbstentscheidenden Willen. So kommen wir durch Abgrenzung zu einer positiven Idee und einer Bestimmung der Kultur. Aber selbst auf dieser höheren Stufe unseres mentalen Lebens können wir der Gefahr von ausschließlichen Wertungen und Mißverständnissen unterliegen. Wie wir sehen, hat in der Vergangenheit scheinbar oftmals ein Wettstreit zwischen Kultur und Lebensführung stattgefunden. Nach unserer Begriffsbestimmung aber bildet die Lebensführung einen Teil des kultivierten Lebens, und das ethische Ideal eines der wichtigsten Antriebe des kultivierten Wesens. Der Gegensatz, auf der einen Seite die Bemühung um Ideen, Erkenntnisse und Schönheit Kultur zu nennen, und auf der anderen Seite die Bemühung um Charakter und Lebensführung als moralisches Leben zu bezeichnen, muß offensichtlich die Folge unvollkommener Ansichten über die Möglichkeiten und die Vollendung des Menschen sein.

Dieser Gegensatz hat nicht nur von jeher bestanden, sondern er entspricht einer natürlichen, starken Neigung des menschlichen Denkens und muß deshalb auf einer tatsächlichen und wichtigen Unterschiedlichkeit unseres vielfältigen Wesens beruhen. Es ist der Unterschied, den Arnold zwischen Judentum und Hellenismus erkannte. Für die Ziele der jüdischen Nation, die uns die strenge, ethische Religion des Alten Testaments in dem harten, konventionellen und einigermaßen barbarischen, mosaischen Gesetz vermittelt, das sich jedoch, als die Propheten dem Gesetz hinzugefügt wurden, zu unleugbaren Höhen moralischer Begeisterung erhob

und schließlich in der Spiritualität des jüdischen Christentums*
ausbreitete und sich zu einer zarten Blüte öffnete, waren irdische
und ethische Rechtschaffenheit und die für rechte Verehrung und
rechtes Handeln versprochenen Belohnungen bestimmend. Die
jüdische Nation blieb aber unwissend in Wissenschaft und Philosophie, unbekümmert um Erkenntnisse und gleichgültig gegenüber Schönheit.

Der griechische Geist war dagegen zwar nicht ausschließlich,
aber doch sehr weitgehend von der Liebe zum Spiel der Vernunft
um seiner selbst willen erfaßt. Eine noch wichtigere Rolle spielt sein
hoher Sinn für Schönheit, eine klare, ästhetische Feinfühligkeit
und eine Verehrung des Schönen in jedem Tun und Schaffen, in
Gedanken, Kunst, Leben und Religion. So stark war dieser Sinn
ausgeprägt, daß nicht nur die Form, sondern auch die Ethik selbst
in entscheidendem Ausmaß im Lichte der vorherrschenden Schönheitsidee beurteilt wurde. Die Griechen empfanden das Gute weitgehend als das Sich-Ziemende und Schöne. In der Philosophie
führte diese Einstellung zur Auffassung des Göttlichen als Schönheit – eine Wahrheit, die der Metaphysiker sehr leicht vermißt, was
zweifellos eine Verarmung seines Denkens bedeutet.

Mag dieser große geschichtliche Kontrast auch sehr bedeutsam gewesen sein und wesentliche Auswirkungen auf die europäische Kultur ausgeübt haben, so dürfen wir uns doch nicht bei
seiner äußeren Erscheinungsform aufhalten, wenn wir diesen psychologischen Gegensatz in seiner Wurzel verstehen wollen.

Der Konflikt entsteht aus jener dreieckigen Einteilung der
höheren oder feinstofflicheren Mentalität, die wir schon früher
aufzeigten. Diese hat eine Seite, auf der Wille, Lebensführung und
Charakter den ethischen Menschen schaffen, eine andere der Empfindsamkeit für das Schöne, das hierbei nicht in einem engen oder
überästhetischen Sinn verstanden sein soll, die den künstlerischen
und ästhetischen Menschen schafft. Deshalb kann es so etwas wie
die Vorherrschaft oder selbst Ausschließlichkeit einer ethischen

---

* Dieses Attribut ist notwendig, denn das europäische Christentum war etwas anderes und auch in seiner besten Form von anderer seelischer Beschaffenheit. Es war latinisiert, graecisiert oder von keltischem, manchmal sogar grob teutonischem Einschlag, eine Nachbildung des alten Judentums.

Kultur und ganz offenbar auch eine vorherrschend oder sogar ausschließlich ästhetische Kultur geben. So sind sofort zwei im Wettstreit liegende Ideale geschaffen, die naturgemäß einen Gegensatz bilden und sich mit Mißtrauen, ja selbst mit Mißbilligung scheel ansehen müssen. Der ästhetische Mensch neigt dazu, unduldsam gegenüber den ethischen Regeln zu sein, weil er sie als Schranke gegen seine ästhetische Freiheit und als Bedrückung des freien Spiels seines künstlerischen Sinnes und seiner künstlerischen Fähigkeiten empfindet. Er ist naturgemäß dem Vergnügen geöffnet, denn Schönheit und Freude sind untrennbare Kräfte. Die ethische Regel aber mißachtet Freuden, selbst bisweilen ganz harmlose Vergnügungen und versucht dem menschlichen Lusttrieb Fesseln anzulegen. Der ästhetische Mensch mag die ethischen Regeln gelten lassen, wenn sie schön sind, er mag sie sogar zu seinem Werkzeug machen, um selbst Schönes zu schaffen, aber nur dann, wenn er sie dem ästhetischen Grundsatz seiner Natur unterordnen kann. Ebenso fühlt sich der ästhetische Mensch oftmals zur Religion hingezogen durch ihre Schönheit, ihre Pracht und ihr herrliches Ritual, durch ihre Befriedigung der Gefühlsregungen, durch ihre beruhigende Wirkung oder ihren poetischen Idealismus, durch ihre Sehnsucht, fast könnte man sagen, durch ihre freudigen Aspekte. Selbst wenn er sich voll und ganz einer Religion anschließt, tut er es deshalb nicht allein um ihrer selbst willen.

Der ethische Mensch erwidert diese natürliche Abneigung gern. Er glaubt, der Kunst und dem ästhetischen Sinn als etwas Weichem und Verweichlichendem mißtrauen zu müssen, als etwas, das seiner Natur nach ungezügelt ist und durch seine Anziehung auf die Leidenschaften und Gefühlserregungen zerstörerisch wirkt für eine strenge Selbsterziehung von hohen Anforderungen. Er findet, daß die Kunst sich zu stark auf die Freude einstellt und daß sie deshalb unmoralisch, häufig sogar amoralisch ist. Es ist schwer für ihn, einzusehen, wie die Befriedigung des ästhetischen Triebes einer sehr engen und sorgfältig behüteten Grenze sich mit einem strengen ethischen Leben verbinden läßt. So entwickelt er den Puritaner, der sich aus Prinzip dem Vergnügen widersetzt. Nicht nur in seinem Extrem - denn ein vorherrschender Trieb sucht Totalität zu beanspruchen und führt so zu Extremen -, sondern im Kernpunkt seiner Haltung bleibt er zutiefst Puritaner. Das Mißverständnis zwischen diesen beiden Seiten unserer Natur ist eine unvermeidliche Folge unseres menschlichen Wachstums, das versuchen muß, in jeder Richtung die größten Möglichkeiten zu erfüllen und die Gegensätze auszuschöpfen, um alle Ordnungen der menschlichen Fähigkeiten zu erkennen.

Die Gesellschaft ist nichts anderes als eine Ausweitung des Individuums. Deshalb entspricht dem Gegensatz und Widerstreit zwischen den individuellen Typen ein ähnlicher Gegensatz und Widerstreit zwischen sozialen und nationalen Typen. Um ein gutes Beispiel zu finden, brauchen wir uns nicht auf die sozialen Formeln zu beziehen, die diese Einstellungen nicht wirklich erklären, sondern Verleumdungen, Entstellungen oder enttäuschende Übereinstimmung darstellen. Wir dürfen auch den Puritanismus der Mittelklasse, der eine enge, laue konventionelle Religiosität besitzt und ein typischer Ausdruck des neunzehnten Jahrhunderts in England war, nicht als Beispiel für eine Wendung zum Ethischen wählen. Dies war keine ethische Kultur, sondern nur eine örtliche Abwandlung des allgemeinen Typus bürgerlicher Achtbarkeit, wie er auf einer bestimmten Stufe der Zivilisation überall gefunden werden kann; es war reines, einfaches Philistertum. Ebensowenig dürfen wir als Beispiel für eine ästhetische Wendung eine reine Boheme-Gesellschaft nehmen, wie sie London zur Zeit der Restauration oder Paris in gewissen kurzen Perioden seiner Geschichte besaß. In beiden Fällen lag, was auch immer als Ursache angegeben wurde, stets die Nachsicht des durchschnittlichen, sensationell und gefühlsmäßig eingestellten Menschen zugrunde, der sich von der konventionellen Moral durch einen oberflächlichen Intellektualismus und Ästhetizismus befreit hatte.

Wir können sogar das puritanische England nicht als ethischen Typ ansehen. Wenn es dort auch eine strenge und übertriebene Kultur des Charakters und des ethischen Seins gab, war die bestimmende Richtung doch religiöser Art. Der religiöse Impuls aber ist eine Erscheinung ganz gesondert von unseren sonstigen subjektiven Neigungen, wenn er sie auch alle beeinflußt. Es ist *sui generis* und muß gesondert behandelt werden. Um wirkliche, wenn auch nicht immer ganz reine Typen als Beispiel zu finden, müssen wir ein wenig weiter zurückgehen und das frühe, republikanische Rom mit Griechenland oder in Griechenland selbst Sparta mit dem Athen des Perikles vergleichen. Denn wenn wir den Strom der Zeit bis zu seiner jetzigen Entwicklung verfolgen, wird die Menschheit als Gesamt mehr und mehr vielschichtig, da sie die Erfahrungen früherer Gemeinschaften in sich trägt, und die früheren, leicht unterscheidbaren Typen kehren nicht wieder oder lassen sich nur ungefähr und unter Schwierigkeiten erkennen.

Das republikanische Rom erwies sich, bevor es unter den Einfluß und schließlich unter die Abhängigkeit von dem besiegten Griechenland kam, als eine der auffallendsten psychologischen Erscheinungen der menschlichen Geschichte. Vom Standpunkt der menschlichen Entwicklung aus bedeutet es den wohl einzigartigen Versuch der Bildung eines edlen und starken Charakters in einer Form, die soweit als irgend möglich gegensätzlich war zu der Zartheit, die der Schönheitssinn dem Wesen zufügt, zu der Erleuchtung, die das Wesen durch das Spiel des Verstandes gewinnt und die von religiösen Gefühlen völlig unberührt blieb. Denn der frühe römische Glaube war ein Aberglaube, eine oberflächliche Religiosität, die nichts von einem wahren, religiösen Spirit in sich trug. Rom war Ausdruck des menschlichen Willens, der Gefühle und Empfindungen unterdrückte, um zu der Selbstbeherrschung eines bestimmten ethischen Typus zu gelangen. Diese gleiche Selbstbeherrschung war es, die es der römischen Republik ermöglichte, auch die sie umgebende Welt zu beherrschen und anderen Nationen ihre öffentliche Ordnung und ihr Gesetz aufzuerlegen. Alle besonders erfolgreichen Nationen, die ein Imperium beherrschen, haben in ihrer Kultur oder Natur, in ihren Perioden der Gestaltung oder der Ausbreitung eine solche Vorherrschaft des Willens und des Charakters gekannt, einen Impuls zur Selbstdisziplin und Selbstbeherrschung als Grundlage ihres ethischen Strebens. Rom und Sparta besaßen wie andere ethische Zivilisationen ihre beträchtlichen moralischen Schwächen. Geduldete oder aus freien Stücken ermutigte Gebräuche und Übungen, die man als unmoralisch bezeichnen sollte, entwickelten nicht die sanftere und zartere Seite des moralischen Charakters. Dies aber ist nicht von wesentlicher Bedeutung. Die ethische Idee im Menschen wandelt und erweitert seinen Spielraum, aber der Kern des wahren ethischen Wesens bleibt immer der gleiche – Wille, Charakter, Selbstzucht.

Seine Begrenzungen erscheinen sogleich, wenn wir auf hervorragende Beispiele zurückblicken. Das frühe Rom und Sparta ermangelten des Denkens, der Kunst, der Dichtung und Literatur, eines breiteren, mentalen Lebens und aller Annehmlichkeiten und

Freuden des menschlichen Daseins. Ihre Lebenskunst schloß die Freude am Leben aus oder entmutigte sie. Sie waren mißtrauisch gegen die Freiheit und Beweglichkeit des Denkens und gegen die ästhetischen Impulse, wie der ausschließlich ethische Mensch dies immer ist. Der frühe republikanische Geist Roms schaltete solange wie möglich die griechischen Einflüsse aus, die ihn überfielen, schloß die Schulen der griechischen Lehrer und verbannte die Philosophen. Die typischen Vertreter der römischen Geisteshaltung betrachteten die griechische Sprache als eine Gefahr und die griechische Kultur als etwas Verwerfliches. Sie fühlten instinktiv den Feind vor ihren Toren und ahnten die feindliche und zerstörende Kraft, die ihren Lebensgrundsätzen gefährlich werden konnte.

Trotzdem Sparta eine griechische Stadt war, ließ es als fast einziges ästhetisches Element seiner freiwilligen ethischen Schulung und Erziehung kriegerische Musik und Dichtkunst zu. Doch auch den Kriegsdichter mußte sie aus Athen herbeiholen. Ein seltsames Beispiel für Folgen des instinktiven Mißtrauens selbst eines weiten, der Kunst geöffneten Geistes des Atheners finden wir in den utopischen Spekulationen Platos, der sich veranlaßt sah, in seinem Staat die Dichter zunächst zu zensieren und der sie später sogar aus seiner idealen Republik verbannte. Das Ende solcher rein ethischen Kulturen zeugt von ihrem Ungenügen. Entweder sie vergehen und lassen, wie dies in Sparta geschah, nichts oder nur wenig zurück, von dem eine spätere Zeit angezogen oder befriedigt wird, oder sie brechen in einem Aufruhr der ganzen menschlichen Natur gegen die unnatürliche Beschränkung und Unterdrückung des Lebens zusammen, wie das frühe Rom zusammenbrach, das in die egoistischen und oft orgiastischen Ausschweifungen des späteren republikanischen und kaiserlichen Roms überging.

Das menschliche Mentale muß in der Lage sein, zu denken, zu fühlen, sich zu freuen und auszubreiten. Ausweitung ist seine eigenste Natur, für die Beschränkung nur insoweit nützlich ist, als sie der Festigung, Führung und Stärkung dieser Ausweitung dient. Es verweigert die Bezeichnung Kultur bereitwilligst jenen Zivilisationen oder Zeitabschnitten, die keine vernünftige Freiheit der Entwicklung zuließen, so hochstehend auch deren Ziele oder so schön auch deren Lebensordnung an sich gewesen sein mag. Andererseits sind wir versucht, allen jenen Perioden und Zivilisationen ohne Rücksicht auf ihre Mängel den Namen einer vollkommenen Kultur zu geben, die eine freie menschliche Entwicklung unterstützten und die, wie das frühere Athen, Denken, Schönheit und Lebensfreude in den Mittelpunkt stellten.

In der Entwicklung Athens unterscheidet man zwei Perioden, eine der Kunst und Schönheit, das Athen des Phidias und Sophokles, und eine des Denkens, das Athen der Philosophen. In dem ersten Zeitabschnitt waren Schönheitssinn und Bedürfnis nach Freiheit und Lebensfreude die bestimmenden Faktoren. Dieses Athen dachte wohl, aber es dachte in den Bereichen der Kunst und Dichtung, in Musik und Drama, Architektur und Bildhauerei. Es entzückte sich an intellektuellen Diskussionen, aber nicht so sehr aus dem Streben nach Wahrheit, als vielmehr um der Freude am Denken und um der Schönheit der Gedanken willen. Es hatte seine moralische Ordnung, ohne die keine Gesellschaft bestehen kann, aber es besaß keinen wahren ethischen Impuls, keine ethische Regel, sondern nur konventionelle und übliche Moralbegriffe. Wenn es über Ethik nachdachte, geschah dies in Ausdrücken der Schönheit, des *to kalon, to epieikes,* des Schönen, Wohltuenden. Selbst seine Religion war eine Religion der Schönheit, eine Gelegenheit für prächtiges Ritual, für Feste und künstlerisches Schaffen, ein ästhetisches Vergnügen mit einem Hauch von oberflächlichem religiösen Gefühl.

Ohne Charakter, ohne eine gewisse strenge Disziplin nach hohen Grundsätzen aber kann es keine tragende Kraft des Lebens geben. Athen erschöpfte seine Vitalität in einem wunderbaren Jahrhundert, in dem es seine Nerven- und Willenskraft verlor und, nicht mehr dem Lebenskampf gewachsen, unfruchtbar wurde. Eine Zeitlang wendete es sich nun genau dem zu, was ihm zuvor gefehlt hatte, dem ernsthaften Streben nach Wahrheit und der Entwicklung eines Systems ethischer Selbstzucht. Es vermochte aber nur zu denken, nicht aber sein Denken erfolgreich in die Tat umzusetzen. Das spätere griechische Denken, das Kulturzentrum in Athen gab Rom das große stoische System ethischer Schulung, das diesem die Rettung inmitten der Orgien des ersten kaiserlichen Jahrhunderts brachte, aber selbst nicht in der Lage zu einer praktischen Anwendung seiner stoischen Gedanken war. Denn für Athen und für das charakteristische Temperament der Griechen bedeutete diese Schule ein Streben nach etwas, das es nicht besaß und nicht besitzen konnte. Sie war der Gegensatz zu seiner Natur, nicht deren Erfüllung.

Diese Unzulänglichkeit der ästhetischen Lebenshaltung wird noch offensichtlicher, wenn wir ihr anderes großes Beispiel betrachten, das Rom der Renaissance. Man hat die Renaissance einst vorwiegend für eine Neubelebung der Wissenschaft gehalten. Aber in ihrem Geburtsland am Mittelmeer bedeutete sie eher das Aufblühen der Kunst, der Dichtung und der Schönheit des Lebens. Mehr noch als selbst in den nachgiebigsten Zeiten von Griechenland war die ästhetische Kultur dieser Zeit von jedem ethischen Impuls abgesondert. Sie war zeitweise sogar anti-ethisch und lebte in der Erinnerung an die Ausschweifungen des kaiserlichen Roms. Sie kannte Gelehrsamkeit und Wißbegierde, legte aber von sich aus wenig Wert auf höheres Denken und höhere Wahrheit und auf die vollkommenen Werke der Vernunft, wenn sie auch half, den Weg freizumachen für Philosophie und Wissenschaft. Sie verdarb auf diese Weise die Religion so sehr, daß sich in den ethisch gesinnten germanischen Nationen die heftige Empörung der Reformation entzündete, die, wenn sie auch die Freiheit des religiösen Denkens verlangte, nicht so sehr eine Revolution der Vernunft - diese wurde der Wissenschaft überlassen -, als vielmehr eine Revolution des moralischen Instinkts und seiner ethischen Bedürfnisse war. Die nachfolgende Unterwerfung und Schwächung Italiens war die unvermeidliche Folge der großen Mängel in der Periode seiner verfeinerten Kultur, und es bedurfte zur Neubelebung eines neuen Impulses seines Denkens, seines Wollens und seines Charakters, den Mazzini ihm gab. Genügt der ethische Impuls als solcher nicht für die Entwicklung des menschlichen Lebens, so sind doch Wille, Charakter, Selbstzucht und Selbstbeherrschung notwendig für diese Entwicklung. Sie sind das Rückgrat des mentalen Menschen.

Weder das ethische noch das ästhetische Sein bilden den ganzen Menschen. Auch kann keines von beiden sein herrschendes Prinzip sein. Sie sind nur zwei machtvolle Elemente. <u>Ethische Lebensführung ist nicht das ganze Leben, selbst nicht dreiviertel des Lebens. Wir können seine Bedeutung nicht genau bestimmen, sondern nur bestenfalls sagen, daß ein Kern von Wille, von Charakter und Selbstzucht zu den ersten Vorbedingungen der Selbstvollendung gehört.</u> Das ästhetische Sein ist gleicherweise unentbehrlich. Ohne dieses kann die Selbstvollendung des mentalen Wesens ihr Ziel nicht erreichen, das auf der mentalen Ebene der richtige und harmonische Besitz und Genuß der Wahrheit, der Kraft, der Schönheit und der Lebensfreude ist.

Keines von beiden aber kann der höchste Grundsatz menschlicher Ordnung sein. Wir können sie miteinander verbinden. Wir können den ethischen Sinn durch den Sinn für Schönheit und Freude erweitern und können, um ihre Neigung zu Härte und Beschränkung zu mildern, die Elemente der Güte, Liebe, Annehmlichkeit, die erfreuliche Seite der Moral mit einbeziehen. Wir können die Lebensfreude stetig festigen, führen und stärken durch Einschalten von Willen, Enthaltsamkeit und Selbstzucht, die ihr Dauer und Reinheit geben werden. Diese beiden Kräfte unseres psychologischen Wesens, die in uns das wesentliche Prinzip der Energie und der Freude darstellen - die indischen Bezeichnungen sind tiefer und ausdrucksvoller: Tapas und Ananda* -, können sich auf diese Weise gegenseitig unterstützen, die eine zur Erreichung einer reicheren, die andere zur Erreichung einer größeren Selbstdarstellung. Aber damit eine solche Verbindung zustande kommen kann, müssen beide Kräfte bewußt gemacht und von einem höheren Prinzip erleuchtet werden, das beide in gleicher Weise zu verstehen und zu erfassen vermag und das in der Lage ist, ihre Zwecke und Möglichkeiten ohne eigenes Interesse zu trennen und zu verbinden. Für dieses höhere Prinzip scheint durch die menschliche Fähigkeit des Verstandes und Willens Sorge getragen zu sein. Unsere höchste Fähigkeit scheint mit Recht oberster Herrscher der Natur zu sein.

---

* Tapas ist die kraftspendende Bewußtseinsmacht des kosmischen Seins, durch die die Welt geschaffen, erhalten und beherrscht wird. Es schließt alle Begriffe von Kraft, Willen, Energie, Macht ein, alles Dynamische und Kraftgebende. Ananda ist die Quintessenz der Glückseligkeit des kosmischen Bewußtseins und - wenn in Tätigkeit - seine Freude am Selbsterschaffen und Selbsterfahren.

DIE VERNUNFT
ALS HERR DES LEBENS

Die Vernunft, die sich des intelligenten Willens zur Ordnung des inneren und äußeren Lebens bedient, ist zweifellos die höchst entwickelte Fähigkeit des Menschen auf seiner gegenwärtigen Lebensstufe. Sie ist der Herr, die beherrschende und sich selbst beherrschende Fähigkeit in der Vielfalt unserer menschlichen Existenz. Der Mensch unterscheidet sich von den anderen irdischen Geschöpfen durch die ihm gegebene Möglichkeit, sich eine Lebensregel zu suchen, eine Regel seines Seins und Tuns, einen Grundsatz der Ordnung und Selbstentwicklung, der nicht die erste, instinktive und ursprüngliche, mechanische und selbstwirksame Regel seines natürlichen Daseins ist. Der Grundsatz, den er sucht, ist weder die unwandelbare, keinem Fortschritt unterliegende Ordnung des festgelegten natürlichen Seins, noch die sich wandelnde, mechanische Entwicklung, die wir im niederen Leben beobachten können und die auf die Masse stärker wirkt als auf das Individuum, unbemerkt und ohne bewußte Mitwirkung dessen, der entwickelt werden soll. Der Mensch sucht nach einer intelligenten Regel, die er selbst anzuwenden und zu meistern versteht, oder über die er zumindest teilweise frei verfügen kann. Er kann sich eine fortschreitende Ordnung ausdenken, durch die er seine Fähigkeiten weit über ihre ursprünglichen Grenzen und Wirksamkeiten zu entfalten und zu entwickeln vermag. Er kann eine intelligente Entwicklung einleiten, die er selbst bestimmt oder in die er zumindest ein bewußtes Werkzeug, mehr noch eine mitwirkende und ständig zu Rate gezogene Partei sein kann. Der verbleibende Rest des irdischen Seins ist hoffnungsloser Sklave der Natur, von der er tyrannisiert wird. Der männliche Trieb aber verlangt nach Freiheit und Herrsein über die Natur.

Zweifellos ist dies alles Werk der Natur und auch dieses ist Natur. Es beginnt bei dem Prinzip des Seins, das das natürliche Menschtum ausmacht, bei den Vorgängen, die dieses Grundprinzip zuläßt und die ihm naturgemäß sind. Es gibt aber noch eine zweite Art von Natur, einen Seinszustand, in dem die Natur selbstbewußt im Individuum wird, in dem sie ihr Selbst und ihre Möglichkeiten zu erkennen, zu verwandeln, zu verändern und zu entwickeln, zu nutzen und bewußt zu erproben sucht. Diese Wandlung wird von einer plötzlichen Selbstentdeckung unterbrochen. Es tritt etwas zu Tage, das in der Materie und der ersten Lebensanlage verborgen ist, und das im Tier noch nicht erkennbar war, obwohl dieses auch ein Mentales besitzt. Die Gegenwart der Seele in den Dingen wird sichtbar, die sich zunächst in ihrer eigenen natürlichen, nach außen gehenden Wirksamkeit verbarg, in dieser aufging und, oberflächlich gesehen, sich selbst vergaß. Später wird sie, wie im Tier, bis zu einem gewissen Grad oberflächlich bewußt, aber noch immer ist sie hilflos dem Lauf ihres natürlichen Wirkens ausgeliefert und kann, da sie noch nicht verständig ist, sich selbst und ihre Bewegungen nicht beherrschen. Schließlich aber richtet sie im Menschen ihr Bewußtsein auf sich selbst. Sie sucht zu erkennen und strebt danach, im Individuum ihre natürlichen Funktionen zu beherrschen und durch das Individuum und die Zusammenfassung von Vernunft und Kraft vieler Individuen auch soweit als möglich das Wirken der Natur im Menschen und in den Dingen zu beherrschen. Diese Wendung des Bewußtseins auf sich selbst und auf Dinge, die der Mensch darstellt, bildete den großen Umschwung, eine lange, sich steigernde Krisis in der irdischen Entfaltung der Seele in der Natur.

Es gab schon vorher andere entscheidende Phasen auf Erden, wie jene, die das bewußte Leben des Tieres hervorbrachte. Es wird auch sicher weitere in der Zukunft geben, durch die ein höheres übermentales Bewußtsein sich entwickeln und sich der mentalen Aufgaben annehmen wird. Im Augenblick aber vollzieht sich dieser entscheidende Abschnitt: Eine im Mentalen selbstbewußte Seele, ein mentales Wesen, *manomaya purusha,* kämpft um eine intelligente Ordnung seines Lebens, um eine unbestimmbare, vielleicht endlose Entwicklung der Kräfte und Möglichkeiten des menschlichen Werkzeugs.

Die intellektuelle Vernunft ist nicht das einzige Erkenntnismittel des Menschen. Jede Handlung und Wahrnehmung, alles Empfinden, alle Impulse und Willensakte, alle Phantasie und Schöpfung schließt eine umfassende, vielseitige Kraft wirksamer Erkenntnis in sich ein. Jede Form oder Kraft dieser Erkenntnis birgt in ihrer eigenen, gesonderten Natur und Gesetzmäßigkeit ein eigenes Ordnungsprinzip, eigene Regeln und einen eigenen logischen Zweck. Sie brauchen nicht dem Gesetz der Natur, der Ordnung und den Regeln zu folgen, brauchen noch weniger sich mit den Gesetzen zu identifizieren, die die intellektuelle Vernunft ihnen zuweist oder die sie selbst verfolgen würden, könnten sie die Entscheidung über diese Bewegungen treffen. Die Vernunft hat diesen Vorteil vor den anderen Fähigkeiten, daß sie sich von der Arbeit ablösen und sich distanzieren kann, um diese unvoreingenommen zu beobachten und zu verstehen, um ihren Vorgang zu zergliedern und ihre Grundregeln herauszuschälen. Keine der anderen Kräfte und Fähigkeiten des lebenden Wesens vermag dies. Denn jede ist für die ihr eigene Handlung bestimmt, wird von der Arbeit, die sie ausführt, begrenzt und vermag nicht über diese hinaus zu sehen oder um sie herum und in sie hinein zu blicken, wie die Vernunft dies vermag. Das Erkenntnisprinzip, das jeder Kraft eingeboren ist, wird von der Tätigkeit dieser Kraft eingeschlossen und mitgetragen, hilft diese zu gestalten, ist aber auch durch die eigenen Formgebungen begrenzt. Die Kraft ist für die Erfüllung der Handlung bestimmt, nicht für eine Erkenntnis oder jedenfalls nur soweit für eine Erkenntnis, als diese Teil einer Handlung ist. Überdies ist sie nur mit der besonderen Handlung oder Arbeit des Augenblicks befaßt und blickt nicht nachdenkend zurück oder überlegend vorwärts, oder auf andere Handlungen und Kräfte mit der Fähigkeit, diese zusammenzuführen.

Zweifellos tragen die anderen entwickelten Kräfte des lebenden Wesens, wie zum Beispiel der tierische oder der menschliche Instinkt - der letztere in geringerem Maß, da er durch Fragen und Suchen der Vernunft gestört ist - in sich eine eigene Kraft vergangener Erfahrungen und instinktiver Selbstanpassung, die tatsächlich angesammeltes Wissen bedeuten. Manchmal halten sie dieses Angesammelte so fest, daß es als sicheres Erbe von Generation zu Generation übermittelt wird. Aber dieses alles, eben weil es instinktiv ist und sich nicht selbst reflektieren kann, ist trotz seines großen Nutzens für das Leben zur Lenkung seiner Funktionen ohne jeden Wert für das besondere Ziel, dem der Mensch zustrebt, solange es nicht von der Vernunft übernommen wird. Es ist ohne Bedeutung für die neue Ordnung seelischer Tätigkeit in der Natur, für eine freie, rationale, intelligente Mitwirkung, für eine intelligente Selbstbeobachtung und für eine intelligente Beherrschung der Kraftauswirkungen durch den bewußten Spirit.

Andererseits besteht die Vernunft im Interesse der Erkenntnis. Sie kann sich davor bewahren, von den Handlungen mit fortgerissen zu werden. Sie kann sich ablösen und mit Klugheit die Tätigkeit und Fähigkeiten der mitwirkenden Kräfte beobachten, sie annehmen oder verweigern, sie verändern und verwandeln oder verbessern, sie zusammenstellen oder trennen. Sie kann hier einschränken, dort mildern und nach intelligenter, verständiger, geplanter und organisierter Vollendung trachten. Vernunft ist Wissenschaft, bewußtes Können und Erfinden. Sie ist Beobachtung, denn sie vermag die Wahrheit in den Dingen zu erfassen und zu ordnen. Sie ist Spekulation, denn sie vermag die Wahrheit aus dem Wirkungsvermögen zu entwickeln und zu planen. Vernunft ist die Idee und deren Erfüllung, das Ideal und sein Früchtetragen. Sie kann die unmittelbare Erscheinung durchblicken und die hinter ihr verborgenen Wahrheiten entschleiern; sie ist Diener und doch zugleich Herz aller Nützlichkeitsüberlegungen. Läßt sie diese beiseite, kann sie unvoreingenommen die Wahrheit um ihrer selbst willen suchen. Hat sie diese gefunden, wird sie eine ganze Welt neuer Nützlichkeiten entdecken. Deshalb ist die Vernunft eine überlegene Kraft, durch die der Mensch von sich selbst besessen wurde, Schüler und Herr zugleich seiner eigenen Kräfte, die Gottheit, an die sich die anderen Götter in ihm anlehnten und Hilfe für ihren Aufstieg suchten. Sie war der Prometheus der mystischen Gleichnisse, der Helfer und Lehrer, der Freund, der emporzieht, die Macht, die der Menschheit Kultur bringt.

Vor kurzem begann eine recht beachtliche Empörung des menschlichen Geistes gegen diese Vorherrschaft des Intellekts, gleichsam ein Unbefriedigtsein der Vernunft mit sich selbst und ihren eigenen Begrenzungen, die Neigung, anderen Kräften der Natur größere Wichtigkeit beizumessen und mehr Freiheit zu geben. Tatsächlich war die Herrschaft der Vernunft im Menschen immer unvollkommen, eine gestörte, streitende Herrschaft, der Widerstand geleistet wurde und die oft Niederlagen erleben mußte. Trotzdem wurde sie durch die beste Intelligenz der Menschheit als Autorität und Gesetzgeber anerkannt. Neben ihr wurde als einziger Rivale weithin nur der Glaube betrachtet. Die Religion allein hatte genügend Erfolg mit ihrem Anspruch, daß die Vernunft vor ihr zu schweigen und zumindest für gewisse Gebiete gehört werden dürfe. Aber selbst die Religion mußte eine Zeitlang ihren absoluten

Anspruch zurückstellen oder auf ihn verzichten und sich der Herrschaft des Intellekts unterwerfen.

Leben, Phantasie, Gefühl, ethische und ästhetische Bedürfnisse haben oft behauptet, daß sie um ihrer selbst willen bestünden und ihren eigenen Neigungen folgten. In der Praxis haben sie ihren Anspruch oft verstärkt geltend gemacht, blieben aber im allgemeinen immer gezwungen, unter der Inquisition und teilweise der Kontrolle der Vernunft zu arbeiten und diese als Schiedsrichter beizuziehen. Heute aber ist das Mentale der Menschheit viel geneigter, sich selbst in Frage zu stellen, zu zweifeln, ob das Dasein nicht zu umfassend, tief, vielseitig und geheimnisvoll sei, um von den Kräften des Intellekts voll erfaßt und beherrscht zu werden. Es besteht das unklare Gefühl, daß es eine größere Gottheit geben muß als die Vernunft.

Für andere ist diese Gottheit das Leben selbst oder ein geheimer Wille im Leben, denen ihrer Behauptung nach die Herrschaft zukäme. Der Intellekt sei nur insoweit nützlich, als er ihnen diene. Das Leben dürfe nicht unterdrückt, verkleinert und mechanisiert werden durch eine willkürliche Kontrolle der Vernunft. Es trüge wesentliche Kräfte in sich, denen ein freies Spiel gegeben werden müsse; denn nur diese Kräfte entwickeln und schaffen. Andererseits aber empfindet man, daß die Vernunft zu analytisch und zu willkürlich ist, daß sie das Leben durch ihre Unterscheidungen fälscht und in Normen einteilt, auf die sie feste Regeln aufbaut, und daß es eine bedeutsame und größere Kraft des Wissens, der Intuition oder dergleichen gibt, die tiefer in die Geheimnisse des Lebens eindringt. Diese große, innere Kraft ist mehr eins mit den Tiefen und Quellen des Lebens und deshalb besser in der Lage, uns die unteilbaren Wahrheiten und Grundwirklichkeiten des Lebens zu vermitteln und sie nicht auf eine künstliche, mechanische Art auszuarbeiten, sondern in der Ahnung des geheimen, hinter dem Leben stehenden Willens und in freier Harmonie mit dessen umfassenden, subtilen und vielfältigen Methoden. Tatsächlich beginnt der wachsende Subjektivismus des menschlichen Geistes zu erkennen, daß die eine herrschende Gottheit die Seele selbst ist, die die Vernunft als einen ihrer Diener zu verwenden vermag, die sich selbst aber nicht mehr der eigenen Intellektualität unterwerfen kann, ohne sich ihrer Möglichkeiten zu begeben und ihre Lebensführung unnatürlich zu gestalten.

Die höchste Macht der Vernunft, weil ihre reine und charakteristische Macht, zeigt sich in der unvoreingenommenen Suche nach dem wahren Wissen. Nur wenn Wissen um seiner selbst willen gesucht wird, haben wir die Möglichkeit, zur wahren Erkenntnis zu gelangen. Späterhin können wir dieses Wissen zu den verschiedensten Zwecken verwenden. Haben wir aber von Anfang an bestimmte Ziele im Auge, dann beschränken wir unseren intellektuellen Gewinn, begrenzen unsere Ansicht von den Dingen, entstellen die Wahrheit, weil wir sie in die Form einer bestimmten Idee oder Zweckdienlichkeit zu pressen suchen und lassen alles, was mit diesem Zweck oder dieser Ideenreihe nicht in Einklang steht, unbeachtet oder leugnen es. Auf diese Weise können wir allerdings erreichen, daß die Vernunft mit großer, unmittelbarer Kraft in den Grenzen der Idee oder des Zweckes wirksam wird, den wir vor Augen haben. In gleicher Weise wirkt auch der Instinkt im Tier in gewissen Grenzen mit großer Kraft auf einen bestimmten Zweck hin. Außerhalb dieser Grenzen aber ist er hilflos. Es ist tatsächlich so, daß der Mensch gewöhnlich seine Vernunft - wie das Tier seine Erbmasse, den ihm übermittelten Instinkt benutzt - mit tiefer Hingabe für ein bestimmtes Ziel einsetzt oder aber in einer zweckmäßigen, jedoch kaum als überlegen anzusprechenden Art von üblichen und überlieferten Gedanken auf die notwendigerweise praktischen Interessen des Lebens anwendet. Selbst ein denkender Mensch verwendet seine Vernunft gewöhnlich nur zur Ausarbeitung von ihm bevorzugter Ideen. Alles, was diesen nicht dient oder sie nicht unterstützt und rechtfertigt, was ihnen tatsächlich widerspricht oder sie ernsthaft abändert, kennt er nicht oder verneint er, soweit nicht das Leben selbst ihn zwingt, für eine gewisse Zeit Veränderungen anzunehmen oder ihn warnt, wenn er diese zu seinem Schaden zu verleugnen sucht. Unter solchen Begrenzungen arbeitet die menschliche Vernunft gewöhnlich. Der Mensch folgt im allgemeinen bestimmten Interessen oder Interessenkreisen. Er tritt nieder oder durchbricht, leugnet oder räumt die Wahrheit beiseite, alle Wahrheit des Lebens und des Daseins, die Wahrheit der Ethik und Schönheit, der Vernunft und des Spirits, soweit sie mit den Meinungen und Interessen in Konflikt stehen, die er gewählt hat. Erkennt er diese fremden Elemente an, so geschieht dies nur dem Namen nach, nicht in der Tat, oder aber mit einer Entstellung und Verfärbung, die ihre Wirkungen aufhebt, ihren Sinn verkehrt oder ihre Bedeutung beschränkt. Diese Unterwerfung des gewöhnlichen Mentalen* unter die Interessen, die Notwendigkeit, die Instinkte und Leidenschaften, die Vorurteile und überlieferten Ideen und Meinungen ist der Anlaß zu der Irrationalität des menschlichen Daseins.

Aber selbst der Mensch, der fähig ist, sein Leben unter eine Idee zu stellen, das heißt, der erkennt, daß dieses klar erfaßte Wahrheiten und Grundregeln seines Wesens oder aller Wesen ausdrücken sollte, der herauszufinden oder von anderen zu erfahren sucht, welches diese sind, ist oft nicht imstande, den besten Gebrauch von seiner vernünftigen Mentalität zu machen und sie frei und unbeteiligt einzusetzen. Wie andere der Tyrannei ihrer Interessen, ihren Vorurteilen und Instinkten oder ihren Leidenschaften unterworfen sind, so ist er der Tyrannei von Ideen unterworfen. Diese macht er zu seinen Interessen und macht sie durch seine Vorurteile und Leidenschaften unverständlich, so daß er unfähig ist, frei über sie nachzudenken, unfähig, ihre Grenzen zu erkennen oder ihre Beziehung zu anderen Ideen zu verstehen, die von den seinen verschieden oder ihnen entgegengesetzt sind, aber das gleiche Daseinsrecht besitzen. Aus diesem Grund lassen sich immer wieder, wie wir sehen, Individuen, Gruppen oder ganze Generationen von gewissen ethischen, religiösen, ästhetischen oder politischen Ideen und Ideenkreisen erfassen, die sie mit Leidenschaft aufnehmen, verfolgen, als ob es eigene Interessen wären, und zu einem System oder einer ständigen Lebensregel auszubauen suchen. Solche Menschen geraten in den Strom ihrer eigenen Handlungen, die sie fortschwemmen, und machen nicht wirklich die freie und unbeteiligte Vernunft für die richtige Erkenntnis des Daseins nutzbar, für ihr Recht und eine gesunde Beherrschung dieses Daseins.

Bis zu einem gewissen Grad erfüllen sich die Ideen und sind eine Zeitlang erfolgreich, aber gerade dieser Erfolg bringt Enttäuschung und Ernüchterung. Denn er stammt in erster Linie aus Kompromissen und Bündnissen mit dem niederen, irrationalen

---

* Das gewöhnliche Denken des Menschen ist nicht wirklich geistiges Denken, sondern ein vitales Lebensdenken, wenn man so sagen kann, das denken und beurteilen erlernt hat, aber zu eigenen Zwecken und in eigener Richtung, nicht nach wirklicher Erkenntnis.

Leben. Hierdurch vermindert sich der Wert der Ideen. Ihr Licht und ihre Bedeutung werden getrübt. Häufig wird der Erfolg auch seiner Unwirklichkeit überführt. Zweifel und Enttäuschung bemächtigen sich des Vertrauens und der Begeisterung, die den Ideen zum Siege verholfen hatten. Selbst wenn dies nicht der Fall wäre, stellen sich die Ideen selbst als ungenügend und nur halb richtig heraus. Sie zeitigen nicht nur einen teilweisen Erfolg, sondern auch ihr voller Erfolg würde enttäuschen, weil sie nicht die ganze Wahrheit des Lebens bedeuten und deshalb nicht das Leben sicher beherrschen und zur Vollendung führen können. <u>Das Leben macht sich von den Formeln und Systemen frei, die unser Verstand ihm aufzuerlegen sich bemüht.</u> Es erweist sich als zu umfassend, zu erfüllt von unendlichen Möglichkeiten, als daß es sich von dem willkürlichen Intellekt des Menschen tyrannisieren ließe.

<u>Dies ist der Grund, warum alle menschlichen Systeme am Ende versagten. Sie waren niemals etwas anderes als eine teilweise und unklare Anwendung der Vernunft auf das Leben.</u> Überdies gaben diese Systeme selbst da, wo sie klar und rational waren, vor, daß ihre Ideen die volle Wahrheit des Lebens enthielten und versuchten, sie auf dieses anzuwenden. Dies aber war nicht möglich. Das Leben zerbrach sie letzten Endes oder unterminierte sie und wandte sich seiner ihm eigenen, weiten und unberechenbaren Bewegung zu. So oft die Menschheit versuchte, ihren Verstand auf diese Weise als Hilfe und Rechtfertigung für ihre Interessen und Leidenschaften zu verwenden, dem Drang zum Tun zu gehorchen, den eine teilweise und unvollkommene Rationalität ausübte, die umfassenden Ganzheiten des Lebens durch halbe Wahrheiten zu beherrschen, ist sie von einem Experiment zu dem nächsten weitergestrauchelt. Immer wieder hat sie geglaubt, daß sie die Krone beinahe greifen könnte, um immer wieder entdecken zu müssen, daß sie bisher wenig oder nichts von dem erfüllt hat, was sie vollenden muß. Von Natur dazu gezwungen, den Verstand für das Leben zu nutzen, und doch nur im Besitz einer halben Rationalität, die in sich selbst begrenzt ist und die durch den Ansturm niederer Teile in Verwirrung gerät, konnte die Menschheit nicht anders verfahren. <u>Der begrenzte, unvollkommene menschliche Verstand hat kein eigenes, sich selbst genügendes Licht.</u> Er ist deshalb gezwungen, mit Hilfe von Beobachtung und Experiment, durch Irrtümer und Straucheln zu weiterer Erfahrung voranzuschreiten.

Hinter dieser ständigen Folge von Fehlern aber erhielt sich das Vertrauen, daß die menschliche Vernunft schließlich doch über die Schwierigkeiten triumphieren, daß sie sich reinigen und ausweiten, daß sie für ihr Werk genügen und letzten Endes auch den Aufruhr des Lebens unter ihre Herrschaft bringen würde. Denn während die Welt strauchelte, war der individuelle Denker im Menschen am Werk. Er verbesserte die Ergebnisse und erhob sich zu einer höheren, klareren Atmosphäre jenseits des allgemeinen Denkniveaus des Menschen. Hier vollzog sich das Werk einer Vernunft, die immer nach Erkenntnis strebt und mit Geduld die Wahrheit für sich selbst herauszufinden sucht, ohne Vorurteil und ohne Einmischung ablenkender Interessen, die alles zu erforschen, zu analysieren strebt und Grundprinzip wie Vorgang von allem zu entdecken sucht.

Philosophie, Wissenschaft, Lernen, vernünftige Kunstrichtungen, alle die Jahrhunderte lange Arbeit des kritischen Verstandes im Menschen waren das Ergebnis dieser Bemühungen. In der neuesten Zeit nahmen diese Bemühungen unter dem Antrieb der Wissenschaft einen riesigen Umfang an. Sie erhoben eine Zeitlang den Anspruch, mit Erfolg die wahren Grundsätze und die geeigneten Regeln für alle Vorgänge nicht nur in der Natur, sondern auch für alle Handlungen des Menschen zu erforschen und endgültig festzulegen. Große Dinge wurden erreicht. Letzten Endes aber war es kein Erfolg. Die menschliche Mentalität beginnt zu verstehen, daß sie den Kern fast aller Probleme nicht berührte und daß sie nur die Außenseite und einige der Vorgänge aufzuhellen vermochte. Sie erreichte eine großzügige und klare Einordnung und eine Mechanisierung. Sie erreichte große Entdeckungen und viele praktische Ergebnisse ihrer zunehmenden Erkenntnis, aber alles nur auf der physischen Oberfläche der Dinge. Tiefe Abgründe der Wahrheit liegen darunter, in denen sich die wirklichen Quellen befinden, die geheimnisvollen Kräfte und die unbemerkt bestimmenden Einflüsse des Daseins. Es ist fraglich, ob die intellektuelle Vernunft jemals in der Lage sein wird, uns in ausreichender Weise über diese tieferen und größeren Dinge zu berichten oder ob sie diese dem intelligenten Willen unterwirft, so wie sie die Kräfte der physischen Natur zu erklären und einzuordnen vermochte, wenn auch noch unvollkommen, so doch nicht ohne triumphale Erfolge. Diese anderen Kräfte aber sind weit größer, feinstofflicher, tiefliegender und verborgener, täuschender und veränderlicher als die Kräfte der physischen Natur.

Die ganze Schwierigkeit für den Verstand, der unser Dasein zu beherrschen sucht, liegt darin, daß die ihm eigene Begrenzung es ihm unmöglich macht, sich mit dem Leben in seiner Ganzheit oder in seiner einheitlichen Bewegung zu befassen. Er ist gezwungen, das Leben in Teile auseinanderzubrechen, mehr oder weniger künstliche Einordnung vorzunehmen, Systeme auf Grund nicht allgemein gültiger Tatsachen aufzubauen, die zu anderen Tatsachen in Widerspruch stehen, umgeworfen oder immer wieder abgeändert werden müssen und eine Auswahl geregelter Möglichkeiten auszuarbeiten, die der Einbruch einer neuen Welle noch ungeordneter Möglichkeiten niederreißt. Es scheint fast, als gäbe es zwei Welten, eine Welt der Ideen, die dem Intellekt zugehört, und eine Welt des Lebens, die einer vollkommenen Beherrschung durch die Vernunft ausweicht. Diesen Abgrund zwischen den zwei Bereichen in geeigneter Weise zu überbrücken, übersteigt die Kräfte und die Möglichkeiten der Vernunft und des intelligenten Willens. Es scheint, als könnte auf diese Weise nur eine Reihe mehr oder weniger empirischer Kompromisse entstehen oder eine Reihe willkürlicher, praktisch nicht oder nur teilweise anwendbarer Systeme geschaffen werden. Die Vernunft des Menschen, die mit dem Leben kämpft, wird entweder empirisch oder doktrinär wirken.

Der Verstand kann sich tatsächlich zu einem bloßen Diener des Lebens machen. Er kann sich auf die Arbeit beschränken, die der durchschnittliche Mensch von ihm verlangt. Er kann sich damit begnügen, Mittel und Rechtfertigungen zu liefern für die Interessen, Leidenschaften und Vorurteile des Menschen und sie in das irreführende Gewand der Rationalität kleiden. Im äußersten Fall kann er ihnen ihre eigene, sichere und aufgeklärte Ordnung geben oder Regeln der Vorsicht und Selbstzucht, dazu bestimmt, die unerfreulichsten Fehlleistungen und deren Folgen zu verhüten. Dies aber bedeutet zweifellos einen Verzicht des Verstandes auf die letzte Erfolgsmöglichkeit und einen Verrat an den Hoffnungen, mit denen der Weg der Entwicklung betreten wurde. Der Verstand mag auch beschließen, sich auf die Tatsachen des Lebens zu gründen, aber ohne Anteilnahme, das heißt in unbeteiligter, kritischer Beobachtung seiner Grundregeln und Vorgänge, mit dem vorsichtigen Entschluß, sich nicht zu weit in das Unbekannte vorzuwagen oder sich zu weit über die unmittelbaren Wirklichkeiten unserer sichtbaren Welt der Erscheinungen zu erheben. Doch auch hier dankt der Verstand ab. Entweder wird er zum reinen Kritiker und Beobachter oder aber, soweit er Gesetze festzulegen sucht, tut er dies in sehr engen Grenzen der unmittelbaren Wirkungskräfte und verzichtet auf den menschlichen Drang nach höheren Möglichkeiten, auf seine rettende Gabe des Idealismus. Diese begrenzte Anwendung der Vernunft, die den Regeln unmittelbarer, sichtbarer, vitaler und physikalischer Nützlichkeit unterworfen ist, wird den Menschen nicht lange befriedigen. Seine Natur treibt ihn zu den Höhen. Sie verlangt ein ununterbrochenes Mühen, sich selbst zu überschreiten, den Fortschritt zu Dingen hin, die unerreicht und im Augenblick auch nicht erreichbar sind.

Andererseits sondert sich die Vernunft vom Leben ab, wenn sie eine höhere Wirksamkeit anstrebt. Ihr Versuch, zu unbeteiligter und unbefangener Erkenntnis zu gelangen, führt sie zu Höhen, auf denen sie jenes andere Wissen zu verlieren droht, das unser Instinkt und unsere Triebe in sich tragen und das, so unvollkommen, unklar und begrenzt es auch sein mag, doch noch ein verborgenes Wirken des universalen Erkenntniswillens ist, der dem Leben innewohnt und alle Dinge erschafft und ihrer Natur entsprechend lenkt. Es sei zugegeben, daß Wissenschaft und Philosophie niemals ganz unvoreingenommen und unbeteiligt sind. Sie unterliegen der Tyrannei ihrer eigenen Ideen, ihrer Teilnahme, ihrer vorschnellen Verallgemeinerungen und suchen durch den dem Menschen innewohnenden Drang nach praktischer Nutzanwendung diese dem Leben aufzuprägen. Aber auch auf diese Weise geraten sie in eine Welt abstrakter Ideen und Ideale oder strenger Gesetze, die nicht mehr an der Ganzheit des Lebens teilhaben.

Der Idealist, der Denker und Philosoph, der Dichter und Künstler, selbst der Moralist, alle, die zustärkst in der Welt der Ideen leben, scheinen, wenn sie mit dem praktischen Leben zu tun haben, irgendwie in Verlegenheit zu geraten und werden immer wieder enttäuscht, wenn sie mit ihren Ideen das Leben zu beherrschen suchen. Sie haben zwar einen starken Einfluß, aber dies geschieht auf indirekte Weise, stärker durch ein Hineingeben ihrer Gedanken in das Leben, das mit ihnen macht, was der in ihm verborgene Wille entscheidet, als durch eine direkte und erfolgreich geordnete Handlung. Dies bedeutet nicht, daß der rein empirische, praktische Mensch in Wirklichkeit mehr Erfolge hat durch seine unmittelbaren Handlungen. Denn auch diese werden von dem verborgenen Lebenswillen aufgenommen und zu ganz anderen Zielen geführt, als der praktische Mensch dies beabsichtigt hatte. Im Gegenteil, Ideale und Idealisten sind notwendig. Ideale sind Retter und Kräfte des Lebens, Idealisten sind die wichtigen Erkunder und Helfer für seine Ziele. Aber sobald man ein Ideal in ein System einpaßt, wird es sofort zu versagen beginnen. Wendet man die allgemeinen Gesetze und festgelegten Ideen systematisch an, wie es die Theoretiker tun, dann wird das Leben sehr bald durchbrechen, sich ihrer Umklammerung entziehen oder das System, selbst wenn es dem Namen nach noch besteht, in etwas verwandeln, das der Urheber nicht mehr erkennen und vielleicht als das genaue Gegenteil der Grundregeln verwerfen würde, die er festzulegen suchte.

Die Wurzel zu all den Schwierigkeiten liegt darin, daß in der untersten Grundschicht unseres Lebens und Seins, des inneren wie des äußeren, etwas existiert, das der Intellekt niemals seiner Kontrolle unterwerfen kann, das Absolute, das Unendliche. Hinter jedem Ding im Leben steht das Absolute, nach dem dieses Ding auf eine ihm eigene Weise strebt. Alles Endliche sucht ein Unendliches auszudrücken, das es als seine eigentliche Wahrheit empfindet. Nicht nur jede Klasse, jeder Typus, jede Richtung in der Natur fühlt sich auf diese Weise gezwungen, auf ihre Art nach ihrer eigenen geheimen Wahrheit zu suchen, sondern jedes Individuum hat seine eigene Art, dies zu tun. So gibt es nicht nur ein Absolutes, ein Unendliches in sich, das seinen eigenen Ausdruck in vielen Formen und Richtungen bestimmt, sondern es gibt auch ein Prinzip unendlicher Wirkemöglichkeit und Wandlung, das der vernünftigen Intelligenz völlig verwirrend erscheint. Denn der Verstand vermag mit Erfolg nur das Festgelegte und Endliche zu behandeln.

Im Menschen erreicht diese Schwierigkeit ihren Höhepunkt. Denn er ist nicht nur in seinen Möglichkeiten unbegrenzt, nicht nur sucht jede seiner Kräfte und Neigungen nach dem eigenen Absoluten auf die eigene Weise und deshalb naturgemäß in rastloser Unruhe unter der strengen Kontrolle der Vernunft; sondern in jedem Menschen sind die Grade, die Methoden und Verbindungen verschieden; jeder Mensch gehört nicht nur zu der Gemeinschaft der Menschheit, sondern auch zu dem Unendlichen in sich selbst. Jeder ist deshalb einmalig. Weil dies die Wirklichkeit unseres Daseins ist, kann der intellektuelle Verstand und der intelligente Wille das Leben nicht als seinen Herrn anerkennen, auch wenn beide im Augenblick unsere wesentlichsten Funktionen sind und für unsere Entwicklung äußerst wichtig und hilfreich gewesen sein mögen. Der Verstand kann herrschen, aber nur unvollkommen, als ein Vertreter oder Schiedsrichter, als Anreger, nicht aber als wirklich entscheidender Befehlshaber, als Mittelsmann der höchsten Autorität, deren verborgene Kraft zur Zeit nicht unmittelbar, sondern durch zahlreiche Agenten und Boten mitgeteilt wird. Der wirkliche Herr ist ein anderer als die vernünftige Intelligenz. Der Impuls des Menschen, frei zu sein und die Natur in sich selbst und in seiner Umwelt zu beherrschen, kann nicht eher erfüllt werden, bis nicht das Selbstbewußtsein die rationale Mentalität überwachsen hat. Dann erst wird das Selbstbewußtsein den wahren Herrn erkennen und sich entweder mit ihm identifizieren oder in eine bleibende Einheit mit seinem höchsten Willen und Wissen eintreten.

AUFGABE UND GRENZEN DER VERNUNFT

Wenn die Vernunft nicht der überlegene Herr unseres Seins ist, und auch nicht mehr sein soll als ein Vermittler und Vertreter, dann vermag sie auch nicht anderen Bereichen ein vollkommenes Gesetz zu geben. Allerdings kann sie ihnen eine zeitweilige und unvollkommene Ordnung als Durchgangsstufe für eine höhere Vollendung auferlegen. Der rationale oder intellektuelle Mensch ist nicht das letzte und höchste Ideal der Menschheit, ebensowenig wie eine rationale Gesellschaft nicht die letzte und höchste Ausdrucksform einer menschlichen Gemeinschaft ist, es sei denn, daß wir dem Wort Vernunft eine weiterreichende Bedeutung geben als die übliche und das gesamte Wissen aller unserer Erkenntniskräfte mit einschließen, jene, die unter und über dem verstehenden und logischen Mentalen stehen, ebenso wie den streng rationalen Teil unserer Natur. Der Spirit, der sich im Menschen manifestiert und im geheimen die Stufen seiner Entwicklung beherrscht, ist größer und tiefer als der Intellekt und drängt nach einer Vollendung, die von dem willkürlichen Wirken der menschlichen Vernunft nicht erreicht werden kann.

In der Zwischenzeit aber übt der Intellekt seine Funktion aus. Er führt den Menschen zu den Toren eines größeren Selbstbewußtseins und stellt ihn mit unverbundenen Augen auf jene breite Schwelle, auf der ein leuchtender Engel ihn an die Hand nehmen muß. Der Intellekt beschäftigt sich zunächst mit den niederen Kräften des Daseins, die alle mit ihren eigenen Nöten beschäftigt sind und mit blinder Selbstgenügsamkeit nach Erfüllung der eigenen Triebe und ursprünglichen Impulse streben. Er lehrt den Menschen, sich selbst zu erkennen und in seinem Spiegel auf die Gesetze der eigenen Handlungen zu blicken. Er versetzt ihn in die Lage, verstandesmäßig das Hohe und Niedere, das Reine und Unreine in sich selbst zu unterscheiden und aus einer groben Verwirrung heraus zu einer immer klareren Gestaltung seiner Möglichkeiten zu gelangen. Der Intellekt gibt ihm Selbsterkenntnis und ist ihm ein Führer, Lehrer und Befreier. Denn er gibt dem Menschen die Kraft, über sich selbst hinauszuschauen und sich gegenseitig anzublicken, um voneinander frische Impulse zu erfolgreichem Wirken zu erlangen. Er stärkt und reinigt das hedonistische und ästhetische Tun und besänftigt seinen Streit mit dem ethischen Denken und Empfinden. Er gibt dem Menschen Festigkeit und Ernst, lehrt ihn die praktischen und dynamischen Kräfte zu unterstützen und diese enger mit den wesentlichen Tatsachen des Lebens zu verbinden. Er mildert den ethischen Willen, indem er ihm psychische Elemente der Freude und Ästhetik zuführt. Auf diese Weise vervollkommnet er die praktische, dynamische und zweckdienliche Einstellung des Menschen.

Der Intellekt spielt gleichzeitig die Rolle des Richters und des Gesetzgebers; er versucht feste Regeln, Systeme und geordnete Beziehungen zu schaffen, die es den Kräften der menschlichen Seele ermöglichen, auf einem breiteren Pfad zu gehen und nach einem sicheren Gesetz, nach einer anerkannten Methode und in einem ausgeglichenen Rhythmus zu handeln. Dabei wird er nach einiger Zeit erkennen, daß seine Gesetzgebung zu einer Kraft der Beschränkung wird und sich in eine Fessel verwandelt, und daß das geordnete System, das er im Interesse der Ordnung und der Erhaltung sich auferlegt hat, zur Ursache einer Versteinerung und einem Versiegen der Lebensquellen wird. Der Intellekt muß auf die eigene rettende Eigenschaft des Zweifels zurückgreifen. Unter dem Impuls des Verstandes, gewarnt von unheilvollem Aufruhr der unterdrückten Lebensquellen, beginnen Ethik, Ästhetik und die soziale, politische, wirtschaftliche Ordnung, Zweifel zu hegen. Wenn dies zunächst auch ein wenig Verwirrung, Unordnung und Unsicherheit bringt, so weckt es doch neue Bewegungen der Phantasie, der Innenschau, der Selbsterkenntnis und Selbstverwirklichung, durch die alte Systeme und Formeln sich verändern oder verschwinden, neue Erfahrungen gesammelt werden und letztendlich größere Möglichkeiten und Verbindungen aufgeworfen werden. Durch dieses zwiefache Tun des Intellekts, daß er einerseits die Erfahrung bejaht und Anordnungen trifft, daß er andererseits zur rechten Zeit wieder in Frage stellt, was erreicht wurde, um neues zu bejahen, daß er Regeln und Ordnungen festlegt und sie wieder aufgibt, geschehen die Fortschritte der Menschheit, so unsicher die einzelnen Stufen und Zustände auch sein mögen.

Die Tätigkeit des Intellekts ist aber nicht nur nach unten und außen auf unser subjektives und objektives Leben gerichtet, um es zu verstehen und das Gesetz, die Ordnung seiner gegenwärtigen Bewegung und seiner künftigen Möglichkeiten festzulegen. Er blickt auch nach oben und innen und vermag die Dinge zu erhellen, Visionen der verborgenen Ewigkeit zu empfangen. In dieser Kraft der Schau ist der Verstand der jenseitigen Wahrheit geöffnet, von der er, wenn auch noch so unvollkommen und verschleiert, indirekte Kenntnis der universellen Grundregeln unseres Daseins und seiner Möglichkeiten erhält. Was er davon aufnehmen kann, bringt er in eine intellektuelle Form, die den Menschen beherrschende Ideen gibt, die sein Streben gestalten und auf die sich die Bemühungen konzentrieren und sammeln. Dies sind die Ideale, die wir zu erfüllen suchen. So versorgt der Verstand den Menschen mit großen Ideen, die Kräfte bedeuten (idées forces), Ideen, die sich aus eigener Kraft dem menschlichen Leben aufprägen und es in ihre Formen zwingen. Nur die Gestalt, die wir diesen Ideen geben, sind intellektueller Art. Sie selbst steigen von einer Ebene der Wahrheit herab, in der Wissen und Kraft eins sind, in der die Idee nicht von der in ihr vorhandenen Kraft zur Selbsterfüllung zu trennen ist.

Unglücklicherweise scheiden sich diese beiden Kräfte, wenn sie in den Formen unseres Intellekts eingefügt werden, der nur durch trennende Analyse und wieder verbindende Synthese arbeitet, und wenn sie in das Streben unseres Lebens einbezogen werden, das sich in einer Art experimenteller und empirischer Suche fortentwickelt. Idee und ihre Gestaltung werden zu zwei unterschiedlichen, sich bekämpfenden Idealen, denen wir nur unter den größten Schwierigkeiten eine zufriedenstellende Harmonie zu geben vermögen. Dies sind die ersten Grundformen der Freiheit und Ordnung, der Güte, der Schönheit und Wahrheit, das Ideal der Kraft und der Liebe, Individualismus und Kollektivismus, Selbstverleugnung, Selbsterfüllung und hundert andere. In jeder Sphäre des menschlichen Lebens, in jedem Teil unseres Seins und Handelns stellt der Verstand uns vor Gegensätze und vor die Konflikte einer Reihe solcher Grundideen. Jede von ihnen hält er für eine Wahrheit, auf die etwas Wesentliches unseres Seins Antwort gibt - in unserer höheren Natur ein Gesetz, in unserer niederen ein Instinkt. Er sucht abwechselnd, jede von ihnen zu erfüllen, schafft sich einen Plan für sein Tun und geht von einer zur anderen und wieder zurück zu dem, was zu tun übrigblieb. Oder er versucht, die Ideen miteinander zu verbinden, ist aber von keiner der Verbindungen befriedigt, weil keine einen vollkommenen Ausgleich aller Ideen oder eine befriedigende Einheit schafft. Dies könnte tatsächlich erst ein weiteres und höheres Bewußtsein erreichen, das die Menschheit noch nicht erlangt hat und in dem die Gegensätze sich für immer harmonisch auflösen und sogar ihre Einheit finden, da sie in ihrem Ursprung ewig eins sind. Jeder ernste Versuch des Verstandes, sich auf diese Weise mit unserem inneren und äußeren Leben zu befassen, vergrößert die Weite und Fülle unserer Natur, öffnet sie zu größeren Möglichkeiten der Selbsterkenntnis und Selbstverwirklichung und bringt uns dem Erwachen in dieses größere Bewußtsein hinein näher.

Der individuelle und soziale Fortschritt des Menschen bestand mithin in der doppelten Bewegung von Selbsterleuchtung und Selbstharmonisierung, wobei der Verstand und der intelligente Wille als Mittler zwischen seiner Seele und ihren Werken diente. Aus dem primitiven Leben der Instinkte und Impulse mußten zahllose Möglichkeiten von Selbstverständnis, Selbstbeherrschung und Selbstgestaltung geschaffen werden. Der Mensch mußte ständig das niedere, tierische oder halbtierische Dasein mit seinem unvollkommenen Selbstbewußtsein in die Substanz intelligenten Seins, die Instinkte in Ideen, die Impulse in geordnete Bewegungen des intelligenten Willens zu wandeln suchen. Da der Mensch aus der Unwissenheit zum Wissen vorwärtsschreiten muß dank stetigem Mühen, Selbsterkenntnis und Beherrschung seiner Umwelt, da seine Substanz und seine Intelligenz aber nicht in der Lage sind, sein ganzes Selbst in verständlicher Weise in Wissen umzusetzen, und er nicht imstande ist, in verständlicher Weise die Vielzahl seiner Möglichkeiten in Handlungen zu verdichten, konnte er nur Stück für Stück vorwärtsgehen durch Nutzbarmachung von Teilerfahrungen, durch Schaffung verschiedener Typen, durch ständiges Vorwärts- und Rückwärtspendeln zwischen den verschiedenen Möglichkeiten, die für ihn bestanden, und den verschiedenen Elementen, die er in Eintracht zu bringen hat.

Der Mensch muß nicht nur unaufhörlich darum kämpfen, eine neue Harmonie zwischen den verschiedenen Elementen seines Wesens zu finden, den physischen, vitalen, praktischen und dynamischen, den ästhetischen, gefühlsmäßigen, hedonistischen, ethischen und intellektuellen, sondern jedes dieser Elemente muß versuchen, zu einer gewissen Ordnung seines eigenen unterschiedlichen Materials zu kommen. In seinem Ethos wird er aufgesplittert durch verschiedene moralische Richtungen, durch Gerechtigkeit und Barmherzigkeit, durch Selbsthilfe und Altruismus, Selbststeigerung und Selbstleugnung, durch die Neigung zur Macht und zur Liebe, durch die moralische Regel des Handelns und die moralische Regel der Ruhe. Seine Gefühle sind notwendig für seine Entwicklung und seine Duldsamkeit, ist wesentlich für das Erblühen einer reichen Menschlichkeit. Und doch wird er immerfort aufgerufen, sie zu beschränken und zu verleugnen, und es gibt keine sichere Regel, um ihn in der Verworrenheit der zweifachen Notwendigkeit zu leiten. Sein Impuls zur Freude wird auf vielen Wegen und Gebieten, durch verschiedene Gegenstände und Ideale der Selbstzufriedenheit angesprochen. Seine ästhetische Freude, seine ästhetische Formungskraft gestaltet für sich selbst unter dem Einfluß des Verstandes verschiedene Gesetze und Formen. Jede sucht sich als die beste und geeignetste durchzusetzen, würde aber, wenn diese Ansprüche zugestanden würden, durch ihren unrechtmäßigen Sieg die Fähigkeiten des Verstandes mindern und beengen ebenso die Freude des Menschen am Denken.

Die Politik und die Gesellschaft des Intellekts stellen eine Reihe von Abenteuern und Experimenten dar, von verschiedenen Möglichkeiten der Autokratie, des Monarchismus, militärischer Aristokratie, kaufmännischer Oligarchie, offener oder verborgener Plutokratie, Pseudodemokratie verschiedenster Art, der Bürgerlichkeit oder des Proletariertums, des Individualismus, des Kollektivismus oder der Bürokratie, des Sozialismus, der vor der Tür steht, oder des Anarchismus, der noch abseits bleibt. Und alle diese Möglichkeiten entsprechen irgendeiner Wahrheit seines sozialen Wesens, irgendwelchen Notwendigkeiten seiner umfassenden sozialen Natur, irgendwelchen Instinkten oder Kräften in ihr, die eine solche Form für ihr Wirksamwerden verlangen.

Die Menschheit setzt sich mit diesen Schwierigkeiten unter dem Einfluß des ihr innewohnenden Spirits auseinander, indem sie unaufhörlich neue Typen schafft, Typen des Charakters und des Temperaments, der praktischen Tätigkeit und der ästhetischen Gestaltung, der Politik, der Gesellschaft und der ethischen Ordnung, eines intellektuellen Systems, die sich von der reinen zur vermischten Ordnung abschattieren, von der einfachen Harmonie zur Vielseitigkeit. Jeder dieser Typen und sie alle gemeinsam stellen ebenso viele Versuche individueller und kollektiver Selbstbildung im Licht einer voranschreitenden und zunehmenden Erkenntnis dar. Solche Erkenntnis wird von einer Anzahl sich bekämpfender Ideen und Ideale beherrscht, um die herum sich diese Erfahrungen bilden. Jeder dieser Versuche wird allmählich soweit als möglich in seiner Reinheit vorangetrieben, um dann wieder mit anderen vermischt und verbunden zu werden, so daß die Form noch umfassender und das Handeln noch erfolgreicher wird. Jeder Typ muß von Zeit zu Zeit wieder zerbrochen werden, um einem anderen neuen Typ Platz zu machen. Jede Verbindung hat einer Verbindung neuer Möglichkeiten Raum zu geben. Dies alles schafft eine Ansammlung von Selbsterfahrung und Selbstauswirkung, von der der gewöhnliche Mensch einige geläufige Formen übernimmt, als wären sie Regel und Wahrheit - und manchmal glaubt er dies selbst. Das entwickelte menschliche Wesen aber sucht diese Formen zu durchbrechen oder zu erweitern, zu vertiefen und zu verfeinern, um die menschlichen Fähigkeiten, seine Vollkommenheit und Glückseligkeit zu vergrößern oder Raum für eine solche Vergrößerung zu schaffen.

Diese Auffassung von menschlichem Leben und dem Verlauf seiner Entwicklung, zu der uns der Subjektivismus bereitwillig führt, gibt uns ein besseres Verständnis von der Aufgabe des Verstandes für die menschlichen Fortschritte. Wir sahen, daß der Intellekt eine doppelte Wirksamkeit besitzt, eine unbeteiligte und interessierte, auf sich selbst ausgerichtet oder Handlungen unterworfen, die nicht seine eigenen sind. Die eine Aufgabe lautet, unbeteiligt nach der Wahrheit zu suchen, um der Wahrheit willen, und nach der Erkenntnis, um der Erkenntnis willen, ohne anderes Ziel. Dabei muß jede andere Erwägung beiseite gelassen und nur das Auge auf das Objekt, auf die Tatsachen gerichtet werden, die zu erforschen sind, um die Wahrheit, ihre Wirkung und ihr Gesetz herauszufinden. Die andere Aufgabe des Verstandes wird bestimmt von dem Wunsch nach praktischer Anwendung, dem Bestreben, das Leben durch die gefundene Wahrheit oder durch die Faszination einer Idee zu beherrschen, die wir als das oberste Gesetz unseres Lebens und Handelns aufzustellen suchen. Wir haben schon gesehen, daß dies die Überlegenheit der Vernunft über die anderen Fähigkeiten des Menschen ist und daß diese sich nicht auf ein gesondertes, eigenes, sie ganz ausfüllendes Tun beschränkt, sondern sich auf alle anderen Fähigkeiten auswirkt, deren Gesetz und Zweck sie entdeckt, deren Erfindungen sie sich nutzbar macht. Selbst wenn die Vernunft eigenen Bestrebungen und Zielen folgt, ist sie noch anderen Absichten dienstbar und erreicht damit eine alles umfassende Nützlichkeit.

Der Mensch lebt tatsächlich nicht ausschließlich für die Erkenntnis. Da das Leben in seinem weitesten Sinn sein Anliegen ist, sucht er die Erkenntnis mehr um ihrer Nützlichkeit für das Leben als zu dem reinen Vergnügen einer Bereicherung seines Wissens. Aber gerade die Tatsache, daß der menschliche Intellekt sein Wissen dem Dienst des Lebens zur Verfügung stellt, versetzt ihn in eine Verwirrung und ein Gefühl seiner Unvollkommenheit, die jedes menschliche Tun beeinflußt. Solange wir Erkenntnisse um ihrer selbst willen suchen, ist nichts dagegen einzuwenden: die Vernunft übt ihre natürliche Funktion, ihr gutes Recht aus. Für den Philosophen, den Wissenschaftler, den Gelehrten, die durch ihre wissenschaftliche Arbeit sich mühen, etwas dem Bestand unseres erworbenen Wissens hinzuzufügen, bedeutet dies ebenso vollkommene Reinheit und Befriedigung wie für den Dichter und den Künstler, die durch ihre Arbeit Formen der Schönheit zur ästhetischen Freude der Menschheit schaffen. Individuelle Fehler und Beschränkungen sind hierbei nicht so wichtig. Denn das sich ausweitende Wissen des Kollektivs ist in den Besitz der Wahrheit gekommen. Man kann ihr zutrauen, daß sie mit der Zeit die Irrtümer überwinden wird. Der menschliche Verstand strauchelt nur, wenn er versucht, die Ideen auf das menschliche Leben anzuwenden, und hier beginnt sein Irrtum.

Dieser entsteht gewöhnlich, weil der Verstand, der sich mit dem Tun des Menschen befaßt, sofort parteiisch und voreingenommen wird und sich zum Diener eines anderen als der reinen Wahrheit macht. Aber auch wenn der Verstand sich so unparteiisch und unbeteiligt benimmt wie nur möglich - völlig unparteiisch und unvoreingenommen kann der menschliche Verstand überhaupt nicht sein, es sei denn, daß er bereit ist, vollkommen auf seine praktische Nutzanwendung zu verzichten oder eine gewisse Art von Toleranz, Eklektizismus oder skeptischer Neugier, die aber doch unwirksam ist, zu üben -, werden immer noch die Wahrheiten, die er entdeckt, oder die Ideen, die er verbreitet in dem Augenblick, wo sie auf das Leben angewendet werden, Spielball der Kräfte sein, auf die der

Verstand wenig Einfluß besitzt. Die Wissenschaft, die ihren kalten und glatten Weg geht, hat zahlreiche Entdeckungen gemacht, die zwar einem praktischen Menschentum gedient haben, andererseits aber zugleich bedeutsame Waffen für Selbstsucht und gegenseitige Zerstörung lieferten. Sie hat die unerhörte Wirksamkeit von Organisation möglich gemacht, die einerseits zur Verbesserung der wirtschaftlichen und sozialen Verhältnisse der Nationen dienten, zu anderen aber jede dieser Nationen zu einem Schlachtfeld der Aggression, des Ruins und des Totschlags verwandelten. Einerseits entstand auf diese Weise ein breiter, rationalistischer und altruistischer Humanismus, andererseits ließ sich so ein gottloser Egoismus und Vitalismus, ein krasser Macht- und Erfolgswille rechtfertigen. So wurden die Menschen einander nähergebracht und mit neuer Hoffnung erfüllt, zu gleicher Zeit aber wurden sie mit der Last eines ungeheuren Kommerzialismus geschlagen. Dies ist nicht, wie so oft behauptet, auf ihre Trennung von der Religion zurückzuführen oder auf einen Mangel an Idealismus. Die idealistische Philosophie stand in gleicher Weise den Kräften des Guten und des Bösen zu Diensten und schuf eine intellektuelle Überzeugung sowohl für Reaktion wie für Fortschritt. Die organisierte Religion selbst hat oft genug in der Vergangenheit die Menschen zu Verbrechen und Totschlag verführt, hat Verdunkelung und Unterdrückung gerechtfertigt.

Die Wahrheit liegt in dem, worauf wir heute bestehen, daß nämlich der Verstand seiner Natur nach ein unvollkommenes Licht mit einer breiten, aber noch beschränkten Aufgabe ist und daß er, sobald er einmal sich dem Leben und Tun zuwendet, dem unterliegt, was er erforscht und studiert, und zum Berater der Kräfte wird, in deren bösen und mißverstandenen Streit er sich einmischt. Er kann seiner Natur nach benutzt werden – und wurde dies auch stets –, um irgendeine Idee zu rechtfertigen, irgendeine Lebenstheorie, ein Gesellschafts- oder Regierungssystem, das Ideal einer individuellen oder kollektiven Handlung, der der menschliche Wille sich für begrenzte Zeit oder für Jahrhunderte verschreibt. In der Philosophie gibt es gleichermaßen gute Gründe für Monismus und Pluralismus oder für irgendeine Zwischenlösung zwischen diesen beiden, für den Glauben an das Sein oder den Glauben an das Werden, für Optimismus oder Pessimismus, für Aktivismus oder Quietismus. Der Verstand vermag die mystischste Religion ebenso zu rechtfertigen wie den positivistischsten Atheismus, kann sich von Gott völlig befreien oder nichts anderes als ihn sehen.

In der Ästhetik bildet der Verstand sowohl die Grundlage für Klassizismus wie für Romantik, für eine idealistische, religiöse oder mystische Theorie der Kunst oder für den irdischsten Realismus. Er kann mit gleicher Kraft und Härte einen strengen und engen Moralismus festlegen oder triumphierend die These der Gesetzlosigkeit beweisen. Er war der erfolgreiche und überzeugende Prophet jeder Art von Autokratie oder Oligarchie und jeder Art von Demokratie. Er bringt ebenso ausgezeichnete und befriedigende Gründe für den Individualismus und seinen Wettstreit wie für den Kommunismus oder gegen ihn und für den Staatssozialismus oder für eine Abart des Sozialismus im Gegensatz zu einer anderen. Er kann sich mit gleicher Wirksamkeit in den Dienst eines Utilitarismus, einer Wirtschaftlichkeit, eines Hedonismus, Ästhetizismus oder Sensualismus stellen, einer Ethik oder eines Idealismus. Der Verstand kann um jede andere wesentliche Notwendigkeit oder Handlung des Menschen eine Philosophie, ein politisches und soziales System aufbauen, eine Theorie des Lebens und der Lebensführung. Man kann von ihm verlangen, daß er nicht nur eine Idee allein stützt, sondern daß er verschiedene auswählt oder alle harmonisch miteinander verbindet. Er wird die Aufgabe lösen. Da es aber eine Vielzahl möglicher Verbindungen oder Harmonien gibt, wird er die eine oder andere gleicherweise rechtfertigen. Die eine Theorie wird er aufstellen, die andere stürzen, je nachdem der Spirit des Menschen von ihr angezogen oder abgestoßen wird. Denn dieser allein entscheidet, und der Verstand ist nur ein hervorragender Diener und Ratgeber dieses verschleierten und geheimen Herrn.

Diese Wahrheit bleibt dem Rationalisten verborgen, weil zwei gleichbleibende Glaubensartikel ihn stützen: einmal, daß nur sein eigenes Urteil richtig ist und die abweichenden Urteile der anderen falsch sind, zum anderen, daß trotz der gegenwärtig noch bestehenden Schwächen des menschlichen Verstandes das kollektive Denken des Menschen allmählich zur Reinheit gelangen und imstande sein wird, Verstand und Leben des Menschen sicher auf eine klare, rationale Grundlage zu stellen, die den Verstand befriedigt. Der erste Glaubensartikel ist zweifellos der allgemeine Ausdruck unseres Egoismus und des Hochmuts, mit dem wir Irrtümer für Wahrheit halten. Aber er ist auch noch etwas mehr. Er ist Ausdruck der Wahrheit, daß es die rechtmäßige Funktion der Vernunft sei, dem Menschen eine Rechtfertigung für seine Handlungen, seine Hoffnungen und seinen Glauben zu geben und ihm in noch so begrenztem Umfang die Idee und Erkenntnis und in noch so enger und unduldsamer Weise die dynamische Überzeugung zu vermitteln, deren er bedarf, um leben und handeln zu können und emporzuwachsen zu dem höchsten für ihn erreichbaren Licht.

Die Vernunft kann nicht alle Wahrheit erfassen, weil die Wahrheit für sie zu grenzenlos ist. Aber doch erfaßt sie das Etwas der Wahrheit, das wir im Augenblick notwendig haben, und ihr Ungenügen mindert nicht den Wert ihres Tuns, sondern ist eher der Maßstab ihres Wertes. Denn der Mensch soll nicht die ganze Wahrheit seines Seins auf einmal erfassen, sondern durch eine Folge von Erfahrungen zu ihr gelangen, durch eine stetige, wenn auch keinesfalls ununterbrochene Selbstausweitung. Die erste Aufgabe der Vernunft ist es, dem Menschen seine verschiedenen Erfahrungen zu begründen und aufzuhellen und ihm Vertrauen und Überzeugung zu geben, damit er in seiner Selbstausweitung nicht nachläßt. Sie rechtfertigt dem Menschen einmal dies, einmal jenes, sowohl die Erfahrungen des Augenblicks wie die zurückweichende Erkenntnis der Vergangenheit und die halb sichtbare Schau der Zukunft. Ihre Unbeständigkeit, ihre Teilbarkeit gegen sich selbst, ihre Kraft, gegensätzliche Ansichten aufrechtzuerhalten, all dies ist das Geheimnis ihres Wertes. Es macht ihr in der Tat nichts aus, wenn sie zwei sich widersprechende Ansichten dem gleichen Menschen gegenüber vertritt, es sei denn in Augenblicken des Erwachens, in denen dieser über sich selbst hinauswächst. Im Kollektiv der Menschheit und in der Folge der Zeiten ist dies seine eigentliche Aufgabe. Denn auf diese Weise macht der Mensch durch seine vielfältigen Erfahrungen hindurch Fortschritte auf die Unendlichkeit der Wahrheit zu. So hilft ihm die Vernunft aufzubauen, das Aufgebaute zu verändern und zu zerstören, um wieder einen erneuten Aufbau vorzubereiten, mit einem Wort, allmählich voranzuschreiten, zu wachsen und sich in Selbstkenntnis, in Erkenntnis der Welt und in ihrem Werke auszuweiten.

Der zweite Glaubensartikel des an den Verstand Glaubenden ist ebenso ein Irrtum, aber auch er enthält eine Wahrheit. Der Verstand kann nicht zu einer endgültigen Wahrheit gelangen, weil er weder die Wurzel der Dinge erreicht noch die Totalität ihrer Geheimnisse umfaßt. Er beschäftigt sich nur mit dem Endlichen, dem Gesonderten, der begrenzten Ansammlung. Er besitzt keinen Maßstab für das All und das Unendliche. Der Verstand kann kein vollkommenes Leben oder keine vollkommene Gesellschaft für den Menschen gründen. Ein rein rationales menschliches Leben wäre ein Leben ohne seine machtvollsten dynamischen Quellen. Es hieße den Diener zum Herrn machen. Eine rein rationale Gesellschaft könnte nicht entstehen oder würde, wäre dies möglich, nicht am Leben bleiben oder aber das menschliche Dasein unfruchtbar machen und erstarren lassen. Die Wurzelkräfte des menschlichen Lebens, seine eigentlichen Anlässe, liegen unter dem Verstand, im Irrationalen, oder jenseits des Verstandes, im Überrationalen. Es ist aber wahr, daß durch ständige Ausweitung, Reinigung und Offenheit die Vernunft des Menschen zu einer intelligenten Einsicht selbst des vor ihr Verborgenen gelangen muß, zu der Kraft einer passiven und doch mitfühlenden Widerspiegelung des Lichts, das die Vernunft übersteigt. Ihre Grenzen sind erreicht, ihre Tätigkeit beendet, wenn sie zum Menschen sagen kann: »Es gibt eine Seele, ein Selbst, einen Gott in der Welt und im Menschen, der im Verborgenen arbeitet. Alles ist seine Selbstverborgenheit und seine allmähliche Selbstentfaltung. Ich war sein Diener, um euch die Augen langsam aufzumachen, die Dunkelheiten von eurem Blick fortzunehmen, bis nur noch mein eigener, strahlender Schleier zwischen euch und mir liegt. Nehmt auch diesen fort und die Seele des Menschen ist tatsächlich in ihrer Natur eins mit diesem Göttlichen. Dann werdet ihr euch selbst, das höchste und wichtigste Gesetz eures Wesens erkennen. Dazu werdet ihr Besitzer sein oder zumindest Empfänger und Werkzeuge eines höheren Willens und Erkennens, als es die meinen sind, und zuletzt das wahre Geheimnis und den ganzen Sinn eines menschlichen und doch göttlichen Lebens erfassen.«

VERNUNFT UND RELIGION

Scheinbar ist die Vernunft ein ungenügender, oft unbrauchbarer, selbst strauchelnder und im besten Fall halberleuchteter Führer für die Menschheit in jenem großen Bestreben, das den wirklichen Mittelpunkt des menschlichen Fortschritts und die innere Rechtfertigung unseres Daseins auf Erden als Seele, Mentales und Körper bedeutet. Denn dieses Bestreben ist nicht nur, am Leben zu bleiben und Platz für uns selbst auf Erden zu schaffen, wie die Tiere dies tun, auch nicht, sich den Raum, nachdem er geschaffen ist, zu erhalten. Es geht nicht darum, von diesem Raum auf der vitalen, egoistischen und gemeinschaftlichen Ebene den besten Gebrauch für die Wirksamkeit und Freude des Individuums, der Familie oder des kollektiven Ichs zu machen, wie es vor allem bei den Tierfamilien oder Tierkolonien, zum Beispiel bei Bienen und Ameisen, geschieht oder auf einer breiteren und vielseitigeren Art bei den denkenden Tieren. Viel charakteristischer für den Menschen als Unterschied zu seiner animalischen Natur ist sein Bestreben, zu einer harmonischen inneren und äußeren Vollendung zu gelangen und, wie wir zuletzt sehen werden, auf der höchsten Höhe die göttliche Wirklichkeit hinter unserem Dasein zu entdecken, das vollkommene und ideale Ich in uns und das menschliche Leben nach diesem Bild zu gestalten. Ist dieses aber die Wahrheit, dann kann weder das griechische Ideal einer allumfassenden philosophischen, ästhetischen, moralischen und physikalischen Kultur - von der erleuchteten Vernunft der Menschen beherrscht und von den weisesten Denkern einer freien Gesellschaft geführt -, das höchste oder weiteste Ziel einer sozialen Gesellschaft sein, noch das moderne Ideal einer wirksamen Kultur und einer erfolgreichen, wirtschaftlichen Zivilisation, die von dem kollektiven Verstand und dem organisierten Wissen der Menschheit beherrscht wird.

Das griechische Ideal war in groben Zügen in dem alten lateinischen Grundsatz ausgedrückt: »In einem gesunden Körper befindet sich ein gesunder Geist.« Unter einem gesunden Körper verstand man im Altertum auch einen schönen Körper, wohl geeignet für den vernünftigen Gebrauch des Lebens und die Freude am Leben. Mit einem gesunden Geist meinten sie eine klare und ausgewogene Vernunft und eine erleuchtete und gutgeschulte Mentalität, geschult im Sinn der damaligen und nicht einer modernen Erziehung. Der Mensch sollte nicht mit allen möglichen Informationen und Ideen bepackt werden, in die Form von Wissenschaft und einer rationalen Zweckdienlichkeit gegossen, vorbereitet für eine wirksame Ausführung sozialer und bürgerlicher Notwendigkeiten und Pflichten für eine berufliche oder intellektuelle Forschung. Vielmehr sollte der Mensch in allen seinen menschlichen Erfahrungen, den intellektuellen, moralischen und ästhetischen, entwickelt und gleichzeitig geschult werden, diese richtig anzuwenden und sich in allen Fragen und praktischen Angelegenheiten von Philosophie, Wissenschaft, Kunst, Politik und sozialem Leben frei, verständig und gewandt zu bewegen.

Die frühe griechische Mentalität war philosophisch, ästhetisch und politisch, die heutige war bisher wissenschaftlich, wirtschaftlich und zweckbezogen. Das frühere Ideal legte Wert auf Gesundheit und Schönheit und suchte ein differenziertes und rationales menschliches Leben aufzubauen. Der heutige Mensch legt geringen oder überhaupt keinen Wert auf Schönheit, zieht rationale und praktische Ordnung, nützliche Anpassung und einen zweckmäßigen Mechanismus vor und sucht ein wohlgeordnetes, gut informiertes und tüchtiges menschliches Leben aufzubauen. Beide gehen davon aus, daß der Mensch zum Teil ein mentales, zum Teil ein physisches Wesen ist, dessen Arbeitsfeld das ins Mentale erhobene physische Leben und dessen höchstes Attribut und höchste Möglichkeit die Vernunft ist. Folgen wir aber zum Schluß den neuen Aussichten, die sich aus den fortgeschrittensten Richtungen eines subjektiven Zeitalters erschlossen haben, so werden wir zu einer noch älteren Wahrheit, zu einem älteren Ideal zurückgeführt, das jenseits der griechischen wie der modernen Ebene liegt. Wir gelangen dann zu der Wahrheit, daß der Mensch ein sich entwickelnder Spirit ist, der versucht, sich auf dieser Erde zurechtzufinden und sich in den Formen des Mentalen, des Lebens und Körpers zu erfüllen. Und es wird vor uns das größere Ideal einer tiefbewußten, selbsterleuchteten, selbst sich besitzenden, selbst sich beherrschenden Seele in einem reinen, vollkommenen Mentalen und Körper hell aufzuscheinen beginnen. Der größere Raum, den die Seele sucht, wird nicht das vom Mentalen erfüllte physische Leben sein, mit dem der Mensch begann, sondern ein neues, spirituelles inneres und äußeres Leben, bei dem sich das vollkommene

Innere in einem vollkommenen äußeren Leben darstellt. Jenseits der langen, intelligenten Bemühungen des Menschen, eine vollkommene Kultur und eine rationale Gesellschaft zu schaffen, öffnet sich das alte religiöse und spirituelle Ideal, die Hoffnung auf das Königreich des Himmels in uns und auf das Gottesreich auf Erden.

Ist aber die Seele der wahre Herr und ist ihr spirituelles Sichselbst-Finden, ihre fortschreitende, breiteste, weiteste, einheitliche Erfüllung durch die Kraft des Spirits das höchste Geheimnis unserer Entwicklung, dann muß es eine höhere Rangordnung des Seins geben mit ihren eigenen Kräften, die allein dem menschlichen Wesen eine ganzheitliche, bewußte Selbsterfüllung zu bringen vermögen. Es sind freigewordene Seelenkräfte, spiritueller Wille und spirituelles Wissen, die höher sind als der Verstand und der intelligente Wille. Das instinktive Sein des Menschen, das unter seinem Verstand liegt, kann sicherlich nicht das Mittel sein, um jenes höhere Ziel zu erreichen, und ebensowenig der Verstand, der, wie wir sehen, ein noch recht ungenügendes Licht ist und eine nicht ausreichende Kraft.

Wir müssen uns daran erinnern, daß das Ziel der Selbsterfüllung eine vollkommene Entfaltung des Göttlichen in uns darstellt, eine völlige Entwicklung der verborgenen Göttlichkeit in der individuellen Seele und in dem kollektiven Leben. Sonst könnten wir ganz einfach zu der alten Idee des individuellen und sozialen Lebens zurückkehren, das einmal seine Größe hatte, aber nicht alle Bedingungen für unsere Vollendung schaffen konnte. Dies war die Idee einer spiritualisierten, typischen Gesellschaft. Sie baute sich auf der Annahme auf, daß jeder Mensch seine eigene Natur habe, geboren aus einem Element der göttlichen Natur, das sie widerspiegelt. Der Charakter jedes Individuums, sein ethischer Typ, seine Schulung, seine soziale Beschäftigung, seine spirituelle Möglichkeit müssen entsprechend den Bedingungen dieses besonderen Elements gestaltet und entwickelt werden. Die Vollkommenheit, die er in diesem Leben erstrebt, muß diesem Gesetz entsprechen. Die Theorie der frühen indischen Kultur - ihre praktische Anwendung entsprach, wie dies bei aller menschlichen Praxis der Fall ist, nicht immer der Theorie - baute auf dieser Annahme auf. Sie teilte den Menschen in eine vierfache Ordnung der Gesellschaft ein - eine zugleich spirituelle, psychische, ethische und wirtschaftliche Ordnung -, in die der Brahmanen, der Kshatriyas, der Vaishyas und Shudras. Praktisch heißt dies, in die Ordnung des spirituellen und intellektuellen Menschen, des dynamischen Willensmenschen, des vitalen, hedonistischen und wirtschaftlichen Menschen und des materiellen Menschen. Die Gesellschaft, die in diese vier Hauptklassen eingeteilt war, stellte als Gesamt das vollkommene Bild der schöpferischen und wirkenden Gottheit dar.

Eine andere Einteilung der typischen Gesellschaft erscheint durchaus möglich. Doch wie auch immer die Einteilung erfolgt, das typische Grundgesetz vermag eine ideale menschliche Gesellschaft doch nicht zu begründen. Selbst nach der indischen Theorie gehört diese weder den Perioden höchster menschlicher Entwicklung an noch den Zeiten ihrer niedersten Möglichkeiten. Es ist weder das Grundgesetz ihres idealen Zeitalters, des Zeitalters der vollkommenen Wahrheit, Satyayuga, Kritayuga, in dem der Mensch der tiefen Verwirklichung seiner göttlichen Möglichkeit entsprechend lebt, noch ihres eisernen Zeitalters, Kaliyuga, in dem er in das Leben der Instinkte, Impulse und Begierden zurückfällt und die Vernunft zu einem Diener niederen Lebens erniedrigt wird.

Diese zu genaue Ordnung ist eher das angemessene Prinzip für die Zwischenzeitalter des Menschen-Zyklus, in dem der Mensch eine unvollkommene Form seines wahren Gesetzes, seines Dharma, durch Willenskraft und Charakterstärke im Treta, durch Gesetz, Anweisung und feste Vereinbarung im Dwapara* aufrechtzuerhalten sucht. Der Typus ist nicht der unversehrte, ganzheitliche Mensch, sondern bedeutet eine Festlegung und eine Betonung des allgemein hervorragendsten Teils seiner aktiven Natur. Jeder Mensch aber besitzt in sich die ganze göttliche Möglichkeit. Deshalb kann der Shudra nicht streng begrenzt werden in seinem Shudratum, noch der Brahmane in seinem Brahmanentum. Jeder schließt in sich selbst die Möglichkeiten und Notwendigkeiten der Vollendung der anderen Elemente seiner göttlichen Menschheit ein. Im Kali-Zeitalter mögen diese Möglichkeiten sich in einem Zustand grober Unordnung auswirken, in der Anarchie unseres Wesens, das den verwirrten Versuch zu einer neuen Ordnung mit

---

* Darum heißt es, daß Vishnu im Treta König, im Dwapara aber Herr der Erkenntnis und Gesetzgeber ist.

einschließt. In den Zwischenzeitaltern mag das Prinzip der Ordnung sich mit einer beschränkten Vollendung zufriedengeben, die einige Elemente unterdrückt, um andere zu vollenden. Das Gesetz des Satya-Zeitalters aber ist die weite Entfaltung der ganzen Wahrheit unseres Seins und die Verwirklichung einer unmittelbaren und selbstgetragenen spirituellen Harmonie. Dies kann nur durch die Entwicklung erreicht werden, und zwar in dem Ausmaß, in dem unsere menschliche Fähigkeit in ihren sich ausweitenden Zyklen auf Grund der spirituellen Ordnungen unseres Seins, des Entschleierns ihres inneren Lichtes und auf Grund ihrer Kraft, ihrer Erkenntnis und ihrer göttlichen Fähigkeiten dazu in die Lage versetzt wird.

Wir werden besser verstehen, was dieses höhere Sein und diese höheren Fähigkeiten sind, wenn wir nochmals die Beschäftigung der Vernunft mit ihrem Streben nach dem Absoluten in unseren anderen Fähigkeiten betrachten, des Absoluten, in den unterschiedlichen Grundgesetzen unseres umfassenden Daseins. Wir wollen insbesondere seine Beschäftigung mit dem Überrationalen und dem Unterrationalen in ihnen beobachten, mit den beiden Extremen, zwischen denen unser Verstand eine Art Zwischenträger ist. Die Spiritualität oder das Überrationale ist auf seinem Gipfel stets dem Absoluten zugewandt. In seiner Ausbreitung im strahlenden Unendlichen liegt eine besondere Kraft, das Unendliche im Endlichen, die ewige Einheit in allen Teilungen und Verschiedenheiten zu erfassen. Darum erhebt sich unsere spirituelle Entwicklung durch das Relative zum Absoluten, durch das Endliche zum Unendlichen, durch alle Teilungen zur Einheit.

Im Zuge seiner spirituellen Verwirklichung beginnt der Mensch, die befriedigenden Kräfte des Absoluten im Relativen zu finden und zu erfassen. Er fühlt die weite und wahrhaftige Gegenwart des Unendlichen im Endlichen und entdeckt das versöhnende Gesetz einer vollkommenen Einheit in allen Teilen und Unterschieden. Aufgabe des spirituellen Willens in seinem äußeren wie inneren Leben und Ausdruck ist es, eine große Versöhnung zwischen der geheimnisvollen ewigen Wirklichkeit und den endlichen Erscheinungsformen einer Welt herzustellen, die diese Wirklichkeit auszudrücken sucht, diese, indem sie sie ausdrückt, aber zu verneinen scheint.

Unsere höchsten Eigenschaften werden deshalb jene sein, die

diese Wirklichkeit ermöglichen, denn in ihnen liegt das innere Licht, die Kraft und die Freude, durch die diese Dinge in unmittelbarer Erkenntnis und Erfahrung ergriffen, verwirklicht, auf natürliche und andauernde Weise durch den Willen wirksam gemacht und unserer ganzen Natur übermittelt werden. Das Unterrationale dagegen hat seinen Ursprung und seine Grundlage in dem verborgenen Unendlichen unseres Unbewußten. Es steigt auf in Instinkten und Impulsen, die in Wirklichkeit die primitiven und mehr oder weniger zufälligen Intuitionen eines unterbewußten physischen, vitalen, emotionalen und empfindungsbetonten Verstandes und Willens in uns sind. Diese kämpfen um eine begriffliche Bestimmung, um Selbstdarstellung und eine begrenzte Einordnung ihrer noch unklaren Erkenntnisse und Neigungen. Das Unterbewußte besitzt aber auch den Instinkt und die Kraft des Unendlichen, dem es entstammt. Es enthält geheime, begrenzte, aber heftige Antriebe, die es dazu drängen, die Kräfte des Absoluten zu erfassen und sie oder einen Hauch von ihnen in seine endlichen Handlungen hineinzuziehen. Da dies aber in Unwissenheit und nicht bewußt geschieht, kann dieses recht gewaltsame Streben keinen Erfolg haben.

Das Leben der Vernunft und des intelligenten Willens liegt zwischen der oberen und dieser niederen Kraft. Einerseits nimmt es das Leben der Instinkte und Impulse auf, erhellt es und hilft ihm, auf einer höheren Ebene die Ordnung im Endlichen zu finden, nach der es sucht. Andererseits blickt es aufwärts nach dem Absoluten, sucht im Außen nach dem Unendlichen und im Inneren nach dem Einen, ist aber nicht imstande, ihre Wirklichkeit zu erfassen und festzuhalten. Denn es vermag sie nur mit einer Art von abgeleitetem und entferntem Verständnis zu betrachten, da es sich im relativen bewegt und, selbst begrenzt und endlich, nur in Begriffen, Teilungen und Begrenzungen wirken kann. Diese drei Mächte des Seins, die überrationale, rationale und unterrationale Kraft sind immer gegenwärtig, aber sie wirken in all unserem Tun mit unendlich unterschiedlicher Bedeutung.

Die Begrenzungen des Verstandes werden sehr auffällig, sehr charakteristisch und sehr offensichtlich, wenn er jener großen Ordnung psychologischer Wahrheiten und Erfahrungen gegenübergestellt wird, die wir bisher noch nicht behandelt haben - dem religiösen Sein und dem religiösen Leben des Menschen. Dies ist ein Bereich, auf den der intellektuelle Verstand mit der Verwunderung eines Fremden starrt, der eine Sprache hört, deren Wort und Spirit ihm unverständlich sind, der überall Lebensformen und Grundsätze von Gedanken und Handlungen sieht, die seiner Erfahrung vollkommen fremd sind. Er kann versuchen, diese Sprache zu lernen und dieses fremde und seltsame Leben zu verstehen. Aber ohne Mühe und Schwierigkeit wird er zu keinem Erfolg gelangen, solange er nicht sozusagen umgelernt hat und in Spirit und Natur eins wurde mit den Bewohnern dieses himmlischen Reiches. Bis dahin werden seine Bemühungen, diese zu verstehen und in seiner eigenen Sprache und mit seinen eigenen Kenntnissen zu deuten, schlimmstenfalls in groben Mißverständnissen und Entstellungen enden. Die Versuche des positiven, kritischen Verstandes, die Erscheinungen des religiösen Lebens zu zerlegen, erscheinen dem Menschen spiritueller Erfahrung wie das Gestammel eines Kindes, das das Leben der Erwachsenen in die Form seiner gewöhnlichen Beobachtungen zu pressen sucht, oder wie das eines Unwissenden, der glaubt, väterlich oder feindlich die Arbeiten eines großen Denkers oder Wissenschaftlers kritisieren zu können. Bestenfalls kann diese wertlose Arbeit nur das Äußere der Dinge, die sie zu erklären sucht, erfassen. Der Spirit ist nicht da, der innere Gehalt wird fortgelassen. Als Ergebnis bleibt, daß selbst der Bericht über das Äußere ohne Wahrheit und nur scheinbar richtig ist.

Der allein auf sich gestellte intellektuelle Verstand, der sich den Erscheinungen des religiösen Lebens gegenüberstellt sieht, ist naturgemäß imstande, die eine von zwei Haltungen einzunehmen, die beide äußerst oberflächlich sind, vorschnell, vermessen und irrig. Entweder sieht er alles als einen Gipfel von Aberglauben an, als mystischen Unsinn, als ein Gemisch unwissender, barbarischer Überreste. Dies war die extreme Auffassung des Rationalen, das noch nicht abgestorben, aber glücklicherweise jetzt stark geschwächt ist und fast im Sterben liegt. Oder aber der Verstand schützt die Religion gönnerhaft, versucht ihre Ursprünge zu erklären und sich ihrer zu entledigen, indem er sie »forterklärt«. Er bemüht sich freundlich, aber betont ihren Aberglauben, ihre Grausamkeiten und Sinnwidrigkeiten abzulehnen oder zu verbessern, sie zu reinigen, bis nur ein abstraktes Nichts übrigbleibt, oder sie zu überreden, sich selbst im Licht der vernünftigen Intelligenz zu reinigen. Endlich überläßt der Verstand der Religion bisweilen auch die Erbauung des Unwissenden und gibt zu, daß sie einen gewissen Wert besitzt durch den moralischen Einfluß, den sie ausübt, und ihre Zweckdienlichkeit für den Staat, um die niederen Klassen in Ordnung zu halten. Vielleicht sucht der Verstand sogar jenes sonderbare Hirngespinst einer rationalen Religion zu erfinden.

Die erste Einstellung des Verstandes hat im positiven Sinne in der Geschichte des menschlichen Denkens eine große Rolle gespielt, war sogar in ihrer eigenen Art von großem Nutzen - wir werden noch kurz erwähnen, wie und wieso - für den menschlichen Fortschritt und letztendlich für die Religion selbst. Die unduldsame Negation der Religion war aber ein hochmütiger Fehler, wie das Mentale des Menschen jetzt einzusehen beginnt. Sein Fehler gleicht dem Irrtum eines Fremden, der alles in einem fremden Land für abwegig und gering erachtet, weil diese Dinge nicht seiner Art des Handelns und Denkens entsprechen und nicht nach seinen eigenen Maßstäben zugeschnitten oder in seine Normen eingekleidet werden können. So fragt der gründliche Rationalist den religiösen Geist, ob er dem materiellen Verstand gewachsen ist und ihn zu befriedigen vermag, indem er ihm physikalische Beweise seiner Wahrheiten gibt, während doch das Wesentliche der Religion gerade die Entdeckung des immateriellen Spirits und das Spiel eines überphysischen Bewußtseins ist. So sucht er auch die Religion nach seinen Auffassungen über die Äußerlichkeiten zu beurteilen, wie ein unwissender und vorlauter Fremder über eine Zivilisation nach ihrem Äußeren, nach den äußeren Farben des Lebens und nach einigen äußeren Eigentümlichkeiten des sozialen Verhaltens ihrer Einwohner urteilen würde. Daß er diesen Irrtum mit einigen sogenannten religiösen Menschen teilt, kann ihm als Entschuldigung dienen, ihm aber keine Berechtigung für seine Unwissenheit geben.

Die gemäßigtere Einstellung des rationalen Verstandes hat in der Geschichte des menschlichen Denkens auch ihre Rolle gespielt. Seine Versuche einer Erklärung der Religion haben dazu geführt, daß er eine riesige Menge bewundernswerter geistreicher Perversionen zusammentrug, wie zum Beispiel gewisse pseudowissenschaftliche Versuche, eine vergleichende Religionswissenschaft aufzubauen. Er errichtete in dem bewährten modernen Stil riesige Fassaden von Theorien mit den verschiedensten Bausteinen mißverstandener Tatsachen als Material. Seine milden Entschuldigungen für die Religion führten zu oberflächlichen Gedankenphasen, die schnell vergingen und keine Spuren hinterließen. Seine Bemühungen um die Erschaffung einer rationalen Religion, die guten Willens, aber hilflos und ohne Überzeugungskraft waren, hatten keinen nennenswerten Erfolg und ließen nichts zurück gleich einem vorübergehenden Windhauch, *chinnabhram iva nasyati.*

Der tiefste Kern, das innerste Wesen der Religion ist neben ihrer äußeren Form des Glaubens, des Kultes, der Zeremonie und der Symbole die Suche nach Gott und das Finden von Gott. Ihr Streben gilt der Entdeckung des Unendlichen, des Absoluten, des Einen, des Göttlichen, der dieses alles ist und doch keine Abstraktion, sondern ein Wesen darstellt. Ihr Mühen ist ein ernsthaftes Leben aus den wahren und innersten Beziehungen zwischen Mensch und Gott, Beziehungen der Einheit und der Verschiedenheit, Beziehungen einer erleuchteten Erkenntnis, einer ekstatischen Liebe und Freude, eines unbedingten Sich-Unterwerfens und Dienens, des Verwandelns eines jeden Teiles unseres Daseins aus seinem normalen Zustand in einen Aufstieg des Menschen zum Göttlichen und ein Niedersteigen des Göttlichen in den Menschen. Dieses alles hat nichts zu tun mit dem Bereich der Vernunft oder ihren normalen Tätigkeiten. Das Ziel, der Bereich, der Vorgang sind überrational. Die Erkenntnis Gottes ist nicht zu gewinnen, indem man die schwachen Argumente der Vernunft für und gegen seine Existenz abwägt. Sie ist nur zu erreichen, indem man über sich selbst hinauswächst durch absolute Hingabe, durch Sehnsucht und durch Erfahrung. Eine solche Erfahrung wird nicht durch irgend etwas gewonnen, das dem rational wissenschaftlichen Experiment oder dem rational philosophischen Denken gleicht. Selbst bei den Teilen der religiösen Lehre, die einem wissenschaftlichen Experiment am meisten zu gleichen scheinen, besteht die Methode einer Bestätigung der Dinge, die den Verstand und seinen bescheidenen Gesichtskreis überschreiten. Selbst dort, wo die religiöse Erkenntnis am ehesten intellektuellen Vorgängen gleicht, sind die erhellenden Fähigkeiten nicht Einbildung, Logik oder rationale Beurteilung, sondern Offenbarung, Inspiration, Intuition und intuitives Unterscheidungsvermögen, die aus einer Ebene des überrationalen Lichtes auf uns herabfallen.

Die Liebe zu Gott ist ein unendliches und absolutes Gefühl, das keine rationale Beschränkung zuläßt und das nicht eine Sprache der rationalen Verehrung und Anbetung benutzt. Die Freude in Gott ist jener Friede, jene Glückseligkeit, die alles Verstehen übersteigt. Die Unterwerfung unter Gott ist die Unterwerfung des ganzen Seins unter ein Licht, einen Willen, eine Macht und eine Liebe, die überrational sind. Der Dienst für Gott zieht die Kompromisse mit dem Leben nicht in Betracht, die die praktische menschliche Vernunft als besten Teil ihrer Methode in der gewöhnlichen Führung ihres Lebens in der Welt benutzt. Wo immer Religion wirklich besteht, wo immer sie sich selbst ihrem eigenen Spirit öffnet - es gibt eine Menge jener Art religiösen Tuns, die lahm, unvollkommen, halbernst und ihrer selbst nur halbsicher ist und in die die Vernunft einzudringen vermag -, ist ihr Weg absolut, sind ihre Früchte unverlierbar.

Die Vernunft hat allerdings auch eine Rolle im Zusammenhang mit dem entscheidenden Raum unseres religiösen Seins und Erfahrens zu spielen, aber diese Rolle ist zweitklassig und untergeordnet. Sie kann dem religiösen Leben nicht Gesetze geben, sie kann das System göttlicher Erkenntnis nicht aus eigenem Recht bestimmen. Sie kann die göttliche Liebe und Freude nicht schulen und belehren. Sie kann die spirituelle Erfahrung nicht binden, die Handlung des spirituellen Menschen nicht unter ihr Joch stellen. Ihre einzige Berechtigung ist es, in ihrer eigenen Sprache so gut als möglich den rationalen und intellektuellen Bereichen des Menschen die Wahrheiten, Erfahrungen und Gesetze unseres überrationalen und spirituellen Seins zu erklären. Dies war das Werk der spirituellen Philosophie im Osten und - auf eine viel einfachere und unvollkommenere Weise - der Theologie des Westens, eine Aufgabe, die zu gewissen Zeiten, wie der unsrigen, in denen die Vernunft der Menschheit nach langer Wanderung wieder zurückkehrt zur Suche nach dem Göttlichen, von besonderer Bedeutung ist.

Bei dieser Aufgabe muß zweifellos auch der Intellekt mit eingeschaltet werden für den Teil der Arbeiten, die ihm entsprechen, für logische Erörterungen, für Schlüsse, die aus den Aufgaben rationaler Erfahrung gezogen werden, für Entsprechungen, die unserer Kenntnis sichtbarer Tatsachen des Lebens entstammen, selbst für eine Berufung auf physikalische Wahrheiten der Wissenschaft, für alles Wirken des Verstandes in seiner normalen Arbeitsweise. Dies aber ist der schwächste Teil spiritueller Philosophie, denn sie überzeugt das rationale Mentale nur dort, wo es dem Glauben schon zugeneigt ist. Und selbst wenn sie überzeugt, vermag sie nicht die wahre Erkenntnis zu geben.

Die Vernunft arbeitet dann am besten, wenn sie die tiefen Wahrheiten und Erfahrungen des spirituellen Seins und Lebens genauso aufnimmt, wie sie ihr gegeben werden, und sie nur in die Form, die Ordnung und Sprache kleidet, die sie dem vernünftigen Denken am verständlichsten oder am wengisten unverständlich macht. Aber auch dann ist ihr ein Erfolg ihres Tuns noch nicht sicher, denn sie ist imstande, die Ordnung zu einem intellektuellen System zu verhärten und die Form zu betonen, als sei sie der Inhalt selbst. Am besten sollte sie eine Sprache gebrauchen, die nicht die Sprache der überrationalen Wahrheit selbst ist, sondern eine entsprechende Übertragung. Da sie auch nicht die gewöhnliche Sprache der rationalen Intelligenz ist, bleibt sie dem Nichtverstehen oder dem Mißverstehen durch den gewöhnlichen menschlichen Verstand ausgesetzt. Der Erfahrung des spirituell Suchenden ist es wohl bekannt, daß selbst das ernsteste Philosophieren keine wahre, innere Erkenntnis zu geben vermag, und daß es nicht das spirituelle Licht ist und nicht die Tore der Erfahrung öffnet. Alles, was es vermag, ist, das menschliche Bewußtsein durch den Intellekt anzusprechen und dem Menschen zu sagen: »Ich habe versucht, dir die Wahrheit in einer Form und in einem System zu geben, die dir ein Verständnis ermöglichen. Wenn du verstandesmäßig überzeugt oder angezogen worden bist, dann kannst du beginnen, die wirkliche Erkenntnis zu suchen. Aber du mußt sie mit anderen Mitteln suchen, mit solchen, die jenseits meines Bereiches liegen.«

Es gibt noch eine andere Ebene des religiösen Lebens, in die sich die Vernunft mit größerer Rechtfertigung und Unabhängigkeit einmischen kann, in der sie eine größere Rolle zu spielen bestimmt ist. Denn es gibt neben dem überrationalen Leben, in dem die religiöse Sehnsucht das vollkommen findet, was sie sich ersehnt, ein vorrationales Leben der Instinkte und Impulse, der Empfindungen und undifferenzierten Gefühle und des vitalen Tuns, in dem alles menschliche Streben wurzelt. Auch diese werden der Berührung des religiösen Gefühls im Menschen gewahr, teilen seine Notwendigkeiten und Erfahrung und wünschen seine Befriedigung. Die Religion schließt diese Befriedigung in ihren Kreis mit ein. Oft scheint diese den größten Raum von dem einzunehmen, was allgemein Religion genannt wird, manchmal anscheinend sogar den ganzen Raum. Denn die höchste Reinheit spiritueller Erfahrung tritt nicht so leicht oder nur durch einen trüben Strom hindurch in Erscheinung. Viel Unreinheit, Unwissenheit und Aberglauben, viele zweifelhafte Elemente müssen das Ergebnis bilden dieser Berührung und Verbindung unseres höchsten Strebens mit unserer niederen, unwissenden Natur. Hier scheint die Vernunft ihren rechtmäßigen Platz zu haben. Hier kann sie sicherlich eingreifen, um das Spiel der Instinkte und Impulse zu erleuchten, zu reinigen und zu rationalisieren. Scheinbar wäre eine religiöse Reformation, die Bewegung, eine »reine« und rationale Religion an die Stelle jener stark vorrationalen und unreinen zu setzen, ein entschiedener Fortschritt für die religiöse Entwicklung der Menschheit. Dies mag bis zu einem gewissen Grade auch der Fall sein. Aber seiner besonderen Natur nach drängt das religiöse Sein zu dem Überrationalen hin, und dazu kann das rationale Denken nichts von besonderem Wert beitragen.

Religiöse Formen und Systeme werden kraftlos und verdorben und müssen dann zerstört werden, oder aber sie verlieren viel von ihrem inneren Sinn, werden in ihrer Erkenntnis verdunkelt, in ihrer Anwendung schädlich. Bei der Zerstörung des Kraftlosen oder in der Beseitigung der Abirrungen hat die Vernunft im Lauf der religiösen Geschichte eine wesentliche Rolle gespielt. In seinem Bestreben, den Aberglauben und die Unwissenheit zu beseitigen, die sich an die religiösen Formen und Symbole hefteten, ist der von spirituellen Erkenntnissen nicht erleuchtete intellektuelle Verstand in Gefahr, die Wahrheit und die in ihr enthaltene Erfahrung zu leugnen und, soweit er es vermag, zu zerstören. Reformationen, die der Vernunft zuviel Rechte einräumen und zu negativ und protestierend sind, schaffen meist Religionen, die an spirituellem Reichtum und an der Fülle religiöser Gefühle Mangel leiden. Sie sind nicht reich in ihrem Gehalt. Ihre Form und oft auch ihr Spirit sind arm, nackt und kalt. Sie sind auch nicht wirklich rational. Denn sie leben nicht aus ihrem Verstand und ihrem Dogma, das dem rational Mentalen ebenso irrational erscheint wie die Glaubenssätze, die sie ersetzen. Noch weniger leben sie durch ihre Negation, sondern nur durch ihren positiven Gehalt an Glauben und Eifer, die ihrer ganzen Zielsetzung nach überrational sind und auch vorrationale Elemente besitzen. Wenn diese dem gewöhnlichen Mentalen schwieriger erscheinen als jene Glaubenssätze, die weniger Selbstprüfung verlangen, so ist der Grund oft der, daß sie sich zögernder in den Bereich überrationaler Erfahrung hineinwagen.

Das Leben der Instinkte und Impulse kann auf der religiösen Seite durch die Vernunft nicht genügend gereinigt werden, sondern nur durch Sublimierung und durch Erhebung in die Erleuchtung des Spirits. Die natürliche Linie religiöser Entwicklung verläuft immer durch Erleuchtung, und eine religiöse Reformation wirkt am besten, wenn sie entweder alte Formen wieder erleuchtet, anstatt sie zu zerstören, oder dort, wo Zerstörung nötig ist, durch überrationale, nicht rationale Erleuchtung reichere und nicht ärmere Formen schafft. Eine rein rationale Religion könnte nur ein kalter und nackter Deismus sein. Solche Versuche haben nie Vitalität und Ausdauer beweisen können. Denn sie handeln dem Dharma, dem natürlichen Gesetz, und dem Spirit der Religion entgegen. Soll die Vernunft irgendeine entscheidende Rolle spielen, so muß sie eher intuitiv als intellektuell sein, berührt von spiritueller Intensität und Einsicht. Denn hinter dem Vorrationalen - das ist wichtig - steht immer eine geheime Wahrheit, die nicht in den Bereich des Verstandes fällt und die seiner Beurteilung nicht ganz zugängig ist. Das Herz hat sein Wissen, das Leben seinen intuitiven Spirit in sich selbst, die Weisungen und Ahnungen, die Ausbrüche und das Aufflammen einer verborgenen Energie. Das Leben ist erfüllt von einem göttlichen oder zumindest halb-göttlichen Streben, es hat eine Weite, die das Auge der Intuition allein erfassen kann, die nur intuitive Sprache und Symbole ausdrücken und gestalten können. Diese Dinge aus der Religion ausmerzen oder die Religion von solchen Elementen befreien, die notwendig sind für ihre Vollkommenheit, nur weil die Form schadhaft und unklar ist, nicht die Kraft besitzen, die Religion von innen her zu erleuchten, oder die Geduld aufwenden, auf ihre Erleuchtung von oben zu warten, nicht die Religion durch klarere Symbole ersetzen, heißt die Religion nicht reinigen, sondern sie arm machen.

Die Beziehungen zwischen Spirit und Vernunft brauchen nicht, wie so häufig in unserem Leben, einander feindlich gegenüberzustehen oder überhaupt keinerlei Berührung zu haben. Die Religion braucht als Grundsatz nicht die Formel zu wählen: »Ich glaube, weil es absurd ist.« Was unmöglich oder absurd erscheinen mag für den allein auf sich gestellten Verstand, wird wirklich und richtig für die Vernunft, wenn sie sich über sich selbst erhebt durch die Kraft des Spirits, dessen Licht sie erleuchtet. Denn nun steht sie unter der Herrschaft des intuitiven Geistes, der uns hilft, zu höheren

Grundsätzen der Erkenntnis zu gelangen. Die höchste Spiritualität schließt wesentliche menschliche Tätigkeiten oder Fähigkeiten nicht aus, entmutigt sie nicht, sondern trägt eher dazu bei, sie alle aus ihrer Unvollkommenheit und tastenden Unwissenheit emporzuheben und sie durch ihre Berührung zu verwandeln, sie zum Werkzeug des Lichtes, der Kraft und der Freude des göttlichen Seins und der göttlichen Natur zu machen.

DIE ÜBERRATIONALE SCHÖNHEIT

Religion bedeutet Suche nach dem Spirituellen, Überrationalen. Deshalb kann in dieser Sphäre der intellektuelle Verstand wohl kaum eine ausreichende Hilfe sein. Er wird sich nicht erst im weiteren Verlauf, sondern schon von allem Anfang an außerhalb seines Bereiches und dazu verurteilt fühlen, entweder voller Mißtrauen oder mit Vermessenheit strauchelnd eine Ebene zu durchschreiten, in der stärkere Kräfte und leuchtenderes Licht die seinen überragen. In anderen Bereichen des menschlichen Bewußtseins und des menschlichen Tuns mag man ihm den obersten Platz zuerkennen, da diese sich auf einer niederen und endlichen Ebene des Rationalen bewegen oder zu dem Grenzland gehören, in dem sich Rationales und Vorrationales begegnen, in dem Impulse und Instinkte des Menschen vor allem des Lichtes und der Kontrolle der Vernunft bedürfen. In der ihr eigenen Sphäre des endlichen Wissens, der Wissenschaft, Philosophie und der angewandten Künste könnte man ihr Recht für unbestreitbar halten. Aber letzten Endes scheint dies nicht der Fall zu sein. Ihr Bereich ist vielleicht größer, ihre Kräfte stärker, ihr Tun hat mit Recht mehr Selbstvertrauen, aber sie findet sich am Ende überall zwischen die zwei anderen Kräfte unseres Seins gestellt, die mehr oder weniger die gleiche Tätigkeit eines Vermittlers ausüben. Einmal gibt sie Erleuchtung - wenn auch nicht immer sehr klar - und zum anderen ist sie nur ein Diener des verschleierten Spirits, der die Wege für das Kommen seiner Ordnung bereitet.

Dies ist vor allem offensichtlich in den beiden Bereichen, die nach der gewöhnlichen Rangordnung unserer Kräfte der Vernunft auf beiden Seiten am nächsten stehen, in den Bereichen des ästhetischen und des ethischen Seins, bei der Suche nach dem Schönen und nach dem Guten. Die Suche des Menschen nach Schönheit erreicht ihre höchste Intensität und ihren befriedigendsten Ausdruck in den großen schöpferischen Künsten, der Dichtung, Malerei, Bildhauerei und Architektur. Im weitesten und wahrsten Sinn des Schönen aber gibt es keine Tätigkeit der menschlichen Natur und ihres Lebens, aus dem die Schönheit ausgeschlossen werden könnte. Das Schöne vollkommen und umfassend anzuerkennen, unser ganzes Leben und Sein zu verschönern, gehört notwendigerweise zur Vollkommenheit des Individuums und der Gesellschaft. In ihrem Ursprung aber ist diese Suche nach Schönheit nicht rational. Sie kommt aus der Wurzel unseres Lebens, ist ein Trieb und ein Impuls, ein Instinkt ästhetischer Befriedigung und ein Impuls ästhetischer Schöpfung und Freude. Von den vorrationalen Teilen unseres Wesens ausgehend, zeigen dieser Trieb und Impuls zunächst viel Unvollkommenheit und Unreinheit auf, zugleich mit viel Roheit in der Erschaffung wie Bewertung. Hier greift die Vernunft ein, um zu unterscheiden, zu erleuchten, zu verbessern, um die Schwächen und Roheiten herauszufinden, Gesetze des Ästhetischen festzulegen und unser Urteil und Schaffen durch besseren Geschmack und richtigere Erkenntnis zu reinigen. Während wir versuchen, uns selbst zu erkennen und zu bessern, scheint die Vernunft der eigentliche Gesetzgeber sowohl für den Künstler wie für den Bewunderer zu sein. Wenn sie auch nicht der Schöpfer unseres ästhetischen Triebes und Impulses ist, so ist sie doch in uns der Schöpfer eines ästhetischen Bewußtseins und dessen wachsamer Richter und Führer. Was unklar und irreführend war, macht sie selbstbewußt und in Wirkung und Genuß rational unterscheidbar.

Aber auch dies ist nur in beschränkten Grenzen wahr, oder wenn es einmal irgendwo vollkommen wahr ist, dann nur auf einer mittleren Ebene unseres ästhetischen Strebens und Wirkens. Wo die größte und mächtigste Schöpfung der Schönheit vollendet ist und Anerkennung und Freude die höchste Stufe erlangt haben, wird das Rationale immer überschritten und zurückgelassen. Die Schöpfung der Schönheit in Dichtung und Kunst fällt nicht unter die Herrschaft oder überhaupt in den Bereich der Vernunft. Der Verstand ist kein Dichter, kein Künstler, kein Schöpfer in uns. Schöpfung entsteht durch den Einstrom von Licht und Kraft aus dem Überrationalen, die, wenn sie ihr Bestes geben sollen, stets durch Schau und Inspiration wirken. Sie können den Verstand für gewisse Handlungen benutzen, aber je mehr sie sich dem Verstand unterwerfen, um so mehr verlieren sie an Macht und Kraft der Schau, um so mehr verringert sich Glanz und Wahrheit der Schönheit, die sie schaffen. Der Verstand kann Einfluß auf den Einstrom göttlicher Begeisterung in die Kräfte der Schöpfung nehmen, diesen mindern, unterdrücken oder vorsichtig beschränken. Aber hierdurch zieht er das Werk auf seine eigene niedere Ebene herunter, und diese Erniedrigung wird größer im selben Maß, wie die

Einmischung des Verstandes wächst.

Von sich aus vermag der Verstand nur ein Talent zu vollenden, auch wenn es ein großes, selbst wenn es bei genügend Hilfe von oben ein überragendes Talent ist. Das Genie aber, der wahre Schöpfer, ist in seiner Natur und Wirksamkeit immer überrational, auch wenn es die Arbeit des Verstandes auszuführen scheint. Am stärksten und echtesten ist das Genie, am erhabensten in seinem Werk, am stärksten gehalten in Kraft, Tiefe, Höhe und Schönheit seines Schaffens, wenn es am wenigsten von einer Kontrolle des reinen Verstandes berührt wird, wenn es am seltensten von den Höhen der Vision und Inspiration herabfällt in die Abhängigkeit des stets mechanischen Vorganges intellektueller Konstruktion. Künstlerische Schöpfung, die die Normen des Verstandes annimmt und in den Grenzen arbeitet, die dieser festgesetzt hat, mag groß, schön und kraftvoll sein. Denn das Genie kann auch dann noch seine Kräfte beweisen, wenn es in Fesseln arbeitet und sich weigert, alle seine Hilfsquellen zu verwenden. Aber wenn es mit Mitteln des Verstandes arbeitet, konstruiert es nur, anstatt schöpferisch zu sein. Es mag gut konstruieren, wie ein tadelloser Handwerker, aber sein Erfolg ist formal und nicht spirituell, ein Erfolg der Technik und nicht eine Verkörperung der unvergänglichen Wahrheit, die die Schönheit in ihrer inneren Wirklichkeit erfaßt, in ihrem göttlichen Entzücken, in ihrer Zuwendung zu der höchsten Quelle der Ekstase, Ananda.

Es gab Zeiten künstlerischen Schaffens, Zeiten des Verstandes, in denen die rationale und intellektuelle Richtung in Dichtung und Kunst vorherrschte. Es gab sogar Nationen, die in ihren großen gestaltenden Zeiten der Kunst und Literatur den Verstand und Geschmack zum obersten Herrn ihres ästhetischen Schaffens machten. Nach bestem Können haben diese Zeiten Werke einer gewissen Bedeutung vollendet, aber es war vor allem eine intellektuelle Bedeutung, eine Vollkommenheit mehr technischer Art und nicht Werke höchster inspirierter und offenbarter Schönheit. Ihr Ziel war nicht die Entdeckung der tieferen Wahrheit des Schönen, sondern der Wahrheit der Ideen und der Wahrheit des Verstandes, ein kritisches und nicht ein wahrhaft schöpferisches Verlangen. Ziel war intellektuelle Kritik am Leben und an der Natur, die ergänzt wurde durch vollkommenen dichterischen Rhythmus und Ausdruck, nicht aber eine Offenbarung Gottes, des Menschen, des

Lebens und der Natur in den inspirierten Formen künstlerischer Schönheit.

Große Kunst aber kann nicht Genüge haben an der Darstellung der intellektuellen Wahrheit der Dinge, die immer eine oberflächliche und äußere Wahrheit ist. Sie sucht nach einer tieferen und ursprünglicheren Wahrheit, die einer reinen Sinneswahrnehmung und dem reinen Verstand entgeht, sie sucht nach der Seele in diesen, nach der unsichtbaren Wirklichkeit, die nicht diejenige der Gestalt und des Ablaufes ist, sondern die Wirklichkeit ihres Spirits. Es ist diese Wirklichkeit, die die große Kunst erfaßt und in Form und Gedanken ausdrückt, und zwar in einer bedeutsamen Form, die nicht nur getreu nachahmt oder die äußere Natur harmonisch darstellt. Der Gedanke muß zur Offenbarung werden und nicht nur eine richtige, den Verstand und Geschmack befriedigende Idee gut ausdrücken. Immer ist die Wahrheit, die die Kunst sucht, zunächst und vor allem die Wahrheit des Schönen, wieder nicht eine formale Schönheit allein oder die Schönheit der Proportion und des richtigen Ablaufs, die Sinneswahrnehmung und Verstand erstreben, sondern die Seele der Schönheit. Diese Seele der Schönheit ist dem gewöhnlichen Auge und dem gewöhnlichen Verstand verborgen und offenbart sich in ihrer Fülle nur der unverschleierten Schau des Dichters und Künstlers im Menschen. Nur sie können die geheime Bedeutung des universalen Dichters und Künstlers, des göttlichen Schöpfers, erfassen, der den von ihm geschaffenen Formen als ihre Seele, ihr Spirit innewohnt.

Die künstlerische Schöpfung, die auf Verstand und Geschmack und auf die Vollkommenheit und Reinheit der Technik besonderen Wert legt, die den Normen des Verstandes und Geschmacks gehorsam folgt, beansprucht für sich den Namen klassische Kunst. Aber dieser Anspruch ist ebenso wie die beiden scharfen Unterscheidungen, auf denen er beruht, von zweifelhafter Gültigkeit. Der Spirit des Wirklichen, die große klassische Kunst und Dichtung soll das Universale schaffen und den individuellen Ausdruck der universalen Wahrheit und Schönheit unterordnen, genauso wie der Spirit der romantischen Kunst und Dichtung hervorbringen muß, was individuell ist. Dies geschieht oft mit so starker oder so lebendiger Betonung, daß das Universale, auf dem doch alle wahre romantische oder klassische Kunst ihre Formen aufbaut und ausfüllt, dadurch in den Hintergrund seiner Schöpfung gedrängt wird.

In Wirklichkeit hat jede große Kunst ebenso ein klassisches und romantisches Element in sich eingeschlossen wie ein realistisches. Wir verstehen dabei unter Realismus eine besondere Darstellung der äußeren Wahrheit der Dinge, nicht die pervertierte, nach innen gerichtete Romantik des »Wirklichen«, die das Häßliche, Gemeine oder Krankhafte besonders hervorhebt und als die ganze Wahrheit des Lebens hinstellt.

Welchem Typus der Kunst ein großes schöpferisches Werk zugehört, wird durch die Vorherrschaft des einen Elements bestimmt und die Unterwerfung der anderen unter seinen beherrschenden Spirit. Die klassische Kunst aber arbeitet mit einer weiten Vision und Inspiration und nicht mit einem Vorgang des Verstandes. Die niedere Art klassischer Kunst und Literatur - falls sie zu Recht klassisch zu nennen ist und nicht eher, wie dies häufig der Fall ist, eine pseudo-klassische, intellektuelle Nachahmung der äußeren Form und Vorgänge der klassischen Kunst darstellt - mag Werke einer gewissen, wenn auch weniger großen Bedeutung schaffen, deren Gesichtskreis und Natur aber wesentlich unbedeutender sein wird. Denn zu dieser Unterlegenheit hat sie sich durch ihren Grundsatz der intellektuellen Konstruktion selbst verdammt. Fast immer degeneriert diese in kurzer Zeit in das Formale oder Akademische, ohne wirkliche Schönheit, ohne Leben und Kraft, befangen in der Sklaverei der Form. Dabei glaubt sie, daß alles erreicht ist, wenn eine gewisse Form eingehalten, gewisse Normen der Konstruktion befriedigt und bestimmte theoretische und technische Grundsätze und Regeln befolgt sind. So hört sie auf, Kunst zu sein und wird zu einer kalten und mechanischen Arbeit.

Der Vorrang in der Schaffung und Bewertung des Schönen, der dem Verstand und Geschmack zuerst und vor allem zugebilligt wird - manchmal überhaupt nur diesem allein - entsteht aus einer mehr kritischen als schöpferischen Einstellung des Mentalen. In bezug auf das Schöpferische begeht diese Theorie einen entscheidenden Irrtum. Das ganze künstlerische Werk muß, um vollendet zu sein, im Akt der Schöpfung selbst das Werk einer inneren Kraft der Entscheidung sein, die ständig auswählt und verwirft, dem Grundsatz der Wahrheit und Schönheit entsprechend, der einer Harmonie, einer Proportion und einer innersten Beziehung der Formen zur Idee stets treu bleibt. Zu gleicher Zeit gibt es eine Treue der Idee zu Spirit, Natur und innerem Wesen des Gegenstandes der

Schönheit, der der Seele und dem Mentalen, seinem *svarupa* und *svabhava* offenbart wurde. Darum verwirft dieser unterscheidende, innere Sinn alles, was fremd, überflüssig und müßig ist, alles, was nur verwirrende und entstellende Ablenkung ist, alle Übertreibung oder Schwächung, während er alles auswählt und erhaben findet, was die ganze Wahrheit offenbaren kann, die höchste Schönheit und die innerste Kraft. Diese Unterscheidung gehört aber nicht dem kritischen Verstand an. Ebensowenig kann die Harmonie, Proportion und Beziehung, die sie beachtet, von irgendwelchen Gesetzen des kritischen Verstandes festgelegt werden. Sie besteht in der Natur und Wahrheit des Gegenstandes, in der Schöpfung selbst, in ihrem geheimen, inneren Gesetz von Schönheit und Harmonie, die nur in der Schau und nicht in verstandesmäßiger Analyse erfaßt werden kann.

Das Unterscheidungsvermögen, das im Schöpfer am Werke ist, ist keine intellektuelle Selbstkritik, ist kein Gehorsam gegenüber Regeln, die ihm durch irgendwelche intellektuelle Vorschrift von außen auferlegt sind, sondern ist selbst schöpferisch, intuitiv, ein Teil der Schau, die im Akt der Schöpfung enthalten und von diesem nicht zu trennen ist. Sie entstammt höheren Bereichen und ist ein Teil jenes Einstroms von Licht und Kraft, der durch göttliche Begeisterung die Fähigkeiten in ihre intensive, überrationale Wirksamkeit emporhebt. Versagt sie, wird sie durch die niederen, ausführenden, rationalen oder vorrationalen Werkzeuge betrogen - und dies geschieht, wenn diese nicht mehr passiv bleiben, sondern ihre eigenen Forderungen oder Launen einmischen -, dann wird das Werk brüchig, und ein Akt der Selbstkritik muß notwendigerweise folgen. Der Künstler, der sich bei dem Versuch der Verbesserung seines Werkes nach Regeln und intellektuellen Vorgängen richtet, benutzt eine falsche oder auf jeden Fall niedere Methode und kann nicht sein Bestes geben. Er sollte lieber die intuitiv kritische Schau zu Hilfe nehmen und diese in einen neuen Akt inspirierter Schöpfung oder Wieder-Schöpfung verkörpern, nachdem er sich selbst mit ihrer Hilfe wieder in Harmonie mit dem Licht und dem Gesetz seines ursprünglichen, schöpferischen Beginnens gebracht hat. Der kritische Verstand darf dabei keine unmittelbare oder unabhängige Rolle in dem Werk des inspirierten Schöpfers der Schönheit spielen.

Dagegen spielt der Verstand bei der Beurteilung der Schönheit eine Rolle. Aber auch hier ist er nicht oberster Richter und Gesetzgeber. Die Aufgabe des Intellekts ist die Analyse der Elemente, der Teile, der äußeren Vorgänge und der sichtbaren Grundsätze des zu Untersuchenden, ebenso die Klarstellung ihrer Beziehungen und Arbeitsweise. Hierbei unterrichtet und erleuchtet er die niedere Mentalität, die, sich selbst überlassen, dazu neigt, Dinge zu tun oder das Getane anzusehen und dabei alles als richtig anzunehmen ohne ausreichende Beobachtung und ohne fruchtbares Verständnis. Aber ebenso wie dies bei der Wahrheit der Religion geschieht, kann auch die höchste und tiefste Wahrheit der Schönheit nicht vom intellektuellen Verstand in ihrem inneren Sinn und ihrer Wirklichkeit erfaßt werden, nicht einmal die innere Wahrheit der sichtbaren Grundsätze und Vorgänge, wenn nicht eine höhere Einsicht zu Hilfe kommt, die nicht die eigene ist. So wie es keine Methode, keinen Vorgang, keine Regel geben kann, durch die Schönheit geschaffen wird oder geschaffen werden sollte, so kann auch der Verstand der Beurteilung der Schönheit nicht jene tiefere Einsicht geben, deren sie bedarf. Er kann nur dazu beitragen, Dumpfheit und Unklarheit zu beseitigen, die bei den gewöhnlichen Wahrnehmungen und Auffassungen des niederen Mentalen üblich sind und die den Verstand daran hindern, das Schöne zu sehen, oder durch die dieser falsche oder primitive ästhetische Angewohnheiten annimmt. Dies geschieht, indem der Verstand dem Bewußtsein eine äußere Idee und Regel von den Elementen des Dinges gibt, das er wahrnehmen und beurteilen soll. Weiterhin ist die Erweckung einer bestimmten Schau, einer Einsicht und einer intuitiven Antwort in der Seele notwendig. Der Verstand, der immer von außen betrachtet, kann diesen inneren und vertrauteren Kontakt nicht geben. Er muß sich durch eine unmittelbare Einsicht helfen, die der Seele selbst entstammt, und muß bei jedem Schritt auf das intuitive Mentale vertrauen, das den Abgrund seiner eigenen Mängel ausfüllt.

Wir sehen dies in der Geschichte der Entwicklung der literarischen und künstlerischen Kritik. Auf ihrer ersten Stufe ist die Beurteilung der Schönheit instinktiv, natürlich, eingeboren, eine Antwort der ästhetischen Feinfühligkeit der Seele, die nicht den Versuch macht, dem denkenden Verstand von sich aus Rechenschaft zu geben. Wenn der Verstand sich dieser Aufgabe widmet, dann genügt ihm nicht die getreue und natürliche Antwort, der unmittelbare Ausdruck der Erfahrungen, sondern er sucht zu analysieren und niederzulegen, was für die Schaffung eines richtigen ästhetischen Genusses notwendig ist. Er bereitet eine Grammatik der Technik vor, ein künstlerisches Gesetz und eine Richtschnur für die Konstruktion, eine Art mechanische Regel für den Vorgang der Erschaffung des Schönen, einen festgesetzten Kodex oder *shastra*. Die Folge davon ist, daß wir seit langem eine oberflächliche, technische, künstliche und akademische Kritik besitzen, die von der falschen Idee beherrscht wird, daß Technik, über die allein der kritische Verstand einen wirklich angemessenen Bericht zu geben vermag, der wichtigste Teil der Schöpfung ist, daß es zu jeder Kunst eine umfangreiche Wissenschaft geben kann, die uns berichtet, wie etwas getan wird, und die uns das ganze Geheimnis und den Vorgang dieses Tuns erklärt.

Es wird eine Zeit kommen, in der der Schöpfer der Schönheit sich auflehnen und das Vorrecht seiner eigenen Freiheit verlangen wird, im allgemeinen unter der Form eines neuen Gesetzes oder Grundsatzes der Schöpfung. Ist diese Freiheit erst einmal festgelegt, wird sie sich ausweiten und den kritischen Verstand aus seiner bisherigen Begrenzung herausführen. Ein fortgeschritteneres Beurteilungsvermögen wird entstehen, das beginnt, nach neuen Grundsätzen der Kritik zu suchen, nach der Seele des Werkes selbst zu forschen, und das sich bemüht, die Form in ihrer Beziehung zur Seele zu erklären. Die Kritik wird den Schöpfer selbst studieren oder den Spirit, die Natur und die Ideen der Zeit, in der er lebte, und auf diese Art zu einem wirklichen Verständnis seines Werkes gelangen. Der Verstand hat begonnen einzusehen, daß es nicht seine dringlichste Aufgabe ist, Gesetze für den Schöpfer der Schönheit festzulegen, sondern dazu beizutragen, daß er selbst und sein Werk verstanden werden, nicht nur seine Formen und Elemente, sondern auch das Mentale, dem er entstammt, und die Eindrücke, die seine Wirkung im Mentalen des Betrachtenden auslösen. So ist die Kritik auf dem rechten Wege. Aber dieser Weg führt zu einem Ende, an dem das rationale Verstehen überschritten wird und eine höhere Fähigkeit sich auftut, die ihrem Ursprung und ihrer Natur nach überrational ist.

Denn die bewußte Bewertung der Schönheit erreicht ihre höchste Erleuchtung und Freude nicht durch Analyse der genossenen Schönheit, selbst nicht durch richtiges und vernünftiges Verständnis dieser Schönheit - dies dient nur der vorbereitenden Klärung unseres zunächst unerleuchteten Sinnes für das Schöne -, sondern durch eine Erhebung der Seele, in der diese sich dem Licht, der Kraft und der Freude des Geschaffenen vollkommen öffnet. Die Seele der Schönheit in uns identifiziert sich selbst mit der Seele der Schönheit in dem Geschaffenen und empfindet bei der Bewertung der Schönheit dieselbe göttliche Begeisterung und Erhebung, die der Künstler beim Schaffen empfand. Die Kritik erreicht ihre Vollkommenheit, wenn sie von dieser Antwort zu berichten und sie richtig zu beschreiben vermag. Mit anderen Worten: Die Tätigkeit des intuitiven Mentalen muß die Handlung des rationalen Verstandes vervollkommnen und kann sie gegebenenfalls ganz ersetzen und die besondere, eigene Arbeit des Verstandes mit mehr Kraft selbst übernehmen. Das intuitive Mentale kann uns das Geheimnis der Form, die Stufen des Vorgangs, die innere Ursache, den Inhalt und den Mechanismus der Mängel und Grenzen des Werkes genauer erklären, ebenso wie seine positiven Werte. Es muß selbst inspiriert, intuitiv und enthüllend sein. Denn das intuitive Mentale, das genügend geschult und entwickelt wurde, vermag stets die Arbeit des Verstandes zu übernehmen und sie mit einer Kraft, einer Erleuchtung und Einsicht zu Ende zu führen, die größer und sicherer sind als Kraft und Erleuchtung einer intellektuellen Beurteilung in ihrem weitesten Umfang. Es gibt eine intuitive Unterscheidung, die kühner und genauer in ihrer Schau ist als der denkende Verstand.

Was von der großen schöpferischen Kunst gesagt wurde, daß sie die Form ist, in der wir normalerweise unsere höchste und intensivste ästhetische Befriedigung erreichen, bezieht sich auf alle Schönheit, auf die Schönheit in der Natur, die Schönheit im Leben und ebenso auf die Schönheit in der Kunst. Wir finden, daß am Ende die Aufgabe des Verstandes und die Grenzen seiner Erfolge für die Schönheit genau die gleichen sind wie für die Religion. Er hilft, die ästhetischen Instinkte und Impulse zu erleuchten und zu reinigen, aber er vermag nicht, ihnen die höchste Befriedigung zu verschaffen oder sie zu einer vollkommenen Einsicht zu führen. Er formt und erfüllt bis zu einem gewissen Grad die ästhetische Intelligenz, aber er kann nicht zu Recht behaupten, daß er das endgültige Gesetz für die Erschaffung des Schönen oder für die Bewertung und den Genuß der Schönheit gibt. Er vermag den ästhetischen Trieb, den Impuls und die Intelligenz zu größtmöglicher, bewußter Befriedigung zu führen, aber nicht zu sich selbst. Er muß sie letzten Endes einer höheren Fähigkeit übergeben, die in unmittelbarer Berührung mit dem Übernatürlichen steht und in ihrer Natur und ihrem Tun dem Verstand überlegen ist.

Denn was wir durch Schönheit erleben, ist letzten Endes das gleiche Ziel, zu dem uns die Religion führen soll: das Absolute, Göttliche. Die Suche nach der Schönheit ist nur zu Beginn eine Befriedigung in der Schönheit der Form, einer Schönheit, die sich an die physischen Sinne wendet und an die vitalen Eindrücke, Antriebe und Wünsche. Sie ist im weiteren Verlauf Befriedigung in der Schönheit der erfaßten Idee, der geweckten Empfindung und der Wahrnehmung eines vollendeten Vorgangs und einer harmonischen Verbindung. Hinter diesen aber sehnt sich die Seele der Schönheit in uns nach Berührung, nach Offenbarung und nach der erhebenden Freude einer absoluten Schönheit in allen Dingen. Die Seele spürt, daß diese Schönheit vorhanden ist. Aber weder die Sinne noch die Triebe vermögen sie aus sich selbst heraus zu heben, wenn sie auch als Kanäle dienen können - denn die Schönheit ist übersinnlich -, noch können es Denken und Verstand tun, wenn diese auch gleicherweise als Kanäle dienen - denn sie ist überrational und überintellektuell. Dies vermag allein die Seele selbst durch alle Schleier hindurch zu erreichen.

Wenn die Seele mit dieser universalen, absoluten Schönheit in Berührung kommen kann, mit dieser Seele der Schönheit, diesem Gefühl für die Offenbarung in jedem geringsten oder größten Ding, in der Schönheit einer Blume oder einer Form, in der Schönheit und Kraft eines Charakters, einer Handlung oder eines Ereignisses, in der Schönheit eines menschlichen Lebens oder dem Aufleuchten einer Idee, in einem Pinselstrich oder einem Meißelschlag, in den Farben eines Sonnenunterganges, in der Stärke eines Sturmes, dann ist dieser Sinn für Schönheit in uns wirklich, machtvoll und vollkommen befriedigt. In Wahrheit bedeutet dies, wie in der Religion, die Suche nach dem Göttlichen, dem All-Schönen in Mensch, Natur, Leben, Gedanke und Kunst. Denn Gott ist die Schönheit und das Entzücken, verborgen in der Vielfalt seiner Hüllen und Formen. Wenn wir erfüllt von dem wachsenden Gefühl und der Erkenntnis der Schönheit, von der Freude im Schönen und von unserer Kraft für das Schöne imstande sind, uns selbst in der

Seele mit diesem Absoluten und Göttlichen in allen Formen und Tätigkeiten der Welt zu identifizieren, wenn wir ein Bild unseres inneren und äußeren Lebens nach dem höchsten Bild formen, das wir von dem All-Schönen wahrzunehmen und zu verkörpern vermögen, dann hat das ästhetische Wesen in uns, das zu diesem Zweck geboren wurde, sich selbst erfüllt und hat seine höchste Vollendung erreicht. Die höchste Schönheit finden, aber heißt Gott finden. Die höchste Schönheit offenbaren, verkörpern und erschaffen, heißt aus unserer Seele das lebendige Bild und die Kraft Gottes erschaffen.

DAS ÜBERRATIONALE GUTE

Durch Prinzip und Gesetz unseres religiösen Seins, durch Prinzip und Gesetz unseres ästhetischen Seins hindurch beginnen wir, die Ganzheitlichkeit eines Prinzips und Gesetzes zu erkennen, das allem Sein zugrunde liegt und das wir deshalb für alles menschliche Tun fest im Auge behalten müssen. Die Allgemeingültigkeit dieses Prinzips und Gesetzes beruht auf einer Wahrheit, die stets von allen Weisen anerkannt wurde, wenn sie auch von intellektuellen Denkern immer umstritten war. Es ist die Wahrheit, daß alles aktive Sein stets eine Suche nach Gott ist, eine Suche nach einem höchsten Selbst und einer tiefsten Wirklichkeit, die sich in, hinter und über uns und den Dingen verbirgt, eine Suche nach der verborgenen Göttlichkeit. Die Wahrheit, deren Schimmer wir in der Religion erfassen, liegt hinter allem Leben verborgen. Sie ist das große Geheimnis des Lebens, um dessen Entdeckung und Verwirklichung in der Selbsterkenntnis das Leben sich müht.

Die Suche nach Gott ist - subjektiv gesehen - eine Suche nach unserem höchsten, wahrsten, vollkommensten und weitesten Selbst. Es ist die Suche nach einer Wirklichkeit, die von den Erscheinungen des Lebens verborgen wird, da diese sie nur zum Teil oder nur verschleiert und in Symbolen, nur in Gegensätzen und Widersprüchen ausdrücken, oft sogar die Wirklichkeit scheinbar verfälschen und in ihr Gegenteil verkehren. Es ist die Suche nach etwas, das sich in seiner Ganzheit nur durch einen konkreten, alles ergreifenden Sinn für das Unendliche und Absolute erschließt. Voll und ganz läßt es sich nur erfassen, wenn ein unendlicher Wert in allen endlichen Dingen entdeckt und der notwendige, unvermeidliche Versuch gewagt wird - mag er dem natürlichen Verständnis noch so unmöglich und paradox erscheinen -, alles Relative zum Absoluten emporzuheben und die Verschiedenheiten, Gegensätze und Widersprüche durch Erhöhung und Sublimierung aufzulösen, so daß sie alle in einem höchsten Begriff einheitlich werden. Einen solchen vollkommenen, höchsten Begriff gibt es, in dem alle unsere unvollkommenen, niederen Begriffe sich rechtfertigen und ihre Unstimmigkeiten verlieren, wenn wir sie als den bewußten Ausdruck dieses höchsten Begriffes ansehen, wenn wir erkennen, daß sie nicht um ihrer selbst willen bestehen, sondern zusätzliche Werte darstellen dieser höchsten Wahrheit, Bruchstücke dieses höchsten, weitesten allgemeinen Maßstabes.

Es gibt das Eine, in dem alle die verwickelten Unstimmigkeiten dieser Vielfalt von getrennten, sich bekämpfenden, verschlungenen, zusammenstoßenden Ideen, Kräften, Neigungen, Instinkten, Impulsen, Aspekten und Erscheinungsformen, die wir Leben nennen, die Einheit ihrer Verschiedenheiten, die Harmonie ihrer Gegensätze finden können, in dem sie die Rechtfertigung ihrer Ansprüche, die Berichtigung ihrer Verfälschungen und Irrungen erfahren, die Lösung ihrer Probleme und Streitigkeiten. Die Erkenntnis erstrebt dies Eine, damit das Leben seinen wahren Sinn zu erfahren und sich zu dem höchsten und harmonischsten Ausdruck einer göttlichen Wirklichkeit zu verwandeln vermag, der ihm erreichbar ist. Alles erstrebt dies Eine, jede Kraft sucht es auf ihre Weise zu erreichen. Das Vorrationale tastet blindlings nach ihm auf dem Weg seiner Instinkte, Notwendigkeiten und Impulse. Das Rationale setzt Logik und Ordnung ein, um die Verschiedenheiten zu verfolgen, zusammenzuführen, zu analysieren, bis es eine Synthese findet. Das Überrationale sucht hinter und über den Dingen und dringt in ihr Innerstes ein, um die Wirklichkeit in ihrem Kern und Wesen zu erfassen und von diesem Mittelpunkt aus alle ihre unzähligen Einzelheiten zu erleuchten.

Diese Wahrheit erfassen wir am leichtesten in Religion und Kunst, im Kult des Spirituellen und Schönen. Denn in ihnen befreien wir uns am gründlichsten von dem ruhelosen Druck der äußeren Lebenserscheinungen, von der drängenden Belagerung ihrer Notwendigkeiten, von dem betäubenden Lärm des Nützlichen im Leben. Hier sind wir nicht gezwungen, uns ständig mit groben materiellen Wünschen, mit gemeinen, aber unvermeidlichen Notwendigkeiten der Stunde und des Augenblicks auseinanderzusetzen. Wir haben Muße und Atempause, um das Wirkliche hinter der Erscheinung zu suchen. Wir können den Blick von dem Vergänglichen und Zeitlichen abwenden oder ihn durch das Zeitliche hindurch zum Ewigen richten. Wir können uns von den Begrenzungen des unmittelbar Praktischen zurückziehen und unsere Sache durch die Beschäftigung mit dem Ideal und dem Universalen erquicken. Wir beginnen unsere Ketten fortzuwerfen, wir befreien uns von dem Leben als Gefängnis, in dem die Notwendigkeit unser Kerkermeister und die Nützlichkeit unser Aufseher ist. Wir sind zugelassen zu den Freiheiten der Seele. Wir betreten Gottes unendliches Königreich der Schönheit und des Entzückens, oder wir ergreifen die Schlüssel unserer vollkommenen Selbsterkenntnis und geben uns dem Besitz oder der Verehrung des Ewigen hin. Darin liegt der unendliche Wert der Religion, der Kunst und Dichtung. Er liegt in ihrer unmittelbaren Kraft zur inneren Wahrheit, Selbsterweiterung und Befreiung.

In anderen Bereichen des Lebens aber, die wir mit der Ironie der Unwissenheit das praktische Leben nennen – denn, wenn das Göttliche wahres Ziel unseres Strebens und unserer Verwirklichung ist, müßte unsere normale Haltung in diesen Bereichen und unsere Auffassung von ihm das genaue Gegenteil des Praktischen sein –, sind wir weniger bereit, die universale Wahrheit zu erkennen. Wir brauchen eine lange Zeit, bis wir diese wenigstens in der Theorie teilweise anerkennen, und sind nur selten bereit, ihr in der Praxis zu folgen. Dies erscheint uns vor allem deshalb so schwer, weil wir uns in unserem praktischen Leben damit begnügen, Sklave äußerer Notwendigkeiten zu sein, weil wir immer glauben, entschuldigt zu sein, wenn wir das Gesetz unseres Denkens, Wollens und Handelns dem Joch unmittelbarer und zeitweiliger Notwendigkeiten unterstellen. Trotzdem aber müßten wir auch dort schließlich zur höchsten Wahrheit gelangen. Wir müßten letztendlich erkennen, daß unser tägliches Leben und unser soziales Dasein nicht ein gesondertes, abseitiges Ding ist, daß sie nicht ein anderes Seinsgebiet sind, einem anderen Gesetz als dem inneren, idealen unterworfen. Im Gegenteil, wir werden niemals ihre wahre Bedeutung erkennen, ihre schwierigen, oft quälenden Probleme lösen, solange wir in ihnen nicht ein Mittel zur Entdeckung und einen individuellen und kollektiven Ausdruck unseres höchsten – und damit unseres wahrsten und vollkommensten – Selbst erkennen, des wichtigsten und entscheidendsten Grundes unseres Daseins und seiner Kräfte. Alles Leben ist nichts als eine großzügige und vielfältige Gelegenheit, um das Göttliche zu erkennen, zu verwirklichen und auszudrücken.

In unserem ethischen Sein wird diese wahrste aller Wahrheiten über das praktische Leben, über seine eigentliche und wesentliche praktische Bedeutung am deutlichsten. Gewiß hat der rationale Mensch versucht, das ethische Leben wie alles übrige zu einer Sache des Verstandes zu machen, hat versucht, seine Natur, Gesetz und praktischen Ablauf durch Verstandesregeln zu bestimmen. Aber er hat damit niemals vollen Erfolg gehabt und wird ihn auch niemals haben. Seine scheinbaren Erfolge sind nur Behauptungen des Verstandes, der mit Worten und Ideen schöne, aber leere Gebäude errichtet, reine Konventionen von logischer und zusammengeflickter Synthese, mit einem Wort: anmaßende Irrtümer, die bei der ersten kräftigen Berührung durch die Wirklichkeit zusammenbrechen.

So sah jenes ungewöhnliche System einer zweckhaften Ethik aus, das im neunzehnten Jahrhundert - dem großen Jahrhundert von Wissenschaft, Vernunft und Nützlichkeit - von einem der klarsten und systematischsten Denker geschaffen wurde und das seitdem mit Recht in Mißkredit geriet. Zum Glück brauchen wir heute nur noch über die seichten, anmaßenden Irrtümer zu lächeln, über diesen Ersatz jedes praktischen äußeren und ins einzelne gehenden Beweises für die inneren, subjektiven und absoluten Motive der Ethik, über die Entwertung des ethischen Handelns zu einer unmöglichen, wissenschaftlichen und vollkommen unpraktischen Gaukelei von moralischer Mathematik, die wohl dem denkenden und logischen Verstand reizvoll erscheinen kann, der instinktiven und intuitiven Haltung des ethischen Seins aber völlig fremd und verfälscht ist.

Ebenso falsch und ohne praktischen Wert sind andere Versuche des Verstandes, sich mit den Grundsätzen und Erscheinungen des Ethischen zu befassen und zu versuchen, sie einzuordnen, wie zum Beispiel die hedonistische Lehre, die alle Tugend auf die Freude und die Befriedigung des Mentalen am Guten bezieht, oder wie die soziologische Theorie, für die die Ethik nichts anderes als ein System von Formeln und Verhaltungsregeln ist, die aus dem Leben der Gesellschaft erwachsen, dazu bestimmt, die sozialen Impulse zu beherrschen. Von diesem ungenügenden Standpunkt aus versucht sie ihre Haltung zu bestimmen. Ethisches Sein entzieht sich solchen Formeln. Es besitzt sein eigenes Gesetz und findet seine Grundregeln in seiner eigenen, ewigen Natur, die ihrem wesentlichen Charakter nach nicht im Wachstum eines sich entwickelnden Mentalen liegt, wenn dies auch im Ablauf der irdischen Geschichte so erscheinen mag, die vielmehr ein Licht ist, das vom Ideal ausgeht, eine Widerspiegelung des Göttlichen im Menschen.

Wohl besitzen alle diese Irrtümer einen Wahrheitskern hinter ihren falschen Konstruktionen. Denn alle Irrtümer des menschlichen Verstandes sind nichts oder falsche Darstellungen, Mißbildungen der Wahrheit oder eines Teils von ihr. Nützlichkeit ist eines der Grundprinzipien des Daseins, und alle Grundprinzipien des Daseins sind letzten Endes eins. Deshalb ist es richtig, daß das höchste Gut zugleich auch die höchste Nützlichkeit ist. Es ist auch richtig, daß nicht das zahlenmäßig höchste Gut Idealziel unserer ethischen Lebenshaltung ist, sondern ganz einfach das Gute der anderen, ganz allgemein das Gute aller. Kurz, es ist das, was der ethische Mensch gern verwirklichen würde, wenn er dazu in der Lage wäre und wenn er immer sicher wüßte, was für die Allgemeinheit das wirklich Gute ist.

All dies aber hilft uns nicht, unser ethisches Tun zu bestimmen, und gibt uns auch kein inneres, ethisches Grundprinzip für unser Sein und Handeln. Es führt uns nur zu einer jener vielen Überlegungen, mit deren Hilfe wir uns auf dem so schwer begehbaren Weg zurechtfinden können. Das Gute, nicht das Nützliche muß Grundprinzip und Richtschnur des Guten sein. Sonst fallen wir in die Hände jener gefährlichen, anmaßenden Zweckhaftigkeit, deren Einstellung der ethischen völlig wesensfremd ist. Auch müssen die Normen der Zweckhaftigkeit, ihre Bewertungen und Einstellungen, ihre Formen und Anwendungen sich mit der individuellen Natur, mit den Gewohnheiten des Mentalen und der Weltanschauung ändern. Deshalb kann es hier kein bestimmtes, allgemeingültiges Gesetz geben, dem sich alle unterwerfen können, keine beherrschenden Grundsätze, wie man sie als Grundlage der Lebensführung von der wahren Ethik verlangt.

Ethik kann niemals eine Angelegenheit von Berechnung sein. Für den ethischen Menschen gibt es nur die eine bestimmende Regel, an seinem Prinzip des Guten, seinem Instinkt für das Gute, seiner Ansicht, seiner Intuition von dem Guten festzuhalten und hiernach seine Lebenshaltung einzurichten. Er mag irren, aber er wird trotz allen Strauchelns auf dem richtigen Wege sein, weil er dem Gesetz seiner Natur treu bleiben wird. Immer behalten die Worte der Gita ihre Wahrheit: Besser ist es, das Gesetz der eigenen Natur, wenn auch schlecht, zu erfüllen, gefährlicher, ein fremdes Gesetz zu erfüllen, selbst wenn es unserem Verstand als das höhere erscheint. Das Gesetz der Natur ist für den ethischen Menschen das Streben nach dem Guten. Niemals kann es die Verfolgung des

Nützlichen sein.

Das Gesetz seiner Natur ist für den ethischen Menschen auch nicht das Streben nach verfeinerter oder grober Freude, auch nicht nach Selbstbefriedigung irgendeiner Art, möge sie noch so subtil und spirituell sein. Auch hier gilt, daß das höchste Gut, sowohl seiner Natur wie seiner innersten Wirkung nach, die höchste Seligkeit ist. Ananda, die Seligkeit des Seins, ist der Ursprung allen Daseins, ist dessen Ziel, der offene oder verborgene Grund aller seiner Handlungen. Wohl ist zuzugeben, daß im Wachstum der Tugend und in der Erfüllung des Guten große Freude liegt, und daß die Sehnsucht nach dieser immer als unterbewußter Antrieb für das Streben nach Tugend wirkt. Vom praktischen Gesichtspunkt aus aber ist dies nur ein Nebenaspekt. Die Freude kann niemals als Beweis oder als Norm der Tugend dienen. Im Gegenteil: Tugend erwirbt sich der natürliche Mensch durch Kampf mit seiner Freude suchenden Natur, und sie bedeutet oft freiwilliges Leid, die Gewinnung von Kräften durch Leiden. Wir nehmen dieses Leid und diesen Kampf nicht auf aus Freude am Leid und aus Freude am Kampf. Denn jene höhere Freude, das Entzücken, das der geheime Spirit in uns spürt, wird gewöhnlich oder jedenfalls zunächst dem bewußten natürlichen Teil unseres Wesens nicht bewußt, in dem sich dieser Kampf abspielt. Das Tun des ethischen Menschen ist nicht einmal durch eine innerliche Freude beeinflußt, <u>sondern allein durch einen Anruf seines Wesens, durch die Notwendigkeit eines Ideals, durch das Bild einer absoluten Norm, durch ein Gesetz des Göttlichen.</u>

In der äußeren Geschichte unserer Entwicklung tritt dies zunächst nicht klar oder vielleicht überhaupt nicht in Erscheinung. Hier mag die Entwicklung des Menschen in der Gesellschaft als bestimmende Ursache seiner ethischen Entwicklung erscheinen. <u>Denn Ethik beginnt erst dort, wo an den Menschen andere Forderungen gestellt werden als die seiner persönlichen Vorliebe, seiner Triebfreude oder seines eigenen materiellen Interesses.</u> Auf den ersten Blick scheinen diese Forderungen durch die Notwendigkeit seiner Beziehung zu anderen gestellt zu werden, durch die Notwendigkeiten seines sozialen Daseins. Daß dieses aber nicht der Kernpunkt sein kann, erweist die Tatsache, daß die ethische Forderung nicht immer mit der sozialen übereinstimmt, und daß die ethische Norm nicht immer der sozialen Norm entspricht. Im Gegenteil, der ethische Mensch wird oft vor der Notwendigkeit stehen, die sozialen Forderungen abzuweisen und zu bekämpfen, die sozialen Normen zu durchbrechen, von ihnen abzuweichen oder sie umzukehren. Sowohl seine Beziehungen zu anderen als seine Beziehungen zu sich selbst geben ihm die Gelegenheit zu ethischem Wachstum. Entscheidend aber für sein ethisches Sein ist seine Beziehung zu Gott, der Drang des Göttlichen, mag er unbewußt seiner Natur innewohnen oder bewußt auf sein höheres Selbst oder seinen inneren Genius wirken. Er gehorcht einem inneren Ideal, nicht einer äußeren Norm. Er gibt Antwort einem göttlichen Gesetz, das ihm innewohnt, nicht einem sozialen Anspruch oder einer kollektiven Notwendigkeit. Das ethische Gebot entstammt nicht seiner Umwelt, sondern seinem Inneren oder einem höheren Bereich.

Von alters her wurde empfunden und behauptet, daß die Gesetze des Rechts, die Gesetze einer vollkommenen Lebensführung Gesetze der Götter sind, ewige, jenseitige Gesetze, deren sich der Mensch bewußt ist und denen er zu gehorchen hat. Das Zeitalter der Vernunft hat diese Auffassung als Aberglauben oder dichterische Phantasie verspottet, die im Widerspruch stehen zu der Natur und der Geschichte der Welt. Trotzdem bleibt eine Wahrheit in diesem alten Aberglauben oder dieser Phantasie bestehen, die sich der rationalen Leugnung entzieht und die auch alle rationalen Bestätigungen, wie Kants kategorischer Imperativ, nicht ganz wiederherzustellen vermögen. Mag das menschliche Bewußtsein Ergebnis der Entfaltung seiner Natur sein, mögen die Vorstellungen vom ethischen Gesetz Veränderungen unterworfen sein und von der Entwicklungsstufe des Menschen abhängen, so bleibt doch in aller Veränderlichkeit als Grundlage etwas Unveränderliches, das mit seiner eigenen Natur und mit der Weltnatur zusammenhängt. Wenn die Natur im Menschen wie in der Welt zu Anfang vorethisch und vorrational ist, so wie sie auf ihren Höhen überethisch und überrational wird, so muß in diesem Vorethischen schon etwas liegen, das auf der menschlichen Stufe zum Ethischen wird. Das Überethische ist nur eine Vollendung des Ethischen und kann von niemandem erreicht werden, der nicht den langen ehtischen Weg durchschritten hat. Im Unten verbirgt sich das Geheimnis des Guten in allen Dingen, dem der Mensch nahekommt und das er zu einem Teil durch seine ethischen Triebe und Ideen aufzudecken sucht. Im Oben verbirgt sich das ewige Gute, das unsere nicht vollkommenen und bruchstückhaften Vorstellungen vom Ethischen übersteigt.

Unsere ethischen Antriebe und Handlungen beginnen wie alles andere im Vorrationalen und entstammen dem Unterbewußten. Sie entstehen als Instinkt des Rechts, als Instinkt des Gehorsams zu einem anerkannten Gesetz, als Trieb der Selbsthingabe an die Arbeit, des Opfers und des Selbstopfers, als Trieb der Liebe, der Selbstunterordnung und Gemeinschaft mit anderen. Zunächst gehorcht der Mensch dem Gesetz, ohne nach dem Warum und Weshalb zu fragen. Er sucht dafür keine Rechtfertigung durch die Vernunft. Sein erster Gedanke begreift, daß es sich um ein von einer ihm überlegenen Macht erschaffenes Gesetz handelt. Mit dem frühen Dichter sagt er, daß er nicht weiß, wo der Ursprung des Gesetzes liegt, daß er nur weiß, daß es besteht und bestehen wird, und daß es nicht straflos verletzt werden darf. Was Instinkt und Impuls erstreben, sucht die Vernunft verständlich zu machen, so daß der Wille die ethischen Triebe verständig einzusetzen und die Instinkte in ethische Gedanken zu verwandeln vermag. Der Verstand stellt die grobe und oft irrtümliche Mißachtung des ethischen Triebes richtig, trennt und befreit diesen von verwirrenden Gedankenverbindungen, zeigt, so gut es geht, die Beziehungen seiner oft widerspruchsvollen moralischen Ideale und baut ein System und vielseitige Regeln des ethischen Handelns auf. Dies alles ist gut so und bildet eine notwendige Stufe unseres Fortschritts. Aber letzten Endes entziehen sich die ethischen Ideen und der intelligente ethische Wille dem Verstand, der sie seiner Kontrolle zu unterwerfen suchte, und entfernen sich aus seinem Bereich. Selbst solange sie sich von seinem Zügel halten lassen, verlieren sie nicht die ihnen eingeborene Neigung.

Denn das ethische Wesen will, wie alle übrigen, wachsen und strebt zum Absoluten, Göttlichen hin, das mit Sicherheit nur im Überrationalen erreicht werden kann. Es erstrebt absolute Reinheit, absolutes Recht, absolute Wahrheit, absolute Kraft, Liebe und Selbsthingabe. Es ist höchst befriedigt, wenn es diese in vollkommenem Maße erlangen kann, ohne Begrenzung und Kompromiß, göttlich, unendlich, gewissermaßen als etwas Gottgleiches, als eine Verwandlung des ethischen Seins. Der Verstand beschäftigt sich vor allem mit dem, was er am besten begreift, mit dem sichtbaren Vorgang, dem Mechanismus, mit dem äußeren Akt, seinem

Ergebnis und seiner Wirkung, seinen Begleitumständen und Antrieben. Danach beurteilte er den moralischen Wert einer Handlung und die moralische Haltung des Handelnden. Das entwickelte ethische Wesen aber weiß instinktiv, daß es ein inneres Etwas ist, das er sucht, und daß der äußere Akt nur ein Mittel ist, um die innere vollkommene und ewige Ganzheit in ihren psychologischen Auswirkungen zu offenbaren.

Der Wert unserer Handlungen liegt nicht so sehr in ihrer äußeren Erscheinung und ihren äußeren Ergebnissen, als vielmehr in der Hilfe, die sie dem Wachstum des Göttlichen in uns gewähren. Es ist schwer, ja sogar unmöglich, mit äußeren Gründen die vollkommene Gerechtigkeit, das vollkommene Recht, die vollkommene Reinheit, Liebe oder Selbstlosigkeit einer Handlung oder einer Reihe von Handlungen zu rechtfertigen. Denn die Bedeutung einer Handlung ist immer relativ und vielfältig, ungewiß in ihren Ergebnissen, verwickelt in ihren Umständen. Dagegen ist es möglich, das innere Sein mit dem ewigen und vollkommenen Guten in Bezug zu setzen und unser Sinnen und Wollen so damit zu erfüllen, daß wir aus seinen Antrieben, Eingebungen oder Einfällen handeln. Das ist es, was das ethische Sein sich als Ziel setzt. Der entwickelte ethische Mensch wird sich diesem Zustand dank seinem inneren Streben immer mehr nähern.

Tatsächlich bedeutet Ethik ihrem Wesen nach ebensowenig die Berechnung von gutem und bösem Tun wie den mühevollen Versuch, nach den Normen der Welt untadelhaft zu leben - dies sind nur grobe Ausdrucksformen -, sondern sie ist das Streben, in die göttliche Natur hineinzuwachsen. Sie hat Teil an der Reinheit, indem sie nach der unveränderlichen Reinheit des göttlichen Seins strebt. Sie hat Teil an der Wahrheit und dem Recht, indem sie nach bewußter Einheit mit dem Gesetz göttlichen Wissens und Wollens strebt. Sie hat Teil an Sympathie und Barmherzigkeit, indem sie sich zur Unendlichkeit und Ganzheitlichkeit göttlicher Liebe hin bewegt. Sie hat Teil an Stärke und Männlichkeit, indem sie göttliche Kraft und Macht aufzubauen sucht. Das ist die tiefste Bedeutung der Ethik. Ihre hohe Vollkommenheit ist das Ergebnis dieser Verwandlung des menschlichen Seins. Dann bestimmen nicht Handlungen des Menschen seine Natur, sondern seine Natur gibt seinen Handlungen ihren Wert. Dann braucht er sich nicht mehr um Tugend zu bemühen, um angelernte Moral, sondern er ist von

Natur aus göttlich. Auch aktiv erlangt er seine Erfüllung und Vollendung, wenn er nicht mehr von vorrationalen Antrieben oder rationalem Verstand und Wollen geführt oder bewegt wird, sondern wenn er erfüllt und gelenkt wird von göttlichem Wissen und Willen, die in seiner Natur bewußt geworden sind.

Dies aber kann zunächst nur geschehen, wenn er die Wahrheit von den Dingen durch das intuitive Mentale in sich aufnimmt und sich immer mehr von Egoismus, Selbstinteressen, Wünschen, Leidenschaften und jeder Art von Selbstwillen reinigt. Dann werden überrationales Licht und göttliche Kraft ihm nicht mehr übermittelt, sondern sie werden der immer gegenwärtige Besitz seines Wesens sein. Dies hatten sich als höchstes Ziel jene Weisen früherer Zeiten gesetzt, die die Wahrheit besaßen, die vom Denken der Menschen und der Gesellschaft verworfen wurde, weil sie zu hoch war für den menschlichen Verstand, weil sie zu kühn und riesenhaft war für die Kräfte des normalen, begrenzten menschlichen Wollens, weil die gestellte Aufgabe zu unendlich war. Deshalb verhält es sich mit dem Kult des Guten ebenso wie mit dem Kult der Schönheit und der Spiritualität. Schon in den ersten Instinkten liegt eine dunkle Sehnsucht nach dem Göttlichen und Absoluten. Der Kult des Guten strebt nach vollkommener Befriedigung. Er findet seine höchste Erleuchtung, sein höchstes Wissen in etwas, das jenseits der Vernunft liegt. Er erlangt seine Erfüllung erst, wenn er Gott gefunden hat, wenn er im Menschen ein Bild der göttlichen Wirklichkeit erschafft. Aus seinen vorrationalen Anfängen gelangt das ethische Sein durch eine vorübergehende Abhängigkeit vom Verstand zur überrationalen Vollendung. So ist das Ethische, dem Ästhetischen und Religiösen gleich, die Suche nach dem Ewigen.

DAS ÜBERRATIONALE ZIEL
DES LEBENS

In allen höheren Kräften seines Lebens, so könnte man sagen, sucht der Mensch nach Gott, wenn auch oft blind genug. In ihnen wird diese Suche nach dem Göttlichen und Ewigen in sich selbst und der Welt, diese Suche nach der Harmonie, nach der Abstimmung seines Lebens mit dem Unendlichen zu seinem verborgenen Ziel, zu seinem Schicksal. Er sucht das höchste, weiteste und vollkommenste Selbst. In dem Augenblick, in dem er mit diesem in Berührung kommt, zeigt sich, daß dieses Selbst eins ist mit einer größeren Seele, einem Selbst der Wahrheit, des Guten und des Schönen in der Welt, dem wir den Namen Gott geben. Es ist das Ziel der Religion, zu diesem Gott als spirituelle Gegenwart zu gelangen. Ziel der Ethik ist es, zu einer Harmonie mit seiner ewigen Natur des Lichts, der Liebe, der Kraft und der Reinheit heranzuwachsen. Ziel und Vollendung unserer ästhetischen Bedürfnisse und Natur ist es, die Harmonie seiner ewigen Schönheit und Freude zu genießen und uns in sie einzufügen. Auf diese Weise die ewigen Grundregeln der Wahrheit zu erkennen und ihnen zu folgen, bedeutet das Ende der Wissenschaft und der Philosophie und unseres hartnäckigen Kampfes um das Wissen.

Dies alles aber scheint jenseits unseres normalen und gewöhnlichen Seins zu liegen. Es ist etwas, in das wir hineinzuwachsen uns mühen. Aber es scheint nicht der normale Stoff zu sein, das natürliche Sein oder die Atmosphäre des Individuums und der Gesellschaft in ihrem gewöhnlichen Bewußtseinsstand und ihrem täglichen Leben. Dieses Leben ist praktisch und nicht idealistisch. Es beschäftigt sich nicht mit dem Guten und dem Schönen, mit der spirituellen Erfahrung und der höheren Wahrheit, sondern mit Interessen und Wünschen, mit physischen Nöten und vitalen Notwendigkeiten. Diese bedeuten ihm Wirklichkeit. Alles andere erscheint ihm schattenhaft. Diese gehören zu seiner gewöhnlichen Aufgabe, alles andere zu seiner Muße. Diese gehören zu dem Stoff, aus dem er gemacht ist, alles andere zu dem, was an ihm Verzierung und zusätzliche Verbesserung ist. Auch dem anderen billigt die Gesellschaft einen Platz zu, aber ihr Herz ist nicht dort. Sie nimmt

Ethik als Bindung und Einfluß an, aber sie lebt nicht für das ethisch Gute. Ihre wirklichen Götter sind vitale Not, Wunsch, Zweckhaftigkeit und körperliche Begierde. Wenn sie ihr Leben zum Teil nach ethischen Gesetzen richtet, weil sonst die vitale Not, die Wünsche und die Zweckhaftigkeit, der Wunsch vieler egoistischer Einzelwesen nach eigener Befriedigung auf sie selbst zurückfallen und ihre eigenen Ziele zerstören würden, so fühlt sie sich doch nicht veranlaßt, ihr Leben vollkommen ethisch zu führen.

Noch weniger beschäftigt sich die Gesellschaft mit der Schönheit. Selbst wenn sie Dinge als schön ansieht, als Verschönerung und Freude, als Befriedigung und Vergnügen für Auge, Ohr und das Mentale, so empfindet sie sie doch nicht als zwingenden Grund, um ihr Leben zu einem Gegenstand der Schönheit zu machen. Die Gesellschaft gewährt der Religion einen festen Platz und einen Anteil an den Festtagen, in der Kirche oder im Tempel, am Lebensende, wenn Alter und Nähe des Todes ihre Aufmerksamkeit gewaltsam von diesem Leben zu einem anderen hinlenken, zu festgelegten Zeiten der Woche oder eines Tages, wenn sie es für richtig hält, einen Augenblick mit ihren weltlichen Geschäften haltzumachen und sich an Gott zu erinnern. Aber das ganze Leben zu einer Religion zu machen, zu einer Erinnerung an Gott und einer Suche nach ihm, das ist etwas, das niemals geschieht, nicht einmal in einer Gesellschaft, die, wie die indische, die Erreichung der Spiritualität zu ihrem Ziel und Grundsatz erhoben hat.

Philosophie läßt die Gesellschaft noch weniger leicht an sich heran. Wenn sie heute mit Eifer nach Wissenschaft strebt, so geschieht dies, weil die Wissenschaft in erstaunlicher Weise die Befriedigung ihrer vitalen Wünsche, Bedürfnisse und Interessen unterstützt. Aber ihr Streben geht ebensowenig auf ein ganzheitlich wissenschaftliches Leben, wie auf ein ganzheitlich ethisches. Jede besondere Bemühung ist dem Individuum überlassen, den wenigen und einzelnen besonderer Art, wie dem Heiligen, dem Künstler, dem Denker, dem Mann der Religion. Die Gesellschaft räumt ihnen einen Platz ein, verehrt sie ein wenig, gibt den Dingen, die sie darstellen, ein wenig Raum, begnügt sich aber selbst damit, vor allem den ihr eingeborenen Grundsätzen der vitalen Befriedigung, der vitalen Notwendigkeit und Zweckhaftigkeit und der vitalen Wirksamkeit zu leben.

Der Grund liegt darin, daß wir hier eine andere Kraft unseres

Wesens berühren, die von der ethischen, ästhetischen, rationalen und religiösen verschieden ist. Selbst wenn wir sie als niederer in ihrer Rangordnung ansehen, so hat sie doch ihre eigene Wirklichkeit und nicht nur das Recht zum Dasein, sondern auch das Recht, sich zu befriedigen und zu erfüllen. Sie ist die ursprüngliche Kraft, die die Grundlage unseres Daseins auf Erden bildet und die die anderen Kräfte zu ihrem Ausgangspunkt und zu ihrem Grundstein nehmen. Es ist die Lebenskraft in uns, die vitale und dynamische Natur. Ihr ganzer Grundsatz und Ziel ist zu sein, ihr Dasein zu behaupten, zu vergrößern, auszubreiten, zu besitzen und zu genießen. Ihre natürliche Bestimmung ist Wachstum, Freude und Kraft. Leben bedeutet hier ein Wirken in der Materie, um sich in bewußter Kraft auszudrücken. Menschliches Leben bedeutet das Wirken des Menschen, um sich in der materiellen Welt mit der größtmöglichen Kraft, Intensität und Ausbreitung durchzusetzen.

Das ursprüngliche und dringendste Ziel dieser Lebenskraft ist zu leben, sich einen Platz in der Welt, sowohl für sich wie für die eigene Art zu schaffen. Hat die Lebenskraft dies erreicht, ist ihr zweites Ziel, es zu besitzen, es zu gestalten, in immer größerem Umfang zu genießen und letztlich sich über alles Erdenleben auszubreiten und es zu beherrschen. Dies ist die hauptsächlichste, praktische Aufgabe der Lebenskraft und soll es auch sein. Die Darwinisten bezeichneten dies als Kampf um das Dasein. Aber der Kampf geht nicht nur um Bestehen und Leben, sondern um Wachstum, Freude und Besitz. Seine Methode schließt nicht nur den Grundsatz und den Instinkt des Egoismus ein und benutzt beide, sondern auch einen ihnen verbundenen Grundsatz und Instinkt der Anpassung.

Zwei gleich starke Impulse bewegen das menschliche Leben: individualistische und kollektive Selbstbehauptung. Sie wirken im Wettstreit miteinander, aber auch in gegenseitiger Unterstützung und geeinter Bemühung. Sie benutzen zwei verschiedene, einander ergänzende Arten der Tätigkeit, zwei Antriebe, die entgegengesetzt zu sein scheinen, tatsächlich aber immer zusammenarbeiten: Wettstreit und Zusammenwirken. Aus dieser Lebensdynamik erwuchs die gesamte Struktur der menschlichen Gesellschaft. Von der Ausdauer und der Stärke dieser Dynamik hängt die Fortdauer, die Energie und das Wachstum jeder menschlichen Gesellschaft ab. Versagt diese Lebenskraft in ihnen und verlieren diese Antriebskräfte an Stärke, so beginnt alles zu erschlaffen, zu erstarren und schließlich auseinanderzufallen.

Die moderne europäische Idee der Gesellschaft beruht auf der grundlegenden und beherrschenden Rolle, die diese vitale Dynamik bei der Bildung und Aufrechterhaltung der Gesellschaft spielt. Denn seitdem der moderne Geist und sein Temperament sich des westlichen Europas bemächtigt hat, ist der Europäer vorwiegend praktisch, dynamisch und auf Bewegung eingestellt, vitalistisch in dem innersten Mark seines Denkens und Seins. Alles übrige bildete die Blüte seines Lebens und seiner Kultur. Dies war seine Wurzel und sein Stamm. In den heutigen Zeiten ist diese Wahrheit seines Temperaments, die immer vorhanden war, voller Aggression an die Oberfläche gekommen und hat über die Traditionen christlicher Pietät und lateinischer Kultur gesiegt. Dieser triumphale Aufstieg und die Führerschaft des vitalen Menschen und seiner Antriebe war der Anlaß zur großen, wirtschaftlichen wie politischen Zivilisation des neunzehnten Jahrhunderts.

Das Leben der Gesellschaft besteht für die praktischen menschlichen Instinkte in dreierlei Tätigkeit: in dem häuslichen und sozialen Leben des Menschen – sozial im Sinn der üblichen Beziehungen zu anderen in der Gemeinschaft, sowohl als Individuum als auch als Glied seiner Familie von vielen –, in seinen wirtschaftlichen Handlungen als Hersteller, Erwerber und Verbraucher und endlich in seiner politischen Einstellung und Tätigkeit. Gesellschaft ist die Organisation dieser drei Dinge und stellt im Grund für das praktische menschliche Sein nichts anderes dar. Lernen, Wissenschaft, Kultur, Ethik, Ästhetik, Religion haben ihren bestimmten Platz als Hilfen des Lebens, als Führer, Verbesserer, zur Verschönerung des Daseins und zum Trost für die Mühen, Schwierigkeiten und Sorgen des Lebens. Aber sie gehören nicht zu seiner Substanz, nicht zum Wesentlichen. Das Leben selbst ist das einzige Lebensziel.

Früher bestand hierzu eine andere, diametral entgegengesetzte Ansicht. Wenn man auch die unerhörte Bedeutung des praktischen Tuns, des sozialen in Asien, des politischen in Europa, erkannt hatte, weil dies jede Gesellschaft tun muß, die überhaupt leben und gedeihen will, so standen diese Tätigkeiten damals noch nicht im wahrsten Sinn des Wortes an erster Stelle. Sie waren die ursprünglichen, aber nicht die wesentlichsten Ziele des Lebens.

Die Alten betrachteten dieses Leben als Gelegenheit zur Entwicklung des rationalen, ethischen, ästhetischen und spirituellen Seins. Griechenland und Rom betonten nur die ersten drei Seinsweisen. Asien ging weiter. Es gestand den dreien nur eine untergeordnete Rolle zu als Stufen zur spirituellen Vollendung. Griechenland und Rom waren sehr stolz auf ihre Kunst, Dichtung und Philosophie und liebten diese Dinge mehr als selbst ihre politische Freiheit und Größe. Asien räumte diesen drei Ordnungen wohl eine besondere Rolle ein und legte ihrer sozialen Organisation einen übermäßigen Wert bei. Viel höher aber wertete es und mit viel tieferer Ehrfurcht verehrte es seine Heiligen, seine religiösen Gründer und Denker, seine spirituellen Helden. Die heutige Welt ist am stolzesten auf ihre wirtschatliche Organisation, auf ihre politische Freiheit, auf Ordnung und Fortschritt, auf die Mechanisierung, auf Bequemlichkeit und Erleichterung ihres sozialen und häuslichen Lebens. Sie erfreut sich ihrer Wissenschaft, vor allem in ihrer Auswertung für das praktische Leben, durch Schaffung von Werkzeugen zur Erleichterung des Daseins, der Eisenbahnen, Telegraphen, Dampfer und der vielen tausend anderen Erfindungen, der zahllosen Entdeckungen, die dem Menschen die Herrschaft über die physische Welt ermöglichen.

Hierin liegt der große entscheidende Unterschied der Lebenshaltung. Denn wenn die praktische und vitale Auffassung vom Leben und der Gesellschaft die richtige ist, wenn die Gesellschaft allein oder in der Hauptsache da ist für die Aufrechterhaltung, Bequemlichkeit und vitale Freude, für die politische wie wirtschaftliche Leistungsfähigkeit der Art, dann ist unsere Idee nicht aufrechtzuerhalten, daß das Leben eine Suche nach Gott und dem höchsten Selbst ist, und daß auch die Gesellschaft eines Tages dies zu ihrem Grundsatz machen wird. Jedenfalls ist die heutige Gesellschaft in ihrer selbstbewußten Zielsetzung recht weit entfernt von einem solchen Streben. Wie groß und eindrucksvoll auch ihre Erfolge sein mögen, so erkennt sie doch nur zwei Götter an: das Leben und die praktische Vernunft, die unter dem Namen der Wissenschaft organisiert ist. Darum müssen wir auf jenes große, ursprüngliche Etwas, die Lebenskraft und ihre Offenbarungen mit besonderer Sorgfalt achten, um zu sehen, was sie in Wirklichkeit bedeuten und was sie in ihren Erscheinungen darstellen.

Die Erscheinungen der Lebenskraft sind uns vertraut genug;

denn aus ihr ist alles, der Stoff selbst und seine gegenwärtige Form unseres täglichen Lebens geschaffen. Ihre hauptsächlichen Ideale sind physisches Wohlbehagen des Individuums und der Gemeinschaft, vollkommene Befriedigung des Wunsches nach körperlicher Gesundheit, langem Leben, Luxus, Reichtum, Unterhaltung und Erholung und ein unaufhörlicher, unermüdlicher Aufwand des Mentalen und der dynamischen Lebenskraft zu werteschaffender Arbeit und Produktion. Flammenwerfer dieses ruhelosen und verzehrenden Energieverbrauches sind die Schöpfungen und Eroberungen verschiedenster Art, sind Kriege, Invasionen, Kolonisationen, Entdeckungen, kommerzielle Eroberungen, Reisen und Abenteuer, ja Besitz und Nutzung der ganzen Welt. Als Rahmen nimmt dieses Leben noch die alten bestehenden Formen, die Familie, Gesellschaft und Volk, und läßt sich von zwei Impulsen leiten, von einem individualistischen und einem kollektiven.

Der ursprüngliche Lebensimpuls ist individualistisch und macht die Familie, das soziale und das nationale Leben zu Mitteln einer größeren Befriedigung des vitalen Individuums. In der Familie sucht der einzelne die Erfüllung seines vitalen Besitztriebes und des anderen vitalen Triebes der Selbstdarstellung ebenso wie die Freuden an der Gemeinschaft. Seine Gewinne sind Besitz von Frau, Dienstboten, Haus, Reichtum und Land, die Darstellung eines großen Teiles seiner selbst im Körper und Mentalen seiner Nachkommenschaft, die Fortsetzung und Erhaltung seiner Tätigkeiten, Gewinne und Besitztümer im Leben seiner Kinder. Damit genießt er die vitalen und körperlichen Freuden und zugleich die mehr mentalen Freuden des Gefühls und der Zuneigung, die das häusliche Leben mit sich bringt. In der Gesellschaft findet er eine weniger persönliche, aber dafür größere Ausweitung seiner selbst und seiner Triebe. Vorteile, die ihn an das soziale Leben binden, sind für ihn: größere Gemeinschaft und Austausch, Gemeinsamkeit der Bemühungen und produktive Arbeit, Herdenvergnügen und Befriedigung der Gefühle, Steigerung der Empfindungen und Zufriedenstellung durch gemeinsame Freuden. In der Natur und ihren Gliederungen findet er Gelegenheit für einen ihm persönlich ferner liegenden, aber dafür größeren Willen zu Macht und Entfaltung. Hat er die Kraft dazu, so findet er dort Ruhm, Vorrang, Führertum oder, auf niederer Ebene, das Gefühl der Wirksamkeit seiner Arbeit in kleinerem oder größerem Rahmen, in einer niederen oder ruhmreichen öffentlichen Aufgabe. Kann er dies nicht erreichen, wird er doch das Gefühl haben, einen gewissen Anteil daran zu besitzen, einen wirklichen oder eingebildeten Teil an Stolz, Macht und Herrlichkeit in einer größeren, kollektiven Tätigkeit und vitalen Ausbreitung zu finden.

Bei all diesem ist zunächst der individualistische Grundsatz des vitalen Triebes am Werk, bei dem sich die wettstreitende Seite unserer Natur vereinigt mit der zusammenarbeitenden, diese aber beherrscht. Übermäßig gesteigert schafft diese Vorherrschaft das Ideal des Emporkömmlings, dem Familie, Gesellschaft und Nation nicht so sehr eine Gemeinschaft der Sympathie bedeuten, sondern als Leiter dienen, die man heraufsteigen, als Beute, die man verschlingen muß, als etwas, das man erobert und beherrscht. Im äußersten Fall trennt sich die individualistische Haltung von der Idee der Gemeinschaft und fällt zurück in ein primitives antisoziales Gefühl. Sie schafft den Nomaden, den Abenteurer, den Waldbewohner oder Einsiedler, der nicht aus einem verstandesmäßigen oder spirituellen Impuls heraus einsam ist, sondern weil die Gesellschaft, die ihm einst als Werkzeug diente, für ihn zum Gefängnis, zu einer Fessel wurde, die seinen Drang nach Ausweitung unterdrückt, seinen Atem- und Ellbogenraum beschränkt.

Diese Fälle werden freilich immer seltener, da die heutige Gesellschaft ihre Fühler nach allen Seiten ausstreckt. Bald wird es keinen Platz der Einsamkeit mehr geben, weder für Nomaden noch für Einsiedler, nicht einmal mehr die Wüste der Sahara oder die sichere Abgeschiedenheit des Himalaya. Selbst die innere Abgeschlossenheit könnte uns eines Tages durch eine kollektivistische Gesellschaft genommen werden, die jede individuelle »Zelle« des Organismus für ihre pragmatischen, wirtschaftlichen und dynamischen Ziele auszunutzen sucht.

Diese immer stärker werdende kollektivistische oder kooperative Einstellung trägt den zweiten Instinkt des vitalen oder praktischen Seins des Menschen in sich. Sie zeigt sich zuerst im Familienideal, dem sich das Individuum unterordnet und in dem es seine vitale Befriedigung findet und praktisch auf seine Rechnung kommt, nicht durch Vorherrschaft der eigenen Individualität, sondern im Leben des größeren vitalen Ich. Dieses Ideal spielte eine große Rolle in den alten aristokratischen Lebensanschauungen. Es lebte in der alten indischen Idee des *kula* und *kuladharma*. Im späteren

Indien bildete es die Wurzel der Familienbindung, die die starke wirtschaftliche Grundlage des mittelalterlichen Hinduismus darstellte. Ihre größte Vergröberung erfuhr dieses Ideal in dem britischen Native-Philistertum, der Idee des in England Geborenen, der dazu bestimmt ist, einem Geschäft oder Beruf nachzugehen, zu heiraten, eine Familie aufzubauen, seinen Lebensunterhalt zu verdienen, halbwegs erfolgreich zu sein, wenn nicht gar zu sichtbarem Reichtum zu gelangen, sich eine Zeitlang zu erfreuen und dann zu sterben und damit alles getan zu haben, wozu er auf diese Erde gekommen ist, seine wesentlichen Pflichten im Leben erfüllt zu haben. Denn offensichtlich war dieses das Ziel, auf das hin der Mensch mit all seinen göttlichen Möglichkeiten geboren wurde!

Unter welcher Gestalt, wie stark vergröbert, verfeinert oder unterdrückt, mit welchen ethischen oder religiösen Vorstellungen auch ausgeschmückt, bleibt doch die Familie immer eine im wesentlichen praktische, vitalistische und wirtschaftliche Schöpfung. Sie ist einfach ein größeres vitales Ich, ein umfassenderer, vitaler Organismus, der das Individuum in sich aufnimmt und in eine Lebenseinheit einordnet, die für Wettstreit und Zusammenarbeit wirksamer ist. Die Familie erkennt gleich dem Individuum die Gesellschaft an und nutzt sie für ihren Raum und die Erhaltung ihrer vitalen Befriedigung, ihres Wohlbefindens, Vergnügens und ihrer Entfaltung. Aber auch diese Lebenseinheit, dieses vielfache Ich, kann durch den kooperativen Lebensinstinkt dazu gebracht werden, ihren Egoismus den Ansprüchen der Gesellschaft unterzuordnen, kann sogar so weit geschult werden, daß sie sich selbst, wenn nötig, auf dem Altar der Gemeinschaft opfert. Denn die Gesellschaft ist nichts weiter als ein größeres, vitales Ich des Wettstreites und der Zusammenarbeit, das das Individuum und die Familie in einen umfassenderen Organismus aufnimmt und sie für die kollektive Befriedigung ihrer vitalen Bedürfnisse, Ansprüche und Interessen, ihrer Entfaltung und ihres Wohlbefindens und Genusses nutzt. Individuum und Familie willigen aus dem gleichen Grund in diese Ausbeutung ein, der das Individuum bewegt, das Joch der Familie auf sich zu nehmen. Sie kommen in diesem erweiterten vitalen Leben auf ihre Rechnung und finden in ihm ihren Trieb nach Steigerung des Wachstums, der Sicherheit und der Befriedigung erfüllt. Die Gesellschaft ist in ihren Zielen und in ihrer Natur selbst noch wesentlich wirtschaftlicher eingestellt als die Familie.

Dies spricht für den vorwiegend wirtschaftlichen und materialistischen Charakter der modernen Ideen des Sozialismus. Denn diese Ideen können als das volle rationalistische Erblühen des kollektiven Lebensinstinktes angesehen werden. Da die Gesellschaft aber nur eine wettstreitende Einheit ist unter vielen ihrer Art, und da ihre ersten Beziehungen zu anderen immer von innen her feindlich sind oder im besten Fall mit den anderen wettstreiten und nicht zusammenwirken, also in diesem Sinn auch organisiert werden müssen, muß das gesellschaftliche Leben notwendigerweise einen politischen Charakter annehmen, der selbst eine Zeitlang das Übergewicht gegenüber dem wirtschaftlichen behaupten wird. So entsteht die Nation, der Staat. Bewerten wir diese grundlegenden Merkmale und die Idee des kollektiven Lebens richtig, dann erscheint es uns natürlich genug, daß die Entwicklung der kollektiven und kooperativen Idee der Gesellschaft zu einem riesigen, oft ungeheuerlich übersteigertem Wachstum des vitalen, wirtschaftlichen und politischen Ideals in Leben, Gesellschaft und Zivilisation geführt hat.

Welche Bedeutung aber fällt dem höheren Teile des menschlichen Wesens, jenen subtileren Kräften in ihm zu, die weit offener nach dem Wachstum seiner göttlichen Natur streben und sich mit diesem vitalen Trieb oder seinen gigantischen, modernen Entwicklungen auseinandersetzen? Sicherlich wird es der erste Impuls der subtileren Kräfte sein, sich dieser zu bemächtigen und all dies grobe Leben zu beherrschen und nach ihrem Bilde umzuformen. Aber was geschieht, wenn sie bemerken, daß es eine selbständige Macht gibt, ebenso hartnäckig wie sie selbst, die Befriedigung *per se* sucht und ihren Einfluß bis zu einem gewissen Grad nur teilweise annimmt, unwillig und in unbefriedigender Weise? Oft finden wir, daß Ethik und Religion, vor allem wenn sie sich in einem unaufhörlichen Konflikt mit den vitalen Trieben, der dynamischen Lebenskraft im Menschen befinden, eine Haltung von fast völliger Feindlichkeit annehmen und diese in der Idee zu verdammen und in der Praxis zu unterdrücken suchen. Dem vitalen Trieb nach Reichtum und Wohlbefinden stellen sie das Ideal einer kühlen, strengen Armut gegenüber; dem vitalen Trieb nach Vergnügen das Ideal nicht nur der Selbstverleugnung, sondern der gänzlichen Abtötung; dem vitalen Trieb der Gesundheit und Bequemlichkeit die asketische Verachtung, Ekel und Vernachlässigung des Körpers; dem vitalen

Trieb nach ständigem Wirken und Schaffen, das Ideal der Ruhe und Untätigkeit, Passivität und Kontemplation; dem vitalen Trieb nach Macht, Ausbreitung, Herrschaft, Ordnung und Eroberung das Ideal der Demut, der Selbsterniedrigung, der Unterwerfung, der sanftmütigen Unschuld und der Gefügigkeit im Leiden. Dem vitalen Geschlechtstrieb, auf dem die Fortdauer der Art beruht, stellen sie das Ideal des Zölibats und die Keuschheit entgegen; dem sozialen Ideal und Familientrieb das antisoziale Ideal des Asketen, des Mönchs, des Einsiedlers, des der Welt ausweichenden Heiligen gegenüber. Ethik und Religion beginnen mit der Schulung und Unterwerfung und führen später zu einer völligen Abtötung, die im übertragenen Sinn den Tod der vitalen Triebe bedeutet. Sie behaupten, daß das Leben selbst ein Trug sei, von dem die Seele befreit werden müsse, daß es ein Reich des Fleisches, der Welt und des Teufels sei. Sie nehmen damit die Behauptung des unerleuchteten und ungeordneten Lebens selbst an, daß es nicht das Königreich Gottes, eine hohe Offenbarung des Spirits sei, daß es niemals als eine solche gedacht wäre und niemals dieses werden könne.

Bis zu einem gewissen Grad hat dieser Rückschlag seine Vorteile, denn er kann sogar leicht durch Tapasya, das Gesetz, daß Energie durch Konzentration gesteigert werden kann, eine Zeitlang neue Kräfte in Leben und Gesellschaft entwickeln, wie dies in Indien in den frühen buddhistischen Jahrhunderten geschehen ist. Doch von einem gewissen Punkt an wird diese Anstrengung gemeinsam mit den vitalen Trieben die unbedingt notwendige Lebensenergie, von der sie eine Spielart sind, wenn auch nicht wirklich töten - denn dies ist unmöglich -, so doch entmutigen und zuletzt so träge, schwach, eng, unelastisch und unfähig machen, daß sie auf Kräfte und Umstände nicht mehr energisch zu reagieren vermögen. Das war das letztendliche Ergebnis des jahrelangen konzentrierten Studiums des Buddhismus in Indien und seines ihn verdrängenden Nachfolgers, des Illusionismus. Keine Gesellschaft, in der die Leugnung der Lebensdynamik eine ausschließliche oder zu bedeutsame und andauernde Rolle spielt, kann gedeihen und ihre Möglichkeiten zu Wachstum und Vollkommenheit erfüllen. Denn aus der Dynamik entwickelt sie sich zur Statik, und auf Statik folgt Erstarrung und Degeneration. Selbst das höhere menschliche Sein, das einer starken Lebensdynamik bedarf, sowohl als Kraftvorrat, der in eigene höhere Energien verwandelt werden kann, wie auch als mächtiger Kanal, der die Verbindung mit dem äußeren Leben herstellt, leidet schließlich durch diese Mängel und Gegensätze.

Das frühe indische Ideal erkannte diese Wahrheit und teilte das Leben in vier wesentliche und unerläßliche Abteilungen ein, in Artha, Kama, Dharma, Moksa, das heißt in vitale Interessen, in Befriedigung aller Art von Wünschen, in Ethik und Religion, in Befreiung oder Spiritualität. Es bestand auf der Ausübung und Entwicklung aller dieser Teile und erhob nicht nur den letzten zum Ziel der anderen drei, was er auch tatsächlich ist, sondern betrachtete die Spiritualität für das Lebensende, wie für den Aufenthalt in einer anderen Seinswelt - weniger in diesem Leben - als den Höhepunkt des Lebens im physischen Bereich und als höchstes Ziel seiner gestaltenden Kraft. Dies aber schließt die Idee vom Königreich Gottes auf Erden aus, von der Vollkommenheit der Gesellschaft und des Menschen in der Gesellschaft und von der Entwicklung einer neuen, göttlicheren Menschheit. Ohne die eine oder andere dieser Ideen kann kein universales Ideal vollkommen sein, findet das Leben nur eine vorübergehende und gelegentliche Rechtfertigung, nicht aber eine Rechtfertigung in sich selbst, erreicht weder das Individuum noch sein kollektiver Impuls erleuchtende Erfüllung.

Wir wollen diesen vitalen Trieb, diese Lebensdynamik einmal auf ihr eigenes Wesen hin betrachten und nicht nur als einen Faktor ethischer oder religiöser Entwicklung und wollen feststellen, ob sie sich wirklich ihrer innersten Natur nach gegen das Göttliche auflehnt. Wir werden sofort erkennen, daß das, was wir bisher beschrieben haben, nur die erste Stufe des vitalen Seins bedeutet, die vorrationale, instinktive. Dieser Stufe entspricht der primitive Charakter der ersten vitalen Lebensentfaltung, der auch bestehen bleibt, wenn diese durch die zunehmende Anwendung der aufklärenden Vernunft geschult wird. Offensichtlich ist er in dieser seiner natürlichen Art ein Ding der Erde, grob, irdisch, selbst von größter Häßlichkeit, voll tierischer Rückstände und widriger Unstimmigkeiten. Ähnlich ist auch die vorrationale Stufe in der Ethik, der Ästhetik und der Religion, wenn auch das vitale Sein eine sehr viel größere Schwierigkeit bietet, da es grundsätzlicher und hartnäckiger der Entwicklung widerstrebt. Es ist der ureigenste Bereich des Vorrationalen und stellt eine erste Gestaltung des Bewußtseins aus dem Unbewußten dar, dem es auf der Leiter des Seins am nächsten ist. Aber das vitale Sein besitzt trotzdem, richtig betrachtet, reiche Elemente der Kraft, der Schönheit, des Adels, des Guten, des Opfers, der Ehrfurcht und der Göttlichkeit. Auch in ihm gibt es Götter, die, wenn auch noch verschleiert, zum Licht führen.

Bis vor kurzem, selbst heute noch, hat der Verstand, nicht länger im Gewand der Philosophie, sondern im Kleid der Wissenschaft, sich in immer stärkerem Umfang bemüht, das gesamte physische und vitale Leben aufzunehmen und es allein durch die Kraft des Rationalismus, durch die Erkenntnis der Naturgesetze, der Soziologie und Physiologie, der Biologie und der Medizin, durch Kollektivismus und staatliche Erziehung, durch eine neue psychologische Schulung und eine Anzahl anderer, verwandter Möglichkeiten zu vervollkommnen. Dies alles ist gut in seiner Art und in seinen Grenzen, aber es genügt nicht und kann niemals zu einem wirklich befriedigenden Erfolge führen. Der alte Versuch der Vernunft, durch die Form einer hohen idealistischen, rationalen, ästhetischen, ethischen und religiösen Kultur zu wirken, hat nur eine unvollkommene Schulung des vitalen Menschen und seiner Triebe zur Folge gehabt, bisweilen nur ein Glätten, Anstreichen, Bekleiden und Verfeinern des ursprünglich ungeschlachten Primitiven. Der gegenwärtige Versuch der Vernunft, in Form einer breiten und eingehenden rationalen, zweckdienlichen und wirksamen Unterweisung und Organisation des Menschen und seines Lebens zu wirken, hat bisher nicht mehr Erfolg gehabt trotz seiner ständigen, aber immer illusorischen Versprechungen, vollkommenere Ergebnisse in der Zukunft herbeizuführen. Diese Bestrebungen können auch nicht wirklich erfolgreich sein, wenn unsere Lebenstheorie richtig ist, wenn in der großen Masse vitaler Energie das Überrationale eingeschlossen ist und diese Energie, wie es dann der Fall sein muß, die instinktive Sehnsucht nach etwas Göttlichem, Absolutem und Unendlichem in ihrem blinden Streben verborgen enthält. Auch hier muß die Vernunft überschritten werden oder sich selbst überschreiten und ein Durchgang zum Göttlichen werden.

Das erste Anzeichen des Überrationalen, das einen Teil unseres Wesens aufzunehmen beginnt, ist das Entstehen absoluter Ideale. Da das Leben Sein und Kraft ist, da der göttliche Zustand des Seins Einheit ist, und das wirkende Göttliche die Macht des besitzergreifenden Gottes ist, müssen die absoluten vitalen Ideale von dieser Art sein. Nirgends fehlen sie. Nehmen wir das häusliche und soziale Leben des Menschen, finden wir Anzeichen davon in mancherlei Art. Wir brauchen nur das Streben der Liebe in ihrem Sich-selbst-Finden zu beobachten, so unklar und unvollkommen seine Form gegenwärtig auch sein mag, die Sehnsucht nach dem Absoluten der Liebe, die vollkommene Liebe von Mann und Frau, die vollkommene mütterliche oder väterliche, kindliche oder brüderliche Liebe, die Liebe der Freunde und der Kameraden, die Liebe zum Vaterland oder zu der Menschheit. Diese Ideale, die die Dichter so häufig besungen haben, sind nicht bloßer Zauber und Trug, wie sehr auch der Egoismus und die Unstimmigkeiten unserer triebhaften, vorrationalen Lebensweise ihnen zu widersprechen scheinen. Immer wieder von Unvollkommenheit oder vitalen Gegenbewegungen durchkreuzt, sind sie dennoch göttliche Kräfte und können als erste Möglichkeit dienen, um in eine spirituelle Einheit von Wesen mit Wesen hineinzuwachsen.

Gewisse religiöse Lehren haben diese Wahrheit verstanden, haben voll Kühnheit diese Beziehungen aufgenommen und auf die Kommunion unserer Seele mit Gott angewendet. Durch einen ähnlichen Vorgang können sie, aus ihrer gegenwärtigen sozialen und physischen Norm herausgehoben, für uns nicht die armseligen, irdischen Dinge bedeuten, die sie heute sind, sondern tiefe, schöne und wunderbare Bewegungen Gottes im Menschen, der sich selbst im Leben vollendet. Alle wirtschafliche Entwicklung des Lebens erscheint am Ende als der Versuch, sich von dem tierischen Schmutz und der Dürftigkeit zu befreien, die wirkliche zwingende Armut bedeuten, und dem Menschen die göttliche Ruhe und die Muße der Götter zu geben. Zweifellos wird dies oft auf falschen Wegen versucht und unter vielen häßlichen Umständen. Aber ein unklarer Begriff des Ideals ist dennoch vorhanden. Sogar die Politik, augenscheinlich ein Spiel von Wettstreit, Betrug und Scharlatanismus, kann zum bedeutsamen Raum eines absoluten Idealismus werden. Kann man nicht dasselbe von Patriotismus sagen, wenn man von den häßlichen Instinkten absieht, von denen er ausgeht und die er oft hartnäckig bewahrt, wenn auch unter seinen Aspekten der Verehrung, Selbsthingabe, Zucht und Opferbereitschaft? Die großen politischen Ideale des Menschen, Monarchie, Aristokratie, Demokratie sind abgesehen von den selbstsüchtigen Interessen, denen sie oft dienten, und den rationalen und praktischen Rechtfertigungen, mit denen sie sich wappnen, für ihre Seele wirklich ein Ideal gewesen, eine halbverstandene Wahrheit des Absoluten. Sie verlangten Ehrfurcht, Loyalität und Selbsthingabe an eine Idee, für die der Mensch zu leiden und zu sterben bereit war. Krieg und Wettstreit waren an sich Schulen des Heroismus. Sie erhielten das Heldische im Menschen, sie schufen den *ksatryah tyaktajivitah* des Sanskrit-Epos, die Männer der Kraft und des Mutes, die um eines Zieles willen ihr körperliches Leben aufgaben.

Ohne Heldentum kann der Mensch nicht in die Gottheit hineinwachsen. Mut, Energie und Stärke gehören zu den ersten Grundsätzen im Tun der göttlichen Natur. All das große, vitale, politische und wirtschaftliche Leben des Menschen mit seinen beiden Kräften des Wettstreits und des Zusammenwirkens stolpert blind vorwärts zu einer Verwirklichung der Kraft und der Einheit, als in zwei Richtungen des Göttlichen. Denn das Göttliche im Leben ist Kraft, von Selbstbeherrschung, aber auch von der Meisterung der Welt bestimmt. Auch der Mensch und die Menschheit sind auf die Eroberung ihrer Welt und ihrer Umgebung ausgerichtet. In der göttlichen Vollkommenheit ist und muß Einheit vorhanden sein. Das Ideal menschlicher Einheit, so unklar und entfernt es noch erscheinen mag, kommt langsam in Sicht. Die miteinander wettstreitenden nationalen Einheiten fühlen, wenn auch noch schwach, zu Zeiten den Ruf, sich einem größeren geeinten Leben menschlicher Zusammenarbeit einzuordnen.

Zweifellos ist alles noch in Bewegung, aber schon von oben mit schwachem Licht erleuchtet, noch auf einer niederen, halbrationalen, halb vorrationalen Ebene, schwerfällig und primitiv, nicht wissend um die eigenen Ziele und bisher noch kaum von edlen Antrieben bestimmt. Alles steckt noch im Anfang, denn der Zusammenstoß der Lebenskräfte verwirrt, und die Ideen sind nur Halblichter des Verstandes. Die vorhandenen Mittel sind zu mechanisch, die Ziele zu materiell. Sie vergessen die Wahrheit, daß der äußere Lebenserfolg nur von Dauer ist, wenn er auf inneren Wirklichkeiten begründet wurde. Aber so verlief das Leben in der Vergangenheit immer, so muß es sich zunächst auch bewegen. Denn zuerst organisiert sich das Leben um den Ich-Antrieb. Der Trieb nach Ich-Erweiterung ist das allererste Mittel, um den Kontakt von Mensch zu Mensch aufzunehmen. Der Kampf um Besitz war die erste primitive Möglichkeit zu einer Einigung, die aggressive

Behauptung des kleineren Selbst, der erste Schritt zum Hineinwachsen in ein größeres. So war alles im Lebenskampf eine halbgeordnete Verwirrung, durch die Notwendigkeit und den Instinkt des Zusammenschlusses gemildert, ein Kampf von Individuen, von Klans, von Stämmen, Gesellschaften und Nationen, von Ideen, Zivilisationen und Kulturen, von Idealen und Religionen, ein Kampf, in dem jeder sich behauptete, in dem jeder zum Kontakt, zur Beziehung und zum Kampf mit den anderen gezwungen wurde.

Während die Natur das Ich als Schleier verwendet, hinter dem sie die individuelle Manifestation des Spirits vorbereiten kann, zwingt sie dieses Ich zugleich zum Wachstum, bis es sich zuletzt in das größere Selbst erweitern oder in ihm aufgehen kann, in dem es sich begegnet und mit sich selbst in Einklang setzt, in dem es sich seiner selbst bewußt und eins wird mit seinem übrigen Sein. Um dieses Wachstum zu unterstützen, erweckt die Lebensnatur in sich selbst ich-erweiternde, ich-überschreitende, ja sogar ich-zerstörende Instinkte und Bewegungen, die mit den kleineren, sich selbst behauptenden Instinkten und Bewegungen kämpfen und sie zu verbessern suchen. Sie zwingt ihrem menschlichen Werkzeug Impulse der Liebe und der Sympathie, der Selbstverleugnung und der Selbsthingabe, des Selbstopfers und des Altruismus auf. Sie stärkt den Drang nach Universalität im Mentalen, im Herzen und Leben, das Aufleuchten einer noch unklaren Allbeseeltheit, die das eigene wahre Licht und seine Antriebskraft noch nicht wirklich gefunden hat. Dieser Unklarheit wegen sind diese Kräfte, die unfähig sind, das eigene Absolute zu behaupten und die Führung oder Herrschaft zu übernehmen, die Kompromisse mit den Forderungen des Ichs zu schließen, ja selbst zu einer Art von Egoismus werden müssen, auch nicht fähig, dem Leben Harmonie und Verwandlung zu bringen. Denn sie verstärken Häufigkeit und Schärfe des Konflikts der unversöhnten Kräfte, Ideen und Impulse, dessen Kampfplatz das individuelle menschliche Bewußtsein und das Leben der Allgemeinheit ist.

Die ideale und praktische Vernunft des Menschen müht sich, inmitten von diesem allen das rechte Gesetz ihres Lebens und Handelns zu finden. Sie sucht durch Normen der Mäßigung und Anpassung, durch Auswahl und Ausscheidung oder durch die Vorherrschaft gewisser Ideen oder Kräfte die Dinge wieder in Harmonie zu setzen und damit bewußt zu vollbringen, was die Natur beim

Tier durch natürliche Auslese und Instinkt erreicht hat: eine automatisch geordnete und festgesetzte Form und Norm des Daseins. Aber die Ordnung und Struktur, die der Verstand zu erreichen vermag, kann immer nur teilweise, gefährdet und vorübergehend sein. Ein Zug von unten und ein Zug von oben stört sie. Denn die Kräfte, die das Leben für das Wachstum in ein größeres Selbst, ein breiteres Sein einsetzt, sind schon die Spiegelung von etwas, das jenseits des Verstandes ist, Samen des Spirituellen, des Absoluten. Das menschliche Leben steht unter dem Druck des Unendlichen, der es in diesem Leben nicht erlaubt, allzu lange in einer Gestalt zu verweilen, solange es in sich selbst nicht das befreit hat, was über das eigene Selbst hinausführt und dieses erfüllt.

Dieser Lebensvorgang, der durch eine zunächst noch unklare und verwirrte Bemühung des Selbstfindens führt, ist das unvermeidliche Ergebnis des Anfanges. Denn die Entwicklung des Lebens verläuft von einer Enthüllung der spirituellen Wahrheit der Dinge zu deren scheinbarem Gegenteil. Spirituelle Erfahrung sagt uns, daß es eine Wirklichkeit gibt, die alle Dinge als kosmisches Selbst und kosmischen Spirit erhält und durchdringt, und daß diese Wirklichkeit vom Individuum sogar in der irdischen Verkörperung seines eigenen Selbst und Spirits gefunden werden kann. Diese Wirklichkeit ist in ihrem Höhepunkt und in ihrem eigentlichen Wesen unendlich und ewig, das Sein, das Bewußtsein und die Seligkeit des Daseins. Was uns aber als Wurzel und Anfang des materiellen Weltalls erscheint, ist das genaue Gegenteil. Es trägt für uns den Aspekt der Leere, des endlosen Nicht-Seins, des unbestimmbaren Unbewußten, des gefühllosen, seligkeitslosen Nichts, aus dem doch alles herauswachsen muß. Wenn es sich zu bewegen, sich zu entwickeln, wenn es zu schaffen beginnt, nimmt es die Form unbewußter Energie an, die aus der Leere Dasein in Gestalt eines unendlich kleinen Teilchens entstehen läßt, des Elektrons - oder vielleicht einer noch viel unfaßbar kleinerer Einheit, die bisher noch nicht entdeckt wurde und wegen ihrer äußersten Kleinheit kaum entdeckt werden kann -, ferner des Atoms, des Moleküls. Aus diesen Teilchen baut sich ein geformtes und konkretes Universum in der Leere seiner Unendlichkeit auf.

Wir müssen feststellen, daß diese unbewußte Energie mit jedem Schritt die Arbeit einer umfassenden und peinlich genauen Intelligenz ausführt, indem sie jedes mögliche Mittel festlegt und verbindet, um das Paradox und Wunder der Materie und das Erwachen eines Lebens und eines Spirits in der Materie vorzubereiten, zu vollziehen und auszuarbeiten. Dasein wächst aus der Leere, Bewußtsein entsteht und wächst aus dem Unbewußten heraus. Aus einem gefühllosen Nichts entsteht in unerklärbarer Weise ein sich steigernder Drang nach Vergnügen, Glück, Freude, göttlicher Seligkeit und Ekstase. Diese Erscheinungen verraten schon die Wahrheit, die wir entdecken, wenn wir in unseren Tiefen bewußt werden, die Wahrheit, daß das Unbewußte nur eine Maske ist, hinter der das »Bewußte in den unbewußten Dingen«, wie es in den Upanishaden heißt, verborgen ist. Im Anfang, sagt das Veda, war das Meer des Unbewußten und aus ihm gebar sich »Das Eine« durch seine Größe, durch die Kraft seiner sich selbst offenbarenden Energie.

Das Unbewußte aber ist, wenn eine Maske, so eine sehr wirksame Maske des Spirits. Sie auferlegt dem Leben und der Seele, die sich entfalten, das Gesetz einer schweren Entwicklung. Leben und Bewußtsein gehorchen nicht weniger als die Materie in ihrer ersten Erscheinung dem Gesetz der Splitterung. Das Leben organisiert sich physikalisch um das Plasma, die Zelle, psychologisch um das kleine, gesonderte, abgesplitterte Ich. Das Bewußtsein selbst hat seine kleinen Anfänge in einer armen, oberflächlichen Gestalt zu konzentrieren und hinter dem Schleier dieses beschränkten Oberflächendaseins die Tiefen und Unendlichkeiten seines eigenen Seins zu verbergen. Es muß langsam in eine äußere Formgebung hineinwachsen, bis es in der Lage ist, die Ringe zwischen dieser armseligen äußeren Gestalt, die wir für das Ganze halten, und dem verborgenen Selbst in uns zu durchbrechen.

Selbst das spirituelle Wesen scheint diesem Gesetz der Splitterung zu gehorchen. Es offenbart als Einheit im Ganzen nur einen Funken von sich, der sich zu einer individuellen Seele entfaltet. Es ist dieses kleine Ich, dieser Splitter eines Bewußtseins, dieser verborgene Bewußtseinsfunke, dem die Aufgabe obliegt, den Kräften des Weltalls zu begegnen und mit ihnen zu kämpfen, in Berührung zu treten mit allem, was ihm nicht es selbst zu sein scheint, und unter dem Druck der inneren und äußeren Natur zu wachsen, bis es eins werden kann mit allem Dasein. Es muß zur Selbsterkenntnis und zur Welterkenntnis heranwachsen, in sich selbst eindringen und sich als spirituelles Wesen erkennen, aus sich selbst heraustreten und seine größere Wahrheit als kosmische Individualität erkennen, sich selbst übersteigen und ein höchstes Sein, ein All-Bewußtsein und eine Seligkeit des Daseins erkennen und leben.

Für diese ungeheure Aufgabe ist es nur mit den Werkzeugen seiner ursprünglichen Unwissenheit ausgerüstet. Sein begrenztes Wesen ist die Ursache für alle Schwierigkeiten, alle Unstimmigkeiten, für allen Kampf und alle Teilung, die das Leben stört. Die Begrenzung seines Bewußtseins, das nicht in der Lage ist, die Berührung der universalen Energie zu beherrschen oder sich anzupassen, ist Grund all seiner Leiden, Schmerzen und Sorgen. Seine begrenzte Bewußtseinskraft, die sich in einem unwissenden Willen ausdrückt, der nicht imstande ist, das richtige Gesetz des Lebens und Handelns zu erfassen oder zu befolgen, ist die Ursache all seiner Irrtümer und Fehler und alles Bösen. Es gibt keinen anderen, wirklichen Grund; denn alle scheinbaren Gründe sind selbst Bedingung und Ergebnis dieser ursprünglichen Sünde des Seins. Nur wenn es sich erhebt und sich aus dem begrenzten, gesonderten Bewußtsein zu der Einheit des befreiten Spirits ausweitet, kann es diesen Folgen seines Herauswachsens aus dem Unbewußten entgehen.

Sehen wir dieses als die dem Leben zugrunde liegende Wahrheit an, dann verstehen wir sogleich, warum das Sein dem gegenwärtigen Weg unwissender Selbstgestaltung folgen mußte. Aber wir sehen auch, was es durch all dies hindurch noch unklar erstrebt, zu erfassen und zu gestalten sucht, wonach es sich in seinen höheren Impulsen und tiefsten Antrieben sehnt und warum diese in ihm sind - zwecklos, verwirrend und trügerisch, als seien sie nur ein tierisches Produkt der unbewußten Natur -, warum es diesen Drang nach Selbsterkenntnis, nach Beherrschung, nach Einheit, nach Freiheit von dem niederen Selbst und nach spiritueller Erlösung empfindet.

Sich entfaltend aus der ersten umschließenden Hülle in der Materie und dem Pflanzenleben, ein erstes unvollkommen organisiertes Bewußtsein im Tier zur Wirksamkeit entfaltend, erreicht das Leben im Menschen, dem mentalen Sein, die Möglichkeit einer neuen, bewußten Entwicklung, die es zu seinem Ziel hinführen wird. Auf einer gewissen Stufe dieser Entwicklung wird es in ihm den übermächtigen Impuls wecken, vom mentalen Sein zum spirituellen überzugehen. Das Leben kann nicht zu seinen geheimen Zielen gelangen, wenn es seinen ersten vorrationalen Antriebskräften des Instinktes und der Begierde folgt; denn hier ist alles ein Tasten und Suchen, ohne Finden, Ungenügen und Vergänglichkeit in einem Bereich kurzer Befriedigung, gestempelt mit dem Siegel des Unbewußten. Der menschliche Verstand besitzt nur Halblichter und kann nur eine vorläufige Ordnung aufstellen. Deshalb kann bei dem Menschen, so wie er nun einmal ist, der Aufwärtsdrang im Leben nicht immer zufriedengestellt werden. Sein Impuls nach Entwicklung aber wird in diesem Zwischenzustand, bei dieser halben Erfüllung, nicht aufhören. Er muß nach einer größeren Reichweite seines Bewußtseins streben und aus dem Leben und Mentalen etwas freisetzen, was noch latent und unvollkommen ist.

Die Ziele des Lebens sind spiritueller Art, und das Leben kann sie nur in dem vollen Licht der Freiheit des Selbst und des Spirits erreichen. Dieses vollkommene Licht ist nicht Verstand oder Vernunft, sondern es ist die Erkenntnis aus innerer Einheit und Identität, die die eingeborene Selbsterleuchtung des vollkommen entwickelten spirituellen Bewußtseins ist. Auf dem Weg dorthin und in Vorbereitung liegt die Erkenntnis durch nahen, inneren Kontakt mit der Wahrheit der Dinge und der Wesen, die intuitiv aus einer geheimen Einheit geboren wird. Das Leben sucht die Selbsterkenntnis, die nur durch das Licht des Spirits zu finden ist. Es sucht nach erleuchtender Führung und Beherrschung der eigenen Bewegungen. Nur wenn es in sich dieses innere Selbst und den Spirit findet, nur wenn es durch ihn oder in Gehorsam zu ihm seine eigenen Schritte beherrscht, vermag es den erleuchteten Willen, den es braucht, und eine niemals irrende Führerschaft zu erlangen. Denn nur so können die blinden Behauptungen, die Triebe und die spekulativen Hypothesen und Theorien, ebenso wie die experimentellen und logischen Gewißheiten des Verstandes, ersetzt werden durch die Schau der spirituellen Gewißheiten.

Das Leben sucht die Erfüllung seiner Triebe der Liebe und Sympathie, seiner Sehnsucht nach Übereinstimmung und Vereinigung. Diese aber werden von gegensätzlichen Trieben durchkreuzt, und nur das spirituelle Bewußtsein vermag mit seiner verwirklichten und bleibenden Einheit diese Gegensätze aufzuheben. Das Leben sucht volles Wachstum des Seins, kann aber dieses nur erlangen, wenn das begrenzte Sein in sich selbst seine eigene innerste Seele des Seins gefunden hat und, diese umgebend, sein eigenes weiteres Selbst des kosmischen Bewußtseins, das die Welt und alles

Sein in sich selbst und als sich selbst empfinden kann. Das Leben strebt nach Macht. Aber nur die Macht des Spirits und die Macht dieser bewußten Einheit kann ihm die Herrschaft über sich selbst und seine Welt ermöglichen. Das Leben sucht nach Freude, Glück und Seligkeit. Aber die vorrationalen Formen dieser Dinge sind voll von Unvollkommenheit, Zersplitterung, Unbeständigkeit und dem Zusammenstoß ihrer Gegensätze. Überdies trägt das vorrationale Leben noch einen gewissen Stempel des Unbewußten in einer ihm zugrunde liegenden Unempfindsamkeit und Dumpfheit des Willens und in der Schwäche einer mitschwingenden Reaktion. Das Leben kann nicht zu wahrem Glück oder Seligkeit gelangen, und was es an Freuden erreichen kann, hat es nicht die Kraft, lange zu bewahren. Eine äußerste Intensität solcher Dinge vermag es nicht lange zu ertragen oder zu halten. Nur der Spirit besitzt das Geheimnis einer ungetrübten, bleibenden Freude oder Ekstase, nur er ist fähig zur vibrierenden Spannung einer Antwort. Nur er vermag eine spirituelle Lebensfreude als eine Form der unendlichen und universalen Seligkeit des Seins zu erlangen und zu rechtfertigen. Das Leben erstrebt eine harmonische Erfüllung aller seiner Kräfte, die jetzt geteilt und im Kampf miteinander liegen, eine Harmonie aller seiner Möglichkeiten, Teile und Glieder. Dies aber wird nur in dem Bewußtsein des einen Selbst und des Spirits möglich. Denn hier nur gelangen sie zu ihrer vollen Wahrheit und zu ihrer vollkommenen Übereinstimmung im Licht des einheitlichen Selbstseins.

So gibt es also ein überrationales Ziel des Lebens, ebenso wie eine Wahrheit, ein Gutsein und eine Schönheit, die überrational sind. Das Streben, diese zu erlangen, ist das spirituelle Ziel dieses Suchens und Strebens der Lebensnatur.

RELIGION ALS
GESETZ DES LEBENS

Da das Unendliche, Absolute und Transzendente, das Universale, Eine, der geheime Gipfel des Seins, unser höchstes Ziel und Sehnen ist, da somit Ziel aller Entwicklung des Individuums wie der Allgemeinheit in allen ihren Teilen und Handlungen das Erlangen des spirituellen Bewußtseins und Göttlichen bedeutet, kann die Vernunft nicht letzter und entscheidender Führer sein. Kultur in ihrem üblichen Sinne kann nicht das wegweisende Licht sein oder das lenkende und ausgleichende Prinzip unseres Lebens und Handelns aufzeigen. Denn Vernunft endet kurz vor dem Göttlichen und geht Kompromisse mit den Problemen des Lebens ein. Um das Transzendente und Unendliche zu erlangen, muß die Kultur spirituell werden und mehr sein als eine intellektuelle, ästhetische, ethische und praktische Schulung. Wo aber sollen wir dieses führende Licht finden, das lenkende und ausgleichende Prinzip? Die nächstliegende Antwort, die stets von der asiatischen Mentalität gegeben wird, heißt, daß dieses Prinzip unmittelbar und sogleich in der Religion zu finden ist. Dies scheint eine vernünftige und auf den ersten Blick befriedigende Antwort zu sein. Denn Religion ist jener Instinkt und Gedanke, jene Aktivität und Disziplin im Menschen, die unmittelbar nach dem Göttlichen strebt, während alles andere dies Göttliche nur auf indirektem Wege zu erstreben scheint und es auf der Suche nach den äußeren, unvollkommenen Erscheinungen der Dinge nur unter Schwierigkeiten nach vielem Umherirren und Straucheln zu erreichen vermag. Alles Leben zur Religion zu machen, alle Handlungen der religiösen Idee zu unterstellen, erscheint allein als der richtige Weg zur Entwicklung des idealen Menschen und der idealen Gesellschaft, zur Erhebung des ganzen menschlichen Lebens in das Göttliche.

Eine gewisse Vorherrschaft der Religion, ein Überschatten oder zumindest Abtönen des Lebens, eine Einflußnahme auf die sonstigen Instinkte und grundlegenden Ideen durch den religiösen Instinkt und die religiöse Idee ist, wie wir zugeben müssen, nicht nur den asiatischen Zivilisationen eigentümlich, sondern ist mehr oder weniger stark der normale Zustand des menschlichen Mentalen und der menschlichen Gesellschaft gewesen. Wo dies nicht unbedingt der Fall war, bildete die Religion, mit der alleinigen Ausnahme einiger vergleichsweise kurzen Zeitspannen der Geschichte, zumindest einen beachtlichen und vorherrschenden Teil des gesamten Strebens der Menschheit. In einer dieser Perioden befinden wir uns heute, und wenn wir auch schon eine halbe Wendung gemacht haben, um uns ihr zu entziehen, so haben wir dies doch noch nicht ganz vermocht. Wir müssen jedenfalls annehmen, daß die führende, vorherrschende Rolle, die von dem normalen menschlichen Kollektiv der Religion zugeteilt wird, auf eine innere Notwendigkeit und Wahrheit unseres natürlichen Wesens zurückzuführen ist, zu dem wir nach aller Treulosigkeit - wie lange diese auch dauern mag - immer wieder zurückfinden. Andererseits dürfen wir nicht unbeachtet lassen, daß in einer Zeit großer Aktivität, hohen Strebens, tiefer Saat und reicher Ernte, wie es trotz aller ihrer Fehler und Irrtümer die heutige ist, eine Zeit, in der die Menschheit sich von vielem Grausamen, Bösen, Unwissenden, Dunklen, Hassenswerten nicht durch die Macht der Religion, sondern durch die Kraft einer erwachten Intelligenz und eines menschlichen Idealismus und Gefühls befreit hat, die Vorherrschaft der Religion stark angegriffen und von jenem Teil der Menschheit verworfen worden ist, bei dem in dieser Zeit das Richtmaß des Denkens und des Fortschritts lag: von dem Europa nach der Renaissance, von dem modernen Europa.

In ihrer extremsten Form hat diese Revolte die Religion insgesamt zu beseitigen versucht. Sie rühmte sich in der Tat, sie habe den religiösen Instinkt im Menschen getötet - eine eitle und törichte Behauptung, wie wir jetzt schon einsehen, da der religiöse Instinkt im Menschen gerade derjenige seiner Instinkte ist, der sich nicht töten läßt, sondern der nur seine Form ändert. In ihren gemäßigteren Formen verbannte die Empörung gegen die Religion diese nur in eine Ecke der Seele, überließ sie sich selbst und verbot ihr die Einmischung in das intellektuelle, ästhetische, praktische, ja selbst in das ethische Leben. Dies geschah mit der Begründung, daß eine Einmischung der Religion in Wissenschaft, Denken, Politik, Gesellschaft und in das Leben ganz allgemein sich bisher stets als ein wesentliches Moment der Verzögerung, des Aberglaubens und bedrückender Unwissenheit bewiesen hat und beweisen mußte. Ein religiöser Mensch mag diese Anschuldigung als Irrtum und atheistische Verkehrung bezeichnen. Er mag behaupten, daß eine Hemmung des Religiösen, eine fromme Unwissenheit, ein selbstzufriedener statischer Zustand, ja selbst eine gewollte Stagnation, wenn sie nur erfüllt ist von heiligen Gedanken über das Jenseitige, viel besser sei als ständiges Streben nach umfangreicherem Wissen und größerer Macht, nach mehr Glück, Freude und Licht auf dieser vergänglichen Erde.

Der universal Denkende kann sich aber solche Äußerungen nicht zu eigen machen. Er muß darauf achten, daß, solange der Mensch nicht das Göttliche, das Ideal in seinem Leben erreicht hat, Fortschritt, nicht ein unbeweglicher Zustand, das notwendige und wünschenswerte Gesetz seines Lebens sein darf. Dies mag sogar noch dann richtig sein, wenn er das Göttliche erreicht hätte, da dieses das Unendliche ist. Natürlich darf es sich nicht um ein atemloses Rasen nach Neuigkeiten handeln, sondern um eine stetige Bewegung des Individuums wie der Allgemeinheit zur größeren und immer umfassenderen Wahrheit des Spirits, des Denkens und Lebens. Eine solche Bewegung zeigt sich im Streben der Gemeinschaft, im Wechsel der Ideale und Temperamente, in der Sehnsucht nach Vollkommenheit. Der universal denkende Mensch muß auch zugeben, daß die Anklagen gegen die Religion - wenn nicht in ihren Schlußfolgerungen, so doch in ihren Voraussetzungen - bisweilen, vielleicht sogar in vielen Fällen berechtigt erscheinen. Nicht die Religion als solche, aber geschichtlich und in der Wirklichkeit betrachtet. Die anerkannten Religionen, ihre Hierarchien und ihre Vertreter stellten nur zu oft eine Macht der Verzögerung dar, oder verbündeten sich mit der Dunkelheit, Unterdrückung und Unwissenheit. Es bedurfte der Ablehnung und Empörung des unterdrückten menschlichen Mentalen und des Herzens, um diese Irrtümer zu beseitigen und die Religion wieder in ihre rechte Ordnung zu stellen. Warum aber ist dies notwendig gewesen, wenn die Religion der wahre Führer und Lenker aller menschlichen Tätigkeit und des gesamten menschlichen Lebens ist?

Wir brauchen dem rationalistischen oder atheistischen Mentalen in all seinen aggressiven Anklagen gegen die Religion nicht zu folgen. Wir brauchen zum Beispiel nicht Aberglauben, Abirrungen, Gewaltsamkeiten allzu sehr zu betonen, selbst Verbrechen nicht, die die Kirchen, Kulte und Glaubensformen unterstützten, zuließen, sanktionierten, erlaubten oder gar zu eigenem Vorteil ausbeuteten. Eine solche gehässige Aufzählung würde zwar den Ausruf des römischen Dichters: »Zu solchem Maß an Übel konnte die Religion die Menschheit überreden!« verständlich machen, man könnte aber ebenso die Verbrechen und Irrtümer aufzählen, die im Namen der Freiheit oder Ordnung ausgeübt wurden und die dieses Ideal der Freiheit und sozialen Ordnung genugsam in Verruf brachten. Andererseits dürfen wir uns der Tatsache nicht verschließen, daß so etwas möglich war, und müssen eine Erklärung hierfür suchen.

Wir können zum Beispiel die blutbeschmutzte oder feurig leuchtende Spur nicht leugnen, die ein formales, äußerliches Christentum in die mittelalterliche Geschichte Europas eingrub, fast seit den ersten Tagen Konstantins und den ersten Stunden seines weltlichen Triumphes, bis herab zu den jüngsten Zeiten. Auch die blutigen Urteile lassen sich nicht leugnen, die eine Institution wie die Inquisition vollstreckte, obwohl sie im Namen der Religion Anerkennung als wegweisende und entscheidende Macht über Ethik und Gesellschaft verlangte, ebensowenig wie die religiösen Kriege und die weitreichenden Verfolgungen durch den Staat, der den Anspruch der Entscheidung über das politische Leben des Menschen erhob. Doch müssen wir bei alledem beachten, daß die Wurzeln dieses Übels nicht in der wahren Religion selbst liegen, sondern in ihren vorrationalen Bereichen, nicht in ihrem spirituellen Glauben und Streben, sondern in der Verwechslung von Religionen durch den Menschen mit besonderen Glaubens- und Kultrichtungen, mit bestimmten Sekten und religiösen Kirchengemeinschaften. So groß ist die menschliche Neigung, einen solchen Irrtum zu begehen, daß selbst das frühe, tolerante Heidentum Sokrates im Namen der Religion und Moral tötete, daß es, wenn auch in schwächerem Maß, nicht-nationale Glaubensformen wie den Kult von Isis und Mithras verfolgte und in wesentlich stärkerer Weise die seiner Meinung nach umstürzlerische und antisoziale Religion der frühen Christen. Selbst in dem von Grund auf toleranten Hinduismus mit all seiner spirituellen Weite und Erleuchtung kam es gelegentlich zu der milderen Auswirkung gegenseitigen Hasses und, wenn auch selten, zur Verfolgung von Buddhisten, Jainisten, Shiva- und Vishnu-Anhängern.

Hier zeigt sich die Wurzel für das geschichtliche Ungenügen der Religion als Führer und Leiter der menschlichen Gesellschaft.

So haben Kirchen und Glaubensformen gewaltsam den Entwicklungsweg von Philosophie und Wissenschaft gehemmt, Giordano Bruno verbrannt, Galilei ins Gefängnis geworfen und sich ganz allgemein so eingestellt, daß sich Philosophie und Wissenschaft in Selbstverteidigung gegen die Religion erheben und sie ihrerseits angreifen mußten, um freie Bahn für ihre rechtmäßige Entwicklung zu gewinnen. Kurzum: weil Menschen in der Leidenschaft und Finsternis ihrer Triebnatur sich entschlossen hatten, Religion mit gewissen festen, intellektuellen Begriffen über Gott und die Welt zu verbinden, die wissenschaftlichem Urteil nicht standhalten konnten, mußte die Wissenschaft mit Feuer und Schwert niedergehalten werden. Wissenschaftliche und philosophische Wahrheit mußte geleugnet werden, damit religiöser Irrtum bestehen konnte. So erleben wir auch, daß ein beschränkter religiöser Spirit oft Freude und Schönheit des Lebens unterdrückt und schmälert, sei es durch intolerante Askese oder, wie die Puritaner es versuchten, durch den Mangel an Einsicht, daß Beschränkung nicht die beste Seite der Religion darstellt, wenn auch religiöse Sammlung von großer Wichtigkeit sein mag. Eine solche Haltung stellt nicht den einzigen ethisch-religiösen Zugang zu Gott dar, da Liebe, Barmherzigkeit, Güte, Toleranz, Freundlichkeit auch göttlicher Art sind, vielleicht noch göttlicher. Vergessen war oder niemals gewußt, daß Gott ebensosehr Liebe und Schönheit ist wie Reinheit.

In der Politik hat sich die Religion oft auf die Seite der Macht geschlagen und sich dem Aufkommen umfassender politischer Ideale entgegengestellt, weil sie selbst, in Gestalt einer Kirche, von Macht getragen wurde, weil sie Religion mit Kirche verwechselte, oder weil sie sich für eine falsche Theokratie einsetzte und vergaß, daß wahre Theokratie das Königreich Gottes im Menschen ist und nicht das Königreich des Papstes, einer Priesterschaft oder einer Priesterklasse. Darum hat sie auch oft ein hartes und überaltertes soziales System gestützt, da sie das eigene Leben an soziale Formen gebunden glaubte, mit denen sie zufällig während einer langen Zeitdauer ihrer Geschichte verbunden gewesen war. Irrtümlicherweise zog sie hieraus den Schluß, daß selbst eine notwendige Veränderung dieses Systems eine Verletzung der Religion und eine Gefahr für ihren Bestand bedeuten würde. Als könnte eine so mächtige und innerliche Kraft wie der religiöse Spirit im Menschen von etwas so kleinem wie dem Wechsel einer sozialen Form oder etwas so äußerlichem wie einer sozialen Anpassung zerstört werden. Dieser Irrtum in seinen verschiedensten Formen ist die große Schwäche der Religion gewesen, wie sie in der Vergangenheit ausgeübt wurde. Er war Anlaß und Rechtfertigung für den Aufstand der Intelligenz, der Ästhetik, des sozialen und politischen Idealismus, selbst für das Ethos der Menschen gegen alles, was ihnen höchstes Ziel und oberstes Gesetz hätte sein sollen.

Hierin liegt ein Teil des geheimnisvollen Unterschiedes zwischen dem alten und dem neuen, zwischen dem östlichen und dem westlichen Ideal, und hier liegt auch ein Schlüssel für ihre Versöhnung. Beide Auffassungen haben eine starke Berechtigung, und die Ursache ihres Streites ist nur ein Mißverständnis. Wohl ist in gewissem Sinne wahr, daß Religion Hauptinhalt des Lebens sein sollte, sein Licht und sein Gesetz. Religion aber, wie sie tatsächlich sein sollte und wie sie ihrer innersten Natur, dem Grundgesetz des Lebens nach ist, bedeutet ein Suchen nach Gott, den Kult der Spiritualität, das Öffnen des innersten Seelenlebens für die innewohnende Gottheit, die ewige Allgegenwart. Andererseits ist zuzugeben, daß Religion, die sich nur mit einer Glaubensform indentifiziert, mit einem Kult, einer Kirche, einem System von Zeremonien, sehr wohl zu einem Hemmnis werden kann. So mag es dazu kommen, daß der menschliche Spirit sich berechtigt fühlte, ihren Einfluß auf verschiedene Gebiete des Lebens abzulehnen.

Man muß wohl zwei Aspekte der Religion unterscheiden: wahre Religion und Religiosität. Wahre Religion ist spirituelle Religion. Sie sucht im Spirit zu leben, jenseits des Verstandes, der Ästhetik, des ethischen und praktischen Seins des Menschen, und sie erstrebt, diese Glieder unseres Seins mit dem höheren Licht und Gesetz des Spirits zu erfüllen und zu lenken. Religiosität dagegen verschanzt sich hinter enger, pietistischer Erhöhung der niederen Glieder oder mißt intellektuellen Dogmen, Formen und Zeremonien, einem festgelegten und strengen Moralkodex, einem religiöspolitischen oder religiös-sozialen System, übertriebenen Wert bei. Wohl sollten alle diese Dinge keineswegs vernachlässigt werden, da sie nicht im geringsten wertlos oder unnötig sind. Auch sollte eine spirituelle Religion die Hilfe von Formen, Zeremonien, Glaubenssätzen oder Systemen nicht mißachten. Im Gegenteil, die Menschheit bedarf ihrer, da ihre niederen Glieder erschüttert und erhoben werden müssen, ehe sie spiritualisiert werden, ehe sie den Spirit unmittelbar fühlen und seinem Gesetz gehorchen können. Der denkende und überlegende Verstand bedarf oft einer intellektuellen Formel, einer Form oder Zeremonie für das ästhetische Temperament oder für andere Teile des vorrationalen Seins, eines Moralkodex für die vitale Natur des Menschen in ihrer Hinwendung zu dem inneren Leben. Aber all dies kann nur Hilfe und Stütze sein, ist nicht das Wesen selbst. Eben weil es den rationalen und vorrationalen Teilen zugehört, kann es nichts anderes sein. Stützt man sich allzu sehr auf diese Formen, können sie sogar das überrationale Licht verdunkeln. So, wie sie sind, müssen sie dem Menschen angeboten und von ihm benutzt, nicht aber dürfen sie ihm als einziges Gesetz mit unbeugsamem Willen aufgezwungen werden. Für ihre Anwendung ist Toleranz und Freiheit zu ändern die oberste Regel. Der spirituelle Gehalt der Religion ist das einzige und höchst Notwendige, an dem wir festhalten müssen und dem wir jedes andere Element oder Motiv unterordnen sollten.

Hier aber tritt eine Zweideutigkeit in Erscheinung, die Anlaß ist für eine tiefere Unterscheidung. Denn spirituelle Religion scheint oft etwas dem irdischen Leben Fernes, von ihm Verschiedenes, ihm Feindliches zu bedeuten. Sie scheint die Verfolgung irdischer Ziele zu verdammen, als seien diese dem spirituellen Weg entgegengesetzt, als seien die Hoffnungen des Menschen auf Erden Trug oder Eitelkeit, mit der Hoffnung des Menschen im Himmel nicht vereinbar. Auf diese Weise wäre der Spirit etwas, das fernab liegt und das der Mensch nur zu erreichen vermöchte, wenn er das Leben seiner niederen Glieder wegwirft. Dann muß er entweder dieses niedere Leben nach einem gewissen Zeitpunkt aufgeben, wenn es seinem Zweck gedient hat, oder er muß es ständig entmutigen, kasteien und abtöten. Wäre dies der wirkliche Sinn der Religion, dann hätte diese offensichtlich keine positive Sendung für die menschliche Gesellschaft in dem ihr eigenen Gebiet sozialer Bestrebungen, Hoffnungen und Bemühungen, oder für das Individuum in einem der niederen Glieder seines Wesens. Denn jedes Prinzip unserer Natur sucht naturgemäß nach Vollendung in seiner eigenen Sphäre, und wenn es einer höheren Macht gehorchen soll, so deshalb, weil diese ihm größere Vollkommenheit ermöglicht und größere Befriedigung auf seinem eigenen Gebiet gibt. Wird aber die Möglichkeit zur Vollendung diesem Glied abgesprochen und das Streben nach Vollkommenheit durch spirituelle Forderungen unmöglich gemacht, dann muß es entweder das Vertrauen zu sich selbst verlieren und die Kraft, seine Energien und Tätigkeiten naturgemäß zu entfalten, oder es muß den Ruf des Spirits zurückweisen, um seinem eigenen Wunsch und Gesetz, dem Dharma, zu folgen.

Dieser Streit zwischen Erde und Himmel, zwischen dem Spirit und seinen Gliedern wird noch unfruchtbarer, wenn die Spiritualität die Gestalt einer Religion von Trübsal und Leiden annimmt, einer beschränkenden Abtötung, einer Lehre von der Eitelkeit aller Dinge. Übersteigert führt sie dann zu einem solchen Alpdruck der Seele, wie ihn die Dunkelheit und Hoffnungslosigkeit des Mittelalters in seinen schlimmsten Augenblicken geschaffen hat, als die einzige Hoffnung der Menschheit im ersehnten Nahen des Weltendes lag, in dem unvermeidlichen und wünschenswerten Pralaya. Aber auch in weniger ausgesprochenen und unduldsamen Formen dieser pessimistischen Weltsicht kann die Religion eine Entmutigung für das Leben bedeuten und deshalb nicht sein wahres Gesetz und sein Führer sein. Aller Pessimismus ist in dieser Hinsicht ein Leugnen des Spirits, seiner Fülle und Macht, seine Ungeduld mit den Wegen Gottes in der Welt, ungenügendes Vertrauen auf göttliches Wissen und Wollen, die die Welt erschufen und für immer lenken. Die Religion gibt damit ungenügendes Verständnis der höchsten Weisheit und Macht zu und kann deshalb selbst nicht mehr die höchste Weisheit und Macht des Spirits sein, auf den die Welt zu blicken vermag als Führer und Wegbereiter ihres Lebens zum Göttlichen hin.

Die Entfremdung des Westens von der Religion, die Minderung ihres Bereiches und ihrer Bedeutung, die der Fortschritt Europas aus der mittelalterlichen Haltung über Renaissance und Reformation zur modernen rationalistischen Haltung gebracht hat, die Verbesserung des natürlichen, irdischen Lebens als zentrale Aufgabe, das Bemühen, die eigene Erfüllung durch das Gesetz der niederen Glieder zu suchen, abseits aller spirituellen Sehnsucht, stellte einen Irrtum nach der anderen Seite dar, das andere Extrem der Unwissenheit, das willkürliche Schwingen des Pendels von einer falschen Bejahung zu einer falschen Verneinung hin. Es ist ein Irrtum, weil Vollkommenheit nicht in solcher Beschränkung und Begrenzung gefunden werden kann, die das ganzheitliche Gesetz des menschlichen Lebens, seinen tiefsten Drang, seinen geheimsten Impuls leugnet. Nur durch das Licht und die Kraft des Höchsten kann das Niedere richtig gelenkt, erhoben und vollendet werden. Das niedere menschliche Leben ist seiner Form nach ungöttlich, wenn auch in ihm das Geheimnis des Göttlichen wohnt, und es kann nur vergöttlicht werden, wenn man das höhere Gesetz und die spirituelle Erleuchtung findet. Andererseits bedeutet auch die Ungeduld, die das Leben verdammt, an ihm verzweifelt oder sein Wachstum entmutigt, weil es im Augenblick ungöttlich ist und mit dem spirituellen Leben nicht in Harmonie steht, eine Unwissenheit, *andham tamah*. Der der Welt ausweichende Mönch, der reine Asket, mag wohl durch sie sein eigenes und besonderes Heil finden, die spirituelle Belohnung für seine Entsagung, Tapasya, wie der Materialist durch eine ihm eigene Methode entsprechende Belohnung für Energie und konzentriertes Mühen zu erlangen vermag. Beide aber können nicht der wahre Führer der Menschheit und ihr Gesetzgeber sein.

Die mönchische Haltung schließt Angst, Abneigung, Mißtrauen gegen das Leben und seine Zielsetzungen ein. Man kann aber nicht ein weiser Führer dessen sein, was man mißachtet und was man auf das geringste Maß beschränken und entmutigen möchte. Würde die rein asketische Haltung Leben und menschliche Gesellschaft bestimmen, so könnte sie diese nur dazu anleiten, sich selbst zu leugnen und von den eigenen Antrieben zu befreien. Eine asketische Führung wird vielleicht die niederen Tätigkeiten zunächst dulden, aber nur um sie zu überreden, sich immer mehr zu beschränken und sich am Ende selbst aufzuheben. Eine Spiritualität aber, die sich vom Leben zurückzieht, um es abzuschirmen, ohne sich mit ihm auseinanderzusetzen, kann bei solcher Untüchtigkeit nicht wirksam werden. Den spirituellen Menschen, der das menschliche Leben zur Vollendung zu führen vermag, finden wir in dem Typus des Rishi im alten Indien, der voll und ganz als Mensch lebte und als solcher das Wort der überintellektuellen, übermentalen, spirituellen Wahrheit fand. Er hat sich über die niederen Begrenzungen erhoben und alle Dinge von oben zu betrachten vermocht. Er versteht aber auch die Bestrebungen der Welt und vermag sie von innen her zu betrachten. So hat er die vollkommene innere Erkenntnis und die höhere jenseitige Weisheit erlangt und kann die Welt menschlich führen, wie Gott sie göttlich lenkt. Wie das Göttliche, lebt er in der Welt und steht doch über ihr.

In einer so verstandenen Spiritualität können wir nach dem

führenden Licht und dem ausgleichenden Gesetz suchen. In der Religion ist dies nur möglich, soweit diese sich mit der Spiritualität identifiziert. Solange sie dies nicht tut, stellt sie eine menschliche Tätigkeit und Kraft dar wie andere auch. Selbst wenn sie als bedeutsam und wesentlich angesehen werden muß, vermag sie andere nicht vollkommen zu führen. Solange sie versucht, die Menschen in die Grenzen einer Glaubensform, eines unveränderlichen Gesetzes, eines besonderen Systems einzuengen, muß sie gegenwärtig sein, daß sich diese gegen ihre Herrschaft empören. Mögen sie auch einige Zeit lang einen solchen Druck aushalten und sogar Nutzen aus ihm ziehen, so werden sie sich doch letzten Endes, dem Gesetz ihres Wesens entsprechend, zu freier Aktivität und ungehemmterer Bewegung hin entwickeln. Spiritualität achtet die Freiheit der menschlichen Seele, weil sie selbst von Freiheit erfüllt ist. Die letzte Bedeutung der Freiheit liegt in der Kraft, sich zu entwickeln und zur Vollendung zu wachsen, dem Gesetz der eigenen Natur entsprechend - dem Dharma. Diese Freiheit wird die Spiritualität allen wesentlichen Teilen unseres Seins geben. Sie wird diese Freiheit der Philosophie und Wissenschaft zugestehen, wie es die alte indische Religion tat - selbst die Freiheit, wenn sie es wollen, den Spirit zu leugnen. Als Ergebnis solcher Freiheit empfanden Philosophie und Wissenschaft des alten Indien niemals die Notwendigkeit, sich von der Religion zu scheiden, wuchsen vielmehr in sie hinein und stellten sich unter ihr Licht. Dieselbe Freiheit kann die Spiritualität dem Streben des Menschen nach politischer und sozialer Vollkommenheit und allen seinen sonstigen Kräften und Zielsetzungen geben. Nur wird der Spirit diese Kräfte mit Bedacht so erleuchten, daß sie in sein Licht und sein Gesetz hineinwachsen. Nicht durch Unterdrückung und Beschränkung wird dies geschehen, sondern durch eigenes Streben, durch selbstbeherrschte Ausweitung des Ich und durch vielseitiges Entfalten seiner breitesten, höchsten und tiefsten Möglichkeiten. Denn dieses alles vermag der Spirit.

DAS VORRATIONALE ZEITALTER

In der Spiritualität würde mithin unsere höchste, unsere einzige Hoffnung auf Vollendung des Individuums wie der Gemeinschaft liegen. Nicht in dem Spirit, der sich zu eigener Befriedigung von der Erde und ihren Werken abwendet, sondern in dem umfassenderen Spirit, der über sie hinausreicht und sie doch in sich aufnimmt und erfüllt. Eine Spiritualität, die Rationalismus, Ästhetik, Ethik, Vitalismus und Körperlichkeit des Menschen in sich einschließen würde, die sein Streben nach Wissen, seine Sehnsucht nach Schönheit, sein Bedürfnis nach Liebe, seinen Drang nach Vollendung, seinen Wunsch nach Macht und Fülle des Lebens und Seins zu umschließen vermag, bedeutet eine Kraft, deren Unabhängigkeit auch ein allzu selbstgefälliger Verstand anzuerkennen vermag oder zumindest eines Tages anerkennen wird. Denn er wird in ihrem erhabenen Licht seine eigene Stärke erblicken. Eine solche Spiritualität würde den schlecht aufeinander abgestimmten Kräften des Menschen, ihren göttlichen Sinn und die Bedingungen ihres Gottseins offenbaren, würde sie miteinander versöhnen und ihren Weg erleuchten, den sie bis dahin im Halbdunkel und Schatten, in Blindheit oder mit abgewandtem Blick gehen mußten. Sicher wird diese Entwicklung sich eines Tages als die letzthin logische erweisen, als der unvermeidliche Verlauf, die Vollendung alles vom Menschen und der Gemeinschaft Erstrebten. Eine befriedigende Entfaltung der wachsenden Spiritualität, die noch roh und chaotisch im Menschen liegt, erscheint als Möglichkeit, die ein Zeitalter des Subjektivismus zum ersten Male aufleuchten läßt oder zu deren Rückgewinnung dieses die ersten ernsten Ansätze zeigt. Der einzige Weg zu wirklicher sozialer Vollkommenheit ist ein tieferes, weiteres, größeres, mehr spirituelles, subjektives Verständnis des Ich und seines Lebens als Individuum und als Teil der Gemeinschaft, ein wachsendes Vertrauen auf das spirituelle Licht und die spirituellen Möglichkeiten für die endgültige Lösung seiner Probleme. Die freie Regel, das heißt das Vorherrschen der Führung, Herrschaft und Einflußnahme des vollentwickelten spirituellen Menschen - nicht eines halbspirituellen Priesters, eines Heiligen, eines Propheten oder eines primitiv Religiösen -, ist unsere Hoffnung auf eine göttliche Führung der Menschheit. Nur eine spiritualisierte Gesellschaft kann zu individueller Harmonie und Glück der Gemeinschaft führen oder - um die eindrucksvollsten Worte, die wir finden können, zu gebrauchen, selbst auf die Gefahr hin, daß diese von Verstand und Leidenschaft mißbraucht werden - eine neue Art von Theokratie schaffen, das Königreich Gottes auf Erden, eine Theokratie, die durch das Göttliche im Herzen und Mentalen der Menschen die Menschheit führt.

Zweifellos wird dies nicht leicht zu erreichen sein, auch nicht - wie die Menschen es immer vergebens von jeder neuen Wendung und Revolution in Politik und Gesellschaft erhoffen - durch einen plötzlichen und sogleich befriedigenden Umschwung, eine magische Verwandlung. Doch wie sich auch der Fortschritt gestalten mag, sein Kommen wird tatsächlich einem Wunder gleichen, wie jede solcher tiefen Veränderungen und wesentlichen Entwicklungen; denn diese erscheinen stets als eine Art verwirklichter Unmöglichkeit. Gott aber wirkte alle seine Wunder durch Entfaltung geheimer Möglichkeiten, die lange zuvor - zumindest in ihren Elementen - vorbereitet waren und die zuletzt zur Vollendung getrieben werden durch ein Zusammenwerfen der Elemente, die durch ihre Vermischung neue Gestalt und Bezeichnung der Dinge hervorbringen und einen neuen Spirit offenbaren. Oft geht der entscheidenden Wendung eine augenscheinliche Verstärkung und extreme Steigerung der Dinge voran, die die neue Schöpfung ausdrücklich zu negieren und ihr kompromißlosester Gegensatz zu sein scheinen. Eine solche Entfaltung der Elemente einer spiritualisierten Gesellschaft wird zumindest durch ein subjektives Zeitalter ermöglicht, und wenn dieses zu gleicher Zeit Dinge zu höchster Aktivität und Kraftentfaltung anregt, die augenscheinlich das genaue Gegenteil einer solchen Möglichkeit darstellen, so sollte dies nicht als Anzeichen einer praktischen Unmöglichkeit dieser neuen Geburt angesehen werden, sondern im Gegenteil als Zeichen ihres Nahens, zumindest aber als wirksamer Versuch, sie zu vollziehen. Gewiß, das ganze Mühen eines subjektiven Zeitalters kann erfolglos bleiben. So etwas geschieht sehr häufig, wenn ein Ungenügen des Materials, eine große Unreife des Ausgangspunktes und eine übereilte Oberflächlichkeit oder wenig intensive Einsicht in die eigenen Möglichkeiten den Menschen von vornherein zu einem grundlegenden Irrtum seiner Selbsterkenntnis verdammt. Weniger wahrscheinlich wird dies, wenn der Zeitgeist voller Freiheit, vielfältiger und vielseitiger Bestrebungen ist und sich ständig nach Wissen und Vollendung in allen Bereichen des menschlichen Wirkens müht. Daraus kann sich leicht von vielen Ausgangspunkten aus und unter vielerlei Aspekten ein intensives und doch lebendiges Streben nach dem Unendlichen und Göttlichen entwickeln. Unter solchen Umständen kann man mit großen Schritten in dieser Richtung rechnen, wenn auch wahrscheinlich ein entscheidender Fortschritt nicht eintreten wird.

Wir sahen, daß es notwendigerweise drei Stufen der sozialen Entwicklung oder, ganz allgemein, der menschlichen Entwicklung als Individuum wie als Glied der Gesellschaft gibt. Unsere Entwicklung beginnt mit einer vorrationalen Stufe, auf der die Menschen noch nicht gelernt haben, ihr Leben und Handeln in seinen Grundsätzen und Formen dem Urteil des klärenden Verstandes zu unterstellen. Denn sie handeln vor allem noch aus ihren Instinkten, Impulsen, spontanen Ideen, vitalen Eingebungen heraus oder aber gehorchen einer herkömmlichen Antwort auf Wünsche, Notwendigkeiten und Umstände. Diese Dinge sind es, die sich auf dieser Stufe in den sozialen Einrichtungen sammeln und dort ihren Niederschlag finden. In verschiedenen Etappen schreitet der Mensch aus diesen Anfängen weiter zu einem rationalen Zeitalter, in dem sein mehr oder weniger entwickelter intelligenter Wille zum Richter und vorherrschenden Antrieb seines Denkens, Fühlens und Handelns wird, zum Verwandler, Zerstörer und Neuschöpfer seiner führenden Ideen, Ziele und Einfälle. Letztendlich muß die menschliche Entwicklung, wenn unsere Analyse und Vorschau richtig ist, durch ein subjektives Zeitalter hindurch ein überrationales oder spirituelles Zeitalter erreichen, in dem der Mensch allmählich ein stärker spirituelles, überrationales und intuitives, vielleicht am Ende sogar ein mehr als intuitives, ein gnostisches Bewußtsein entwickelt. Er erwirbt die Fähigkeit, ein höheres göttliches Ziel, eine göttliche Bestätigung, ein göttliches Licht als Führung zu erkennen für alles, was er zu sein, zu denken, zu fühlen und zu handeln wünscht. Immer bereiter wird er diesem umfassenden Licht, dieser Macht gehorchen und durch sie leben. Nicht durch die Regel eines vorrationalen religiösen Impulses oder durch religiöse Ekstase wird dies geschehen, wie dies charakteristisch für die dunkle Verwirrung und rohe Gewaltsamkeit des Mittelalters gewesen ist, sondern mit Hilfe eines höheren spirituellen Lebens, für das die

Klarheit der Vernunft eine notwendige Vorbereitung sein wird, und in dem diese Klarheit wiederaufgenommen, verwandelt und zu ihrer unsichtbaren Quelle geführt wird.

Diese Stufen oder Perioden sind viel unvermeidlicher für die psychologische Entwicklung der Menschheit als das steinerne oder irgendein anderes Zeitalter, das die Wissenschaft auf Grund seiner Werkzeugkultur herausstellte. Denn sie beruhen nicht auf äußeren Mitteln oder Zufälligkeiten, sondern auf der Natur ihres Seins selbst. Wir dürfen aber nicht annehmen, daß diese Stufen in ihrer Natur ausschließlich und unbedingt oder bei ihrem Erscheinen vollkommen in ihrer Richtung und Erfüllung sind; sie sind auch in ihrer Wirksamkeit und ihrer zeitlichen Abgrenzung nicht scharf voneinander zu unterscheiden. Denn sie entwickeln sich nicht nur auseinander, sondern können teilweise ineinander enthalten sein und in verschiedenen Teilen der Erde zu gleicher Zeit nebeneinander bestehen. Vor allem aber kann der Mensch, da er - selbst der Wilde oder Degenerierte - stets ein komplexes Wesen ist, nicht irgend etwas von diesen Dingen ausschließlich oder unbedingt sein, solange er nicht über sich selbst hinausgewachsen, solange er nicht zum Übermenschen geworden ist, das heißt solange er nicht sein ganzes Wesen spiritualisiert und vergöttlicht hat.

Selbst auf seiner tierischsten Stufe ist der Mensch immer noch eine Art von denkendem und reagierendem Tier, und auch der vorrationale Mensch kann nicht völlig vorrational sein. In ihm muß dem Verstand noch ein mehr oder weniger weiter Spielraum gelassen oder angestrebt werden und auch Raum sein für ein mehr oder weniger grobes überrationales Element, ein mehr oder weniger versteckltes Wirken des Spirits.

Auf seiner höchsten, klarsten Geistesstufe ist der Mensch auch nicht nur reines Geistwesen, reine Intelligenz; selbst der vollkommene Intellektuelle kann nicht ausschließlich, kann nicht rein rational sein. Es gibt triebhafte Impulse, die er nicht ausschließen kann, ebenso wie Strahlen und Einwirkungen eines Lichtes von oben, die deshalb nicht weniger überrational sind, weil er ihre Quelle nicht erkennt. Er ist kein Gott, sondern das menschliche Wesen muß auch auf seiner höchsten Stufe, wenn es von einem noch so mächtigen Strahl göttlichen Einflusses berührt wird - der ihm selbst innewohnenden Spiritualität -, weiter seine rationalen und vorrationalen Neigungen und Elemente besitzen, solange er dieser unvollkommen entwickelte Mensch ist. Und was für das psychologische Leben des einzelnen zutrifft, muß auch für die Zeitalter der Gemeinschaft gelten. Diese können sich durch das Vorherrschen eines bestimmten Elementes voneinander unterscheiden, das durch seine Stärke andere Elemente überragt, sie in sich aufnimmt oder Kompromisse mit ihnen schließt; eine Ausschließlichkeit scheint weder beabsichtigt noch möglich.

So braucht eine vorrationale Zeit der menschlichen und sozialen Entwicklung nicht ohne Elemente, sogar starke Elemente von Vernunft und Spiritualität, zu sein. Selbst der Wilde, der Primitive oder Degenerierte besitzt gewisse zusammenhängende Gedanken über diese Welt und ihr Jenseits, besitzt eine Theorie von Leben und Religion. Uns fortgeschritteneren Verstandesmenschen mag seine Lebenstheorie ohne Zusammenhang erscheinen, weil wir ihren Gesichtspunkt und ihr Prinzip der mentalen Assoziationen verloren haben. Aber sie enthält doch noch eine Aktion des Verstandes, und in beschränkter Weise ist der Primitive in der Lage, idealistischen wie praktischen Gedanken ebenso einen Spielraum zu lassen wie klaren ethischen Ideen und Motiven, ästhetischen Beobachtungen und einer verständlichen Gesellschaftsordnung, die uns wohl arm und barbarisch erscheint, die aber genügend durchdacht und geordnet ist, um der Einfachheit ihres Zweckes dienen zu können. Vielleicht vermögen wir auch das Element der Vernunft in einer primitiven Theorie vom Leben oder der Spiritualität in einer barbarischen Religion nur deshalb nicht zu erkennen, weil dieses aus Symbolen und Formen aufgebaut erscheint, denen diese unentwickelte Mentalität einen abergläubischen Wert beimessen. Dies geschieht, weil die Wirksamkeit der Vernunft auf einer solchen Stufe nur unvollkommen und begrenzt ist und das Element der Spiritualität, roh oder unentwickelt, noch kein Selbstbewußtsein besitzt. Um das Wirken dieser Elemente zu erfassen und sie seinem Mentalen und seinem Spirit zugänglich zu machen, muß der Primitive ihnen Gestalt in Formen und Symbolen geben, an denen er dann mit primitiver Ehrfurcht und Verehrung hängt, da diese allein es ihm ermöglichen, seine Art der Selbstführung im Leben zu finden. Denn richtungsweisend für ihn ist sein vorrationales Leben des Instinkts, der vitalen Einfälle und Impulse, der mechanischen Gebräuche und Traditionen; sie sind es, denen sein sonstiges Wesen einen gewissen Vorrang, das erste Aufscheinen des Lichtes zuzugestehen hat. Der noch grobe Verstand, der noch unerleuchtete Spirit können nicht für eigene Ziele eingesetzt werden. Sie sind noch Sklaven, an seine vorrationale Natur gebunden.

Auf einer höheren Stufe der Entwicklung oder der Rückkehr zu einer vollkommeneren Entfaltung - denn der, den die Menschheit als Wilden bezeichnet, ist vielleicht nicht der ursprüngliche Primitive, sondern einer, der in die Primitivität zurückgefallen ist - mag die vorrationale Stufe der Gesellschaft eine hohe Rangordnung in der Zivilisation erreichen. Vielleicht vermag sie die Bedeutung oder die allgemeine Absicht oder notwendige Einrichtung des Lebens sehr wohl instinktiv zu erfassen. Vielleicht besitzt sie ein harmonisches, wohl angepaßtes, dauerndes und dienliches soziales System, eine eindrucksvolle Religion, die nicht ohne Tiefen ist, in der aber Symbol und Zeremonie den größten Raum einnehmen und für die große Menge fast die ganze Bedeutung der Religion ausmachen. Auf dieser Stufe aber werden reine Vernunft und Spiritualität nicht die menschliche Gesellschaft bestimmen oder die größere Zahl bewegen. Sie werden zuerst, wenn überhaupt, nur von wenigen vertreten werden. Diese aber werden zahlreicher sein, wenn beide Kräfte an Reinheit und Kraft gewinnen und damit mehr Anhänger zu finden vermögen.

Wenn die Entwicklung der Vernunft am stärksten ist, mag ein Zeitalter großer individueller Denker heraufkommen, die ihre besondere Idee über das Leben, seine Ursprünge und seine Gesetze in ein philosophisches System einordnen, ein Zeitalter kritischer Denker, die isoliert über der Menge stehen und das Leben, wenn auch nicht mit erleuchtender Weite, mit subtiler Beweglichkeit des Verständnisses oder mir klarer begreifender Tiefe, so doch mit der Kraft der Intelligenz, der Einsicht und Schärfe erfassen. Vielleicht wird es hier und dort schon einen hervorragenden sozialen Denker geben, der, Vorteil aus einer Krise oder Störung ziehend, imstande ist, die Gesellschaft zu veranlassen, sich zu ändern oder neu aufzubauen auf Grund irgendwelcher rationalen, klaren und intelligenten Prinzipien. Ein solches Zeitalter scheint uns die Überlieferung von den Anfängen der griechischen Zivilisation oder, besser gesagt, von den Anfängen ihrer fortschrittlichen Periode aufzuzeigen.

Ist aber die Spiritualität vorherrschend, dann werden große Mystiker imstande sein, in die tiefen und noch verborgenen seelischen Möglichkeiten unserer Natur einzudringen und die Wahrheit des Selbst und des Spirits im Menschen zu erahnen und zu erfahren. Mögen sie auch diese Dinge geheim halten und nur einer kleinen Anzahl Eingeweihter mitteilen, so können sie mit deren Hilfe vielleicht doch die rohen Formen des allgemeinen Lebens erfolgreich vertiefen. Eine solche Entwicklung ist schon in den alten Traditionen der Mysterien dunkel angedeutet. In dem vorgeschichtlichen Indien führte sie zu einer besonderen, einzigartigen Wendung, die die ganze Zielsetzung der Gesellschaft bestimmte und der indischen Zivilisation einen in der Geschichte der menschlichen Rasse einmaligen und gesonderten Platz zuwies. Dies alles aber stellt nur das erste Aufleuchten dar inmitten einer Menschheit, die noch vor-rational wie vor-spirituell ist und die, selbst wenn sie unter dem Einfluß von Vorläufen einer neuen Zeit steht, nur dumpf auf deren Eingebungen antwortet, ohne klares Verständnis oder erwachte spirituelle Aufnahmefähigkeit für das ihr Mitgeteilte oder Vorgeschriebene. Noch verdeckt sie alles in vorrationale Formen und entstellende Tradition und führt ein spirituelles Leben in mißverstandener Zeremonie und verhüllender Symbolik. Eine solche vorrationale und vor-spirituelle Menschheit wird die höheren Dinge nur dunkel erahnen. Sie versucht, sie in einer eigenen, strauchelnden Weise zu leben, aber sie wird sie noch nicht verstehen. Sie vermag weder die intellektuelle Form noch den spirituellen Kern ihrer Bedeutung zu erfassen.

Je mehr sich Vernunft und Spiritualität entwickeln, um so breiter und verstreuter, vielleicht allerdings auch weniger intensiv, wird ihre Kraft, um so wirksamer aber wird sich ihr Einfluß auf die Menge ausbreiten. Die Mystiker säen den Samen einer ungeheuren spirituellen Entwicklung, in der ganze Klassen der Gesellschaft und selbst Menschen aller Klassen Erleuchtung suchen, wie dies in Indien zur Zeit der Upanishaden geschah. Die einsamen, individuellen Denker werden von einer großen Anzahl von Schriftstellern, Dichtern, Denkern, Rednern, Sophisten und wissenschaftlichen Forschern ersetzt, die durch einen Überfluß an scharfsinnigster Spekulation und Untersuchung das übliche Denken anregen, die selbst die Menge zu einer allgemeinen Aktivierung der Intelligenz anreizen, wie dies in Griechenland zur Zeit der Sophistik geschah. Die spirituelle Entwicklung, die in einer vorrationalen Allgemeinheit unbeeinflußt vom Verstand vor sich geht, hat immer zunächst die Neigung, die rationalen und intellektuellen Kräfte zu überrennen. Denn die größte Kraft der Erleuchtung des weiter fortschreitenden, vorrationalen Menschen ist eine niedere Intuition, eine instinkthaft intuitive Schau, die der ihm innewohnenden Lebenskraft entstammt. Der Übergang von dieser niederen Intuition zu einer Intensität des inneren Lebens, das Erreichen einer tieferen, spirituellen Intuition, die den Intellekt übersteigt und ihn auszuschalten scheint, macht dem individuellen Menschen keine allzu großen Schwierigkeiten. Für die gesamte Menschheit aber kann eine solche Entwicklung keinen Bestand haben. Mentales und Verstand müssen sich zu ihrer ganzen Fülle entwickeln, damit sich die Spiritualität der Rasse sicher auf der breiten Grundlage einer vollen Entwicklung der niederen menschlichen Natur aufbauen kann, auf dem intelligenten Mentalen des Menschen. Deshalb sehen wir, daß entweder der Verstand bei seinem Wachstum eine gesonderte spirituelle Entwicklung eine Zeitlang unmöglich macht, wie dies im alten Griechenland der Fall war, oder daß er sie annimmt, dann aber um ihre ersten Anfänge und Auswirkungen ein enges Netz intellektueller Tätigkeit spinnt, so daß, wie in Indien, der frühe mystische Seher von dem philosophischen Mystiker ersetzt wird, von dem religiösen Denker oder sogar dem reinen, einfachen Philosophen.

Eine Zeitlang mag ein solches Wachstum als ein neuer Impuls scheinbar von einer ganzen Gemeinschaft Besitz ergreifen, wie in Athen oder in dem alten arischen Indien. Diese frühen Morgendämmerungen aber können nicht in ihrer Reinheit bestehen bleiben, solange nicht die ganze Gemeinschaft dafür bereit ist. Es folgt eine Kristallisierung, ein Nachlassen des ersten Antriebs, ein neues Wachstum der vorrationalen Formen, durch die der Gedanke oder die Spiritualität vom niederen Wachstum überwuchert oder so umsponnen wird, daß sie ersticken, während die Tradition der lebendigen Erkenntnis, das höhere Leben und Tun nur noch Besitz der höheren Klassen oder der höchsten Klasse bleibt. Die Menge verharrt in ihren vorrationalen Denkgewohnheiten, mag sie auch als Gewinn aus der Vergangenheit anlagemäßig eine lebendige Intelligenz oder eine tiefe subtile spirituelle Empfänglichkeit zurückbehalten haben. Ehe nicht die Stunde des rationalen Zeitalters angebrochen ist, geht die vorrationale Periode der Gesellschaft noch nicht zu Ende. Dies wird erst möglich, wenn nicht nur eine Klasse oder einige wenige, sondern wenn die Mehrzahl gelernt hat, zu denken und ihren Verstand aktiv für ihr Leben, ihre Nöte, ihre Rechte, Pflichten und Bestrebungen als menschliches Wesen einzusetzen, wie unvollkommen dies auch am Anfang geschehen mag. Bis dahin kann es als höchstmögliche Entwicklungsstufe nur eine gemischte Gesellschaft geben, die in ihrer Masse vorrational ist, für die weitere Entwicklung aber durch eine höhere Klasse gerettet wird, deren Aufgabe es ist, nach Vernunft und Spirit zu streben, das von der Menschheit auf diesen Gebieten Erreichte zu erhalten und von diesem soviel als möglich dem gesamten Leben nahezubringen, dieses zu erleuchten und mit sich emporzuziehen.

Wir sehen, daß die Natur in ihrem menschlichen Bestand sich auf den verschiedenen Linien des aktiven Mentalen und des Lebens langsam zu einem größeren Einsatz von Vernunft und Spiritualität vorwärts bewegt und dadurch letztendlich die Möglichkeit eines rationalen und vielleicht auch spirituellen Zeitalters der Menschheit herbeiführen wird. Schwierigkeiten entstehen hierbei von zwei Seiten: <u>Während die Natur ursprünglich Denken, Vernunft und Spiritualität in außergewöhnlichen Menschen entwickelte, bringt sie diese nun in großer Zahl in außergewöhnlichen Gemeinschaften oder Nationen hervor - zumindest in dem relativen Begriff einer Nation, die von ihrer intellektuell oder spirituell entwickelten Klasse oder Klassen beherrscht, geführt, allmählich gebildet und erzogen wird.</u> Diese außergewöhnliche Nation aber, die in ihren höheren Schichten von hochentwickelter Vernunft oder Spiritualität oder von beiden berührt ist - wie dies in Griechenland, dem späteren Rom, im alten Europa, in Indien, China, Persien und im alten Asien der Fall war -, ist von großen Massen der alten, vorrationalen Menschheit umgeben oder ihnen benachbart und durch diese bedrohliche Nähe gefährdet. Denn ehe nicht eine entwickelte Wissenschaft das Gleichgewicht wiederhergestellt hat, wird der Primitive immer die größere physische Vitalität und eine weniger erschöpfte ursprüngliche Angriffskraft besitzen als die kultivierten Völker.

Bei diesem Sachverhalt müssen Licht und Kraft der Zivilisation stets letzten Endes unter dem Angriff des äußeren Dunkels zusammenbrechen. Nun entsteht die Notwendigkeit, daß die aufwärtsstrebende Natur mehr oder weniger langsam die Eroberer unter großen Schwierigkeiten, mit vielen Verlusten und Verzögerungen schulen und erneut aufbauen muß, was der feindliche Eingriff eine Zeitlang vernichtet oder außer Kraft gesetzt hatte. Am Ende freilich hat die Menschheit von diesem Vorgang einen Gewinn. Eine größere Anzahl von Nationen wird erfaßt, breiter und lebendiger entwickelt sich der Fortschritt, und es wird ein Ausgangspunkt erreicht, von dem aus die Natur zu größeren und mannigfaltigeren Erfolgen aufbrechen kann. Ein gewisser Verlust aber ist der Preis für einen solchen Fortschritt.

Auf dieser Stufe werden aber auch in den Gemeinschaften Vernunft und Spirit immer wieder gehemmt und gefährdet, weil sie in einer ihnen nicht eigenen Umwelt und Atmosphäre leben müssen. Die Elite, die Klassen, die die Verantwortung für sie tragen, werden oft gezwungen, sie in Formen zu pressen, die die Masse der von ihnen geführten und beherrschten menschlichen Unwissenheit anzuerkennen bereit ist. Beide, Vernunft wie Spiritualität, laufen Gefahr, in diesen Formen zu ersticken, stereotyp zu werden, zu versteinern und - allen Lebens beraubt - ihren natürlichen Spielraum zu verlieren.

Zum anderen besteht die Gefahr, daß diese höher entwickelten Individuen, die trotz allem noch ein Teil der Masse sind, selbst stark unter dem Einfluß vorrationaler Eigenschaften stehen und, außer in Einzelfällen, ihrer Vernunft oder ihrer spirituellen Erleuchtung nicht ein vollkommen freies Spiel zu geben vermögen. Auch besteht immer die Gefahr, daß diese Einzelwesen nach dem Gesetz der Schwere auf die Ebene der Unwissenheit heruntersinken oder sogar in ihr untergehen. Die Natur schützt sich auf unterschiedliche Weise, um die Tradition intellektueller und spiritueller Aktivität in den begünstigten Klassen aufrechtzuerhalten. Sie macht es einmal zur Ehrensache, die Kultur der Nation zu bewahren und zu fördern; zum anderen baut sie zu ihrer Erhaltung ein System der Erziehung und Schulung auf. Damit diese Dinge aber nicht im rein Traditionellen steckenbleiben, schafft sie gewisse intellektuelle oder spirituelle Bewegungen, die mit ihrer Stoßwirkung die mangelnde Lebenskraft wiedererwecken, eine Erweiterung und Verbreiterung der Grundlage ermöglichen und die herrschende Vernunft oder Spiritualität tiefer in die vorrationale Masse eindringen lassen.

Tatsächlich beginnt jede Bewegung nach einer gewissen Zeit zu erstarren, aber ein neuer Stoß, eine neue Welle wird zur rechten Zeit kommen, um zu retten und zu regenerieren. Letzten Endes erreicht die Natur den Punkt, an dem jede unmittelbare Gefahr des Rückfalls überwunden ist und von dem aus sie zu der nächsten entscheidenden Stufe im Zyklus sozialer Entwicklung vorwärtsschreiten kann. Ein solcher Fortschritt muß zunächst versuchen, die Gewohnheit der Vernunft und die Anwendung des Verstandes und des Willens im Leben zu verallgemeinern. So wird das rationale Zeitalter der menschlichen Gesellschaft heraufkommen, das große Bestreben, der Macht der Vernunft und der Intelligenz die Vorherrschaft zu lassen in allem, was wir sind und tun, und in ihrem Licht und unter ihrer Führung das ganze Dasein der Menschheit aufzubauen.

DIE KURVE DES RATIONALEN ZEITALTERS

Das jetzige Zeitalter des Menschen mag von diesem Gesichtspunkt einer stufenweisen seelischen Entwicklung aus als ein mehr oder weniger beschleunigter Versuch charakterisiert werden, das rechte Prinzip eines rationalen Gesellschaftssystems zu entdecken, auszuarbeiten und seine Grundlagen zu sichern. Es war ein Zeitalter des Fortschritts. Fortschritt aber gibt es auf zweierlei Art: einen anpassungsfähigen auf der sicheren Basis einer unveränderlichen sozialen Struktur, in der nur die äußeren Umstände und die Art ihrer an neue Ideen und Notwendigkeiten sich anzupassende Anwendung ständiger Veränderung unterliegen. Oder einen radikalen Fortschritt, ohne eine auf lange Sicht im voraus gesicherte Grundlage, doch unter ständiger, ins Grundsätzliche gehende Überprüfung des praktischen Fundaments, sogar des zentralen Prinzips der bestehenden Gesellschaft. Das heutige Zeitalter hat sich für eine ständige Folge radikaler Fortschritte entschlossen.

Diese Folge scheint immer einen typischen Verlauf zu nehmen. Sie beginnt mit einer erfolgreichen Zeit des Säens und einer Zeit begeisterter Anstrengungen und Kämpfe. Hierauf folgt ein teilweiser Sieg und Erfolg und eine kurze Ära des Besitzes, dann Enttäuschung und die Geburt einer neuen Idee und neuer Bestrebungen. Der Denker stellt eine Grundregel für die Gesellschaft auf, die sich des Mentalen der Allgemeinheit bemächtigt und zu einer Gesellschaftslehre wird. Mit einem Schlag oder in schnell aufeinander folgenden Stufen in die Praxis umgesetzt, entthront sie die vorangehenden Grundsätze und setzt sich an deren Stelle als Grundlage des sozialen und politischen Lebens der Gesellschaft. Nach diesem gewonnenen Sieg leben die Menschen eine Zeit in der Begeisterung oder, wenn diese nachläßt, in der Gewohnheit ihres großen Erfolgs. Nach einiger Zeit beginnen sie dann, weniger zufrieden mit den ersten Ergebnissen zu sein und sehen sich gezwungen, das neue System anzupassen, immerfort zu verändern und es mehr oder weniger rastlos weiter zu entwickeln. Denn es liegt in der Natur der Vernunft, zu beobachten, neuen Ideen offen zu sein, schnell auf neue Möglichkeiten zu reagieren und nicht auf längere

Zeit in der fraglosen Annahme von Gewohnheiten und überkommenen Beziehungen auszuruhen.

Noch aber denken die Menschen nicht daran, ihre soziale Grundregel selbst in Frage zu stellen oder sich vorzustellen, daß sie jemals einer Veränderung bedürfen könnte. Sie beabsichtigen nur ihre Formen vollkommener zu machen, ihre Anwendung intensiver zu gestalten, ihre Durchführung ernster und wirksamer zu betreiben. Dennoch wird eine Zeit kommen, in der die Vernunft unzufrieden wird und sieht, daß sie nur eine Menge neuer Regeln geschaffen hat, daß aber tatsächlich keine befriedigende Änderung eingetreten ist. Allein die Betonung wurde anders gelegt. Die Gesellschaft aber ist der Vollendung offensichtlich nicht näher gerückt. Eine Opposition der wenigen Denker macht sich bemerkbar, die vielleicht schon von Anfang an die Angemessenheit der sozialen Grundregel in Zweifel gezogen haben, und wird von einer steigenden Zahl aufgenommen. Eine Bewegung der Empörung zeigt sich, und die Gesellschaft beginnt mit der bereits vertrauten Runde zu einem neuen, radikalen Fortschritt, zu einer neuen Revolution, zur Herrschaft einer fortgeschritteneren sozialen Ordnung.

Dieser Prozeß wird so lange andauern, bis die Vernunft eine gesellschaftliche Grundregel oder eine Verbindung und Anpassung verschiedener Grundregeln gefunden hat, die ihr genügen. Die Frage ist nun die, ob sie jemals befriedigt sein wird oder jemals aufhören kann, die Grundlagen vorhandener Einrichtungen in Frage zu stellen, es sei denn, sie würde tatsächlich zurücksinken in einen Schlaf der Tradition und Konvention oder aber durch ein großes Erwachen zur Herrschaft eines höheren als des eigenen Spirits gelangen und sich einem überrationalen oder spirituellen Zeitalter der Menschheit öffnen.

Wenn wir von der heutigen Entwicklung ausgehen, muß man annehmen, daß der Fortschritt der Vernunft, als Erneuerer und Schöpfer in der Geschichte, wenn er nicht abgelenkt wird, durch drei aufeinander folgende Stufen hindurchgehen dürfte. Diese sind der Folgerichtigkeit ihres Entstehens nach: eine individualistische und zunehmend demokratische Stufe, deren Grundsatz die Freiheit ist; eine sozialistische, die vielleicht mit einer kommunistischen Regierung endet und deren Grundprinzip Gleichheit und Macht des Staates sein wird, und - falls diese dritte Stufe jemals den Zustand der Theorie überschreiten sollte - eine anarchistische im höheren Sinn dieses viel mißbrauchten Wortes entweder als eine lockere, freiwillige Zusammenarbeit oder eine Gemeinschaftsarbeit, deren Grundlage nicht die Regierung, sondern eine Bruderschaft oder eine Kameradschaft wäre. Auf dem Weg zu dieser dritten und höchsten Stufe, unabhängig davon, ob und wann sie kommt, wird Kraft und Genügen des Verstandes einer Prüfung unterzogen werden. Dann wird sich erweisen, ob der Verstand wirklich Herr sein kann über unsere Natur, ob er die Probleme des sich einmischenden und widerstreitenden Egoismus zu lösen vermag, oder ob er einer höheren Führung weichen muß. Bevor nicht die dritte Stufe Wirklichkeit geworden ist, regiert letzten Endes die Gewalt. Der Verstand gibt der Gewalt nur den Plan für ihre Handlungen und ein System für die Handhabung der Verwaltung.

Wir haben schon gesehen, daß es der Individualismus ist, der den Weg zum Zeitalter der Vernunft öffnet, und daß der Individualismus seinen Impuls und seine Entwicklungsmöglichkeit erhält, weil er Nachfolger eines Zeitalters vorherrschender Konvention ist. Es liegt nicht daran, daß in den vorindividualistischen, vorrationalen Zeiten keine Denker lebten, die über die Gesellschaft und das soziale Leben des Menschen nachdachten; aber ihr Denken verlief nicht in der charakteristischen Art des logischen, kritischen, alles beobachtenden, alles erfragenden Verstandes und blieb nicht konstruktiv dank der sorgfältigen Methode des hochintellektuellen Verstandes, der von der beurteilenden Wahrnehmung einer Wahrheit zu ihrer reinen, vollkommenen und umfassenden Anwendung strebt. Ihr Denken und ihre Lebensgestaltung waren weit weniger logisch als unmittelbar intelligent, organisch und intuitiv. Immer betrachteten sie das Leben so, wie es ist, und suchten seine Geheimnisse durch eifrige Unterscheidung, Intuition und Einsicht zu erkennen. Symbole, die die tatsächliche und ideale Wahrheit des Lebens und Wesens verkörpern, Typen, die sie in Systeme und seelische Ordnungen einreihen, Institutionen, die ihnen eine materielle Einordnung in ihrer Auswirkung auf das Leben ermöglichen, dieses waren die Formen, in die sie ihren Versuch einreihten, das Leben zu verstehen, bewußt zu machen und durch den Verstand zu beherrschen. Verstand aber bedeutet eine spontane intuitive Reaktion oder reflektierende Schau, solange er noch nicht an ein festgelegtes, berechenbares Schema der logischen Intelligenz gebunden ist.

Der Verstand sucht das Leben durch ein einziges Symbol zu verstehen und zu erklären: durch den Gedanken. Er verallgemeinert die Tatsachen des Lebens, um sie beherrschen und einordnen zu können, nach seinen eigenen, stark zugeschnittenen gedanklichen Vorstellungen. Hat er einen Gedanken gefaßt, sucht er ihn in der umfassendsten Weise zur Anwendung zu bringen. Damit er nicht eine bloße, mit der erfahrenen oder erfahrbaren Wahrheit der Dinge nicht zu vereinende Abstraktion bleibt, sucht der Verstand ständig die Gedanken, einmal zu sehen, ob sie mit den Gegebenheiten übereinstimmen, zweitens um festzustellen, ob es nicht andere Tatsachen gibt, deretwegen sie verändert, erweitert oder aus denen sie abgeleitet werden können. Denn der Verstand lebt nicht allein in tatsächlichen Gegebenheiten, sondern auch in Möglichkeiten, nicht nur in einer verwirklichten Wahrheit, sondern auch in einer ideellen. Hat er eine Idee einmal erschaut, muß der Impuls der idealisierenden Intelligenz weiterhin suchen, diese in eine Tatsache umzuwandeln und sofort oder baldmöglichst im Leben zu verwirklichen. Auf diese typische Eigenschaft ist es zurückzuführen, daß das Zeitalter des Verstandes gleichzeitig auch ein Zeitalter des Fortschritts sein muß.

Solange die alte Methode, das Leben bewußt zu machen, ihren Zweck erfüllte, brauchte der Mensch der Masse sich nicht einen Lebensweg mit Hilfe des Verstandes zu überlegen. Die alte Methode aber konnte ihren Zweck nicht mehr erfüllen, sobald Symbole, Typen und Institutionen, die sie erschaffen hatte, zur Konvention wurden, die die Wahrheit derartig einengte, daß es nicht mehr genügend Erkenntniskraft gab, um die verborgene Wirklichkeit ihres künstlichen Gewandes zu entkleiden. Wohl kann der Mensch zeitweilig, vielleicht sogar für eine längere Zeit, allein aus der Tradition der Dinge leben, deren Wirklichkeit er verloren hat, aber er kann dies nicht auf die Dauer. Es erwächst die Notwendigkeit, alle Konventionen und Traditionen in Frage zu stellen, und diese Notwendigkeit gibt dem Verstand die erste wirkliche Möglichkeit, sich selbst ganz zu entwickeln. Er kann keine Tradition mehr um ihres Alters oder ihrer einstmaligen Bedeutung wegen anerkennen. Er muß zuerst fragen, ob die Tradition überhaupt noch eine lebendige Wahrheit und zweitens, ob sie die beste Wahrheit enthält, die dem Menschen zur Beherrschung seines Lebens helfen kann. Der Verstand kann keine Konvention nur darum annehmen, weil sich

Menschen über sie geeinigt haben. Er muß fragen, ob sie zu Recht angenommen wurde oder ob er sie nur aus falscher Trägheit erwarb. Der Verstand kann keine Institution bejahen, nur weil sie einem gewissen Lebenszweck dient. Er muß fragen, ob es nicht größere und bessere Zwecke gibt, denen am besten durch neue Institutionen gedient wäre. So entsteht die Notwendigkeit einer allgemeinen Fragwürdigkeit, und aus dieser Notwendigkeit entsteht die Überlegung, daß die Gesellschaft sich nur vollkommen gestalten kann, wenn der rationale Verstand sich mit dem Gesamt des Lebens befaßt, mit seinen Grundzügen wie seinen Einzelheiten, mit seinem Ablauf wie den Kräften, die diesen Ablauf beeinflussen.

Dieser Verstand, der ganz allgemein eingesetzt werden muß, kann nicht nur der Verstand einer herrschenden Klasse sein. Denn bei der gegenwärtigen Unvollkommenheit der Menschheit würde dies praktisch nur Fesselung und Mißbrauch des Verstandes bedeuten, der zu einem Diener der Macht erniedrigt würde, um die Vorteile der herrschenden Klasse zu erhalten und die vorhandene Ordnung zu rechtfertigen. Es kann nicht der Verstand einiger weniger überragender Denker sein. Denn solange noch die Masse vorrational ist, würden die Gedanken dieser wenigen bei ihrer Durchführung entstellt, unwirksam, unvollständig und sehr bald zu bloßer Form und Konvention herabgedrückt werden. Jeder einzelne muß vielmehr seinen Verstand einsetzen, und alle müssen nach einer Grundlage der Verständigung suchen.

Auf diese Weise entsteht das Prinzip der individualistischen Demokratie, in der bei Auswahl der Regierung und bei Schaffung der wesentlichen Grundlagen und Ordnungen des gemeinsamen Lebens Verstand und Wille eines Individuums der Gesellschaft das gleiche gilt wie Verstand und Wille eines jeden anderen. Dies muß so sein, nicht weil der Verstand des einen ebenso gut ist wie der Verstand irgendeines anderen, sondern weil man sonst unvermeidbar auf die Vormachtstellung einer herrschenden Klasse zurückgreifen würde, da der irrationale Untergrund des Verstandes, so sehr diese herrschende Klasse sich auch durch Einbeziehung der Meinung der Beherrschten mäßigt, stets zum Durchbruch kommen, sich den Zwecken der Macht unterordnen und nicht beweglich für seine eigenen Ziele und Ideale einsetzen würde.

Zum anderen sollte jedem Individuum erlaubt werden, sein Leben nach den Forderungen seines eigenen Denkens und Wollens zu gestalten, soweit dies ohne Verstoß gegen dasselbe Recht des anderen geschehen kann. Dies ist eine notwendige Ergänzung der Grundregel, von der die Entwicklung des rationalen Zeitalters ausgegangen ist. Für die ersten Stadien dieses Zeitalters mag es genügen, daß der Verstand des Menschen ausreicht, um die ihm vorgelegten und erklärten Ansichten zu verstehen, die Meinung seiner Mitmenschen zu begreifen und in der Beratung mit diesen sein eigenes Urteil zu formen. Seine so gebildete, individuelle Ansicht, deren Durchführung auf diese oder jene Art erfolgen mag, ist sein Beitrag zum Aufbau des allgemeinen Gesamturteils, auf Grund dessen die Gesellschaft beherrscht werden soll. Es ist der kleine, unscheinbare Baustein, der für das Gesamtgefüge unentbehrlich ist.

Als erstes Ziel für das rationale Zeitalter genügt eine solch allgemeine Urteilsfindung für die unbedingt notwendigen Ziele der Gesellschaft, während im übrigen die Menschen die Freiheit behalten sollten, ihr eigenes Leben nach ihrem eigenen Denken und Wollen zu gestalten und die bestmögliche Anpassung an das Leben der anderen zu finden. Auf diese Weise kann durch freie Anwendung seines Verstandes jeder Mensch zu einem rationalen Wesen werden und kann lernen, in allgemeiner Übereinstimmung ein freies, starkes, natürliches und doch rationales Dasein zu leben.

In der Praxis ergibt sich, daß solche Überlegungen nicht lange Zeit gültig bleiben; denn der gewöhnliche Mensch ist noch kein denkendes Wesen. Aus einer langen vorrationalen Vergangenheit aufwachend, ist er naturgemäß noch nicht imstande, sich ein verständiges Urteil zu bilden. Er denkt vielmehr entweder seinen eigenen Interessen, Impulsen und Vorurteilen entsprechend oder aber in Anlehnung an die Gedanken anderer, die intelligenter oder gewandter sind als er und die Möglichkeit besitzen, Einfluß auf sein Denken auszuüben. Des weiteren benutzt er seinen Verstand noch nicht, um gemeinsam mit seinen Mitmenschen eine Übereinstimmung zu finden, sondern eher, um im Kampf und in der Auseinandersetzung mit den Meinungen der anderen seine eigenen Ansichten zu stärken. Ausnahmsweise mag er seinen Verstand benutzen, um die Wahrheit zu suchen. Im allgemeinen aber wird dieser nur zur Rechtfertigung seiner Impulse, seiner Vorurteile und Interessen dienen. Diese werden letztendlich seine Ideale bestimmen oder zumindest sie färben und entstellen, falls er überhaupt bereit gelernt hat, Ideale zu besitzen.

Letzten Endes benutzt der Mensch seine Freiheit noch nicht dazu, eine rationale Anpassung seines Lebens an das Leben der anderen zu finden. Seine natürliche Neigung sucht ganz im Gegenteil die eigenen Lebensziele stärker zu betonen, selbst auf Kosten oder - beschönigend ausgedrückt - im Wettstreit mit dem Leben anderer. So wird ein tiefer Abgrund sich auftun zwischen dem Ideal und den ersten Ergebnissen seiner praktischen Anwendung. Zwischen den Tatsachen und der Idee besteht ein Mißverhältnis, das unvermeidbar zu Enttäuschungen und Fehlschlägen führen muß.

In der tatsächlichen Praxis führt das individualistische, demokratische Ideal zu der mehr oder weniger zweifelhaften Herrschaft einer vorherrschenden Klasse, die der zahlreichen, unwissenden und weniger glücklichen Masse im Namen der Demokratie befiehlt. Das Ideal der Freiheit und Gleichheit führt, nachdem es nun einmal vorhanden ist und nicht länger unterdrückt werden kann, immer mehr zur Bemühung der ausgebeuteten Masse, sich ihre niedergetretenen Rechte zu sichern und, wenn möglich, diesen pseudo-demokratischen Mißstand in das wirkliche demokratische Ideal zu wandeln, also zum Klassenkampf. Endlich entsteht als unvermeidliche Folge dieses Vorgangs ein ständiger Kampf zwischen den zunächst noch wenig zahlreichen, übersehbaren Parteien, aus denen sich später, wie in der heutigen Zeit schon, ein machtloses und unfruchtbares Chaos von Namen, Aufschriften, Programmen und Kriegsgeschrei entwickelt. Alle erheben das Banner für angeblich miteinander kämpfende Ideen oder Ideale. Aber alle tragen unter dieser Fahne in Wirklichkeit einen Streit sich bekämpfender Interessen aus.

Schließlich endet die individualistische demokratische Freiheit auf verhängnisvolle Weise in einem immer ausschließlicheren Vorrang des Wettstreites, der die geordnete Tyrannis der vorrationalen Menschheitszeiten durch einen geordneten Konflikt ersetzt. Und dieser Wettstreit endet nicht mit einem Überleben der spirituell, intellektuell oder physisch Besten, sondern der Glücklichsten und Lebenstüchtigsten. Es ist offensichtlich genug, daß man das, was immer es auch sein mag, nicht als eine rationale Gesellschaftsordnung bezeichnen kann. Keinesfalls ist es die Vollkommenheit, die der individualistische Verstand des Menschen als sein Ideal ansah oder zu erreichen sich vornahm.

Das natürliche Heilmittel für diese ersten Fehlleistungen bei der praktischen Anwendung einer individualistischen Theorie könnte Erziehung sein. Denn ist der Mensch nicht von Natur aus ein rationales Wesen, so könnte er zumindest durch Erziehung und Schulung etwas Ähnliches werden. Deshalb ist eine umfassende Erziehung der unvermeidliche zweite Schritt einer demokratischen Bewegung in ihrem Bemühen, die menschliche Gesellschaft zu rationalisieren. Eine rationale Erziehung bedeutet notwendigerweise dreierlei: Erstens müssen die Menschen gelehrt werden, die Tatsachen, auf Grund derer sie sich ein Urteil bilden sollen, richtig zu beobachten und kennenzulernen. Zweitens müssen sie zu fruchtbarem und klarem Denken geschult werden. Drittens müssen sie lernen, ihre Kenntnis und ihr Denken wirksam für ihr eigenes und das Wohl der Allgemeinheit einzusetzen.

Die Fähigkeit zur Beobachtung und Erkenntnis, die Fähigkeit zu Intelligenz und Urteilskraft, die Fähigkeit zu handeln und zur Entwicklung des Charakters sind notwendig, um Bürgerrecht in einer rationalen Gesellschaftsordnung zu gewinnen. Ein allgemeiner Mangel an einem dieser sicherlich hohen Erfordernisse ist mit Sicherheit Anlaß zu einem Versagen. Bedauerlicherweise - selbst wenn wir annehmen, daß die Schulung der Millionen jemals eine solch ungewöhnliche Erziehung erreichen könnte - war die tatsächliche Erziehung selbst in den fortschrittlichsten Ländern bisher nicht im geringsten auf diese Notwendigkeiten eingestellt. Ebenso wie die ersten Fehler und Versager der Demokratie den Gegnern die Möglichkeit gaben, zu lästern und die Überlegenheit anzupreisen, so führten die ersten Fehler des großen Heilmittels der Demokratie, der Erziehung, viele vernünftige Menschen dazu, die Bedeutung einer wirksamen Erziehung und die Möglichkeit einer Änderung des menschlichen Denkens abzustreiten und das demokratische Ideal als Versager und Trugbild zu bezeichnen.

Sicher haben Demokratie und ihre Allheilmittel, Erziehung und Freiheit, etwas für die Menschheit geleistet. Vor allem sind zum ersten Mal in der geschichtlichen Periode der Menschheit die Menschen aufgewacht, aktiv und lebendig geworden. Wo Leben ist, besteht auch immer die Hoffnung auf eine Besserung der Dinge. Gleichzeitig wurde mehr als früher ein bestimmtes Wissen und mit diesem zusammen eine gewisse aktive Intelligenz in den verschiedensten Angelegenheiten zum Schiedsrichter zwischen widerstreitenden Möglichkeiten und Meinungen aufgerufen, eine Intelligenz, die auf Wissen beruht und durch Erfahrungen verstärkt wird. Die Menschen werden in vermehrtem Umfang geschult, ihren Verstand einzusetzen, um das Denken dem Leben nutzbar zu machen; dies ist sicherlich ein großer Gewinn. Sollten sie noch nicht gelernt haben, allein zu denken oder ernsthaft, klar und richtig zu denken, so sind sie heute doch zumindest in der Lage, mit Hilfe einer wenn auch noch so unvollkommenen Intelligenz die Gedanken auszuwählen, die sie annehmen, die Regel, die sie befolgen wollen.

Gleichheit der Ausbildung und Gleichheit der Lebenschancen wurden bisher zwar noch in keiner Weise erreicht. Aber eine Angleichung ist vorhanden, weit größer, als es jemals in den früheren Gesellschaftsformen möglich gewesen war. Dabei aber hat sich ein neuer, riesiger Fehler gezeigt, der verhängnisvoll für die soziale Idee zu werden droht, die ihn veranlaßte.

Denn zu welchem Zweck und in welcher Art wird eine vollkommene Chancengleichheit, unter anderem der Erziehung, eingesetzt werden, wenn es sie tatsächlich einmal gibt, was im gegenwärtigen individualistischen Zustand der Gesellschaft nicht der Fall sein kann? Der Mensch, noch immer halb vorrational, verlangt dreierlei für seine Befriedigung: Macht, wenn er sie haben kann, in jedem Fall aber Gebrauch und Anerkennung seiner Fähigkeiten und Befriedigung seiner Wünsche. In bisherigen Gesellschaftsformen konnte ihm die Möglichkeit hierzu, je nach seiner Geburt, seiner Stellung im Leben und der Ausnutzung seiner Fähigkeiten innerhalb der Grenzen seines ererbten Standes bis zu einem gewissen Grad zugesichert werden. Nachdem diese Basis fortgefallen und noch kein geeigneter Ersatz für sie gefunden ist, kann das gleiche nur durch einen Erfolg im Kampf um die eine noch übrige Macht, die Macht des Reichtums, erlangt werden. An Stelle einer harmonischen Gesellschaftsordnung mußte deshalb ein gewaltiges, organisiertes System des Wettstreits entwickelt werden – eine ungeheuer schnelle, einseitige Entwicklung der Industrialisierung und eine zunehmend plutokratische Ausrichtung unter dem Mantel einer Demokratie, die abstoßend wirkt durch ihre prahlerische Plumpheit und die Größe ihrer Abgründe und Unterschiede. Damit stehen wir vor den letzten Ergebnissen des individualistischen Ideals und seines demokratischen Systems, dem beginnenden Bankrott des rationalen Zeitalters.

Das erste folgerichtige Ergebnis ist ein Übergang des rationalen Denkens von dem demokratischen Individualismus zu einem demokratischen Sozialismus gewesen. Der Sozialismus, der sich mit der nachteiligen Tatsache auseinandersetzen mußte, daß er als Empörung gegen den Kapitalismus, als Aufstand gegen die Herrschaft des erfolgreichen Bürgers und Plutokraten entstanden war, mußte sich durch einen Klassenkampf durchkämpfen. Und schlimmer noch: er war aus einem industrialisierten Gesellschaftssystem entstanden und nahm deshalb zu Anfang eine rein industrielle und wirtschaftliche Erscheinungsform an. Dies mögen Zufälligkeiten sein, die seine wahre Natur entstellen. Aber seine wahre Natur, seine Rechtfertigung ist ein Versuch der menschlichen Vernunft, die rationale Gesellschaftsordnung zu einer Vollkommenheit zu führen, sich der parasitenhaften Auswüchse des ungezügelten Wettstreites zu entledigen, dieses ungeheuren Hindernisses für jedes rechte Ideal und Handeln im menschlichen Leben.

Der Sozialismus sucht ein System des organisierten wirtschaftlichen Kampfes durch organisierte Ordnung und Frieden zu ersetzen. Dies kann nicht mehr auf den alten Wegen geschehen, auf einer künstlichen oder ererbten Ungleichheit, deren Grundlage die Leugnung gleicher Möglichkeiten und deren Rechtfertigung die Bestätigung dieser Ungerechtigkeit und ihrer Folgen als ein ewiges Gesetz der Gesellschaft und der Natur ist. Diese Verfälschung wird die menschliche Vernunft nicht länger zulassen. Ebensowenig aber kann augenscheinlich der Neuaufbau auf der Basis individueller Freiheit erfolgen. Denn diese ist tatsächlich zusammengebrochen. Der Sozialismus muß deshalb mit der demokratischen Basis der individuellen Freiheit brechen, auch wenn er bekennt, daß er diese achtet oder daß er zu einer noch rationaleren Freiheit vorwärtsschreitet.

Der Sozialismus verlegt zunächst das Hauptgewicht auf andere Gedanken und Ergebnisse des demokratischen Ideals und führt durch diese Gewichtsverlagerung zu einer wesentlichen Veränderung des Grundprinzips einer rationalen Gesellschaft. Nicht eine politische, sondern eine vollkommene soziale Gleichheit soll seine Grundlage sein. Alle sollen die gleichen Möglichkeiten haben, aber auch den gleichen Status, denn ohne diese können die ersteren nicht gesichert werden und von Dauer sein. Diese Gleichheit wiederum ist nicht möglich, wenn ein persönliches oder zumindest ein ererbtes Besitzrecht aufrechterhalten wird. Darum schafft der Sozialismus - bestenfalls bis auf Rechte kleineren Umfangs - das Recht des persönlichen Eigentums ab, wie es jetzt verstanden wird, und bekämpft das Prinzip der Erbschaft. Wer aber soll Besitz haben? Es kann nur die Gemeinschaft als Ganzes sein. Und wer soll ihn verwalten? Wieder die Gemeinschaft als Ganzes.

Um solche Ideen zu rechtfertigen, muß der sozialistische Grundsatz praktisch das Dasein des Individuums und sein Recht leugnen, anders denn als Glied und zum Wohl der Gesellschaft zu existieren. Nicht nur der Besitz des Individuums gehört der Gesellschaft, sondern es selbst als Einzelwesen, seine Arbeit, seine Fähigkeiten, die Erziehung, die es von der Allgemeinheit empfängt, und deren Ergebnisse, sein Mentales, seine Erkenntnisse, sein individuelles Leben, sein Familienleben und das Leben seiner Kinder. Überdies muß die Gemeinschaft zum Wohl des Ganzen auch für das Individuum die rechte rationale Anpassung seines eigenen Lebens an das der anderen übernehmen, denn dies kann naturgemäß dem einzelnen nicht überlassen bleiben. Nicht die vernünftige Mentalität und der Wille der einzelnen, sondern die kollektive mentale Vernunft und der Wille der Gemeinschaft soll herrschen. Diese haben nicht nur die Grundregeln und alle Einzelheiten wirtschaflicher und politischer Ordnung zu bestimmen, sondern auch das ganze Leben der Gemeinschaft und des Individuums als einer arbeitenden, denkenden und fühlenden Zelle dieses Lebens, die Entwicklung seiner Fähigkeiten, seine Handlungen, den Gebrauch seines erworbenen Wissens, ja die Regelung seines vitalen, ethischen und intellektuellen Wesens. Denn nur so vermag die kollektive Vernunft und der intelligente Wille der Rasse den Egoismus des individualistischen Lebens zu überwinden und eine vollkommene grundsätzliche und rationale Gesellschaftsordnung in einer harmonischen Welt aufzubauen.

Solch weitgehende Grundsätze des Sozialismus werden allerdings von den stärker demokratisch denkenden Sozialisten abgelehnt oder zum mindesten abgeschwächt. Denn das sozialistische Denken ist noch von den alten demokratischen Ideen geprägt und bewahrt Hoffnungen, die ihn oft zu seltsamer Unlogik verführen. Es gibt uns die Versicherung, eine gewisse individuelle Freiheit, eine begrenzte, aber um so wahrere, rationale Freiheit mit den Härten der kollektivistischen Ideen verbinden zu wollen. Aber die

Dinge müssen offensichtlich zu einer Entscheidung treiben, wenn die kollektivistische Idee weiter vorherrschen und nicht mitten in ihrem Lauf angehalten und abgebrochen werden soll. Würde es ihr an Folgerichtigkeit und Mut fehlen, dann kann sie sehr wohl eines Tages von dem ihr fremden Element, das sie duldet, vernichtet werden und umkommen, noch ehe sie die eigenen Möglichkeiten ausgeschöpft hat. Dann wird sie vielleicht vergehen, nachdem ihre Unfähigkeit sich als noch größer erwiesen hat wie die der Gesellschaft des individualistischen Wettbewerbs,* es sei denn, sie würde von einer rationalen Weisheit gelenkt, die bisher im Mentalen der sie suchenden Menschen noch nicht in Erscheinung trat.

Aber auch bei Vermeidung aller Fehler enthält die kollektivistische Idee noch einige Trugschlüsse, die mit den wirklichen Tatsachen des menschlichen Lebens und seiner Natur nicht vereinbar sind. Ebenso wie die Idee der individualistischen Demokratie aus diesem Grund bald in Unstimmigkeiten zwischen den Tatsachen des Lebens und den Zielen des Mentalen geriet, die zur Mißachtung dieser Idee und dem Versuch ihrer Beseitigung führen, mag auch die Idee der kollektivistischen Demokratie sich in Kürze in Schwierigkeiten befinden, die ihr Ansehen in Verruf bringen und vielleicht zu ihrer Ablösung durch eine dritte Stufe dieses nicht zu hemmenden Fortschritts führen. Eine unter dem Schutz des Staates stehende Freiheit, in der politisch alle gleich sind, war die Idee der individualistischen Demokratie. Soziale und politische Gleichheit auf Grund einer vollkommenen, sorgfältig aufgebauten Ordnung

---

* Dieses Zaudern der sozialen Demokratie, ihr geistiges Schwanken zwischen zwei entgegengesetzten sozialistischen Prinzipien, der sozialistischen Ordnung und der demokratischen Freiheit, mag der Hauptgrund sein für das Versagen des Sozialismus in so vielen Ländern, auch wenn ihm jede Möglichkeit geboten war, und sein Ersatz durch die härteren und gröberen logischen Mächte des Kommunismus und Faschismus. Andererseits hat in den nördlichsten Ländern ein vorübergehender reformatorischer praktischer Sozialismus, der einen Kompromiß schloß zwischen dem gemeinschaftlichen Leben und der Freiheit des einzelnen, bis zu einem gewissen Grad Gutes erreicht. Es ist aber noch zweifelhaft, ob ihm die Möglichkeit gegeben wird, seinen Weg zu Ende zu gehen. Wenn er dies hat, dann muß sich noch erweisen, ob die Richtung der Ideen und die Kraft, die in ihr nach Selbstverwirklichung drängt, am Ende nicht über den Spirit des Kompromisses siegen wird.

durch den Staat als dem organisierten Willen der Gemeinschaft ist die Idee, auf der die sozialistische Demokratie ihre Zukunft aufbaut. Versagt auch diese, mag die rationale und demokratische Idee einer dritten Gesellschaftsform Platz machen, die eine nicht mehr formale, sondern wirkliche Freiheit und Gleichheit in einer freien Gemeinschaft auf brüderliche Kameradschaft aufbaut, dem Ideal einer intellektuellen wie spirituellen Anarchie.*

Tatsächlich ist der Anspruch auf Gleichheit und der Durst nach Freiheit ursprünglich dem Individuum eigen und nicht dem kollektivistischen Ideal eingeboren oder wesenhaft. Das Individuum verlangt Freiheit für sich selbst, freie Bewegung seines Mentalen, seines Lebens, Wollens, Handelns. Kollektives Bestreben und Staatsidee vertreten eher die entgegengesetzte Richtung. Es liegt in ihrer Art, immer stärker das Denken, Leben, Wollen und Handeln der Gemeinschaft - und des Individuums als eines Teiles von ihr - zu beherrschen und zu führen, bis die persönliche Freiheit aus dem Dasein ausgemerzt ist. Aber ebenso verlangt das Individuum für sich Gleichheit mit allen anderen. Wird Gleichheit von einer Klasse verlangt, so ist dies noch immer der nun vervielfältigte Anspruch des einzelnen, der für sich selbst und für alle anderen, die politisch oder wirtschaftlich zu seinem Stand gehören, gleiche Stellung, Vorrechte oder Möglichkeiten fordert wie jene, die einen höheren Lebensstandard erlangt oder ererbt haben. Das gesellschaftliche Denken bewilligte zuerst den Anspruch auf Freiheit, ließ aber tatsächlich, unter den verschiedensten Theorien, nur soviel Gleichheit zu - Gleichheit vor dem Gesetz, eine nützliche, aber nicht allzu bedeutsame politische Gleichheit des Stimmrechts -, als notwendig war, um eine vernünftige Freiheit für alle zu ermöglichen.

Später, als die Ungerechtigkeiten und die Vernunft einer nicht wirklich gleichen, im Wettstreit liegenden Freiheit und die tiefen Unterschiede sichtbar wurden, die diese schuf, wechselte die gesell-

---

* Nach der Theorie des Kommunismus ist der Staatssozialismus nur ein Übergang; das zu gegebener Zeit eintretende Ideal ist ein klassen- und staatenlos kommunales Leben. Es ist aber nicht wahrscheinlich, daß die lebendige Staatsmaschine, wenn sie einmal mit allen an ihrer Schaltung Interessierten in Kraft getreten ist, ihre Beute wieder auslassen wird oder sich kampflos ausmerzen läßt.

schaftliche Vernunft ihre Grundlage und erstrebte eine vollkommenere, allgemeine Gerechtigkeit auf Grund einer möglichst umfassenden, politischen, wirtschaftlichen, erzieherischen und sozialen Gleichheit. Sie schuf eine gleiche Ebene als Grundlage für alle. Dabei mußte die Freiheit dasselbe Schicksal wie die Gleichheit erleiden. Denn es konnte nur soviel Freiheit - möglicherweise eine Zeitlang - zugestanden und dem wettstreitenden einzelnen nur so viel Raum für seine wachsende Selbstbehauptung überlassen werden, als dadurch die Grundlage der Gleichheit nicht geschwächt oder gefährdet wurde. Letztendlich aber mußte man entdecken, daß eine künstlich geschaffene Gleichheit auch irrationale Faktoren besitzt und dem kollektiven Wohl widersprechen kann, ja selbst Ungerechtigkeiten enthält und der natürlichen Wahrheit schweren Schaden zufügen kann. Gleichheit wird sich ebenso wie Freiheit nicht als Heilmittel, sondern als Hindernis erweisen, wenn man versucht, durch Vernunft und Willen der kollektiven Gemeinschaft das Leben so gut wie möglich zu führen und zu gestalten.

Wenn aber beide, Gleichheit wie Freiheit, von der Bühne des menschlichen Lebens verschwinden, dann bleibt nur noch ein Glied der demokratischen Freiheit, die Brüderlichkeit oder - wie es jetzt heißt - die Kameradschaft. Sie besitzt eine gewisse Möglichkeit, als soziale Grundlage zu dienen, da sie scheinbar mit dem Spirit des Kollektivismus besser übereinstimmt. Darum sehen wir, daß an dieser Idee, wenn vielleicht auch nicht an ihrer tatsächlichen Durchführung, in den neuen gesellschaftlichen Systemen festgehalten wird, selbst in jenen, die Freiheit und Gleichheit als schädliche demokratische Trugbilder ablehnen. Ohne Freiheit und Gleichheit aber kann Kameradschaft nichts anderes sein als eine gleichartige Verbindung von allen - von Individuen, Berufsklassen, Gilden, Syndikaten, von Sowjetsystemen oder jeder anderen Einheit - zu allgemeinem Dienst am Leben der Nation unter der absoluten Herrschaft des kollektivistischen Staates. Die einzige, letzten Endes noch zugelassene Freiheit wäre die Freiheit, unter dem strengen Befehl der Staatsautorität der Gemeinschaft zu dienen. Die einzige Gleichheit läge in der Verbindung aller in dem gleichen, spartanischen oder römischen Spirit bürgerlichen Dienstes, vielleicht mit dem gleichen Rang, zumindest einem theoretisch gleichen für alle Leistungen. Brüderlichkeit wäre allein das Gefühl der Kameradschaft in ehrerbietiger Unterordnung unter das organisierte gesellschaftliche Ich, den Staat. Tatsächlich würde die demokratische Dreiheit, ihrer Göttlichkeit beraubt, untergehen. Das kollektivistische Ideal kann sehr gut ohne sie existieren, denn nichts von dieser Dreiheit gehört zu seinem eigentlichen Wesenskern.

Dies ist tatsächlich schon der Spirit, die soziale Vernunft - oder aber das soziale Evangelium - des totalitären Staates, dessen steigende Flut ganz Europa und mehr noch als Europa zu überschwemmen droht. Das Totalitäre scheint im gewissen Sinn das natürliche, fast unvermeidbare Schicksal, zumindest die extremste, weitgehendste Folge des Sozialismus oder - allgemeiner ausgedrückt - der kollektivistischen Idee und Antriebe zu sein. Denn das Wesen des Sozialismus, sein rechtfertigendes Ideal ist Beherrschung und strenge Organisation des Gesellschaftslebens als Gesamt und in seinen Einzelheiten durch bewußte Vernunft und bewußten Willen zum Besten und im Interesse aller, ist Verhinderung einer Ausbeutung durch den einzelnen oder durch die Gemeinschaft, ist Vermeidung des Wettstreites zwischen den einzelnen und Verwirrung und Verschwendung durch Zufälligkeiten, indem die Zusammenarbeit verstärkt, vervollkommnet und so die beste Leistung erreicht und genügend Lebensraum für jeden gesichert wird.

Wenn dies Ergebnis, wie zunächst angenommen, am besten von einer demokratischen Politik und Organisation gewährleistet wird, so wird diese gewählt werden, und die Folge ist eine soziale Demokratie, die heute noch im nördlichen Europa vorherrscht und der es dort vielleicht zu beweisen gelingen wird, daß ein kollektiver Rationalismus in der Gesellschaft durchaus Erfolg haben kann. Scheint aber eine undemokratische Politik und Organisation dem Zweck zu dienen, dann besitzt das demokratische Ideal für das kollektivistische Denken keinen geistigen Inhalt. Wie so viele andere entthronte Heiligtümer kann man es auf den Misthaufen werfen. So mißachtete der russische Kommunismus die demokratische Freiheit und versuchte, eine Zeitlang der demokratischen Organisation eine neue sowjetische Struktur zu geben. Trotzdem hielt er das Ideal proletarischer Gleichheit in einer klassenlosen Gesellschaft für alle aufrecht. Und doch ist sein Spirit ein starr totalitärer, errichtet auf der Grundlage einer proletarischen Diktatur, die tatsächlich eine Diktatur der kommunistischen Partei im Namen oder im Auftrag des Proletariats bedeutet. Eine nicht proletarische Diktatur geht noch weiter und beseitigt die demokratische Gleichheit ebenso wie die demokratische Freiheit. Vielleicht kennt sie eine Zeitlang noch Klassen, aber nur in ihrer gesellschaftlichen Funktion, nicht als Wertstufen oder als hierarchische Ordnung. Rationalismus ist nicht mehr am Ruder. Seinen Platz nimmt ein revolutionärer Mystizismus ein, der augenblicklich scheinbar die Richtung des Zeitgeistes aufzeigt.

Dieses Symptom kann von beträchtlicher Bedeutung sein. In Rußland wurde das marxistische System des Sozialismus fast zu einem Evangelium erhoben. Ursprünglich ein rationalistisches System, von einem logischen Denker und Systematiker erdacht, wurde es von einem sonderbaren Zug der russischen Mentalität zu etwas umgewandelt, das einer sozialen Religion gleicht, zu einer kollektivistischen »Mystik«, einer unanfechtbaren Lehre, die zu leugnen oder nicht anzuerkennen strafbarer Häresie gleichkommt, zu einem sozialen Kult, dem die intolerante Frömmigkeit und Begeisterung eines bekehrten Volkes noch größere Bedeutung beimißt.

In faschistischen Ländern ist die Abwendung vom Rationalismus ganz offensichtlich und bezeichnend. Ein oberflächlicher vitaler Subjektivismus hat seinen Platz eingenommen, Führer und Propheten lehren im Namen der nationalen Seele und der eigenen Selbstdarstellung und Offenbarung ihre totalitäre »Mystik« und verlangen deren Anerkennung. Die Merkmale sind in Rußland und in den faschistischen Ländern im wesentlichen die gleichen, so daß ihr tödlicher Kampf in den Augen des Außenstehenden der Blutfeindschaft von Lehnsmännern gleicht, die für das Erbe ihrer erschlagenen Eltern, der Demokratie und des rationalen Zeitalters kämpfen. Das Leben der Gemeinschaft wird beherrscht von einem individuellen Führer, Duce, Diktator, von dem Haupt einer kleinen, aktiven Minorität, der Partei der Nazis, Faschisten oder Kommunisten, die durch die Macht militarisierter Partisanen unterstützt werden. In aller Eile wird das soziale, wirtschaftliche und politische Leben des Volkes in einer neuen, strengen Organisation zusammengefaßt und einer bis ins einzelne gehenden Kontrolle unterworfen. Durch Zwang wird alles Denken und Erziehen, jeder Ausdruck und jede Handlung zusammengeschweißt zu einem festen System von Ideen und Lebensantrieben. Alles Abweichende oder Ablehnende wird gewaltsam, roh, oft blutig unterdrückt. Es herrscht eine totale, zuvor nie dagewesene Vergewaltigung des ganzen gemeinschaftlichen Seins, so daß höchste Leistung und vollkommene Einigkeit des Mentalen, des Wortes, des Fühlens und Lebens erzwungen wird.

Würde eine solche Entwicklung allgemein, so würde es das Ende des rationalen Zeitalters bedeuten, der Selbstmord oder die Hinrichtung - durch Enthauptung oder tödliche Unterdrückung, *peine forte et dure* - der rationalen und intellektuellen Entfaltung des mentalen menschlichen Wesens. Die Vernunft vermag nicht zu arbeiten, zu handeln oder zu herrschen, wenn dem Menschen die Gedankenfreiheit oder die Freiheit, seine Gedanken im Leben in die Tat umzusetzen, genommen wird. Aber auch ein subjektives Zeitalter könnte hieraus nicht entstehen. Denn auch der Subjektivismus vermag nicht zu wachsen ohne Formung, ohne tätige Selbsterforschung, ohne Spielraum der Bewegung, Weite, Entwicklung, Veränderung. Auf diese Weise würde allenfalls ein dunkles Niemandsland entstehen, in dem finsterster materialistischer oder vitalistischer Mystizismus oder eine Mischung aus beiden zusammenstoßen und um die Herrschaft über das menschliche Leben kämpfen.

Wie das Ende sein wird, ist noch nicht gewiß. Noch herrschen Chaos und Verwirrung, noch ist alles in der Schwebe. Vielleicht ist der totalitäre Mystizismus nicht in der Lage, seine Drohung einer Herrschaft über die ganze Welt wahr zu machen, vielleicht wird er nicht einmal durchhalten. In Teilen der Welt mag ein rationaler Idealismus überleben. Der furchtbare Zwang, der heute auf das Mentale und das Leben der Nation ausgeübt wird, mag zu einer inneren Explosion führen. Oder er mag, wenn er sein unmittelbares Ziel erfüllt hat, nachlassen und in ruhigeren Zeiten einer größeren Formungsmöglichkeit Raum geben, die dem Mentalen und der Seele des Menschen einen natürlichen Fortschritt ermöglicht, ein freieres Feld öffnet für die ausbreitenden Kräfte seiner Impulse.

Dann mag der Kurs des Zeitalters der Vernunft, dem jetzt ein plötzliches Ende droht, weiter dauern und sich selbst erfüllen. Dann wird vielleicht die Wendung der menschlichen Mentalität und des menschlichen Lebens zum Subjektiven hin nicht dazu führen, daß sie sich vorzeitig in irgendeine allgemeine Wirksamkeit im Außen stürzen, ehe sie sich selbst begriffen haben, sondern sie werden Zeit und Freiheit finden, sich zu entwickeln, ihre eigene Wahrheit zu erkennen, ihren eigenen Richtlinien zu folgen. Dann wird der Mensch vielleicht fähig werden, die Spirale seiner sozialen Entwicklung dort wiederaufzunehmen, wo das Zeitalter der Vernunft im Lauf seiner natürlichen Entwicklung endet und die Wege freigibt für eine tiefere Spiritualität.

ENDE DES ZEITALTERS DES VERSTANDES

Die rationale, kollektivistische Idee der Gesellschaft wirkt auf den ersten Blick sehr anziehend. Ihr liegt die tiefe Wahrheit zugrunde, daß jede Gesellschaft ein kollektives Wesen darstellt, und daß das Individuum in diesem und durch dieses lebt und ihm alles, was es zu geben vermag, schuldet. Überhaupt kann der einzelne erst durch eine bestimmte Beziehung zu der Gesellschaft, durch eine gewisse Harmonie mit diesem größeren kollektiven Ich die Vielfalt seiner entfalteten oder zu entfaltenden Kräfte und seiner Tätigkeiten voll nutzbar machen. Als kollektives Wesen sollte der einzelne natürlich eine wahrnehmbare kollektive Vernunft und einen Willen besitzen, die immer stärker ihren richtigen Ausdruck und Einsatz finden müßten, wenn ihnen bewußt und wirksam die Möglichkeit einer organisierten Selbstdarstellung und Ausübung gegeben würden. Dieser kollektive Intellekt und Wille, der seiner ursprünglichen Idee nach allen in gleichem Ausmaß zukommt, würde naturgemäß sein eigenes Wohl erstreben und aufbauen, während der einzelne oder eine herrschende Klasse ihre Macht zu ganz anderen Zwecken mißbrauchen könnte.

Die rechte Organisation des sozialen Lebens auf der Grundlage der Gleichheit und Kameradschaft sollte jedem einen für ihn geeigneten Platz in der Gesellschaft einräumen, ihm für die Aufgaben der Gemeinschaft eine vollkommene Schulung und Entfaltungsmöglichkeit geben, ihm den gebührenden Anteil an Arbeit, Muße, Belohnung und den rechten Wert seines Lebens zukommen lassen im Vergleich zum kollektiven Sein, zur Gesellschaft. Dies wäre ein Platz, ein Anteil und ein Wert, bestimmt durch das Wohl des Individuums und des Kollektivs, nicht ein übertriebener oder herabgeminderter Wert, zufällig erworben durch Geburt und Glück, durch Reichtum erkauft oder im mühsamen und kraftraubenden Kampf erlangt. Sicherlich wird die Wirksamkeit der Gemeinschaft im Außen, ihre gemäßigte, geordnete und wirtschaftliche Arbeit, ihre Fähigkeit zu schaffen und für das allgemeine Wohl zu sorgen, in einem gut organisierten und zentralisierten Staat ungeheuer zunehmen, wie sich aus der noch ganz unvollkommenen Entwicklung der kollektiven Leistung in der jüngsten Vergangenheit ergibt.

Wendet man hiergegen ein, daß zur vollkommenen Erreichung dieses Zieles die Freiheit des einzelnen vernichtet oder auf ein verschwindendes Maß zurückgeschraubt werden muß, so könnte man antworten, daß die Annahme des Rechts eines einzelnen auf irgendeine egoistische Freiheit im Verhältnis zum Staat als dem Vertreter des Mentalen, des Willens, des Wohls und des Interesses der ganzen Gemeinschaft, Sarvam brahma, eine gefährliche Täuschung, einen verderblichen Mythos darstellt. Individuelle Freiheit des Lebens und Handelns - selbst wenn Freiheit des Gedankens und des Wortes eine gewisse Zeit erlaubt ist, was zweifellos nicht lange ungestört der Fall sein wird, wenn erst einmal der sozialistische Staat seine Hand fest auf die Schulter des einzelnen gelegt hat - kann in Wirklichkeit sehr wohl eine den vorrationalen Teilen seiner Natur nicht gebührende Freiheit bedeuten. Muß nicht gerade diese Freiheit in ihm energisch beherrscht oder vielleicht sogar völlig unterdrückt werden, wenn er ein vernünftiges Wesen werden soll, das ein vernünftiges Leben führt?

Eine solche Beherrschung kann am vernünftigsten und wirksamsten durch kollektiven Verstand und Willen des Staates erfolgen, die umfassender, besser und erleuchteter sind als die des einzelnen. Denn ihnen steht alle Weisheit und alles Streben der Gesellschaft zu Gebote, was für das durchschnittliche Einzelwesen nicht zutrifft. Das erleuchtete Einzelwesen kann freilich diese kollektive Vernunft und diesen kollektiven Willen vielleicht als das eigene, umfassendere Mentale, das eigene Wollen und Bewußtsein ansehen und sich in freiwilliger Unterordnung von seinem kleineren, weniger verständigen Ich befreit fühlen, somit eine wirklichere Freiheit finden, als sein kleines, gesondertes Ich es jemals hätte erwarten können. Es ist schon oft behauptet worden, daß der disziplinierte Deutsche, der sich dem kleinsten Wink des Polizisten, des Staatsbeamten oder Offiziers unterordnet, in Wirklichkeit das freieste, glücklichste und moralischste Einzelwesen in ganz Europa und damit in der ganzen Welt sei. Gleiches könnte man in noch stärkerem Maß von dem gedrillten Glück im faschistischen Italien und Nazi-Deutschland sagen. Der Staat, der das Individuum erzieht und beherrscht, macht es sich zur Aufgabe, dieses vernunftmäßig, ethisch und praktisch zu schulen und es ganz allgemein zu vervollkommnen und dabei achtzugeben, daß es immer und in allen Dingen, ob es will oder nicht, streng und genau die vom Staat gebilligte Linie auf intellektuellem, ethischem und praktischem Gebiet einhält.

Bedauerlich ist nur, daß die ausgezeichnete Theorie, ebenso wie vor ihr die individuelle Theorie, sicherlich an dem Widerspruch zwischen ihren Ideen und den tatsächlichen Gegebenheiten der menschlichen Natur scheitern wird. Denn sie leugnet die Vielfältigkeit des menschlichen Wesens und alles, was sich aus dieser Vielfalt ergibt. Vor allem leugnet sie die Seele des Menschen und sein großes Bedürfnis nach Freiheit, zweifellos auch nach Freiheit von der Herrschaft seiner niederen Schichten - denn dies ist ein wichtiger Teil der Freiheit, nach der er strebt -, vor allem aber auch von der bedeutsamer werdenden Selbstbeherrschung, die nicht eine mechanische Regelung durch das Mentale und den Willen anderer darstellt. Auch Gehorsam gehört zur menschlichen Vollendung, aber ein freier, natürlicher Gehorsam gegenüber einer wirklich entscheidenden Macht, nicht gegenüber einer organisierten Herrschaft und Ordnung. Ein Kollektivwesen ist eine Tatsache: aber dieses Wesen besteht aus Seele und Leben, nicht nur aus Mentalem und Körper. Jede Gesellschaft entwickelt sich zu einer Art Unter-Seele oder Gruppen-Seele dieser Menschheit und entfaltet ein allgemeines Temperament, einen allgemeinen Charakter, einen Typ des Mentalen, entwickelt vorherrschende Ideen und Bestrebungen, die ihr Leben und ihre Einrichtungen gestalten.

Es läßt sich aber nicht feststellen, daß die Gesellschaft eine gemeinsame, allen ihren Gliedern eigene Vernunft und Willen besitzt. Denn die Gruppenseele schafft sich ihre Ziele durch eine Vielfalt von Meinungen, Willensentschlüssen und Lebensformen, und die Vitalität des Gruppenlebens hängt sehr stark von der Wirksamkeit, der Erhaltung und der Fülle dieser Vielfalt ab. Die Herrschaft durch einen organisierten Staat muß dementsprechend immer Herrschaft einer Anzahl von Individuen bedeuten. Ob diese theoretisch eine Minorität oder Majorität darstellen, macht letztendlich keinen grundlegenden Unterschied. Denn selbst wenn angeblich die Majorität herrscht, so sind es doch tatsächlich Vernunft und Wille einer vergleichsweise geringen Zahl von Menschen - und nicht wirklich gemeinsame Vernunft und gemeinsamer Wille aller - die mit Zustimmung einer halb-hypnotisierten Masse die Dinge in der Hand haben und regeln.* Es liegt kein Grund zu der Annahme vor, daß eine sofortige Sozialisierung des Staates irgend etwas an der praktischen Notwendigkeit einer Staatsherrschaft ändern würde, da die überwiegende Zahl der Menschen in ihrem Mentalen noch nicht von Grund auf vernünftig und entwickelt ist.

In den früheren, vorrationalen Gesellschaftsformen herrschte - zumindest zu Beginn - nicht der Staat, sondern die Gruppenseele selbst, die ihr Leben entwickelte und in überkommenen Einrichtungen nach eigener Entscheidung für alle verbindlich organisierte. Die Herrschenden waren nur ausführende Organe und Werkzeuge der Gruppenseele. Dies verlangte tatsächlich eine starke Unterwerfung des Individuums unter die Gesellschaft. Doch wurde diese nur wenig empfunden, da die individualistische Idee noch nicht geboren war und die sich ergebenden Unterschiede auf die eine oder andere Weise in der Natur der Dinge gegründet lagen, in einigen Fällen durch den beachtlichen Umfang sozialer Verschiedenheit, die eine Staatsherrschaft mehr und mehr zu unterdrücken sucht. Je mehr sich diese also entwickelt, um so stärker wird die Minorität durch die Majorität oder umgekehrt, wird das Einzelwesen vom Kollektiv, werden endlich alle von der unbarmherzigen Staatsmaschine unterdrückt und bedrückt.

Die demokratische Freiheit suchte diese Unterdrückung zu verringern; sie überließ dem Individuum freien Spielraum und beschränkte die Rolle des Staates, so weit sie konnte. Der Kollektivismus vertritt das genau entgegengesetzte Extrem. Er läßt dem Individuum nicht genügend Ellbogenfreiheit. Je mehr er den einzelnen durch eine allgemeine, hochentwickelte Erziehung vernünftig zu machen sucht, um so stärker wird dieser die Unterdrückung empfinden, jedenfalls so lange, bis die Gedankenfreiheit endgültig abgeschafft und das Mentale aller in eine Norm gezwungen ist.

Der Mensch braucht für sein Wachstum Freiheit des Denkens und Handelns. Sonst bleibt er in seiner Entwicklung stehen und

---

* Diese Wahrheit offenbarte sich mit einer auffallenden Kraft an Selbstdarstellung im kommunistischen Rußland und nationalsozialistischen Deutschland, von anderen Ländern zu schweigen. Das starke Wiederaufbrechen der menschlichen Bedürfnisse nach einem gekrönten König - Diktator, Führer, Duce - und einer herrschenden und verwaltenden Oligarchie war das Ergebnis der angeblichen Erhebung des Proletariats.

verkümmert. Sind sein individuelles Denken und Wollen noch wenig entfaltet, dann mag er damit einverstanden sein, sich - wie das vorrationale Mentale in der Gruppenseele - in der Herde, der Masse in einer allgemeinen halbbewußten Weise den niederen Naturvorgängen angepaßt, zu entwickeln. Sobald er jedoch individuelle Vernunft und Willen entwickelt, braucht und verlangt er von der Gesellschaft Raum für das sich verstärkende Spiel seiner individuellen Freiheit und Vielfalt, zumindest in einem Umfang, der den anderen und der Gesellschaft als Ganzheit nicht schadet. Ist dem individuellen Mentalen volle Entfaltung und freies Spiel gelassen, wird mit der ungeheuren Verschiedenheit, die die Entwicklung mit sich bringen muß, auch die Notwendigkeit der Freiheit zunehmen. Ist aber nur ein freies Spiel der Gedanken und Vernunft erlaubt, das freie Spiel des intelligenten Willens aber durch eine zu weit gehende Regelung des Lebens gehemmt, dann ist ein unerträglicher Widerspruch, eine Verfälschung der Dinge die Folge. Eine Zeitlang wird der Mensch dies ertragen in Anbetracht der großen, mit der kollektivistischen Gesellschaftsform verbundenen, sichtbaren neuen Wohltaten wie geregeltes Leben, wirtschaftliche Entwicklung, neue Mittel der Wirksamkeit und wissenschaftliche Erfolge der Vernunft. Wenn diese Wohltaten aber zur Selbstverständlichkeit werden und ihre Mängel immer stärker und sichtbarer hervortreten, dann werden mit Sicherheit die klarsten und bedeutendsten Denker der Gesellschaft von Unzufriedenheit und Empörung erfaßt, die sich auch der Masse bemächtigen.

Unter solchen Bedingungen kann diese Unzufriedenheit im Intellektuellen und Vitalen sehr wohl die Form anarchistischer Gedanken annehmen und Anlaß zu einer Revolte werden, weil diese gerade die Notwendigkeit einer freien Veränderlichkeit des inneren Lebens und seines äußeren Ausdrucks verlangen. Anarchistische Gedanken müssen notwendigerweise auf den Umsturz einer sozialistischen Ordnung hinzielen. Sie können vom Staat nur durch eine Erziehung bekämpft werden, die, seinen festen Lebensformen angepaßt, den Bürger, wie dies in der vorrationalen Ordnung der Dinge geschah, durch eine Normung seiner Gedanken, Eigenschaften und Bestrebungen schult und seine Rede- und Gedankenfreiheit unterdrückt, so daß alle zu gleicher Mentalität, Empfindung, Rede und gleichem Fühlen erzogen und gezwungen werden. Dieses Heilmittel aber widerspricht in sich selbst einer rationalen Gesellschaftsform und wird deshalb ohne Wirkung sein, oder aber falls es wirkungsvoll ist, wird es schlimmere Folgen hervorrufen als das bekämpfte Übel selbst. Wenn andererseits die Gedankenfreiheit schon von Anfang an unterdrückt wird, so bedeutet dies das Ende des Zeitalters der Vernunft und seines Ideals einer rationalen Gesellschaft. Wird dem Menschen, dem mentalen Wesen, die Verwendung seines Mentalen und seines intelligenten Willens bis auf einen festgelegten, beschränkten Umfang untersagt, so verkümmert sein Wachstum, und er wird wie Tier und Insekt zu einem Wesen von unveränderlicher Art.

Dieser entscheidende Fehler sollte einen sozialistischen Staat von seiner Unfähigkeit überzeugen und ihn dazu bewegen, von der Verfolgung eines neuen Ideals abzusehen. Der Druck der Staatsorganisation auf das individuelle Leben hat bereits einen kaum mehr erträglichen Grad erreicht. Fährt der Staat fort, das zu tun, was er heute tut, nämlich das individuelle Leben durch eine verhältnismäßig geringe Zahl einzelner zu beherrschen und nicht, wie er vorgibt, durch Wollen und Vernunft der Gemeinschaft, wird er sozusagen offen undemokratisch oder bleibt er weiter nur pseudodemokratisch, dann wird es diese Verfälschung sein, deretwegen der anarchistische Gedanke ihn angreifen wird. Diese im eigentlichen Wesen liegende Schwierigkeit aber würde auch nicht verschwinden, wenn der sozialistische Staat wirklich demokratisch würde, wirklich Ausdruck des frei begründeten Willens einer übereinstimmenden Majorität. Jede solche Entwicklung wäre tatsächlich sehr schwierig und bliebe ein Wunschbild. Denn der Kollektivismus strebt danach, das Leben nicht nur in seinen wenigen Grundsätzen, seinen Hauptzügen zu lenken, wie dies jede Gesellschaftsordnung versuchen wird, sondern auch in seinen Einzelheiten. Sein Ziel ist eine alles erfassende, wissenschaftliche Regulierung.

Eine Übereinstimmung aber des freien vernünftigen Willens von Millionen in allen Grundsätzen und in den meisten Einzelheiten des Lebens ist ein Widerspruch in sich selbst. Wie vollkommen auch der organisierte Staat sein mag, die Unterdrückung oder Einschränkung der individuellen Freiheit durch den Willen der Majorität oder Minorität wird immer ein entscheidender Fehler sein, der seine eigenen Grundsätze verletzt. Und noch etwas Schlimmeres würde eintreten. Eine alles erfassende, wissenschaftliche Regelung des Lebens kann nur mit Hilfe einer alles erfassenden Mechanisierung des Lebens erreicht werden. Die Neigung zur Mechanisierung muß als eingeborener Fehler des Staatsgedankens und seiner Anwendung angesehen werden. Diesen Fehler haben sowohl das intellektuelle, anarchistische Denken wie die Einsicht des spirituell Denkenden bereits erkannt. Er wird noch wesentlich stärkere Bedeutung erhalten, wenn der Staatsgedanke in der Praxis immer weitere Auswirkung beansprucht. Es ist der grundsätzliche Fehler der Vernunft, das Leben beherrschen und dessen natürliche Entwicklung in etwas wie eine rationale Ordnung pressen zu wollen.

Das Leben ist etwas anderes als die mechanische Ordnung des physikalischen Weltalls, die die Vernunft beherrschen konnte, weil sie mechanisch ist und unveränderlich in den Spuren fester kosmischer Regeln verläuft. Das Leben ist demgegenüber eine bewegliche, sich entwickelnde und entfaltende Kraft, eine Kraft, die immer stärker zur Ausdrucksform einer unendlichen Seele in den Geschöpfen wird und die, je stärker sie sich entfaltet, ihre eigenen subtilen Verschiedenheiten, Notwendigkeiten und ihre Vielfältigkeit erkennen lernt. Der Fortschritt des Lebens umfaßt die Entwicklung und das Ineinandergreifen einer ungeheuren Vielzahl von Dingen, die miteinander streiten, die oft sogar einen absoluten Widerspruch und Gegensatz zu bilden scheinen. Es muß immer das mehr allgemeine Ziel der gewollten Lebensentwicklung der Menschheit sein - will sie überhaupt aus den verwirrenden, mühevollen und dunklen Bewegungen des Lebens, aus den Kompromissen herauswachsen, die die Natur mit der Unwissenheit der Lebens-Mentalität und dem Nichtwissen der Materie geschlossen hat -, eine diese Gegensätze verbindende Grundregel, einen einenden Standpunkt, einen Ansatzpunkt zur Versöhnung zu finden, um eine breitere, bessere Entwicklung möglich zu machen auf der Grundlage von Eintracht. Dies kann nur geschehen, wenn die Seele sich selbst in ihrer höchsten Wirklichkeit erfährt und ihre Lebenswerte allmählich in spirituelle Werte verwandelt.

So werden alle ihre spirituelle Wahrheit erfahren und in dieser Wahrheit einen Standpunkt gegenseitiger Anerkennung und Versöhnung finden. Die Spiritualität ist die eine Wahrheit, deren verschleierte Aspekte, verführerische Verkleidungen oder dunkle Entstellungen alle anderen Wahrheiten sind. In ihr allein kann der Mensch die eigene wahre Form und seine Beziehung zu den anderen finden. Diese Aufgabe kann die Vernunft nicht lösen, die nur ein vermittelndes Amt innehat. Sie soll das Leben denkend beobachten und erkennen, ihm die Richtung weisen, die es einschlagen soll und den Weg zur Selbstentfaltung. Um diese Aufgabe zu erfüllen, muß die Vernunft für beschränkte Zeit feste Standpunkte einnehmen, deren keiner ganz wahr ist, muß Systeme schaffen, deren keines als endgültiger Ausdruck der ganzheitlichen Wahrheit der Dinge angesehen werden kann. Die ganzheitliche Wahrheit der Dinge ist nicht eine Wahrheit der Vernunft, sondern eine des Spirits. Im Bereich der Gedanken ist dieses gleichgültig. Da hier die Vernunft nicht zu einer praktischen Auswirkung gelangt, vermag sie ungestraft entgegengesetzte Standpunkte und Systeme nebeneinander bestehen zu lassen, sie miteinander zu vergleichen und auf verschiedenste Weise zwischen ihnen auszugleichen, sie zu verbinden, immer wieder zu verändern, zu erweitern und zu erheben. Sie kann frei handeln, ohne dauernd an die unmittelbaren, praktischen Folgen zu denken. Sucht aber die Vernunft Einfluß auf das Leben zu nehmen, dann muß sie ihren Standpunkt festlegen und ihr System zusammenfassen. Veränderungen werden dann tatsächlich oder scheinbar zweifelhaft, schwierig und gefährlich. Die Folgen lassen sich nicht ohne weiteres übersehen, da der Widerstreit von Standpunkten, Grundsätzen und Systemen zu Kampf und Revolution führt und nicht die Grundlage für eine harmonische Entwicklung schafft.

Die Vernunft mechanisiert, um inmitten des Flusses aller Dinge eine feste Haltung und Regel zu gewinnen. Wohl genügt eine Mechanisierung im Umgang mit den physischen Kräften, da sie mit dem Gesetz des Dharma, der physischen Natur, in Einklang steht. Doch kann sie niemals mit Erfolg auf das bewußte Leben angewendet werden. Denn hier steht sie im Gegensatz zu dem Gesetz des Lebens, dem höchsten Dharma. Während also der Versuch zu einer rationalen Regelung der Gesellschaft als ein Fortschritt gegenüber der verhältnismäßigen Unbeweglichkeit und der langsamen, unterbewußten oder halbbewußten Entwicklung der vorrationalen Gesellschaften und der wirren, verschwommenen Entwicklung halbrationaler Gesellschaften angesehen werden kann, so kann ein solcher Versuch doch niemals durch die ihm eigenen Methoden zur Vollkommenheit gelangen. Denn die Vernunft ist nicht die wichtigste Grundkraft des Lebens, nicht sein letztes und höchstes oder überhaupt ausreichendes Prinzip.

Offen bleibt die Frage, ob anarchistisches Denken, das zu dem kollektivistischen hinzukommt, mit besserem Erfolg eine befriedigende soziale Grundregel zu finden vermag. Denn wenn es mit der Mechanisierung aufräumt, dem einen praktischen Mittel einer rationalisierenden Lebensorganisierung, auf welcher Grundlage wird es dann aufbauen, und womit wird es etwas Neues schaffen? Man könnte dem Anarchismus gegenüber einwenden, daß die kollektivistische Periode, wenn nicht die letzte und beste, so doch zumindest eine notwendige Stufe des sozialen Fortschritts ist. Denn man muß es als Untugend des Individualismus ansehen, den Egoismus des mentalen und vitalen Seins durch allzu große Betonung der freien Entwicklung und des Selbstausdrucks des Lebens und des Mentalen oder der Lebens-Seele im Individuum zu übertreiben und zu verhindern, daß die Einheit mit den anderen erkannt wird, eine Erkenntnis, ohne die volle Selbstentwicklung und gefahrlose Freiheit nicht erlangt werden kann. Der Kollektivismus zumindest behauptet diese Einheit, indem er das Leben des gesonderten Einzelwesens dem Leben des größeren Gruppenwesens völlig unterordnet und auf diese Weise der Mentalität und den Lebensgewohnheiten des Individuums die Notwendigkeit einer Vereinigung seines Lebens mit dem Leben der anderen aufprägt. Später, wenn der einzelne wieder beginnt, seine Freiheit zu verteidigen, wie dies eines Tages geschehen muß, dann hat er vielleicht gelernt, solches auf der Grundlage der Einheit, nicht auf der seines gesonderten, egoistischen Lebens zu tun. Dies mag die Absicht der Natur in der menschlichen Gesellschaft sein, wenn sie kollektivistische Grundlagen für das soziale Leben entwickelt. Letzten Endes wird möglicherweise der Kollektivismus selbst dieses Ziel verwirklichen, wenn er die ihm eigenen Grundsätze so weit abzuändern vermag, daß eine freie individuelle Entwicklung auf der Grundlage der Einheit und eine weitgehend aufeinander abgestimmte, gemeinsame Lebensform ermöglicht wird. Hierfür aber muß er sich zunächst selbst spiritualisieren und die ihm eigene grundlegende Idee wandeln. Dies ist nicht möglich auf Grund des logischen Verstandes und einer wissenschaftlich-mechanischen Ordnung des Lebens.

Anarchistisches Denken, das bisher noch keine feste Form gefunden hat, kann sich nur in der Masse entwickeln, wie sich der

Druck der Gesellschaft auf das Individuum steigert, da dieser Druck ein für die menschliche Vollendung notwendiges Element ungebührlich in seiner Wirksamkeit beschränkt. Dem gröberen, vitalistischen oder gewaltsamen Anarchismus, der sich den sozialen Grundregeln auf das schärfste entgegenstellt oder das Recht, sein »eigenes Leben zu leben«, für den einzelnen in einer egoistischen, rohen und triebhaften Weise verlangt, brauchen wir nicht allzu viel Bedeutung beizumessen. Es gibt aber ein höheres, ein intellektuelles anarchistisches Denken, das in Ziel und Bekenntnis eine sehr reale Wahrheit der Natur und des Göttlichen im Menschen wiederentdeckt und zu ihren letzten logischen Folgerungen führt. In seiner Empörung gegen die Übertreibungen des entgegengesetzten sozialen Grundsatzes erklärt er, daß alle gewaltsame Herrschaft von Mensch über Mensch ein Übel, eine Verletzung, Unterdrückung oder Entstellung des natürlichen Prinzips des Guten sei, das andernfalls sich verstärken und der Vollendung der Menschheit dienen würde. Selbst das soziale Prinzip an sich ist in Frage gestellt und wird verantwortlich gemacht für den Fall des Menschen aus einer natürlichen Lebensordnung in eine unnatürliche und künstliche.

Die Übersteigerung und die dieser anspruchsvollen Idee innewohnenden Schwäche sind offensichtlich. Denn der Mensch lebt tatsächlich nicht als ein gesondertes Wesen und kann sich auch nicht durch eine gesonderte Freiheit entfalten. Er entwickelt sich durch seine Beziehungen zu anderen, und seine Freiheit muß sich auswirken, indem sie einen immer harmonischeren Einklang mit der Freiheit der Mitmenschen findet. Deshalb wären die sozialen Grundregeln, abgesehen von den Formen, die sie angenommen haben, an sich schon voll und ganz gerechtfertigt allein durch die Notwendigkeit, die Gesellschaft als Möglichkeit von Beziehungen zu brauchen, die dem Individuum Gelegenheit geben, zu seiner Vollendung fortzuschreiten. Wohl lehrte das alte Dogma die ursprüngliche Unschuld und Vollkommenheit des Menschen. Die Vorstellung, daß im Uranfang der ideale Zustand der Menschheit die harmonische Glückseligkeit des freien und natürlichen Lebens war, in dem es kein soziales Gesetz, keinen Zwang gab, da man ihrer nicht bedurfte, stammt schon aus den Zeiten des Mahabharata. Aber auch diese Theorie muß einen Fall des Menschen aus seiner natürlichen Vollkommenheit zugeben. Dieser Fall war nicht die Folge der Einführung einer sozialen Grundregel in die Lebensgestaltung des Menschen, vielmehr mußte die soziale Regelung und die Herrschaft des Zwanges als Ergebnis seines Falles eingeführt werden. Würden wir im Gegensatz hierzu die Entwicklung des Menschen nicht als einen Sturz aus der Vollkommenheit, sondern als einen allmählichen Aufstieg, als ein Wachstum aus dem vorrationalen Zustand seines Seins ansehen, dann wäre es klar, daß nur durch Ausübung eines sozialen Zwangs auf die vitalen und physischen Instinkte seines vorrationalen Egoismus, nur durch deren Unterwerfung unter die Notwendigkeiten und Gesetze des sozialen Lebens ein solches Wachstum auf breiterer Basis möglich gewesen wäre.

In ihrer ersten, groben Form verbessern sich die vorrationalen Instinkte nicht von allein ohne den zwingenden Druck der Notwendigkeit, sondern nur auf Grund der Einführung eines Gesetzes, das nicht ihr eigenes ist und das sie letztlich lehrt, ein noch größeres, inneres Gesetz zu ihrer eigenen Schulung und Läuterung zu erlassen. Das Prinzip des sozialen Zwanges wurde nicht immer, vielleicht überhaupt niemals wirklich weise angewandt. Dies Prinzip ist ein Gesetz menschlicher Unvollkommenheit in sich selbst und deshalb auch immer unvollkommen in Methode und Ergebnis. Es war aber unvermeidlich auf den ersten Stufen der Entwicklung. Ehe der Mensch nicht über seine Notwendigkeit hinausgewachsen ist, wird er nicht wirklich bereit sein für anarchistische Lebensgrundsätze.

Es ist aber ebenso klar, daß der Mensch seiner wahren und natürlichen Vollendung um so näher kommt, je mehr das äußere Gesetz von einem inneren abgelöst wird. Im vollkommen sozialen Staat muß aller Zwang von außen abgeschafft und dem Menschen die Möglichkeit gegeben werden, mit seinem Nächsten auf der Grundlage freier Übereinstimmung und Zusammenarbeit zu leben. Wie aber kann er für diese große und schwierige Vollendung vorbereitet werden? Der intellektuelle Anarchismus beruht auf zwei Kräften im Menschen. Die erste ist die Erleuchtung seiner Vernunft. Das erleuchtete Mentale des Menschen wird Freiheit für sich selbst verlangen, aber zugleich dieselben Rechte anderen zubilligen. Ein gerechter Ausgleich wird von selbst einer wahren, in sich ruhenden, nicht entstellten menschlichen Natur entspringen. Dies würde offensichtlich genügen, wenn es auch kaum ohne beträchtliche Änderungen und Fortschritte in den mentalen Fähigkeiten des Menschen möglich wäre, falls der einzelne vorwiegend für sich leben würde und nur wenige, notwendige Berührungspunkte mit anderen besäße. Tatsächlich aber ist unser Dasein eng mit unserer Umwelt verbunden. Es gibt ein gemeinsames Leben, gemeinsame Arbeit, Bemühungen und Ziele, ohne die die Menschheit nicht zu ihrer ganzen Fülle und Weite heranwachsen könnte. Um bei dieser ständigen Beziehung eine Zusammenarbeit zu sichern und Zusammenstöße wie Streit zu vermeiden, bedarf es einer anderen Kraft als der des erleuchteten Intellekts. Anarchistisches Denken findet diese Kraft in der natürlichen, menschlichen Sympathie, die eine naturgegebene Zusammenarbeit zuverlässig gewährleisten würde, wenn ihr unter den rechten Voraussetzungen freier Spielraum gegeben wird. Ein amerikanischer Dichter nennt sie Kameradschaftsliebe. Es ist die Brüderlichkeit, das dritte und am meisten vernachlässigte Postulat der französischen Revolution. Ein freier Ausgleich, auf unmittelbarer Zusammenarbeit gegründet, nicht auf der Macht einer Regierung oder auf sozialem Zwang, ist das höchste Ideal des Anarchismus.

Dies würde uns augenscheinlich zu der freien Zusammenarbeit des Kommunismus führen, einer Vereinheitlichung des Lebens, in dem Arbeit und Eigentum aller dem Wohle aller dienen, oder - besser ausgedrückt -, zu einem Kommunalismus, zur freien Zustimmung des Individuums, in einer Gesellschaft zu leben, in der die gerechte Freiheit des Einzelwesens anerkannt, der Überschuß seiner Arbeit und seines Besitzes - aus einem natürlichen Antrieb zur Zusammenarbeit heraus - für das allgemeine Wohl genutzt oder bedingungslos zur Verfügung gestellt wird. Anarchismus in seiner strengsten Form lehnt jeden Kompromiß mit dem Kommunismus ab. Es ist schwierig zu erkennen, wie ein staatenloser Kommunismus, der als Endziel des russischen Ideals angesehen wird, unter so weiten und vielfältigen Bedingungen wirken kann, wie sie das heutige Leben verlangt. Tatsächlich ist nicht einmal klar, wie gerade ein freier Kommunismus ohne eine gewisse Macht der Regierung und ohne sozialen Zwang sich aufbauen, erhalten oder davor bewahren kann, letzten Endes entweder in einen starren Kollektivismus oder nach dem anderen Extrem in Kampf, Anarchie und Zerstörung auszuarten. Denn die logische Mentalität, die ihre sozialen Ideen aufbaut, bezieht die vorrationalen Elemente des Menschen, den vitalen Egoismus nicht genügend ein, dem der tätigste und wirksamste Teil seiner Natur verbunden ist. Dies ist sein vorherrschender Antrieb, der letztendlich alle Berechnungen der idealisierenden Vernunft zum Scheitern bringt, ihr genau erarbeitetes System auflöst oder nur das wenige annimmt, das sie ihren eigenen Bedürfnissen und Zwecken anpassen kann. Ist jenes treibende Element, die Ich-Kraft im Menschen, zu stark überschattet, eingeschüchtert, entmutigt, zu sehr rationalisiert, wird ihr zu wenig Auswirkung gelassen, dann wird sein Leben künstlich, verliert das Gleichgewicht, wird arm an Lebenssaft, mechanisch und unschöpferisch. Wird dieser Ichtrieb aber nicht unterdrückt, so drängt er andererseits schließlich zur Selbstbestätigung und verwirrt die rationale Seite des Menschen, da er Kräfte enthält, deren rechte Erfüllung oder endgültige Verwandlung die Vernunft nicht zu erkennen vermag. Wäre die Vernunft das geheime, höchste Gesetz des Weltalls, oder wäre der Mensch als mentales Wesen durch seine Mentalität in Schranken gehalten, dann würde er kraft seiner Vernunft die Beherrschung durch die vorrationale Natur überwinden, die sein tierisches Erbteil ist. Dann würde er gesichert in seinem besten, menschlichen Selbst als vollkommenes, vernünftiges und liebevolles Wesen leben, in allen Teilen ausgewogen und ausgeglichen, als sattvahafter Mensch der indischen Philosophie. Dieses wäre der Gipfel seiner Möglichkeiten, seine Vollendung. Seine Natur aber ist vergänglich, und das rationale Sein liegt nur auf halbem Wege der Entwicklung seiner Natur. Rationale Befriedigung kann ihn nicht vor dem Drang des Unten sichern, noch von der Anziehung von oben befreien. Wäre dem nicht so, würde das Ideal des intellektuellen Anarchismus als die Theorie dessen, was das menschliche Leben in vernünftiger Vollendung sein könnte, leichter erfüllbar und annehmbar sein. Da der Mensch aber so ist, wie er ist, sind wir letztendlich gezwungen, höher hinaufzustreben und weiter fortzuschreiten.

Ein spiritueller oder spiritualisierter Anarchismus scheint möglicherweise der wirklichen Lösung näher zu kommen oder sie zumindest zu berühren. In dem Anarchismus, wie er sich heute darbietet, liegt viel Übertreibung und Unvollkommenheit. Seine Anhänger scheinen oft eine unmögliche Verneinung des vitalen Lebens und eine Askese zu lehren, die das vitale Leben zu unterdrücken, selbst zu töten sucht, anstatt es zu verwandeln und zu reinigen. Durch diese strenge Härte machen sie das Leben selbst in seinem Ursprung arm oder ausgetrocknet. Erfaßt von einem anspruchsvollen Geist der Empörung, erklären diese Propheten die Zivilisation für einen Mißerfolg, da sie das vitale Leben überbetont. Gleichzeitig aber vertreten sie die entgegengesetzte Übertreibung, die wohl die Zivilisation von einigen ihrer wesentlichen Fehler und Häßlichkeiten befreien, uns aber zugleich auch viele echte und wertvolle Errungenschaften bringen würde. Abgesehen aber von diesen Auswüchsen eines zu logischen Denkens und eines zu einseitigen Impulses, abgesehen von der Unfähigkeit eines jeden »Ismus«, die spirituelle Wahrheit auszudrücken, die jede solche Einteilung unmöglich macht, scheinen wir hier dem wirklichen Ausweg, der Entdeckung der rettenden Antriebskraft, nahe zu sein.

Die Lösung liegt nicht in der Vernunft, sondern in der Seele des Menschen, in seinen spirituellen Bestrebungen. Nur eine spirituelle, eine innere Freiheit kann eine vollkommene menschliche Ordnung schaffen. Eine spirituelle Erleuchtung allein, die der rationalen überlegen ist, vermag die vitale Natur des Menschen zu erleuchten und ihr Eigenstreben, ihre Widersprüche und Unstimmigkeiten auszugleichen. Eine tiefere Bruderschaft, ein noch nicht gefundenes Gesetz der Liebe ist die einzig mögliche Grundlage für eine vollkommene soziale Entwicklung, die nichts anderes ersetzen kann. Diese Bruderschaft und Liebe aber wird nicht aus den vitalen Trieben oder der Vernunft entstehen. Dann würden sie entgegengesetzten Überlegungen und anderen feindlichen Instinkten begegnen und von diesen verspottet oder abgelenkt werden. Sie werden auch nicht in der Natur des menschlichen Herzens gefunden, das erfüllt ist von vielen anderen Leidenschaften, die sie bekämpfen würden. Allein in der Seele des Menschen können sie ihre Wurzel finden: die Liebe, die auf einer tieferen Wahrheit unseres Wesens gründet, die Bruderschaft, oder besser gesagt, die spirituelle Kameradschaft, Ausdruck einer inneren Erfahrung der Einheit. Denn es handelt sich um ein anderes Gefühl als das der Bruderschaft in ihrem vitalen oder mentalen Empfinden, um eine ruhigere, mehr dauerhafte treibende Kraft. Nur so kann der Egoismus schwinden und ein wahrer Individualismus der einmaligen Gottheit in jedem Menschen sich aufbauen auf dem wahren Kommunismus einer gleichartigen Gottheit der Menschheit, deren eigentliche Natur die

Einheit in der Vielfalt ist. Denn es ist die Aufgabe des Spirits, das innerste Selbst, die allumfassende Gottheit, das individuelle Leben und die Natur im Sein aller zur Vollendung zu bringen, in dem Leben und der Natur der universalen Gemeinschaft.

Dieser Lösung kann der Vorwurf gemacht werden, sie verlege das Ziel einer besseren menschlichen Gesellschaft in eine weit entfernte zukünftige Entwicklung der Menschheit; denn sie besagt, daß kein von der Vernunft geschaffenes System den individuellen oder kollektiven Menschen verbessern könne. Eine innere Wandlung der menschlichen Natur, zu schwierig, um von vielen erreicht zu werden, wäre hierfür notwendig. Ob dies zutrifft, ist nicht sicher. Sicher aber ist, daß, wenn diese Lösung nicht die richtige ist, es überhaupt keine Lösung gibt, daß, wenn dies nicht der Weg ist, es überhaupt für die Menschheit keinen gibt. Denn die irdische Entwicklung muß über den Menschen hinweggehen, wie sie über das Tier hinweggegangen ist. Eine bedeutendere Rasse muß kommen, die fähig ist zu einer spirituellen Verwandlung. Eine Lebensform muß geboren werden, die dem Göttlichen näher ist.

Jedenfalls besteht keine logische Begründung für die Behauptung, eine solche Veränderung könne sich überhaupt nicht anbahnen, nur weil ihre Verwirklichung nicht unmittelbar möglich erscheint. Eine entscheidende Wendung der Menschheit zu dem spirituellen Ideal hin, der Anfang eines stetigen Aufstiegs, einer Führung hinauf zu den Höhen, sollte nicht für völlig unmöglich gehalten werden, auch wenn die Gipfel zunächst nur von den wenigen Führern erreicht werden, weit entfernt von den Spuren der Allgemeinheit. Ein solcher Anfang kann vielleicht den Einbruch eines Einflusses bedeuten, der das ganze menschliche Leben in seiner Ausrichtung sofort verändert und seine Möglichkeiten und sein ganzes Gefüge für immer erweitern wird, wie es einst die Entwicklung seiner Vernunft tat und noch weit über jede Entwicklung der Vernunft hinaus.

DAS SPIRITUELLE ZIEL
UND DAS LEBEN

Eine auf Spiritualität gegründete Gesellschaft wird sich in zwei wesentlichen Punkten von der natürlichen menschlichen Gesellschaft unterscheiden, deren Ausgangs- und Endpunkt die niedere Natur ist. Die natürliche menschliche Gesellschaft beginnt mit dem Herdentrieb, der durch vielfältige, sich vielleicht widersprechende Interessen beeinflußt wird, mit Verbindung und Zusammenprall von Einzelwesen, mit einem Sichtreffen, Zusammenschließen und Bekämpfen von Ideen, Bestrebungen und Grundsätzen. Zunächst sucht sie abweichende Interessen einander anzupassen und Frieden zu stiften zwischen Meinungsverschiedenheiten, indem sie eine Reihe Regeln setzende Verträge natürlicher oder notwendiger Ordnungen schafft, die zum Brauchtum für das gesamte Leben werden und nach ihrer Entstehung als soziales Gesetz Anerkennung finden. Als Gegenstück zu den Interessen, die zu Wettstreit führen, schafft sie andere Interessen, die Zusammenschluß und gegenseitige Unterstützung verlangen, läßt sie Sympathien und die Gewohnheit der Hilfsbereitschaft wachsen, die der Wirksamkeit dieser Gesetze, Gebräuche und Verträge psychologisch einen Rückhalt gewähren und sie gutheißen. So rechtfertigen sich die zahlreichen sozialen Einrichtungen und Seinsgewohnheiten, die ihre Entstehung somit einer größeren Befriedigung und Leistungsfähigkeit des physischen, vitalen und mentalen Lebens des Menschen verdanken, mit einem Wort, dem Wachstum und den Vorteilen der Zivilisation. Freilich können recht bedeutende Verluste diesen Gewinnen gegenübergestellt werden. Aber wir müssen diese bejahen als Preis, den wir für die Zivilisation zu zahlen haben.

Die natürliche Gesellschaft behandelt den Menschen vorwiegend als ein physisches, vitales und mentales Wesen. Denn Leben, Mentales und Körper sind die drei Ausdrucksformen des Seins, mit denen sich auseinanderzusetzen ihre Aufgabe ist. Sie entwickelt ein System für Wachstum und Wirksamkeit des Mentalen, eine intellektuelle, ästhetische und moralische Kultur. Sie entfaltet die vitale Seite des menschlichen Lebens und schafft immer größere Möglichkeiten wirtschaftlicher Leistung und vitaler Freuden. Diese

Lebensform wird mit zunehmender Zivilisation immer reicher, inhaltsvoller und umfassender. Durch Entfaltung der mentalen und vitalen Kräfte wird die natürliche Kraft der physischen und animalischen Seite des Menschen immer mehr unterdrückt. Um das gestörte Gleichgewicht wiederherzustellen, werden Systeme der Körperkultur geschaffen, ein umfangreiches Wissen um die Gewohnheiten, Heilmittel zur Heilung der selbstverschuldeten Krankheiten, werden, soweit möglich, die künstlichen Lebensformen verbessern, die Teil ihres sozialen Systems sind. Letzten Endes aber zeigt die Erfahrung, daß die Gesellschaft dazu neigt, an ihrer eigenen Entwicklung zu sterben, ein sicheres Anzeichen dafür, daß das System grundlegende Fehler enthält, ein schlüssiger Beweis, daß ihre Idee vom Menschen und ihre Methode der Entwicklung der Wirklichkeit des menschlichen Seins und dem Ziel, das diese Wirklichkeit verlangt, überhaupt nicht entsprechen.

Die Entwicklung der menschlichen Zivilisation weist somit einen grundlegenden Fehler auf. Wo aber liegt er, und wie sollen wir dem nicht endenden Kreislauf des Versagens entrinnen? Die Fortschritte unseres zivilisierten Lebens enden in einer Erschöpfung der Vitalität und in der Weigerung der Natur, weitere Fortschritte in gleicher Richtung zu unterstützen. Unsere zivilisierte Mentalität, die zu eigenem Vorteil das Gleichgewicht im Menschen gestört hatte, entdeckt schließlich, daß sie erschöpft und vernichtet hat, was sie nährte, daß sie auf diese Weise das Vermögen zu gesunder Leistung und Schaffenskraft verloren hat. So mußte man feststellen, daß die Zivilisation viel mehr Probleme schuf, als sie zu lösen vermag, daß sie übertriebene Bedürfnisse und Wünsche vervielfachte, zu deren Befriedigung sie nicht genügend vitale Kraft besitzt, daß sie einen Dschungel von Ansprüchen und künstlichen Instinkten wachsen ließ, in dem das Leben die Richtung seines Weges verliert und keinen Ausblick auf das Ziel mehr besitzt. Fortgeschrittenere Denker beginnen die Zivilisation als Fehlschlag zu erklären, und die Gesellschaft fängt an, dies als berechtigt zu empfinden. Als Heilung wird entweder vorgeschlagen anzuhalten, sogar zurückzugehen, ein Verfahren, das schließlich nur noch mehr Verwirrung, Erstarrung und Verfall zur Folge hat, oder sich zur »Natur« zurückzuwenden, was unmöglich ist oder nur durch eine Umwälzung oder Auflösung der Gesellschaft erreicht werden kann. Man erhofft sich sogar eine Heilung durch mehr und mehr wissenschaftlich ausgebaute, auf die Spitze getriebene, künstliche Hilfsmittel, durch vielfältige mechanische Auswege, durch eine stärkere wissenschaftliche Organisation des Lebens. Das würde bedeuten, daß die Maschine das Leben ersetzt, daß der eigenwillige logische Verstand die Stelle der umfassenden Natur einnehmen und der Mensch in der Mechanisierung Rettung finden wird. Ebensogut könnte man sagen, eine Krankheit bis zu ihrer Krise treiben, sei das beste Heilmittel für sie.

Im Gegenteil könnte man mit einiger Wahrscheinlichkeit behaupten, daß der grundlegende Fehler unseres ganzen Systems die mangelnde Entwicklung eben dessen ist, was die Gesellschaft am meisten vernachlässigt hat: des spirituellen Elements, der Seele des Menschen, die sein wahres Wesen ausmacht. Selbst ein gesunder Körper, eine starke Vitalität, aktive und klare mentale Fähigkeiten, selbst die Möglichkeit, diese zu betätigen und Befriedigung an ihnen zu finden, bringt den Menschen nur einen kleinen Schritt vorwärts. Bald wird er unwillig und müde, da er sich nicht wirklich selbst findet und kein befriedigendes Ziel für sein Handeln und sein Fortschreiten sieht. Diese drei Dinge machen nicht die Summe vollkommenen Menschentums aus. Sie sind nur Mittel, um ein weiteres Ziel zu erreichen und können auf die Dauer nicht als Ziel an sich angesehen werden. Selbst wenn man ein Leben reich an Gefühlen auf hohem ethischen Niveau annimmt, fehlt noch ein Zusätzliches, fehlt ein höchstes Gut, das in diesen Dingen liegen sollte, das sie aber nicht selbst zu erreichen, das sie nicht zu entdecken vermögen, solange sie nicht über sich selbst hinauswachsen. Auch wenn man ein religiöses System und einen umfassenden Spirit des Glaubens und der Frömmigkeit annimmt, hat man doch nicht den Weg sozialer Rettung gefunden. Alle diese Dinge hat die menschliche Gesellschaft entwickelt. Aber nichts bewahrte sie vor Enttäuschung und Verfall. Die alten intellektuellen Kulturen Europas endeten jäh in Skepsis, Ohnmacht, die Frömmigkeit Asiens in Erstarrung und Niedergang.

Die heutige Gesellschaft hat eine neue Grundregel für das Überleben und den Fortschritt gefunden, das Ziel dieses Fortschritts aber hat sie niemals entdeckt, es sei denn, dieses Ziel wäre immer mehr Wissen, mehr Material, mehr Annehmlichkeit und Bequemlichkeit, mehr Vergnügen, eine immer größere Vielfalt der Wirtschaft, ein immer inhaltsreicheres, satteres Leben. Diese

Dinge müssen aber letztlich zu dem gleichen Ziel führen wie die früheren, denn sie sind nur das gleiche, wenn auch in größerem Umfang. Sie führen deshalb im Kreis herum, das heißt nirgendshin. Sie führen nicht fort aus dem Kreislauf von Geburt, Wachstum, Verfall und Tod. Sie finden nicht das eigentliche Geheimnis einer Verlängerung des Lebens durch stete Selbsterneuerung, die Grundgesetz der Unsterblichkeit ist, sondern scheinen dieses nur für einen Augenblick zu erreichen durch die Vortäuschungen einer Reihe von Experimenten, die alle in Enttäuschung enden. Solcher Art ist bisher der moderne Fortschritt gewesen. Hoffnung verspricht erst die Wendung nach innen, hin zu einer größeren Subjektivität, an deren Beginn wir jetzt zu stehen scheinen. Denn diese Wendung verhilft vielleicht zu der Erkenntnis, daß die wirkliche Wahrheit des Menschen in seiner Seele zu finden ist. Es ist freilich noch nicht sicher, daß ein subjektives Zeitalter uns zu dieser Erkenntnis führen wird, aber es gibt uns die Möglichkeit; es kann, sinnvoll geführt, die stärkere Aufgeschlossenheit unseres Innen dort hinwenden.

Man könnte sagen, dies sei eine alte Weisheit und habe unter dem Namen Religion schon die alten Gesellschaftsformen beherrscht. Aber dies trifft nur scheinbar zu. Religionen hatten nur Bedeutung für das Leben des einzelnen, und auch für dieses suchte man Erfüllung nicht auf Erden, sondern in einem Jenseits. Die Erde galt nur als Ort der Vorbereitung für die einsame Erlösung oder Befreiung von der Last des Lebens. Die menschliche Gesellschaft sah die Erkenntnis der Seele niemals als die Möglichkeit an, das Gesetz des eigenen Seins zu erkennen, und suchte in dem Wissen um die wahre Natur der Seele, ihre Notwendigkeiten und ihre Vollendung niemals den rechten Weg zu irdischer Erfüllung. Wenn wir die früheren Religionen in ihrem sozialen Aspekt gesondert von dem individuellen betrachten, dann stellen wir fest, daß der Gebrauch, den die Gesellschaft von ihnen machte, sich nur auf ihre unspirituellsten, zumindest ihre weniger spirituellen Teile bezog. Sie benutzte die Religionen lediglich, um ihren vielfältigen Gebräuchen und Einrichtungen eine erhabene, ehrfurchtgebietende, sozusagen ewige Bestätigung zu geben. Sie wob um diese ein verschleiertes Mysterium zur Abwehr menschlicher Fragen, sie schuf einen unsichtbaren Schild gegen Neuerungen. Soweit sie ein Mittel zur menschlichen Erlösung und Vollendung in der Religion sah, bemächtigte sie sich ihrer sofort, um sie zu mechanisieren, um die menschliche Seele zu fangen und sie in ein sozial-religiöses System einzubinden und an Stelle der Freiheit ihr den Zwang eines Joches und eines eisernen Gefängnisses aufzuerlegen. Auf das religiöse Leben des Menschen wurde eine Kirche, eine Priesterschaft, eine Menge von Zeremonien aufgebaut und eine große Zahl von Wachhunden unter dem Namen von Glaubensformeln und Dogmen losgelassen, die man anerkennen und denen man gehorchen mußte bei Androhung ewiger Verdammnis durch einen ewigen, jenseitigen Richter, genauso wie man die Gesetze der Gesellschaft gehorsam anzunehmen hatte, um nicht von einem irdischen Richter zu Gefängnis oder Tod verurteilt zu werden. Diese mißverstandene Sozialisierung der Religion ist immer der Hauptgrund ihres Versagens bei der Erneuerung der Menschheit gewesen.

Denn nichts kann für eine Religion und ihr spirituelles Element verhängnisvoller sein, als daß sie durch äußere Hilfen, Formen und Mechanismen in ihrem Wesen zerstört oder in Regeln gebunden wird. Die Fehler, die bei der sozialen Anwendung der Religion früher gemacht wurden, zeigen sich in ihren Folgen. Die Geschichte hat mehr als einmal das Zusammentreffen von größtem religiösen Eifer und Frömmigkeit mit dunkelster Unwissenheit aufgezeigt, mit finsterstem Schmutz und Vegetieren der Menschenmassen, mit einer ausgesprochenen Herrschaft der Grausamkeit, Ungerechtigkeit und Unterdrückung, mit der Organisation eines äußerst gewöhnlichen Lebens, das kein Streben und keine Höhen kannte und kaum an der Oberfläche berührt war von intellektueller oder halb-spiritueller Erleuchtung. Und dieses alles endete in einer weitgreifenden Empörung, die sich vor allem gegen die bestehende Religion als den Kern aller Falschheit, des Bösen und der Unwissenheit richtet. Ein anderes Warnungszeichen ist es, wenn eine zu gewissenhafte Beobachtung des sozial-religiösen Systems, seiner Riten und Formen, die gerade aus der Tatsache dieser Überbetonung ihren eigentlichen Sinn und ihren wirklichen religiösen Wert verlieren, zum Gesetz und wichtigsten Ziel einer Religion wird, an Stelle spirituellen Wachstums von Individuum und Menschheit. Ebenso ist es ein Zeichen des Versagens, wenn das Individuum der Gesellschaft entfliehen muß, um Raum für sein spirituelles Wachstum zu finden. Ist das menschliche Sein dem sich nicht erneuernden Mentalen, dem Leben und Körper überantwortet, ist der Raum spiritueller Freiheit von den Fesseln der Kirche und Lehre eingenommen, von den Gesetzen der Unwissenheit, dann muß der Mensch dieses alles verlassen, um in einem Kloster oder auf Bergeshöhen, in Höhlen, Einsiedeleien oder Wäldern sein spirituelles Wachstum suchen.

Solange diese Trennung zwischen Leben und Spirit besteht, ist das Urteil über das menschliche Leben gesprochen. Entweder es spielt sich in dem gewohnheitsmäßigen Kreislauf ab, oder es wird als unwürdig und unwirklich, als eitelste Eitelkeit empfunden. Es verliert das Vertrauen in sich selbst, den inneren Glauben an den Wert seiner irdischen Ziele, *sraddha,* ohne die es nichts erreichen kann. Denn der Spirit des Menschen muß nach den Höhen streben. Verliert er seine Spannung und sein Streben, wird die Menschheit bewegungslos werden und erstarren oder sogar in Dunkelheit und Staub versinken. Verwirft das Leben den Spirit oder der Spirit das Leben, kann es noch immer eine Selbstbestätigung des innersten Seins geben. Es kann auch eine beachtliche Zahl von Heiligen und Einsiedlern auf dem fruchtbaren Boden der Spiritualität leben. Doch ehe nicht die Menschheit, die Gesellschaft, die Nation zur Spiritualisation des Lebens geführt wird oder sich selbst, vom Licht eines Ideals geleitet, zu ihr entwickelt, wird das Ergebnis Kleinlichkeit, Schwäche und Erstarrung sein. Oder aber die Menschheit muß den Intellekt wieder zur Hilfe aufrufen als gewisse Hoffnung, als neues Ideal, und im Kreislauf durch ein Zeitalter des Rationalismus wieder frischen Antrieb für eine erneute Darstellung der spirituellen Wahrheit erhalten, für einen neuen Versuch zur Spiritualisierung des menschlichen Lebens.

Das wahre, vollkommene spirituelle Ziel der Gesellschaft wird den Menschen nicht als Mentales, als Leben und Körper betrachten, sondern als Seele, die sich zur göttlichen Erfüllung auf der Erde, nicht nur im jenseitigen Himmel verkörpert. Sie hätte ja den Himmel nicht zu verlassen brauchen, hätte sie nicht eine göttliche Aufgabe hier in der Welt der physischen, vitalen und mentalen Natur zu vollbringen. Das spirituelle Ideal wird deshalb Leben, Mentales und Körper nicht an sich als Ziel der eigenen Befriedigung ansehen, auch nicht als sterbliche Glieder, anfällig für Krankheiten, die man nur abzustreifen braucht, um den geretteten Spirit in seine eigenen, reinen Bereiche auffliegen zu lassen; sondern sie sind die wichtigsten Werkzeuge der Seele, im Augenblick noch unvollkommene Werkzeuge für noch nicht erkannte göttliche Zwecke. Das spirituelle Ziel aber glaubt an ihre Bestimmung und wird ihnen helfen, an sich selbst zu glauben, eben um dieser ihrer höheren und nicht wegen der niedersten oder niederen Möglichkeiten willen. Seiner Auffassung nach ist es ihre Bestimmung, sich zu spiritualisieren und damit sichtbare Glieder des Spirits zu werden, erleuchtete Mittel seiner Offenbarung, selbst spirituell, erleuchtet, immer bewußter und vollkommener.

Denn wenn die Gesellschaft die menschliche Seele als etwas vollkommen Göttliches, als Wahrheit annimmt, wird sie auch die Möglichkeit bejahen, daß das ganze menschliche Wesen trotz der zunächst bestehenden offensichtlichen Widersprüche der Natur gegen diese Möglichkeit, trotz ihrer Leugnung dieser höchsten Gewißheit göttlich zu werden vermag, sogar mit diesen Hemmnissen als dem notwendigen irdischen Ausgangspunkt. Und so wie sie den Menschen als Individuum betrachtet, wird sie ihn auch im Kollektiv als eine Seelenform des Unendlichen, als eine in Millionenzahl auf Erden verkörperte Kollektivseele ansehen, bestimmt zur Erfüllung des Göttlichen in seinen mannigfachen Beziehungen und Handlungen. Darum wird sie all die verschiedenen Teile des menschlichen Lebens, die den Teilen seines Seins entsprechen, all seine physische, vitale, dynamische, gefühlsmäßige, ästhetische, ethische, intellektuelle und psychische Entfaltung heilig halten und in ihnen Werkzeuge zum Wachstum des göttlicheren Lebens sehen. Vom gleichen Standpunkt aus werden für sie jede menschliche Gesellschaft, Nation, Volk oder jedes andere organische Gefüge sozusagen Unter-Seelen bedeuten, Mittel zu einer Gesamtoffenbarung und Selbsterfüllung des Spirits, göttliche Wirklichkeit, das bewußte Unendliche im irdischen Menschen. Da der Mensch innerlich eins ist mit Gott, wird die Möglichkeit seiner Göttlichkeit sein einziger Glaube, sein einziges Dogma sein.

Die Gesellschaft wird aber nicht versuchen, selbst dieses eine erhabene Dogma durch äußeren Zwang den niederen Gliedern des menschlichen Wesens aufzudrängen. Dies wäre *Nigraha,* eine sinnwidrige Unterdrückung der Natur, die wohl zu einer scheinbaren Unterdrückung des Bösen führen kann, nicht aber zu einem wirklich gesunden Wachstum des Guten. Sie wird eher dies Glaubensbekenntnis und Ideal als leitendes Licht, als schöpferische Erkenntnis für alle ihr Zugehörigen bewahren, damit diese aus dem eigenen

Inneren heraus zur Gottheit gelangen und in Freiheit göttlich werden können. Weder im Individuum noch im Kollektiv wird die Gesellschaft Gefängnis, Einmauerung, Unterdrückung und Verarmung anstreben, sondern wird so viel als möglich freie Luft und helles Licht hereinlassen. Umfassende Freiheit wird das Gesetz einer spirituellen Gesellschaft sein. Die Zunahme dieser Freiheit wird einen Maßstab darstellen für das Wachstum der menschlichen Gesellschaft zur wahren Spiritualität hin. Niemals kann der Versuch erfolgreich sein, eine Gesellschaft von Sklaven zu spiritualisieren, Sklaven der Macht, der Autorität, der Sitte, des Dogmas und aller Arten auferlegter Gesetze, unter denen, oder besser gesagt, durch die sie leben, innerliche Sklaven ihrer eigenen Schwäche, ihrer Unwissenheit und ihrer Leidenschaften, von deren schlimmsten Auswirkungen sie durch eine andere, äußere Sklaverei befreit werden wollen oder müssen. Alle diese müssen zunächst ihre Fesseln abwerfen, um für eine höhere Freiheit bereit zu sein. Wohl hat der Mensch manches Joch auf seinem Weg aufwärts zu tragen. Aber nur das Joch, das er freiwillig auf sich genommen hat, weil es dem höchsten, inneren Gesetz seiner Natur und seines Strebens entspricht, und zwar möglichst vollkommen entspricht, wird ihm wirklich eine Hilfe sein. Anderenfalls muß der Mensch für seine Erfolge schwer zahlen. Außerdem wird er seine Entwicklung ebensosehr oder sogar mehr hemmen, als er auf der anderen Seite den Fortschritt beschleunigt.

Das spirituelle Ziel wird erkennen, daß der Mensch auf dem Weg seines Wachstums möglichst viel freien Raumes bedarf, damit alle seine Glieder ihre eigenen Kräfte entfalten können, damit sie sich selbst und ihre Möglichkeiten erkennen. Wohl wird der Mensch in seiner Freiheit irren, da Erfahrung durch manchen Irrtum entsteht. Jeder aber trägt in sich selbst ein göttliches Grundgesetz, das er herausfinden, dessen Bestehen, Bedeutung und Ordnung er aufzeigen wird, je mehr die Erfahrung seiner selbst sich vertieft und erweitert. Deshalb wird wahre Spiritualität Wissenschaft und Philosophie nicht unterjochen oder zwingen, ihre Schlüsse irgendeiner dogmatisch religiösen Wahrheit anzugleichen, selbst nicht einer gewonnenen spirituellen Wahrheit, wie dies einige der alten Religionen vergeblich versuchten, unwissend, aus einer nicht-spirituellen Eigenwilligkeit und Einbildung heraus.

Jeder Teil des menschlichen Wesens hat sein eigenes Gesetz,

Dharma, dem es folgen muß und auch letztlich folgen wird, welcherlei Bindungen ihm auch auferlegt werden. Gesetz des Wissens, des Denkens und der Philosophie ist die leidenschaftslose, vorurteilsfreie und unvoreingenommene intellektuelle Suche nach der Wahrheit, ohne irgendwelche andere Voraussetzungen als die vom Gesetz des Denkens und der Beobachtung selbst gestellten. Wissenschaft und Philosophie sind nicht gehalten, ihre Beobachtungen und Schlußfolgerungen irgendeiner gebräuchlichen Idee eines religiösen Dogmas, einer ethischen Regel oder eines ästhetischen Vorurteils anzupassen. Sie werden, wenn sie frei sich entwickeln können, letztendlich die Einheit der Wahrheit mit dem Guten, dem Schönen, mit Gott finden. Dies wird für sie von größerer Bedeutung sein, als dies für uns jede dogmatische Religion, jede formale Ethik oder jede beschränkte ästhetische Idee sein kann. In der Zwischenzeit aber muß ihnen die Freiheit gelassen werden, wenn sie es wollen, wenn die ernste Beobachtung der Dinge sie dazu führt, selbst Gott, das Gute und Schöne zu verleugnen. Denn alle Ablehnung wird am Ende des Kreislaufs wieder aufwärts führen und eine umfassende Wahrheit über die Dinge ermöglichen, die man zunächst verworfen hat. Häufig wird man feststellen müssen, daß der Atheismus des Individuums oder der Gesellschaft ein notwendiger Übergang ist zu tieferer, religiöser und spiritueller Wahrheit. Manchmal muß man Gott leugnen, um ihn zu finden. Das Finden aber ist unvermeidlich am Ende aller ernsten Skepsis und Leugnung.

Dasselbe Gesetz gilt für die Kunst. Das ästhetische Wesen im Menschen erhebt sich in gleicher Weise in einer ihm eigenen Kurve zu seinen göttlicheren Möglichkeiten. Höchstes Ziel des ästhetischen Wesens ist das Finden des Göttlichen durch die Schönheit. Die vollendete Kunst vermag durch vergeistigte Anwendung sinnvoller und deutender Formen die Tore des Spirits zu öffnen. Um aber dieses hohe Ziel umfassend und ernsthaft zu erreichen, muß die Kunst zuerst Mensch, Natur und Leben um ihrer selbst willen, nach den ihnen eigenen Merkmalen der Wahrheit und Schönheit beschreiben. Denn hinter diesen äußeren Merkmalen liegt stets die Schönheit des Göttlichen in Leben, Mensch und Natur. Nur durch ihre rechte Gestaltung kann das von ihnen zunächst Verschleierte offenbar gemacht werden. Die Lehre, die Kunst müsse religiös sein, oder aber sie dürfe überhaupt nicht bestehen, ist falsch, ebenso wie die Forderung, sie müsse der Ethik oder Zweckmäßigkeit, der wissenschaftlichen Wahrheit oder philosophischen Ideen dienen. Kunst mag diese Dinge als Elemente nutzen. Sie hat aber ihr eigenes Grundgesetz, *svadharma*. Indem sie diesen eigenen natürlichen Richtlinien folgt und nur dem eingeborenen Gesetz des eigenen Wesens gehorcht, wird sie höchster Spiritualität teilhaftig sein.

Selbst für die niedere Natur im Menschen, bei der man naturgemäß zur Annahme verleitet sein könnte, Zwang sei das einzige Heilmittel, wird das spirituelle Ziel eine freie Selbstregelung und eine Entwicklung von innen her anstreben und nicht eine Unterdrückung des dynamischen und vitalen Wesens von außen. Alle Erfahrung zeigt, daß dem Menschen eine gewisse Freiheit zum Straucheln in seinem Handeln, zum Irren in seinem Wissen so lange gegeben sein muß, bis er sich von innen her von falscher Tat und Irrtum befreit hat. Auf andere Weise kann er nicht wachsen. Um ihrer selbst willen muß die Gesellschaft dynamische und vitale Menschen in Schranken halten. Dies allein legt dem Teufel nur Ketten an und mildert im besten Fall seine Handlungsweise in zivilisierte Formen ab. Ausgeschaltet aber wird er nicht und kann er auch nicht werden. Die wirkliche Tugend eines dynamischen und vitalen Seins, das Leben des Purusha, kann nur die Folge davon sein, daß der Mensch in sich selbst für seine Tätigkeit ein höheres Gesetz und spirituelles Streben lebendig macht. Diese ihm zu geben, seinen Impuls zu erleuchten und zu verwandeln, nicht aber ihn zu zerstören, ist das wahre spirituelle Mittel der Erneuerung.

So wird Spiritualität auch die Freiheit der niederen Glieder achten, sie aber doch nicht sich selbst überlassen, sondern ihnen die Wahrheit des Spirits in ihnen selbst aufzeigen. Sie wird sie ihnen in ihre eigenen Tätigkeitsbereiche übersetzen und sie in einem Lichte darstellen, das alle ihre Handlungen erleuchtet und sie das höchste Gesetz der eigenen Freiheit erkennen läßt. Sie wird zum Beispiel nicht dem wissenschaftlichen Materialismus zu entrinnen suchen durch sinnlose Ablehnung des physischen Lebens oder durch Leugnung der Materie selbst. Vielmehr wird sie dem skeptischen Verstand folgen, wenn er selbst bestätigt oder verneint, und ihm dort das Göttliche zeigen. Vermag Spiritualität dies nicht, dann beweist sie nur, daß sie selbst unerleuchtet oder schwach ist, daß nur eine Seite von ihr dem Licht zugekehrt ist. Die Vitalität im Menschen läßt sich nicht durch Leugnung des Lebens vernichten. Spiritualität muß vielmehr dem Leben das Göttliche aufzeigen, das es als Grundgesetz einer eigenen Wandlung in sich trägt. Vermag sie dies nicht, dann ist sie selbst noch nicht tief genug in den Sinn der Schöpfung und das Geheimnis des Avatar eingedrungen.

Das spirituelle Ziel wird sich deshalb in der Fülle des Lebens und des menschlichen Seins im Individuum wie im Kollektiv zu erfüllen suchen. Die Fülle des Lebens wird die Grundlage bilden für die Höhen des Spirits und wird letzten Endes eins werden mit dem höchsten Gipfel. Dabei wird sie nicht den Körper verächtlich vernachlässigen, sie wird auch nicht das vitale Sein asketisch aushungern, wird als Regel des spirituellen Lebens nicht äußerste Kargheit oder gar Entwertung setzen, noch verlangen, daß Kunst, Schönheit und ästhetische Lebensfreude puritanisch geleugnet, Wissenschaft und Philosophie als arme, nicht zu beachtende oder irreführende intellektuelle Bestrebungen angesehen und vernachlässigt werden. Freilich muß zugegeben werden, daß selbst diese Übersteigerungen zeitweilig nützlicher sein können als Auswüchse in entgegengesetzter Richtung.

Das spirituelle Ziel wird allumfassend sein für alle. Dabei aber wird es zugleich das höchste Ziel und den tiefsten Sinn einschließen, wie es auch der allumfassende Ausdruck des Lebens sein wird, in dem alles, was es ist und sucht, Erfüllung finden wird. In der Gesellschaft wird es eine wahre, innere Theokratie anstreben, nicht die falsche einer herrschenden Kirche oder Priesterschaft. Es wird vielmehr die Theokratie des inneren Priesters, Propheten und Königs aufbauen. Es wird dem Menschen die Göttlichkeit in sich selbst offenbaren als Licht, Kraft, Schönheit, Güte, Freude und Unsterblichkeit. Es wird zeigen, daß sie in ihm wohnen, und wird zugleich in seinem äußeren Leben das im Innern entdeckte Königreich Gottes aufbauen. Es wird dem Menschen den Weg zeigen, mit jedem Teil seines Seins nach dem Göttlichen zu streben, Sarvabhavena,* das Göttliche zu finden und in ihm zu leben. Dann wird der Mensch, wie immer er auch leben und handeln mag, in diesem,** dem Göttlichen, dem Spirit, in der ewigen Wirklichkeit seines Seins leben und handeln.

---

* Gita.
** Gita. *Sarvabha vartamano pi sa yogi mayi vartate.*

NOTWENDIGE
SPIRITUELLE WANDLUNG

Unsere natürliche Lebensführung, die individuelle wie die soziale, wird in Wirklichkeit von dem Gleichgewicht zwischen zwei sich ergänzenden Kräften bestimmt, zwischen dem in sich ruhenden zentralen Lebenswillen, dem die Hauptkräfte aller Tätigkeit innewohnen, und zwischen dem modifizierenden, aus der Idee des Mentalen erwachsenden menschlichen Willen, der durch unsere noch unvollkommenen mentalen Werkzeuge wirkt, um dieser Lebenskraft eine bewußte Orientierung und bewußte Methode zu geben. Im allgemeinen findet das Leben seinen eigenen Mittelpunkt in unserem vitalen und physischen Sein, seinen Wünschen und Notwendigkeiten, seiner Forderung nach Ausdauer, Wachstum, Ausbreitung, Freude, seinen vielfältigen Bestrebungen nach Macht, Besitz, Aktivität, Glanz und Weite. Die erste Richtung, die sich diese Lebenskraft selbst gibt, ihre ersten Normen sind instinktiv, entweder völlig oder weitgehend unterbewußt und wunderbar selbsttätig: Die Ruhe, Unmittelbarkeit, Natürlichkeit, Schönheit, Selbstzufriedenheit, die Fülle an vitaler Energie und Macht des untermenschlichen Lebens der Natur bis hinauf zum Tier verdankt die Lebenskraft ihrem unbedingten Gehorsam gegenüber diesem instinktiven und automatischen Drang. Eine unklare Ahnung dieser Wahrheit und des sehr anderen, in dieser Hinsicht unterlegenen Charakters des menschlichen Lebens läßt den mit unserer jetzigen Lage unzufriedenen Denker von einem naturgemäßen Leben als dem Heilmittel für alle Krankheiten sprechen. Der Versuch, eine solche Regel als wesentlich für die menschliche Natur festzustellen, hat viele revolutionäre Begriffe von Ethik, Gesellschaft und individueller Selbstentwicklung hervorgebracht, bis zu den seltsamen Eingebungen der vitalistischen Philosophie Nietzsches. Alle diese Konzepte irren darin, daß sie dem wahren menschlichen Charakter und dem wahren Gesetz seines Seins, seinem Dharma, nicht Rechnung tragen.

Nietzsches Idee, aus unserem heutigen, sehr unbefriedigenden Menschtum den Übermenschen zu entwickeln, ist an sich eine vollkommen gesunde Lehre. Es kann keine bessere Formulierung geben als »sich selbst werden«, »sich selbst übersteigen«. Dies besagt, der Mensch habe noch nicht sein ganzes, wahres Selbst, seine wahre Natur gefunden, aus der heraus er erfolgreich und unmittelbar leben kann. Die Frage aller Fragen aber ist: Was ist unser Selbst? Was ist unsere wahre Natur? Was ist, das in uns wächst, in das wir selbst aber noch nicht hineingewachsen sind? Die Antwort lautet: Es ist etwas Göttliches, eine olympische, apollonische, dionysische Göttlichkeit, die das denkende und bewußt wollende Tier, der Mensch, sich noch mehr oder weniger dunkel zu erlangen bemüht. Sicher stimmt dies alles. Aber worin sollen wir den Samen dieser Göttlichkeit finden, welches ist das Gleichgewicht, in dem der Übermensch, wenn er sich selbst gefunden hat, sich vor einem Rückfall in sein niederes und unvollkommenes Menschtum gesichert fühlen kann? Sind es Intellekt und Wille, der doppelgesichtige *buddhi* der indischen Psychologie? Diese aber sind bisher ein so verwickeltes, so sehr mit sich selbst entzweites Gebilde, so unsicher in all ihren Erfolgen. Wohl sind sie bis zu einem gewissen Grade tatsächlich magisch schöpferisch und wirksam, letztlich aber doch, wenn alles gesagt und getan ist, so herrlich unnütz, so ganz im Kampf mit unserer niederen Natur und von ihr doch so abhängig und untertan, daß selbst wenn etwas vom Samen der ganzen Göttlichkeit in ihnen verborgen wäre, sie selbst keinesfalls dieser Samen sein, uns keinesfalls das sichere, göttliche Gleichgewicht geben könnten, das wir suchen. Darum muß man feststellen, daß der geheime Samen der Göttlichkeit nicht Intellekt und Wille, sondern der unter dem Gewand unserer Natur verborgene Spirit, jenes höchste Etwas in uns ist, das höher ist als alle Vernunft. Einmal entdeckt und befreit, wird dieser Spirit über dem Mentalen erstrahlen und der feste Grund sein, auf dem ein göttliches Leben des menschlichen Seins mit Sicherheit aufgebaut werden kann. Wenn wir vom Übermenschen sprechen, meinen wir offenbar etwas von unserer gegenwärtigen Natur so sehr Abweichendes und sie Übersteigendes, daß es allein schon in der Idee unserem normalen Menschtum erschreckend und widersprechend erscheint. Ganz allgemein wünscht der gewöhnliche Mensch nicht aus seinem stetigen, mechanischen Kreislauf herausgerufen zu werden, um scheinbar unmögliche Höhen zu ersteigen. Noch weniger aber liebt er die Möglichkeit, übergangen, zurückgelassen und beherrscht zu werden, obwohl Ziel des wahren Übermenschentums nicht ein Überschreiten, ein Beherrschen um seiner selbst willen ist, vielmehr gerade das Öffnen unseres natürlichen Menschtums bedeutet etwas, das heute noch jenseits von ihm liegt und doch die ihm bestimmte Vollendung ist.

Dabei darf man freilich nicht vergessen, daß das von uns »gewöhnliches Menschtum« Genannte in seiner Natur selbst etwas Abnormes ist, etwas, das jenem ähnlich und gleich ist, was wir in uns vergebens zu entdecken suchen. Es ist ein schneller Einfall, ein plötzliches Wunder. Etwas Abnormales ist in der Natur kein Widerspruch, kein unbedingtes Zeichen der Unvollkommenheit, sondern es kann sehr wohl ein Bemühen zu weit größerer Vollkommenheit bedeuten. Diese Vollkommenheit aber wird erst erreicht, wenn das Abnormale seine eigene, sichere Normalität findet, die rechte Ordnung des Lebens in seiner Art, seinen Kräften entsprechend und auf der eigenen Ebene. Der Mensch ist ein abnormales Wesen, das noch nicht seinen normalen Zustand gefunden hat. Er kann sich einbilden, dies sei der Fall. Er kann in seiner Art als normal erscheinen. Aber dieses Normalsein ist nur eine provisorische Ordnung. Obwohl der Mensch unendlich vollkommener ist als Pflanze und Tier, ist er in seiner eigenen Natur nicht so vollendet wie diese.

Solche Unvollkommenheit ist nicht beklagenswert, sondern ist eher ein Vorrecht und ein Versprechen, denn sie öffnet uns ungeheure Möglichkeiten der Selbstentwicklung und Selbstübersteigerung. Der Mensch ist auf seiner höchsten Stufe ein Halbgott, der, aus der tierischen Natur entstanden, in ihr herrlich abnormal ist. Das aber, was er erlangen will, die ganze Gottheit, ist so viel größer als sein derzeitiger Zustand, daß es ihm ebenso abnormal erscheint wie er selbst dem Tier. Er hat deshalb die mühsame Arbeit des Wachstums vor sich, aber auch die herrliche Krönung seiner Rasse und ihren Sieg. Ein Königreich ist ihm angeboten, im Vergleich zu dem seine gegenwärtigen Triumphe im Bereich des Mentalen über die äußere Natur nur ein schwacher Abglanz sind.

Welches ist aber genau genommen der Fehler, aus dem alle seine Unvollkommenheiten entstehen? Wir haben ihn in den vorhergehenden Kapiteln schon aufzuzeigen versucht. Wir müssen ihn aber nochmals genauer aufzeigen. Wir stellten fest, daß auf den ersten Blick der Mensch eine doppelte Natur zu haben scheint, eine tierische Natur des vitalen und physischen Seins, die ihren Instinkten, Antrieben, Wünschen, einer automatischen Orientierung und Methode entsprechend lebt, und eine halbgöttliche Natur des selbstbewußten, intellektuellen, ethischen, ästhetischen, empfindenden, bewußt schöpferischen Wesens, das seine Empfindungen und dynamischen Kräfte anständig leitet und das Gesetz des eigenen Handelns zu finden, es bewußt anzuwenden und zu verbessern vermag, eine denkende Mentalität, die die Natur versteht, ein Wille, der die Natur benutzt, erhebt und vollendet, ein Sinn, der auf intelligente Weise sich an der Natur erfreut. Ziel der tierischen Natur in uns ist Zunahme der vitalen Kraft und Freude. Ziel der halb-göttlichen Natur in uns ist auch Wachsen, Besitzen, Genießen, aber vor allem verständige, ästhetische, ethische Freude, die mehr den Kräften des Mentalen als den Kräften des Lebens und des Körpers erwächst. Es handelt sich auch nicht so sehr um Besitz und Freude an dem Vitalen und Physischen, soweit diese nicht notwendige Grundlage und Ausgangspunkt, vorbereitende Notwendigkeit oder Bedingung, Standort und Basis sind, sondern um Besitz und Freude am Verstandesmäßigen, Ethischen und Ästhetischen. Wesentlich ist nicht so sehr das Wachstum im äußeren Leben, soweit es nicht notwendige Sicherung, Erleichterung und Würde unseres menschlichen Seins bedeutet, als das Wahre, Gute, Schöne. Solcher Art ist das Wesen des Menschentums, seine einzige Auszeichnung und Abnormität gegenüber der Norm dieser unbewußten, materiellen Natur.

Dies bedeutet, daß der Mensch eine neue Seinskraft entwickelt hat, die wir eine neue Seelenkraft nennen wollen mit der Einschränkung, daß wir auch Leben und Körper als eine Seelenkraft ansehen. Das Wesen, das dies erreicht hat, steht nicht allein unter der ihm eingeborenen Verpflichtung, die Welt von diesem höheren Standpunkt aus zu betrachten und zu werten, sondern hat vor allem die Aufgabe, seine ganze Natur zum Gehorsam dieser Kraft gegenüber zu zwingen und sich gewissermaßen nach ihrer Form umzuprägen, ja sogar das Leben seiner Umwelt, soweit es ihm möglich ist, umzugestalten zu einem Abbild dieser größeren Wahrheit, dieses neuen Gesetzes. In der Lösung dieser Aufgabe liegt ein *svadharma,* seine wahre Ordnung und Lebensweise, seine Vollendung und wahre Glückseligkeit. Versagt er hierbei, dann versagt er in dem Ziel seiner Natur und seines Wesens und muß solange von neuem beginnen, bis er den rechten Pfad findet, den erfolgversprechenden Wendepunkt erkennt und die entscheidende Krisis der Verwandlung erlebt.

Genau dieses aber hat der Mensch nicht getan. Wohl hat er einiges erreicht, hat ein gewisses Stück seines Weges durchschritten. Er hat eine Last intellektueller, ethischer, ästhetischer Regeln auf sein vitales und physisches Sein gelegt und hat es sich selbst unmöglich gemacht, am Tier im Menschen Genüge zu haben oder es überhaupt wirklich zu sein. Mehr hat er nicht erreicht. Die Verwandlung seines Lebens zum Abbild des Wahren, des Guten und des Schönen erscheint so weit entfernt als je. Sobald er sich diesem, wenn auch in unvollkommener Form nähert - und dies geschieht nur durch eine gewisse Klasse oder durch eine geringe Zahl einzelner mit einer gewissen Rückwirkung auf das Leben der Menge -, dann entgleitet es ihm wieder in einem allgemeinen Verfall seines Lebens, oder aber er gerät in verwirrende Umwälzungen hinein, aus denen er neben neuen Gewinnen auch ernste Verluste heimbringt. Niemals hat er einen bedeutsamen Wendepunkt, eine entscheidende Krisis der Verwandlung erreicht.

Der Hauptfehler, die Wurzel aller Fehler überhaupt, liegt in seiner Unfähigkeit, den in sich ruhenden zentralen Lebenswillen, dem die Hauptkräfte und das sichere Vertrauen im wesentlichen Tun innewohnen, aufwärtszuführen. Noch ist sein zentraler Lebenswille seinem physischen und vitalen Wesen verbunden und drängt nach vitaler und physischer Freude, die wohl bis zu einem gewissen, unterschiedlichen Grad in ihrem Antrieb dem Einfluß und der Einwirkung höherer Mächte unterliegt, nicht aber verwandelt, beherrscht und auf eine höhere Ebene gehoben wird. Das höhere Leben überdeckt noch immer das niedere und bleibt ein Eindringling in unserem natürlichen Dasein, der sich ständig in das normale Leben einmischt, der schilt, ermutigt, entmutigt, belehrt, tätig ist, in Ordnung bringt, erhebt, um wieder fallenzulassen, der aber keine Macht hat zu verändern, alchimistisch zu verwandeln und neu zu schaffen. In Wirklichkeit weiß der Mensch nicht einmal, wohin alle diese Anstrengungen, der mühsame Kampf ihn führen sollen. Manchmal nimmt er an, Ziel sei ein ganz erträgliches menschliches Leben auf Erden, ohne daß er dessen Norm festzulegen vermag, manchmal nimmt er an, unsere Wanderschaft gelte einer anderen Welt, und durch ein religiöses Leben oder durch einen erbaulichen Tod könne er alle Unruhen und Mühen dieses sterblichen Seins überwinden. Diese beiden Elemente leben auf diese Weise in fortwährendem Widerstreit, sich ständig gegenseitig verwirrend, störend, einander in der Wirkung aufhebend, gewissermaßen wie zwei schlecht zueinander passende, immer in Unfrieden lebende Eheleute, keiner Harmonie fähig und doch sich gegenseitig benötigend, zu einer unglücklichen Verbindung verdammt, bis daß der Tod sie scheidet. Alle Unbequemlichkeit, Enttäuschung, Unbefriedigtheit, Mühseligkeit, Melancholie, aller Pessimismus der menschlichen Mentalität ist die Folge davon, daß der Mensch tatsächlich das Rätsel und die Schwierigkeiten seiner doppelten Natur nicht zu lösen vermag.

Wir stellten schon fest, daß dieses Versagen auf die Tatsache zurückzuführen ist, daß diese höhere Kraft nur ein Mittler ist, daß es vielleicht nicht möglich sei, das vitale und physische Leben vollkommen nach ihrem Bild zu wandeln, dies jedenfalls nicht die Absicht der Natur in uns ist. Nachdem alle Einzelwesen erfolgreich darin waren, sich bis zu einem gewissen Grade zu wandeln, ein ethisches, ästhetisches oder intellektuelles Leben zu führen, sogar ihr Leben nach einem Ideal des Wahren, Guten und Schönen zu formen und Großes zu leisten, könnte man vielleicht einwenden, auch die Menschheit könnte dies und sollte Erfolg dabei haben. Denn das außergewöhnliche Individuum stellt als Vorläufer den zukünftigen Typus dar. Wie groß aber war in Wirklichkeit der Erfolg dieser einzelnen? Entweder ließen sie das vitale und physische Leben in sich verarmen, um nur einem Element ihres Wesens Spielraum zu lassen, führten mithin ein beschränktes, einseitiges Leben, oder aber sie schlossen einen Kompromiß, durch den es trotz Vorherrschaft des höheren Seins dem niederen erlaubt blieb, sein eigenes Leben zu leben, unter dem mehr oder weniger nachsichtigen Zügel der höheren Kraft oder der höheren Kräfte geführt. In sich selbst aber, in seinen eigenen Instinkten und Forderungen blieb dieses Leben unverändert. Es wurde beherrscht, aber nicht verwandelt.

Das Leben kann nicht vollkommen rational sein. Es kann sich nicht völlig der ethischen, ästhetischen, wissenschaftlichen oder philosophischen Mentalität anpassen. Das Mentale ist nicht der schicksalhafte Erzengel der Verwandlung. Jeder gegenteilige Anschein stellt sich immer als Täuschung, *trompe-l'oeil,* als ein intellektuelles, ästhetisches oder ethisches Trugbild heraus. Man kann das Leben beherrschen, es unterdrücken, doch wird es stets sein Recht wahren. Mögen auch einzelne oder eine gewisse Klasse eine solche Herrschaft für eine Zeit aufrichten und einige Scheinbilder davon der Gesellschaft aufprägen, am Ende überlistet doch das Leben den Intellekt. Es versteht es, wichtige Elemente - und immer sind Verräterelemente am Werk - auf seine Seite herüberzuholen, ihre Urinstinkte zu stärken und so seinen Bereich wieder zu erobern. Vermag es dies nicht, so rächt es sich durch den eigenen Verfall, der den Verfall der Gesellschaft nach sich zieht und die Hoffnungen des Zeitalters vernichtet. Dies bestätigt sich dadurch, daß es Zeiten gibt, in denen die Menschheit sich dieser Tatsache selbst bewußt wird und sich unter Verzicht auf den Versuch einer Beherrschung des Lebenstriebes entschließt, den Verstand in seinem eigenen Raum zu nutzen und leuchten zu lassen, anstatt ihn für ein höheres, doch trügerisches Ideal zu versklaven.

Eine solche Periode war das jüngst vergangene Zeitalter des Materialismus, als der menschliche Intellekt entschlossen schien, Leben und Materie eingehend zu erforschen und sich darauf zu beschränken, das Mentale nur als Werkzeug von Leben und Materie anzusehen und alles Wissen zu einer ungeheuren Verbreitung des vitalen und physischen Lebens, zu einer erfolgreichen Ordnung des Besitzens und Genießens, des Triebes zum Schaffen einzusetzen. Das waren die Kennzeichen des materialistischen, kommerziellen und wirtschaftlichen Zeitalters der Menschheit, einer Zeit, in der sich das ethisch Mentale nur mühsam erhielt und an Selbstvertrauen verlor, Selbstzweifel dagegen stärker wurden und der Wunsch, die Festung des Moralgesetzes dem Lebenstrieb zu übergeben, eine Zeit, in der der ästhetische Instinkt und Intellekt als ein exotisch funkelndes Ornament erblühte, als eine seltene Orchidee im Knopfloch des vitalen Menschen, und die Vernunft zum ausgezeichneten Diener des Lebens und der Materie wurde.

Die titanische Entwicklung des vitalen Lebens, die dieser Periode folgte, wird zu Ende gehen, wie alle Titanen ihr Ende finden. Sie zündete den Scheiterhaufen für das eigene Begräbnis im Brand des Weltkrieges an, für das natürliche Ende im Kampf der »leistungsfähigsten« und »zivilisiertesten« Nationen um Besitz und Genuß der Welt, um ihren Reichtum, ihre Märkte, um ihre freien Räume, Scheiterhaufen für eine aufgeblähte, überflüssige wirtschaftliche Entwicklung, eine Ausweitung des imperialistischen

Herrschaftsanspruches. Dies ist die eigentliche Bedeutung des großen Krieges und sein Anlaß, denn das war die geheime oder offene Absicht aller Diplomatie und internationalen Politik der Vorkriegszeit. Falls einmal für einige Zeit edlere Ideen am Werk waren, so geschah dies nur unter der Geißel des Todes und im Hinblick auf die fürchterliche Gefahr einer ungeheuren gegenseitigen Zerstörung. Aber selbst ein solches Erwachen war keineswegs vollkommen, nicht einmal immer ernst gemeint, auch wenn es in Deutschland, diesem einst so großen Kämpfer für die vitalistische Lebensphilosophie, geschah und sich hier durchzusetzen suchte. In diesem Erwachen lag ein wenig Hoffnung auf eine bessere Zukunft. Zumindest im Augenblick hat das vitalistische Streben in neuer Form wieder einmal seinen Kopf erhoben. Die Hoffnung aber verglimmt in Dunkelheit und Wirrwarr, in denen nur das Auge des Glaubens das Entstehen eines neuen Kosmos aus dem Chaos zu sehen vermag.

Das erste Ergebnis dieses unvollkommenen Erwachens schien eine Rückkehr zu dem früheren Ideal zu sein, zu dem Willen, Vernunft und das ethische Mentale besser und umfassender einzusetzen für die Ordnung des individuellen, nationalen und internationalen Lebens. Ein solcher Versuch aber, obgleich geeignet als erster Schritt, kann nicht die wirkliche und endgültige Lösung bringen. Enden hier unsere Bemühungen, dann werden wir niemals zu einer Lösung gelangen. Diese liegt, wie wir sahen, ausschließlich in dem Erwachen zu unserem wirklichen, weil unserem höchsten Selbst, das wir noch nicht sind, das wir jedoch werden müssen. Es ist nicht der starke, erleuchtete, von Nietzsche besungene Lebenswille, sondern ein spirituelles Selbst, eine spirituelle Natur, die das mentale Wesen, das wir schon sind, durch spirituellen Idealismus verwandelt und das Ziel und Handeln unserer vitalen und physischen Natur spiritualisiert. Dies ist die Aufgabe des Menschen in seiner höchsten Kraft. Sicherheit kann nur unser Streben zum Höchsten und nicht das Befriedigtsein mit niederen Möglichkeiten gewähren. Dem Höchsten in uns folgen, mag als ein gefährliches Leben erscheinen, um wieder einen Ausdruck Nietzsches zu gebrauchen. Aber dieser Gefahr folgt Sieg und Sicherheit. In niederen Möglichkeiten zu ruhen oder ihnen zu folgen, mag sicher verständlich, bequem und einfach sein, führt aber zu einem schlechten Ende, zu Nutzlosigkeit, zu einem Abstieg in ständigem Kreislauf oder zu einem stagnierenden Sumpf. Unser richtiger und natürlicher Weg geht hinauf zu den Gipfeln.

So müssen wir zu dem alten Geheimnis zurückkehren, das der Mensch als irdisches Wesen nur dunkel ahnte, dem er nur zögernd nachging, das er tatsächlich nur oberflächlich mit seinem Mentalen erkannte, aber nicht in wissendem Herzen begriff - und doch bedeutet, ihm zu folgen, seine soziale wie individuelle Rettung: zu dem Ideal des Königreichs Gottes, zu dem Geheimnis der Herrschaft des Spirits über das Mentale, über Leben und Körper. Die älteren Nationen Asiens haben so lange Zeit überlebt und können nun heute, Unsterblichen gleich, ihr Antlitz einem neuen Morgengrauen zuwenden, weil sie dieses Geheimnis niemals ganz verloren, es niemals um eines geringeren Sieges willen und ungeduldig aufgegeben haben. Sie versanken in Schlaf, aber gingen nicht zugrunde. Wohl haben sie im Leben eine gewisse Zeit versagt, in der die europäischen Nationen erfolgreich waren, die dem Fleisch und Intellekt vertrauten. Aber dieser Erfolg, der nur eine kurze Zeit vollkommen sein konnte, wandelte sich stets in eine Katastrophe. Asien versagte im Leben und fiel in den Staub. Wenn auch der Staub, in dem es lag, nach Ansicht der modernen asiatischen Dichter heilig ist - eine Heiligkeit, die wohl angezweifelt werden kann -, ist doch Staub nicht der richtige Aufenthaltsort für den Menschen, und es ist auch nicht die richtige Stellung für ihn, auf dem Boden zu liegen. Asien hat zeitweilig versagt, nicht weil es spirituellen Dingen nachging, wie einige sich zum Trost sagen - als könnte der Spirit überhaupt etwas Schwaches oder Ursache einer Schwäche sein -, sondern weil es dem Spirit nicht genug folgte und nicht lernte, ihn völlig zum Meister seines Lebens zu erheben. Entweder ließ das Mentale einen Abgrund, eine Trennung zwischen Leben und Spirit entstehen, oder es verharrte in einem Kompromiß zwischen beiden und nahm ein auf diesen Kompromiß gegründetes sozialreligiöses System an. Eine solche Grundlage aber ist gefährlich; denn der Ruf des Spirits verlangt mehr als jeder andere, daß wir ihm bis zum Ende folgen, und das Ende ist weder eine Scheidung und Trennung noch ein Kompromiß, sondern die Eroberung von allem durch den Spirit und die Herrschaft der nach Vollkommenheit Suchenden, zu deren Erfüllung - nach der indischen Symbolsprache - der letzte Avatar kommen wird.

Es ist wichtig, diese Wahrheit festzustellen, da die Fehler, die auf dem Pfad gemacht werden, oft lehrreicher sind als die durch ein Abweichen von dem Pfad entstehenden. Wie es möglich ist, das intellektuelle, ethische und ästhetische Leben oder die Summe dieser Antriebe der vitalen und physischen Natur aufzuprägen und sich mit einer teilweisen Herrschaft oder einem Kompromiß zufriedenzugeben, so ist es auch möglich, das spirituelle Leben oder eine Vorstellung von Kraft und von Einfluß spiritueller Ideen und Antriebe der mentalen, vitalen und physischen Natur aufzuprägen. So wird entweder das vitale und physische Sein verarmen und selbst das Mentale niedergedrückt, um dem Spirituellen leichter die Herrschaft zu überlassen. Oder aber es wird ein Kompromiß eingegangen, durch den die niedere Natur ihre Nahrung erhält unter der Bedingung, daß sie häufig genug dem spirituellen Sein Ehrfurcht bezeugt, daß sie mehr oder weniger dessen Einfluß eingesteht und ihn formell als letzte Stufe und Endzustand des menschlichen Seins anerkennt. Hierüber hinaus hat die menschliche Gesellschaft in der Vergangenheit nichts getan. Obwohl dies naturgemäß eine Stufe auf der Wanderschaft sein muß, so hieße, hier zu rasten, das Wesentlichste einzubüßen. Das Eine, das not tut, der steile Weg zur Vollendung und Verwandlung, entspricht nicht einer Menschheit, die das gewöhnliche, heute übliche Leben führt und von spirituellen Einflüssen nur berührt wird, sondern eine Menschheit, die aus ganzem Herzen einem Gesetz zustrebt, das ihr heute noch abnormal erscheint, solange nicht ihr ganzes Leben der Spiritualität teilhaftig wurde.

Das Geheimnis der Verwandlung liegt in der Überführung unseres Lebenszentrums in ein höheres Bewußtsein und in der Veränderung unserer stärksten Lebenskraft. Dies bedeutet einen Sprung oder einen Aufstieg, der noch unerwarteter ist als jener, den die Natur vor Zeiten, vom vitalen Mentalen des Tieres zum denkenden Mentalen gemacht haben muß, so unvollkommen dieses in unserer menschlichen Intelligenz auch noch sein mag. Der dem Leben eingeschlossene zentrale Wille darf nicht mehr der vitale Wille in Leben und Körper sein, sondern ist der spirituelle Wille, von dem wir heute nur seltene, undeutliche Fingerzeige und Umrisse wahrnehmen. Denn dieser erreicht uns heute noch kaum entfaltet, schwach und verkleidet in der mentalen Idee. Seiner eigenen Natur nach aber ist er übermental, und diese übermentale Kraft und Wahrheit gilt es für uns irgendwie zu entdecken. Die Hauptkraft unseres Lebens darf nicht mehr der niedere, vitale Drang der Natur sein, der in uns schon vollendet ist und der nur noch um unser Ichzentrum kreisen kann, sondern jene spirituelle Kraft, von der wir manchmal hören und sprechen, deren innerstes Geheimnis wir aber noch nicht kennen. Denn dieses liegt noch in den Tiefen unseres Wesens verborgen und wartet darauf, daß wir unser Ich transzendieren und die wahre Individualität entdecken, in deren Allumfassung wir mit allen anderen vereint sein werden. Von dem vitalen Sein, der wirkenden Realität in uns, zum Spirit, der zentralen Wirklichkeit zu gelangen, unseren Lebenswillen und unsere Lebenskraft zu diesen Höhen zu erheben, das ist das Geheimnis, das unsere Natur zu entdecken sucht. Alles, was wir bisher taten, war ein nur halb erfolgreiches Mühen, diesen Willen und diese Kraft auf die mentale Ebene zu erheben. Unser ernstestes Streben und Schaffen war es, das mentale Wesen zu werden und aus der Stärke der Idee zu leben. Die mentale Idee in uns aber ist immer Zwischenträger und Werkzeug. Immer braucht sie ein anderes als sich selbst als Grundlage für das Handeln. Auch wenn sie eine Zeitlang ihrer eigenen Befriedigung nachgehen kann, wird sie durch diese allein nicht für immer befriedigt sein. Entweder muß sie dem Zug nach unten und nach außen zum vitalen und physischen Leben hin nachgeben oder sie muß sich nach innen und oben zum Spirit erheben.

Aus diesem Grund sind wir in Denken, Kunst, Haltung und Leben immer zwischen zwei Richtungen aufgeteilt, zwischen einer idealistischen und einer realistischen. Wir neigen dazu, die letztere als realer, fester begründet, mehr den Gegebenheiten angepaßt zu empfinden, weil sie auf einer offensichtlichen, spürbaren und schon vollendeten Wirklichkeit beruht. Die idealistische erscheint uns leicht unreal, phantastisch, unsubstantiell, unklar, mehr Gedanke und Wort als Lebenstatsache, da sie eine noch nicht vollendete Wirklichkeit zu erfassen sucht. Vielleicht haben wir auch bis zu einem gewissen Grad recht. Denn das Ideal, ein Fremder unter den Gegebenheiten unseres physischen Seins, ist wirklich so lange etwas Unreales, bis es sich nicht auf irgendeine Weise den Unvollkommenheiten unseres äußeren Lebens angepaßt hat, oder bis es nicht die größere und reinere Wirklichkeit, nach der es strebt, gefunden und unseren äußeren Handlungen aufgeprägt hat. Bis dahin schwebt das Ideal zwischen zwei Welten und hat weder das

Licht im Oben noch die Dunkelheit im Unten erobert. Leicht ist es wohl, sich durch einen Kompromiß den tatsächlichen Gegebenheiten zu unterwerfen, schwer aber, die spirituelle Wahrheit zu finden und unsere gewohnheitsmäßige Lebensweise zu wandeln. Aber gerade diese schwierige Aufgabe muß gelöst werden, will der Mensch seine wahre Natur finden und erfüllen. Mag auch ein Idealismus menschlich gesehen immer das Richtigste in uns sein, als mentaler Idealismus hat er keine Wirkungskraft. Um wirksam zu sein, muß er sich in einen spirituellen Realismus wandeln, der die höhere Wirklichkeit des Spirits zu ergreifen und die niedere Wirklichkeit unserer empfindungsmäßigen vitalen und physischen Natur zu dieser emporzuführen vermag.

Diese Aufwärtsführung unseres Lebenswillens und unserer Lebenskraft müssen wir nun zum Grundgesetz unserer Vollendung machen. Dieser Wille, diese Kraft müssen zwischen der Herrschaft des vitalen Teils in uns und der Herrschaft des Spirits wählen. Die Natur kann im Kreislauf des vitalen Seins ruhen und in ihm eine gewisse Vollkommenheit erlangen. Eine solche Vollkommenheit aber ist eine stillstehende Entwicklung, die mit ihrer eigenen Begrenzung zufrieden ist. In Pflanze und Tier kann die Natur dies erreichen, weil bei diesen Leben und Körper zugleich Werkzeug und Ziel sind und sie nicht über sich hinaus blicken. Sie vermag es aber nicht beim Menschen, weil sie bei ihm über die physische und vitale Basis hinausgegangen ist. In ihm hat sie das Mentale entwickelt, das ein Hinströmen des Lebens zum Licht des Spirits ist. Leben und Körper sind nun Werkzeuge und nicht mehr ihr eigenes Ziel. Deshalb kann der Mensch seine Vollendung nicht finden, indem er dem unerleuchteten Kreislauf des physischen Lebens folgt, ebensowenig in den weiteren Kreisläufen des mentalen Seins. Denn auch dieses ist Werkzeug und strebt nach etwas Jenseitigem, nach etwas, dessen Kraft bereits in ihm wirksam ist, dessen umfassendere Wahrheit für die heutige Intelligenz aber überbewußt ist. Die Vollendung des Menschen liegt in der Entfaltung des ewigvollkommenen Spirits.

Die niedere Vollkommenheit der Natur in Pflanze und Tier ist die Folge eines instinktiven, selbsttätigen, unterbewußten Gehorsams gegenüber der vitalen Wahrheit ihres eigenen Seins. Die höhere Vollkommenheit des spirituellen Lebens wird sich aus einem unmittelbaren Gehorsam des spiritualisierten Menschen gegenüber der Wahrheit seines eigenen verwirklichten Seins ergeben, sobald er zu sich selbst, zu seiner eigenen wirklichen Natur gefunden hat. Diese Unmittelbarkeit wird nicht instinktiv und unterbewußt sein, sondern intuitiv und umfassend, voll und ganz bewußt. Es wird ein froher Gehorsam sein gegenüber der Unmittelbarkeit eines spirituellen Lichts, gegenüber der Kraft einer einheitlichen, vollständigen höchsten Wahrheit, gegenüber der allumfassenden Schönheit, Güte, Macht, Freude, Liebe und Einheit. Aufgabe dieser sich im Leben auswirkenden Kraft wird und muß wie immer im Leben Wachstum, Besitz und Freude sein, aber Wachstum als Manifestation des Göttlichen, Besitz und Freude am Spirituellen und an dem Spirit in allem, eine Freude, die teilhat an den Symbolen des Mentalen, des Lebens und Körpers, aber nicht von ihnen abhängig sein wird. Deshalb wird dies keine begrenzte Vollkommenheit einer stillstehenden Entwicklung sein, die auf der Wiederholung gleicher Formen, auf dem Kreislauf derselben Handlungen beruht, bei der jedes Abweichen eine Gefahr und Störung bedeutet. Es wird vielmehr eine unbegrenzte Vollkommenheit sein, die unzähliger Veränderungen ihrer Formen fähig ist - denn die Wege des Spirits sind ohne Zahl und Ende -, aber mit Sicherheit in allen ihren Verschiedenheiten die gleiche, die Eine in unendlicher Vielfalt bleibt.

Auch deshalb kann die Vollkommenheit nicht die Folge einer mentalen Idee sein, die sich mit dem Spirit in gleicher Weise befaßt wie mit dem Leben. Die Idee im Mentalen, die den zentralen Willen im Spirit aufnimmt und dieser höheren Kraft eine bewußte Richtung und Methode zu geben sucht, die mit den Ideen des Intellekts übereinstimmt, ist zu begrenzt, zu verdunkelt, zu arm an Kraft, um dieses Wunder zu vollbringen. Noch weniger aber wird erreicht, wenn wir den Spirit an eine bestimmte mentale Idee oder an das System eines religiösen Kultes ketten, an eine intellektuelle Wahrheit, eine ästhetische Norm, eine ethische Regel, eine praktische Handlung, an eine bestimmte Form des vitalen und physischen Lebens, der Organisation und Tätigkeit, und wenn wir jede Abweichung hiervon als Gefahr, Störung oder Abwegigkeit von dem spirituellen Leben erklären. Dies gerade war der Fehler, der in Asien begangen wurde, der Grund für den Stillstand und den Verfall seiner Entwicklung. Denn dies würde die Unterwerfung des höheren Grundsatzes unter den niederen bedeuten und den sich entfaltenden Spirit zu einem vorläufigen und unvollkommenen Kompromiß mit dem Mentalen und der vitalen Natur zwingen. Des Menschen wahre Freiheit und Vollkommenheit aber wird erreicht sein, wenn der Spirit von innen her die Formen des Mentalen und des Lebens durchbricht und sich, in den Äther zu der stolzen Höhe seiner Erkenntnis emporschwingend, aus diesem Licht und Flammenmeer zurückwendet, um sie zu ergreifen und in sein eigenes Bild zu verwandeln.

Tatsächlich sind Mentales und Verstand, wie wir sahen, nicht die Schlüsselstellungen unseres Seins. Denn sie können nur einen Kreis von Halbwahrheiten und Unsicherheiten beschreiben und sich in diesem unbefriedigenden Kreis drehen. Verborgen aber im Mentalen und im Leben, in allen Tätigkeiten des Verstandes, der Ästhetik, der Ethik, des Dynamischen und Praktischen, in dem gefühlsmäßigen, mit den Sinnen wahrnehmenden, vitalen und physischen Sein liegt eine Kraft, die durch Identität und Intuition erschaut und allen Dingen die Wahrheit, Sicherheit und Festigkeit gibt, die sie zu ertragen in der Lage sind. Wir beginnen gerade, etwas davon dunkel hinter aller unserer Wissenschaft und Philosophie, hinter allen unseren Tätigkeiten zu erahnen. Solange diese Kraft aber für das Mentale und das Leben in ihren verschiedenen Formen, nicht aber für sich selbst aus der Unmittelbarkeit des eigenen Lichts heraus wirken muß, können wir keinen größeren Nutzen aus dieser Erkenntnis ziehen, können nicht den ursprünglichen Segen dieses inneren Dämons empfangen.

Des Menschen Weg zum spirituellen Übermenschen wird sich erst öffnen, wenn er kühn erklärt, daß alles, was er bisher entwickelte, einschließlich des Intellekts, auf den er mit Recht und doch so eitel stolz ist, ihm nun nicht mehr genügt, daß es künftig sein ständiges Streben sein wird, dies größere Licht in sich selbst zu erkennen und freizulegen. Dann werden Philosophie, Kunst, Wissenschaft und Ethik, soziales Sein und vitale Zielsetzungen nicht länger allein Handlungen seines Mentalen und seines Lebens sein, um ihrer selbst willen getan, im Kreis sich drehend, sondern sie werden ihm als Mittel dienen, um hinter dem Mentalen und dem Leben eine größere Wahrheit zu erkennen und deren Kraft in das menschliche Sein hineinzutragen. Dann werden wir auf dem rechten Weg zu uns selbst sein, zu dem wahren Gesetz unserer Vollendung, zu unserem wahren befriedigenden Sein, unserem wirklichen Wesen, unserer göttlichen Natur.

VORBEDINGUNGEN FÜR EIN SPIRITUELLES ZEITALTER

Eine solche Veränderung der mentalen und vitalen Lebensordnung zu einer spirituellen hin muß sich notwendigerweise erst im Individuum und einer großen Zahl von Individuen ereignet haben, ehe sie in der Gemeinschaft wirksam werden kann. Der Spirit in der Menschheit enthüllt, entwickelt und formt sich im individuellen Menschen; durch Fortschritt und Gestaltung des einzelnen offenbart er sich und ermöglicht es dem Mentalen der Menschheit, sich selbst neu zu erschaffen. Denn das gemeinsame Mentale bewahrt die Dinge erst im Unterbewußtsein oder, wenn bewußt, dann auf eine verwirrte, chaotische Art. Nur durch das individuelle Mentale vermag die Masse zu einer klaren Erkenntnis zu gelangen und die im unterbewußten Selbst enthaltenen Dinge schöpferisch zu gestalten. Denker, Historiker und Soziologen, die das Individuum gering achten und es in der Masse auflösen möchten oder es im wesentlichen als Zelle, als Atom ansehen, haben nur die dunklere Seite des wahren Wirkens der Natur in der Menschheit erfaßt.

Da der Mensch weder den materiellen Erscheinungsformen der Natur noch dem Tier ähnelt, sondern die Natur in ihm eine immer bewußtere Entfaltung anstrebt, ist die Individualität in ihm so stark entwickelt und so unbedingt wichtig und unentbehrlich. Zweifellos muß das, was im Individuum zum Ausdruck kommt, was später die Masse bewegt, schon im universalen Mentalen vorhanden gewesen sein. Das Individuum ist nur ein Werkzeug für seine Offenbarung, Erkenntnis und Entfaltung; es ist aber ein unentbehrliches Werkzeug, nicht nur der unterbewußten Natur, nicht nur eines instinktiven Dranges, der die Menge bewegt, sondern ein unmittelbares Werkzeug des Spirits, für dessen Schöpfung die Natur selbst Werkzeug und Mutterboden ist. Deshalb finden alle größeren Veränderungen ihre erste klare und bedeutsame Auswirkung, ihre unmittelbare Gestaltungskraft im Mentalen und im Spirit eines Individuums oder einer begrenzten Zahl von Individuen. Die Masse folgt, bedauerlicherweise in einer sehr unvollkommenen und verwirrten Art, die oft oder sogar fast immer in einem Versagen, einer Verdrehung des Geschaffenen endet. Wäre dem nicht so, dann hätte die Menschheit Fortschritte machen können mit sieghafter Schnelligkeit anstatt mit schwerfälligen Verzögerungen und bald erschöpften Anläufen, die scheinbar das einzige sind, zu dem sie bisher fähig gewesen ist. Soll also die spirituelle Verwandlung, von der wir sprachen, vor sich gehen, dann müssen zwei Bedingungen auf einen Nenner gebracht werden, die gleichzeitig befriedigt werden müssen, aber sehr schwierig zu vereinen sind. Es muß sowohl das Individuum wie die Individuen geben, die sich im Bild des Spirits zu erblicken, zu entwickeln und neu zu gestalten vermögen und die in der Lage sind, sowohl ihre Idee wie deren Kraft auf die Masse zu übertragen. Zu gleicher Zeit muß es eine Masse geben, eine Gesellschaft, ein gemeinsames Mentales oder zumindest die Bestandteile eines Gruppenkörpers, die Möglichkeit einer Gruppenseele, die den Spirit zu empfangen und sich wirksam einzuverleiben vermag, die zu folgen bereit ist und auch wirklich ankommt, die nicht den ihr selbst innewohnenden Schwächen unterliegt und auf dem Weg vor der entscheidenden Verwandlung anhält oder zurückfällt. Eine solche Gleichzeitigkeit hat es niemals gegeben, wenn auch der Eifer des Augenblicks bisweilen den Anschein hiervon erweckte. Sicherlich wird diese Verbindung der beiden Voraussetzungen eines Tages gelingen. Aber niemand vermag zu sagen, wie viele Versuche zuvor gewagt, wie viele Ablagerungen an spiritueller Erfahrung in der unterbewußten Mentalität der Allgemeinheit angesammelt werden müssen, ehe der Boden bereitet ist. Denn die Wahrscheinlichkeit für den Erfolg einer so schwierigen Aufwärtsentwicklung, die die Wurzeln selbst unserer Natur berührt, ist immer weniger groß als die zahlreichen Möglichkeiten eines Versagens. Wer den Anstoß gibt, mag selbst unvollkommen sein, mag nicht lange genug gewartet haben, um selbst völlig eins zu werden mit dem Erschauten. Auch die wenigen, die das Amt des Apostels übernahmen, mögen die Kraft des Spirits sich nicht vollkommen einverleibt und in sich ausgestaltet haben. Sie werden diese deshalb noch weiter vermindert der Masse übermitteln, die nach ihnen kommt. Die Gesellschaft mag intellektuell, vital, ethisch und temperamentsmäßig nicht ausreichend vorbereitet sein, so daß die endgültige Annahme der spirituellen Idee durch die Gesellschaft zugleich den Anfang ihres Verfalls und ihrer Verzerrung bedeutet und dies die Auflösung oder die Verminderung des Spirits zur Folge hat. Eine dieser Möglichkeiten oder alle zugleich mögen eintreten. Wie so oft in der Vergangenheit wird sich hieraus ergeben, daß trotz einiger Fortschritte und einiger wesentlicher Veränderungen die entscheidende Wandlung nicht erreicht wurde, die allein die Menschheit in einem göttlicheren Abbild neu zu erschaffen vermag.

Welches wird dann der Zustand der Gesellschaft, welches die Bereitschaft des gemeinsamen Mentalen sein, der für diese Verwandlung am günstigsten ist, so daß dies, wenn sie auch nicht sofort eintreten wird, so doch in ihrem Weg zumindest entscheidender vorbereitet werden kann, als dies bisher möglich war? Denn das erscheint als die wesentlichste Voraussetzung, nachdem das Unvorbereitetsein, die mangelnde Bereitschaft der Gesellschaft oder des gemeinsamen Mentalen immer das hauptsächlichste Hemmnis war. Die Bereitschaft dieses gemeinsamen Mentalen ist von allergrößter Bedeutung. Denn selbst wenn die Lebensbedingungen der Gesellschaft und die sie beherrschenden Grundregeln einer spirituellen Wandlung entgegenstehen, selbst wenn sie fast völlig einer vitalen, äußeren, wirtschaftlichen oder mechanischen Ordnung zugehören, wie dies sicherlich bei den Menschenmassen im Augenblick der Fall ist, besteht doch die Hoffnung auf Fortschritt in nicht allzu ferner Zukunft, sobald das gemeinsame Mentale des Menschen die Ideen einer höheren Ordnung anzunehmen beginnt, die eines Tages vorherrschen soll, und das menschliche Herz sich des Strebens bemächtigt, das aus diesen Ideen entsteht. Erstes wesentliches Anzeichen einer solchen Entwicklung wird das Wachstum einer subjektiven Idee des Lebens, einer Idee der Seele, des inneren Wesens sein, ihrer Kräfte und Auswirkungen. Daß sich diese Ideen entfalten und ihren Ausdruck finden, daß eine wahre, schöne und förderliche Umwelt entsteht, ist von ausschlaggebender Wichtigkeit. Das alles sind Zeichen, Vorläufer eines subjektiven Zeitalters im Denken und sozialen Streben der Menschheit.

Solche Ideen werden sich wahrscheinlich zuerst in Philosophie, psychologischem Denken, in Kunst, Dichtung, Malerei, Bildhauerei und Musik, in den wesentlichsten ethischen Ideen ausdrücken, in der Ausdehnung subjektiver Grundgedanken auf soziale, vielleicht sogar, wenn dies auch gewisse Gefahren in sich schließt, auf politische und wirtschaftliche Fragen, also auf die harte, widerspenstige, nur einer zweckhaften Behandlung zugänglichen Materie. Wissenschaft oder zumindest die Forschung werden unerwartete, neue Richtungen einschlagen, Wendungen, deren höchst fruchtbaren Untersuchungen die Orthodoxen nur ungern den Namen Wissenschaft zubilligen. Erkenntnisse werden die Trennungswand zwischen Seele und Materie schwächen. Es wird versucht werden, die exakte Wissenschaft auf psychologische und psychische Bereiche auszudehnen, aus der Erkenntnis der Wahrheit heraus, daß diese unter eigenen Gesetzen stehen, die nicht physische sind, die aber doch Gesetze sind, wenn sie auch von den irdischen Sinnen sich nicht fassen lassen und unendlich formbar und subtil sind. Die Religion wird anstreben, sich von ihrem bisherigen Gewicht an toter Materie zu befreien und an den Quellen des Spirits ihre Kräfte neu beleben.

Dies alles sind sichere Zeichen einer künftigen Ordnung, zumindest der Wahrscheinlichkeit einer solchen, Zeichen von Bemühungen, die zweifellos gemacht werden, Zeichen eines neuen Strebens, das vielleicht von einem umfassenderen Überblick, einer besser ausgestatteten Intelligenz unterstützt wird, die fähig ist, die sich offenbarende Wahrheit nicht nur zu erfühlen, sondern sie auch zu verstehen. Einige dieser Zeichen lassen sich schon gegenwärtig erkennen, obwohl sie erst zeitweise und zusammenhanglos auftreten und nicht wesentlich genug sind, um Vertrauen und Sicherheit zu geben. Erst wenn diese tastenden Anfänge das Ziel ihres Suchens gefunden haben, können sie tatsächlich einen Einfluß auf die Umbildung des menschlichen Lebens gewinnen. Bis dahin werden sie wahrscheinlich nicht mehr erreichen können als eine innere Vorbereitung. Im übrigen werden grundlegende und umwälzende Experimente zweifelhafter Art mit der umfangreichen, schwerfälligen Maschinerie vorgenommen werden, unter der sich das Leben jetzt stöhnend müht.

Ein subjektives Zeitalter kann lange vor Erreichen der Spiritualität seine Entwicklung unterbrechen. Denn die subjektive Richtung ist nur deren erste Voraussetzung, aber nicht ein Ergebnis, nicht das Ziel. Die Suche nach der Wirklichkeit, nach dem wahren Selbst des Menschen kann sehr wahrscheinlich in jener natürlichen Ordnung verlaufen, die in den Upanishaden in dem tiefen Gleichnis von dem suchenden Weg des Bhrigu, des Sohnes von Varuna, geschildert ist. Dem Schüler erschien zunächst die Materie und das physische, stoffliche Wesen, der äußere Mensch, unser einziges Selbst, unser Spirit als letzte Wirklichkeit. Später betrachtete er das Leben als diese Wirklichkeit und das vitale Wesen als das Selbst und den Spirit. Zum dritten versuchte er die Wirklichkeit im Mentalen und im mentalen Wesen zu finden. Erst danach konnte er - jenseits des oberflächlichen Subjektiven - durch das übermentale Wahrheitsbewußtsein zu der ewigen, sich segenspendenden, immer schöpferischen Wirklichkeit gelangen, deren Teil alle die vorhergehenden Erkenntnisse nur waren.

Da die Menschheit aber im allgemeinen nicht so ausdauernd sein dürfte wie der Sohn Varunas, wird das Streben wohl frühzeitig ein Ende finden. Nur wenn der Spirit ein bestimmtes Ziel erreichen und erkennen will, wird er jede ungenügende Form, sobald sie sich gebildet hat, durchbrechen und das menschliche Denken zu weiterer Erkenntnis und letzten Endes zu der höchsten und herrlichsten von allen vorwärtsdrängen. Etwas Ähnliches hat sich ereignet, aber auf einer sehr äußerlichen und oberflächlichen Weise. Nachdem die Materie, die als Richtschnur den größten Teil des 19. Jahrhunderts beherrscht hatte, dem Menschen den für ihn bisher schwersten Dienst im mechanischen Ablauf des äußeren Lebens aufgebürdet hat, führte uns der erste Versuch eines Durchbruchs zu der lebendigen Wirklichkeit in den Dingen fort von der mechanischen Auffassung des Lebens, der Lebensart und der Gesellschaft zu jenem oberflächlichen Vitalismus, der schon einen Einfluß auf das Denken auszuüben begann, noch ehe die unlösbar miteinander verbundenen Normen gemeinsam den flammenden Scheiterhaufen des Weltkriegs angefacht hatten. Der *élan vital* brachte uns keine Befreiung, sondern nutzte lediglich den schon bestehenden Mechanismus mit größerer, fieberhafter Intensität, mit dem heftigen Versuch, schneller, intensiver zu leben, mit einem maßlosen Willen nach Tätigkeit und Erfolg, nach Erweiterung der reinen Lebenskraft, nach einer unerhörten Lebensleistung. Das Ergebnis wäre das gleiche gewesen, wenn der Vitalismus weniger oberflächlich und äußerlich gewesen wäre und statt dessen im wahren Sinn subjektiver. Leben, handeln, wachsen, die Lebenskraft steigern, den intuitiven Lebensimpuls verstehen, benutzen und erfüllen, dies alles ist an sich nicht fehlerhaft, sondern wesentlich, solange es auf richtige Weise getan wird. Das heißt, es kommt darauf an, daß es auf ein Ziel jenseits des rein vitalistischen Impulses gerichtet ist und von dem innersten Wesen des Menschen beherrscht wird, das höher ist als das Leben.

Die Lebenskraft ist Werkzeug, nicht Ziel. Sie ist auf dem aufwärtssteigenden Weg das erste große, subjektive, überkörperliche Werkzeug des Spirits und Grundlage aller Handlungen und Bestrebungen. Erkennt die Lebenskraft aber nichts außer sich selbst an, fühlt sie sich zu keinem Dienst an etwas anderem als den Forderungen und Antrieben ihrer eigenen Organisation verpflichtet, wird sie sehr bald der Dampfkraft gleichen, die eine Maschine führerlos treibt, oder einer Maschine, deren Dampfkraft den Führer zum Diener, nicht zum Herrn gemacht hat. Sie wird den Naturkräften der materiellen Welt lediglich noch den zügellosen Antrieb eines hochstrebenden oder in der Breite wirkenden Titanismus - vielleicht sind es auch niedrige dämonische Kräfte - hinzufügen, dessen Diener der Intellekt ist. Dieser Antrieb von maßloser, rastloser Schaffenskraft, Besitzgier und Expansion wird zu etwas Gewaltsamem, Riesigem und »Kolossalem« führen, das schon von Natur aus zu Übermaß und Verfall verurteilt ist, da es nicht das Licht und die Wahrheit der Seele in sich trägt, noch die Heiligung durch die Götter, durch ihren gleichbleibenden ewigen Willen und ihre Weisheit.

Jenseits der Subjektivität des vitalen Selbst aber kann es einen bewußten, ja sogar psychischen Subjektivismus geben, der sich zunächst vielleicht an die schon erkannte Idee von der Seele als tätigem Leben anlehnen und diese weiter ausbauen wird. Er mag einem stark mentalisierten Pragmatismus gleichen, der sich aber später möglicherweise zu der höheren Idee des Menschen als einer Seele erhebt, die sich selbst im Leben und Körper individuell und kollektiv durch das Spiel eines sich immer stärker ausbreitenden mentalen Seins entwickelt. Diese größere Idee würde erkennen, daß die Aufwertung des menschlichen Seins nicht allein durch materielle Leistung oder durch das umfassende Spiel seiner vitalen und dynamischen Kräfte geschieht, die mit Hilfe des Verstandes die Energie der physischen Natur zur Befriedigung der eigenen Lebensinstinkte zu meistern suchen. Nicht nur durch Intensivierung seiner gegenwärtigen Lebensweise, sondern durch die Größe seines mentalen und psychischen Wesens, durch eine Erkenntnis, die seine höhere Natur und deren Kräfte hervorruft, kann der Mensch sich erheben. In diesem Fall würde er das Leben als eine Gelegenheit zu Freude, und Macht des Wissens, zu Freude und Macht der Schönheit ansehen, zu Freude und Macht seines Willens, der nicht nur die physische, sondern auch die vitale und mentale Natur zu beherrschen vermag. Dann könnte er das bisher noch nicht erahnte Geheimnis seiner Gedanken- und Lebensmächte entdecken und sie zu seiner Befreiung aus den Begrenzungen und Fesseln seines körperlichen Lebens einsetzen. Auf diese Weise könnte der Mensch zu neuen psychischen Beziehungen, zu einer überlegeneren, sich in der Handlung selbsterkennenden Kraft der Ideen gelangen, könnte er die Hindernisse von Entfernung und Teilung durch seine inneren Möglichkeiten überwinden, die selbst die letzten, wunderbaren Leistungen der materiellen Wissenschaft in den Schatten stellen würden. Eine solche Entwicklung aber ist weit genug entfernt von den Träumen der Menschheit. Und doch gibt es gewisse schwache Anzeichen und Vorhersagen einer solchen Möglichkeit; Ideen dieser Art verkörpern schon zahlreiche Menschen, die vielleicht eine heute noch unerkannte Vorhut der Menschheit darstellen. Es ist nicht unmöglich, daß schon heute unter dem Horizont ein Licht verborgen ist, das auf seinen Aufstieg in aller Herrlichkeit wartet und das durch die noch verworrenen Stimmen eines neuen Morgen angekündigt wird.

Würde sich eine solche Wendung im Denken, Streben und in den Lebensideen des gemeinsamen Mentalen bemächtigen, so würde dies zweifellos eine Umwälzung des ganzen menschlichen Kosmos bedeuten. Von Anbeginn an würde dieses einen neuen Ton, eine andere Atmosphäre, einen höher strebenden Spirit, einen weiteren Horizont und größere Ziele erhalten. Es würde sich vielleicht ohne weiteres eine Wissenschaft entwickeln, die sich die Kräfte der physischen Welt tatsächlich und nicht nur begrenzt und mechanisch unterwerfen und möglicherweise die Tore zu anderen Welten öffnen würde. Eine Vollendung würde in Kunst und Schönheit erreicht werden, der gegenüber die Werke der Vergangenheit verblassen würden und die Welt von der heute erstaunlich weitgehenden Herrschaft zweckmäßiger Häßlichkeit befreien könnte. Eine solche Wendung würde einen engeren und freieren Austausch zwischen der Mentalität der Menschen und hoffentlich auch einen freundlicheren zwischen Herz und Leben der Menschen auslösen. Die Menschen aber sollten sich noch nicht mit diesem Erfolg begnügen, sondern könnten zu wesentlicheren Zielen fortschreiten, von denen diese nur die Anfänge sind. Wohl würde dieser mentale und psychische Subjektivismus seine Gefahren haben, größere sogar als diejenigen, die den vitalen Subjektivismus erwarten, da auch seine Auswirkungsmöglichkeiten größere wären. Im Gegensatz zum vitalistischen Subjektivismus aber, der dazu nicht in der Lage ist, besäße er die Fähigkeit zu klärender Unterscheidung, zu starker Sicherung und großer, befreiender Erleuchtung.

Dies ist vielleicht eine notwendige Stufe der menschlichen Entwicklung, die mit viel Schwierigkeiten von der Materie zum Spirit führt. Es war einer der Hauptfehler der früheren Versuche einer Spiritualisierung der Menschheit, daß der materielle Mensch durch eine Art plötzlichen Wunders unmittelbar spiritualisiert werden sollte. Wenn dies auch möglich sein könnte, es würde ein solches Wunder doch wahrscheinlich nicht von Dauer sein, denn es überspringt die Stufen des Aufstiegs, läßt die dazwischen liegenden Ebenen unbetreten und vermag sie deshalb nicht zu meistern. Beim einzelnen mag ein solcher Schritt Erfolg haben - indisches Denken würde sagen, bei denen, die sich durch frühere Daseinsformen dafür vorbereiten -, bei den meisten aber muß er versagen. Über diese einzelnen hinaus würde ein erzwungenes Wunder des Spirits erschlaffen.

Nicht fähig, durch innere Kraft zu verwandeln, sucht die neue Religion ihr Heil im Mechanischen, verfängt sich in den Drehungen ihrer eigenen Werkzeuge, verliert die Verbindung mit dem Spirit und geht schnell zugrunde oder verfällt langsam. Dies ist das Schicksal aller Versuche des vitalistischen, intellektuellen und mentalen wie des spirituellen Strebens, den Menschen mit Vorrang oder ausschließlich in seinem physischen Mentalen anzusprechen. Ein solcher Versuch scheitert an dem vom Menschen selbst geschaffenen Mechanismus, der ihn zum Sklaven und Opfer der Maschine macht. Dies ist die Rache unserer materiellen, selbst mechanisch gewordenen Natur gegenüber solchem gewaltsamen Bemühen, das sie unter ihre Kontrolle bringt infolge der ihrem eigenen Gesetz dargebrachten Zugeständnisse. Soll die Menschheit spiritualisiert werden, dann muß sie zunächst in ihrer Mehrheit das materielle und vitale Sein aufgeben und zu einem seelischen und wirklich mentalen Wesen werden. Es mag fraglich sein, ob ein solcher Fortschritt der Masse, eine solche allgemeine Bekehrung möglich ist. Sollte dies nicht der Fall sein, dann ist die Spiritualisierung der Menschheit als Gesamt nur ein Trugbild.

Von diesem Gesichtspunkt aus gesehen, muß es als wesentliches Zeichen, als große Verheißung angesehen werden, daß das Rad der Zivilisation seine bisherige und gegenwärtige Aufwärtsdrehung von einer festen physikalischen Erkenntnis aus zu einer Erweckung innerer höherer Kräfte hin begann, die zwischen Materie und Spirit vermitteln. Der menschliche Intellekt wurde dabei zunächst veranlaßt, die Möglichkeiten des Materialismus durch ungeheure Leistungen in Leben und Welt auszuschöpfen auf der Grundlage der Materie als einziger Wirklichkeit, der Materie als Ewigkeit, der Materie als Brahman, Annam Brahma. Später entwickelte sich die Grundauffassung, daß das Sein eine große Schwingung des machtvollen, sich entfaltenden Lebens sei, Schöpfer der Materie. So wurde das Sein auf der Grundlage des Lebens als ursprüngliche Wirklichkeit angesehen, das Leben als das große Ewige, Pranam Brahma, erkannt. Heute hat der menschliche Verstand schon im Keim eine neue Vorstellung in Vorbereitung, die Entdeckung eines großen, sich selbst ausdrückenden und sich selbst findenden Mentalen als beherrschende Kraft des Seins, das sich von unserer oberflächlichen Mentalität unterscheidet. Das ist der umfassende Versuch, mit unseren Möglichkeiten und unserer Lebensweise auf der Grundlage des Mentalen, des großen Ewigen, Mano Brahma, als der ursprünglichen Wirklichkeit zu leben. Es wäre ein Zeichen des Versprechens, wenn diese Auffassungen schnell aufeinander folgen und intensiv nacheinander die Möglichkeiten jeder dieser Ebenen lebendig machen würden. Denn dies würde zeigen, daß es eine Bereitschaft in unserer unterbewußten Natur gibt, und daß wir nicht auf jeder Stufe Jahrhunderte verbringen müßten.

Trotzdem muß ein subjektives Zeitalter für die Menschheit ein Abenteuer voller Gefahren und Unsicherheiten darstellen, wie dies bei allen großen Abenteuern der Rasse der Fall gewesen ist. Sie mag lange wandern, bis sie sich selbst findet. Vielleicht findet sie sich niemals und muß wieder zurückschwingen zu neuer Wiederholung des Zyklus.

Das wahre Geheimnis kann nur entdeckt werden, wenn auf der dritten Stufe, in dem Zeitalter des erkennenden Subjektivismus, die Idee sich durchsetzt, daß das Mentale selbst nur eine zweitrangige Macht des spirituellen Wirkens ist, daß der Spirit das große Ewige ist, die wirkliche und trotz der vielen offenen und verborgenen Ausdrucksformen einzige Wirklichkeit, *ayam atma brahma*. Erst dann werden wir am Anfang des wirklichen, entscheidenden Strebens stehen, Leben und Welt erforschen, erkennen und nach jeder Richtung als den sich selbst findenden und als sich selbst ausdrückenden Spirit behandeln.

Dann erst wird ein spirituelles Zeitalter der Menschheit möglich sein. Der Versuch, dieses Ereignis einigermaßen zu erklären - und eine nicht angemessene Erklärung wäre fruchtlos -, bedürfte eines oder zwei weiterer Bände. Denn wir müßten von einer Erkenntnis sprechen, die selten und überall erst in den Anfängen vorhanden ist. Für heute genügt es festzustellen, daß eine spirituelle menschliche Gesellschaft in ihrem Streben nach Verwirklichung von drei wesentlichen Wahrheiten des Seins ausgeht, die die Natur sämtlich durch ihre Gegensätze zu verbergen sucht und die deshalb bisher für die Mehrzahl der Menschen nur Worte und Träume bedeuten: Gott, Freiheit, Einheit, drei Dinge, die eins sind. Denn du kannst Freiheit und Einheit nicht besitzen, wenn du nicht Gott besitzt, wenn du nicht zugleich dein höchstes Selbst und das Selbst aller Geschöpfe besitzt. Was sonst unter Freiheit und Einheit verstanden wird, sind nur Versuche unserer Abhängigkeit, unseres Zersplittertseins, durch Schließen der Augen uns selbst zu entfliehen und Purzelbäume um den eigenen Mittelpunkt zu schlagen.

Nur wenn der Mensch imstande ist, Gott zu sehen und zu besitzen, wird er wirkliche Freiheit kennen und zu wirklicher Einheit gelangen. Anders ist dies nicht möglich. Gott wartet nur, daß Er erkannt wird, während der Mensch überall nach Ihm sucht und Bilder des Göttlichen errichtet, in Wirklichkeit aber nur Bilder in seinem eigenen Mentalen und Lebens-Ich aufbaut und verehrt. Hört er mit diesem Angeln und Jagen nach dem Ich auf, dann erlangt er seine erste, wirkliche Gelegenheit zu spirituellem Wirken im inneren und äußeren Leben. Dies wird jedoch nicht genügen, aber es ist ein Anfang, ein wahres Tor und keine Scheintür.

Eine spiritualisierte Gesellschaft würde, wie es ihre spirituellen Individuen tun, nicht im Ich, sondern im Spirit leben, nicht als ein kollektives Ego, sondern als kollektive Seele. Diese Freiheit von dem egoistischen Standpunkt wäre ihr erstes und wesentlichstes Merkmal. Eine solche Befreiung von der Selbstsucht aber wird nicht, wie man dies heute anstrebt, durch Überredung oder Zwang des Individuums zur Aufgabe seines persönlichen Wollens und Strebens erreicht, durch Unterwerfung der wertvollen und schwer erworbenen Individualität unter den kollektiven Willen, unter Ziele und Selbstsucht der Gesellschaft, indem der einzelne, dem Opfer des Altertums gleich, gezwungen wird, seine Seele auf dem Altar dieses riesigen, gestaltlosen Idols darzubringen. Denn dies wäre nur das Opfer eines kleineren Egoismus für einen größeren - größer an Umfang, aber nicht notwendigerweise an Qualität und Wert. Ein kollektiver Egoismus, der die Summe ist der vereinten Egoismen aller, kann ebensowenig als Gott verehrt werden, denn er ist ebenso befleckt und oft als Fetisch häßlicher, barbarischer als die Selbstsucht des einzelnen.

Der spirituelle Mensch strebt danach, durch den Verlust des Ich das Selbst zu finden, das eins ist in allem, vollkommen und ganzheitlich in jedem. Er sucht durch ein Leben im Spirit in das Bild seiner Vollendung hineinzuwachsen, und zwar als Individuum - das ist wichtig zu beachten -, obwohl seine Natur das All umfaßt und bewußt in sich einschließt. In den alten indischen Schriften heißt es, daß Vishnu im zweiten Zeitalter, dem Zeitalter der Macht, als König, im dritten, dem Zeitalter des Ausgleichs, als Gesetzgeber, im Zeitalter der Wahrheit aber als Yajna herabsteigt, das heißt als Meister der Werke, die sich in den Herzen seiner Geschöpfe offenbaren. Dieses Königreich Gottes im Inneren ist es, das Ergebnis der Findung Gottes in uns selbst und nicht in einem entfernten Himmel, das die Gesellschaftsordnung im Zeitalter der Wahrheit, dem spirituellen Zeitalter, bestimmen und ihr die äußere Gestalt geben wird.

Deshalb müßte eine Gesellschaft, selbst wenn sie erst am Anfang der Spiritualisation stände, die Offenbarung und Entdeckung des göttlichen Selbst im Menschen als erstes Ziel aller ihrer Tätigkeit, Erziehung, Weisheit, Wissenschaft, Ethik und Kunst, aber auch ihrer wirtschaftlichen wie politischen Struktur stellen. Eine solche Erziehung würde in gewissem Umfang der kulturellen Erziehung der höheren Klassen in den alten Zeiten der Veden gleichen. Sie würde alles Wissen umfassen, aber das ganze Streben und Ziel, der alles durchdringende Spirit wäre nicht auf weltliche Tüchtigkeit gerichtet, sondern auf diese Selbstentwicklung und Selbstfindung des Spirits. Sie würde physikalische und psychische Wissenschaft nicht allein betreiben, um Welt und Natur in ihren Vorgängen kennenzulernen und für materielle Zwecke der Menschheit einzusetzen, sondern um durch, in, unter und über allen Dingen das Göttliche in der Welt und die Wege des Spirits in und hinter seinen Masken kennenzulernen. Die Ethik würde sich zum Ziel setzen, nicht eine neue Ordnung des Tuns aufzustellen, sei es als Ergänzung oder teilweise auch zur Verbesserung des sozialen Gesetzes, denn das soziale Gesetz ist trotz allem nur eine oft grobe, unwissende Regel für das Verhalten der zweibeinigen Menschenherde, sondern um die göttliche Natur im menschlichen Wesen zu entwickeln. Die Kunst würde es zu ihrer Aufgabe machen, nicht nur Bilder der subjektiven und objektiven Welt zu gestalten, sondern sie in einer sinnvollen und schöpferischen Schau zu sehen, die ihre Erscheinungen durchdringt, und würde die ihr zugrunde liegende Wahrheit und Schönheit darstellen, deren Formen, Masken, Symbole und Sinnbilder die uns sichtbaren und unsichtbaren Dinge sind.

Eine spiritualisierte Gesellschaft würde in ihrer Soziologie das Individuum vom Heiligen bis zum Verbrecher nicht als Einheit eines sozialen Problems ansehen, die durch eine geschickt ausgedachte Maschinerie durchgedreht und entweder in eine soziale Form hineingepreßt oder aus ihr herausgedrückt wird. Für sie handelte es sich vielmehr um leidende, in einem Netz gefangene Seelen, die zu retten sind, als wachsende Seelen, die von ihrem Wachstum ermutigt werden sollen, als bereits entwickelte Seelen, von denen die niederen, noch nicht reifen, Hilfe und Kraft erhalten können. Ziel ihrer Wirtschaft wäre nicht die Schaffung einer riesigen Produktionsmaschine, zum Zwecke des Wettstreits oder einer uneigennützigen Genossenschaft, sonden den Menschen nach Maßgabe ihrer Möglichkeiten Freude an einer Arbeit zu geben, die ihnen entspricht, freie Muße zu innerem Wachstum und ein einfaches, reiches und schönes Leben für alle. Politik hieße für die spiritualisierte Gesellschaft nicht, die Nationen im Rahmen ihres eigenen, inneren Lebens als ungeheure Staatsmaschinen anzusehen, von Menschen betrieben, die um dieser Maschine willen leben und sie als ihren Gott, ihr größeres Selbst verehren, bereit beim ersten Anruf, andere auf ihrem Altar zu opfern und auch selbst dort zu verbluten, damit die Maschine unversehrt und mächtig bleibt und sogar noch größer, umfassender, nachhaltiger und mechanisch noch leistungsfähiger und ganzheitlicher gemacht wird.

Die spiritualisierte Gesellschaft würde sich nicht damit zufriedengeben, daß diese Nationen oder Staaten in den gleichen gegenseitigen Beziehungen verblieben wie bisher, als schädliche Maschinen, die in Friedenszeiten Giftgas aufeinander loslassen und in Zeiten der Auseinandersetzung auf die Bewaffneten und die Millionen Unbewaffneten des anderen Volkes losstürzen mit geladenen Waffen, als Menschen, deren Aufgabe das Morden ist, wie feindliche Panzer auf den neuzeitlichen Schlachtfeldern. Für sie sind die Menschen Gruppenseelen, die die Gottheit in sich schließen und die sich selbst als menschliche Kollektivwesen entdecken, Gruppenseelen, die wie das Individuum ihrer eigenen Natur entsprechend wachsen und durch dieses Wachstum sich selbst gegenseitig und damit der ganzen Menschheit bei dem gemeinsamen Werk helfen sollen. Und dieses Werk wäre die Entdeckung des göttlichen Selbst in Individuum und Kollektiv, die spirituelle, mentale, vitale und materielle Vollendung der größten, weitesten, reichsten und tiefsten Möglichkeiten in dem inneren Leben aller und in ihrer äußeren Tätigkeit und Natur.

Denn in das Göttliche, das ihnen innewohnt, müssen Mensch und Nation hineinwachsen. Es ist nicht eine äußere Idee oder Regel, die ihnen von außen auferlegt werden muß. Deshalb wird das Gesetz des Wachstums der inneren Freiheit im spirituellen Zeitalter der Menschheit als das entscheidende angesehen werden. Es ist richtig, daß der Mensch, solange er nicht der Selbsterkenntnis wirklich nahegekommen ist und sich darauf eingestellt hat, dem Gesetz des äußeren Zwanges nicht entrinnen kann und alle seine Bemühungen hierzu vergeblich wären. Solange dies andauert, ist er - und muß es sein - der Sklave anderer, der Sklave seiner Familie, seiner Kaste, seines Clans, seiner Kirche, der Gesellschaft und der Nation. Er kann nichts anderes sein, und auch diese können nichts anderes tun, als ihren harten, mechanischen Zwang auf ihn auszuüben, weil sie und er Sklaven ihres eigenen Ich, ihrer eigenen, niederen Natur sind. Wir müssen den Drang des Spirits fühlen und ihm gehorchen, wollen wir unser inneres Recht durchsetzen, fremdem Zwang zu entrinnen. Wir müssen unsere niedere Natur zum willigen Sklaven, zum bewußten und erleuchteten Werkzeug oder zum edlen, dem eigenen Selbst aber noch unterworfenen Teil, Gefährten oder Partner des göttlichen Seins in uns machen. Denn diese Unterwerfung ist die Bedingung für unsere Freiheit, da spirituelle Freiheit nicht eine egoistische Bestätigung unseres eigenständigen Mentalen und Lebens zuläßt, sondern Gehorsam gegenüber der göttlichen Wahrheit in uns fordert in unseren Gliedern und in allem, das uns umgibt.

Doch dürfen wir dabei nicht vergessen, daß Gott die Freiheit der natürlichen Glieder unseres Wesens achtet und ihnen den Raum zum Wachstum in ihre eigene Natur zubilligt, so daß diese durch natürliches Wachstum und nicht durch Selbstauslöschung das Göttliche in sich selbst zu finden vermögen. Die Unterwerfung, die sie letztendlich vollkommen und unbedingt bejahen, muß die freiwillige Unterwerfung der Anerkennung und Sehnsucht sein nach der eigenen Lichtquelle und Kraft, nach dem höchsten Wesen in ihnen selbst. Darum können wir auch in einem noch nicht erneuerten Staat feststellen, daß jenes Wachsen und Tun das gesündeste, wahrste und lebendigste ist, das in größtmöglicher Freiheit geschieht, und daß jedes Übermaß an Zwang entweder dem Gesetz allmählicher Atrophie folgt oder als Ausbruch einer Tyrannei anzusehen ist, die sich nur durch die größte Unordnung wieder verändert oder heilen läßt. Durch die Erkenntnis des eigenen spirituellen Selbst, oft auch schon durch ernstes Streben nach ihr, befreit sich der Mensch, wie frühen Religionen und frühem Wissen bekannt war, von dem äußeren Gesetz und tritt in die Ordnung der Freiheit ein.

Ein spirituelles Zeitalter der Menschheit wird diese Wahrheit erfahren. Es wird nicht versuchen, den Menschen durch die Maschine vollkommen zu machen oder ihm durch Fesselung seiner Glieder Haltung zu geben. Es wird dem einzelnen in der Gesellschaft sein höheres Selbst nicht in Gestalt eines Polizisten, Beamten oder Offiziers vorhalten, noch etwa in Form einer sozialistischen Bürokratie oder einer sowjetischen Arbeiterregierung. Sein Ziel wird es sein, möglichst schnell und weitgehend den äußeren Zwang im menschlichen Leben durch Erweckung des inneren göttlichen Dranges des Spirits zu vermindern und alle vorbereitenden Mittel für dieses Ziel einzusetzen. Am Ende wird das spirituelle Zeitalter vor allem, wenn nicht ausschließlich, den spirituellen Einfluß einsetzen, den das spirituelle Individuum - und wieviel mehr sollte dies nicht eine spirituelle Gesellschaft zu tun vermögen - auf seine Umwelt auszuüben vermag. Dieser Einfluß wird in uns trotz aller inneren Widerstände und äußerer Verneinung die Kraft des Lichts, die Sehnsucht und den Willen wecken, durch die eigene Natur hindurch zum Göttlichen hin zu wachsen. Denn in der vollkommen spiritualisierten Gesellschaft werden, wie von den spirituellen Anarchisten erträumt wird, alle Menschen zutiefst frei sein, und dies wird geschehen, weil die Voraussetzung hierzu erfüllt wurde. Dann wird jeder Mensch nicht sich selbst Gesetz sein, sondern er wird *das* Gesetz sein, das göttliche Gesetz, weil er eine im Göttlichen lebende Seele ist und nicht ein Ich, das vor allem, wenn nicht ausschließlich, für die eigenen Interessen und Zwecke lebt. Sein Leben wird von dem Gesetz seiner eigenen göttlichen Natur bestimmt werden, die von dem Ich befreit ist.

Dies bedeutet nicht, daß alle menschliche Gesellschaft in die isolierte Handlung von einzelnen aufgesplittert wird. Denn das dritte Wort des Spirits ist Einheit. Spirituelles Leben ist die Frucht nicht einer gestaltlosen, sondern einer bewußten und vielfältigen Einheit. Jeder Mensch muß in sich selbst durch sein eigenes individuelles Sein in das Göttliche hineinwachsen. Darum bedarf der einzelne in seiner Entwicklung eines gewissen zunehmenden Maßes an Freiheit. Darum ist vollkommene Freiheit Anzeichen und Bedingung eines vollkommenen Lebens. Das Göttliche aber, das der einzelne in sich selbst erkennt, erschaut er auch in allen anderen und als den gleichen Spirit in allen. Darum ist eine wachsende innere Einheit mit den anderen für sein Wesen notwendig und eine vollkommene Einheit Zeichen und Bedingung des vollkommenen Lebens.

Dem vollkommenen Gesetz des geistigen Seins entspricht nicht nur, das Göttliche in sich selbst zu schauen und zu finden, sondern auch in allen anderen, nicht nur nach der eigenen, individuellen Befreiung oder Vollendung zu streben, sondern auch nach der Befreiung und Vollendung der anderen. Wäre die gesuchte Göttlichkeit eine gesonderte Gottheit in uns selbst und nicht das eine Göttliche, oder suchte der einzelne Gott für sich selbst allein, dann freilich könnte ein ungeheurer Egoismus das Ergebnis sein, der olympische Egoismus Goethes, der titanische in der Vorstellung Nietzsches oder das gesonderte Eigenwissen des Hochmütigen, die Askese des Einsiedlers. Wer aber Gott in allen sieht, wird im Dienst der Liebe Gott frei in allem dienen. Das bedeutet, daß er nicht nur seine eigene Freiheit erstreben wird, sondern die Freiheit aller. Er wird seine Individualität nur in der größten Allumfassung als vollendet empfinden, sein eigenes Leben nur in der Einheit mit dem universalen als erfüllt ansehen. Weder für sich selbst noch für den Staat und die Gesellschaft, weder für das individuelle Ich noch für das kollektive wird er leben, sondern für etwas viel Größeres, für Gott in sich selbst und für das Göttliche im Weltall.

Das spirituelle Zeitalter wird anbrechen, wenn das allgemeine Mentale des Menschen beginnt, für diese Wahrheit allgemein aufgeschlossen zu sein, wenn es von diesem dreifachen oder dreieinigen Gott erfaßt wird oder erfaßt zu werden wünscht. Dies bedeutet, daß das Zeitalter der sozialen Entwicklung endet, die wir in ihren unvollkommenen Wiederholungen verfolgt haben, und fortschreitet auf einer neuen aufsteigenden Linie zum neuen Ziele hin. Nachdem die Entwicklung - unserer Annahme entsprechend -, mit einem symbolischen Zeitalter begonnen hatte, in dem der Mensch eine große Wirklichkeit hinter allem Leben empfand, die er in Symbolen zu fassen suchte, wird sie ein Zeitalter erreichen, in dem sie in dieser Wirklichkeit lebt, nicht mit Hilfe von Symbolen noch durch die Kraft einer Norm, einer Übereinkunft oder der individuellen Vernunft und des intellektuellen Willens, sondern in unserer eigenen, höchsten Natur. Dies wird die Natur jener Wirklichkeit sein, die sich in den Bedingungen des irdischen Seins - die nicht die gleichen wie die augenblicklichen sein müssen - erfüllt. Die Religionen haben dieses mit mehr oder weniger Intuition erkannt, am häufigsten aber - wie in einem dunklen Spiegel - als Königreich Gottes auf Erden empfunden, als inneres Königreich, das im Spirit des Menschen ruht und das deshalb - denn das eine ist das materielle Ergebnis der Wirksamkeit des anderen - zugleich auch ein äußeres Königreich im Leben der Völker ist.

AUFBRUCH UND FORTSCHRITT DES SPIRITUELLEN ZEITALTERS

Wenn ein subjektives Zeitalter als letzter Abschnitt eines sozialen Zyklus in eine spiritualisierte Gesellschaft einmünden und hier Früchte tragen, wenn die Menschheit sich zu einer höheren Stufe hin entwickeln soll, dann genügt es nicht, daß gewisse dieser Wendung des menschlichen Lebens günstige Ideen sich des allgemeinen Mentalen der Menschheit bemächtigen, daß sie die üblichen Antriebe des Denkens, der Kunst und Ethik, der politischen Ideale und der sozialen Bemühungen durchdringen oder daß sie selbst in das innerste Denken und Fühlen einströmen. Es ist nicht einmal genug, daß der Gedanke vom Königreich Gottes auf Erden, von der Herrschaft der Spiritualität, Freiheit und Einheit, daß eine wirkliche innere Gleichheit und Harmonie - nicht nur eine äußere und mechanische Angleichung und Beziehung - zum entscheidenden Ideal des Lebens wird. Es ist auch nicht genug, daß dieses Ideal aktiv für möglich, wünschenswert und des Suchens und Erstrebens wert gehalten wird. Es genügt selbst nicht, daß es als vorherrschende Meinung das menschliche Mentale erfüllt.

    Dies alles wäre sicherlich ein sehr großer Schritt vorwärts - wenn man die heutigen Menschheitsideale in Betracht zieht, überhaupt ein Riesenschritt. Es wäre der notwendige Anfang, die mentale Umwelt, die unbedingt notwendig wäre für eine lebendige Umformung der menschlichen Gesellschaft in einen höheren Typus. Für sich allein genommen aber würde es vielleicht nur einen zum Teil fruchtbaren oder einen zwar erfolgreichen, jedoch nur teilweise oder zeitweilig erfolgreichen Versuch darstellen, etwas von dem offenbarten Spirit in das Leben und seine Ordnungen zu bringen. Anderes hat die Menschheit in dieser Richtung bisher niemals versucht. Niemals hat sie auch nur dieses wenige gründlich auszuarbeiten gesucht, es sei denn in den Grenzen einer religiösen Ordnung oder einer bestimmten Gemeinschaft. Aber selbst in diesen Fällen tat sie dies mit so ernsten Mängeln und Beschränkungen, daß das Experiment bedeutungslos blieb und keinen Einfluß auf das menschliche Leben ausübte. Wenn wir nicht über das nur Festhalten am Ideal und über seine allgemeinen Einflüsse auf das menschliche Leben hinauswachsen, wird die Menschheit in Zukunft nichts mehr als dies wenige erreichen. Aber mehr tut not. Ein allgemeines spirituelles Erwachen und Sehnen in der Menschheit ist die große wichtige Triebkraft. Die wirksame Kraft muß etwas Größeres sein. Das individuelle Menschtum muß dynamisch in einen spirituellen Typ umgeformt werden.

Allgemein genügt es der Menschheit, sich mit der Sehnsucht nach einem Ideal zufriedenzugeben und sich dessen Einfluß nur teilweise zu unterstellen. Das Ideal soll das ganze Leben nicht umformen, sondern darf es nur mehr oder weniger färben. Oft wird es überhaupt nur als eine Decke, als eine Ausrede benutzt für Dinge, die seinem wahren Geist genau entgegengesetzt sind. Institutionen werden geschaffen, von denen man nur allzu leichthin annimmt, daß sie den Geist der Ideale verkörpern. Die Tatsache, daß ein Ideal vorhanden ist und daß die Menschen unter seinen Institutionen leben, wird als ausreichend angesehen. Ein Ideal zu besitzen, dient geradezu als Entschuldigung dafür, daß man nicht ihm entsprechend lebt. Das Vorhandensein seiner Institutionen genügt, um die Notwendigkeit des Geistes abzuleugnen, aus dem heraus sie geschaffen waren.

Spiritualität aber ist schon ihrer Natur nach etwas Subjektives und nicht etwas Mechanisches. Sie ist nur vorhanden, soweit sie innerlich gelebt wird und soweit das äußere Leben diesem inneren Leben entströmt. Symbole, Typen, Konventionen und Ideen genügen nicht. Ein spirituelles Symbol ist nichts als eine bedeutungslose Eintrittskarte, wenn das Symbolisierte nicht im Spirit erfahren wird. Eine spirituelle Überlieferung, die ihren spirituellen Sinn verliert oder auf ihn verzichtet, muß zur Lüge werden. Ein spiritueller Typ mag vorübergehend als Form dienen, in die spirituelles Leben einfließen wird, er kann aber auch zu einer Begrenzung und zu einem Gefängnis werden, in dem das Spirituelle erstarrt und verdirbt. Eine spirituelle Idee ist nur so lange eine Kraft, als sie innerlich und äußerlich schöpferisch ist.

Wir müssen den pragmatischen Grundsatz, daß Wahrheit das ist, was wir schaffen, dahin erweitern und vertiefen, daß sie das ist, was wir in uns selbst schaffen, mit anderen Worten, was wir werden. Zweifellos gibt es im Jenseitigen ewig spirituelle Wahrheit, die von uns abhängig ist. Aber sie wird für die Menschheit erst erreichbar, wird erst dann zur irdischen Wahrheit, zur Wahrheit des Lebens, wenn sie gelebt wird. Die göttliche Vollkommenheit besteht immer jenseits von uns. Für den Menschen aber bedeutet Spiritualität, in Bewußtsein und Handeln göttlich werden, innerlich und äußerlich ein göttliches Leben führen. Eine Einschränkung dieses Sinngehalts des Wortes würde ihm nicht gerecht werden und wäre ein Betrug.

Eine solche Wandlung aber kann, wie die subjektiven Religionen erkennen, nur durch die persönliche Verwandlung eines jeden menschlichen Lebens erreicht werden. Die Kollektivseele ist hierbei nichts weiter als eine große, halb unterbewußte Quelle des individuellen Seins. Soll sie eine bestimmte psychologische Gestalt oder eine neue Form des Kollektivlebens annehmen, so kann dies nur durch formendes Wachstum des Individuellen geschehen. Wie der Geist und das Leben der einzelnen ist, die ein Kollektiv bilden, so wird auch der verwirklichte Spirit des Kollektivs und die Kraft seines Lebens sein. Eine Gesellschaft, die nicht durch ihre Menschen, sondern durch ihre Institutionen lebt, ist keine Kollektivseele, sondern eine Maschine. Ihr Leben wird zu einem mechanischen Produkt und hört auf, ein lebendiges Wachstum zu sein. Darum muß einem spirituellen Zeitalter das Erscheinen einer zunehmenden Zahl von Individuen vorangehen, denen das normale intellektuelle, vitale und physische Dasein des Menschen nicht mehr genügt, sondern die erkennen, daß eine größere Entfaltung wahres Ziel der Menschheit ist, daß sie diese in sich selbst zu verwirklichen und andere zu ihr zu führen haben, und daß sie diese Entfaltung zum anerkannten Ziel der Rasse machen müssen. Was sie an Kräften in sich tragen und bisher noch nicht verwirklichten, wird für die Zukunft zu einer tatsächlichen Möglichkeit, je weiter sie voranschreiten und diese Entfaltung Wirklichkeit werden lassen.

Die Zunahme an Spiritualität führte in der Vergangenheit meist zu der Entstehung einer neuen besonderen Religion, die sich der Menschheit als neue Weltordnung aufzuprägen suchte. Diese stellte sich aber immer als eine verfrühte, ja sogar als eine falsche Kristallisation heraus, die eine tiefere und ernstere Vollendung eher hinderte als förderte. Das Ziel eines spirituellen Zeitalters der Menschheit muß allerdings mit dem eigentlichen Ziel aller subjektiven Religionen übereinstimmen. Es muß eine neue Geburt, ein neues Bewußtsein, eine Aufwärtsentwicklung des menschlichen Wesens bedeuten, einen Herabstieg des Spirits in unsere Wesensteile und eine spirituelle Neuorganisation unseres Lebens. Beschränkt man sich aber auf den alten vertrauten Apparat und die unvollkommenen Mittel einer religiösen Bewegung, so wird dies wahrscheinlich zu neuen Fehlern führen. Eine religiöse Bewegung bringt im allgemeinen eine Welle spiritueller Erregung und Sehnsucht mit sich, die sich auf eine große Zahl einzelner überträgt. Als Ergebnis werden diese zeitweilig aufwärts streben, doch tatsächlich nur eine halb spirituelle, halb ethische, halb dogmatische Wandlung ihrer Natur erreichen. Nach einer oder zwei, im besten Fall nach einigen Generationen aber beginnt die Welle nachzulassen, und nur das Formgewordene bleibt bestehen. War die Bewegung eine sehr starke und stand an ihrem Ursprung eine sehr große spirituelle Persönlichkeit, dann mag ein zentraler Einfluß und eine innere Disziplin übrigbleiben, die Ausgangspunkt neuer Strömungen werden können.

Je weiter eine solche Bewegung sich von ihren Quellen entfernt, um so weniger mächtig und andauernd werden solche Strömungen sein. Denn in der Zwischenzeit wird eine religiöse Ordnung, eine Kirche, eine Hierarchie, ein festgelegtes und nicht mehr entwicklungsfähiges Lebensethos, eine Reihe fester Dogmen, Kulte und Zeremonien entstanden sein, ein geheiligter Aberglauben, ein ausgearbeitetes System für die Erlösung der Menschheit, um die Gläubigen zusammenzuschließen und sie gleichzeitig von der nicht erneuerten äußeren Welt abzusondern. So wird die Spiritualität einem intellektuellen Glauben wie Verhaltungsmaßnahmen und Riten des äußeren Lebens immer stärker untergeordnet, wird das Höhere niederen Antrieben, wird das Wesentliche den Hilfsmitteln, Werkzeugen und Nebensächlichkeiten unterstellt. Der zunächst unmittelbare und kraftvolle Versuch, das ganze Leben in spirituelles Sein zu verwandeln, weicht einem von spirituellen Gefühlen beherrschten System von Glauben und Ethik. Aber schließlich wird sogar dieses rettende Gefühlselement von äußeren Mechanismen unterdrückt. So wird das schützende Gebäude zum Grab. Die Kirche setzt sich an die Stelle des Spirits und verlangt ganz allgemein eine formale Unterordnung unter ihre Glaubenssätze, Riten und Ordnungen. Spirituelles Leben wird von einer Minderzahl und nur in den Grenzen der vorgeschriebenen festen

Glaubensformeln und Ordnungen geübt. Die Mehrzahl aber bringt nicht einmal eine so schwache Mühe auf und ist zufrieden, das Streben nach einem tieferen Leben durch sorgsame oder oberflächliche Frömmigkeit zu ersetzen. Am Ende stellt sich heraus, daß der Spirit in der Religion nur noch ein dünnes, versandetes Gerinnsel ist. Nur die Tatsache, daß in dem eingetrockneten Flußbett der Konvention gelegentlich etwas Wasser fließt, verhindert, daß alles nur noch zu einer Erinnerung in den erstarrten Blättern der Geschichte wird.

Der Ehrgeiz bestimmter religiöser Glaubensformen, sich als allgemein gültig anzusehen und sich durchsetzen zu wollen, ist mit der Vielfalt der menschlichen Natur und zumindest einem wesentlichen Zug des Spirits nicht vereinbar. Denn der Spirit besitzt seiner Natur nach eine umfassende innere Freiheit und Einheit, in die es jedem Menschen seiner eigenen Natur entsprechend hineinzuwachsen erlaubt ist. Ferner besitzen die religiösen Glaubensformen - und dies ist eine weitere Quelle unvermeidlicher Fehler - die allgemeine Neigung, sich an eine jenseitige Welt zu wenden und die Erneuerung des irdischen Lebens nur als zweites Ziel anzusehen. Diese Neigung steigert sich in dem gleichen Umfang, in dem die ursprüngliche Hoffnung auf eine Erneuerung der Menschheit im Diesseits abnimmt. Obwohl zahlreiche neue, spirituelle Wellen mit ihren starken, besonderen Antrieben und Lehren notwendigerweise die Vorläufer eines spirituellen Zeitalters sein müssen, ist es doch notwendig, ihre Ansprüche im allgemeinen Mentalen der Rasse und ihrer spirituellen Führer der Erkenntnis unterzuordnen, daß alle Antriebe und Lehren zwar wertvoll, aber doch keine von ihnen von alleingültigem Wert sind, da sie alle nur Möglichkeiten darstellen, aber nicht das einzige, das zu tun notwendig ist. Dieses einzig Wesentliche aber muß den Vorrang haben: die Verwandlung des ganzen menschlichen Lebens unter der Führerschaft des Spirits. Der Aufstieg des Menschen zum Himmel ist nicht das wesentliche, vielmehr ist es sein Aufstieg im Irdischen zum Spirit und der Abstieg des Spirits in seine natürliche Menschlichkeit, die Verwandlung seiner irdischen Natur. Dies, nicht irgendeine Erlösung nach dem Tod, ist die wirkliche Neugeburt, die die Menschheit erwartet als Krönung ihres langen, dunklen und leidvollen Weges.

Deshalb werden in einem neuen Zeitalter jene einzelnen der Zukunft der Menschheit am meisten helfen, die eine spirituelle

Entwicklung als Ziel und entscheidende Notwendigkeit des Menschen erkennen. Wie einst der Tiermensch den weiten Weg der Wandlung zu einem mentalen und dann als höchstes Ziel zu einem hochentwickelten mentalen Menschtum gehen mußte, so ist heute oder in Zukunft eine Entfaltung - dabei ist es gleichgültig, welche Auslegung wir ihr geben oder durch welche Theorie wir sie zu unterstützen suchen - oder Verwandlung des gegenwärtigen Typus der Menschheit in einen spiritualisierten die Notwendigkeit für die Rasse. Sicherlich liegt eine solche Entwicklung in der Absicht der Natur, deren Ideal und Streben sie ist. Dieser Menschentypus wird besonderen Glaubensformen verhältnismäßig gleichgültig gegenüberstehen und es den Menschen überlassen, die Glaubensformen zu wählen, zu denen sie sich naturnotwendig hingezogen fühlen. Sie werden nur den Glauben an diese spirituelle Wandlung für wesentlich halten, den Versuch, diese zu leben und jedwede Erkenntnis - in welcher Form diese gegossen sein mag, ist dabei nicht ausschlaggebend - in dieses Leben einzubeziehen.

Die Menschen werden vor allem nicht den Fehler begehen anzunehmen, daß diese Wandlung durch äußere Systeme und Organisationen erreicht werden kann. Sie werden wissen und niemals vergessen, daß jeder Mensch diese innerlich ausleben muß. Andernfalls kann sie für die Menschheit als Ganzes niemals Wirklichkeit werden. Sie werden in ihrer ureigensten Bedeutung sich die östliche Anschauung zu eigen machen, daß der Mensch das Geheimnis seiner Bestimmung und Erlösung in seinem eigenen Inneren suchen muß. Sie werden aber ebenso, wenn auch mit einer anderen Betonung die Wichtigkeit bejahen, die der Westen mit Recht dem Leben und seiner bestmöglichen Erfüllung zuspricht und werden sich eine allgemeine Lebensordnung schaffen. Sie werden die Gesellschaft nicht zu einem dunklen Hintergrund für eine weniger erleuchtete spirituelle Menschheit machen oder zu einem engumzäunten, erdgebundenen Boden für das Wachstum einer verhälnismäßig seltenen, unfruchtbaren Blume asketischer Spiritualität. Sie werden nicht als Grundsatz annehmen, daß die vielen für immer in den niederen Bereichen des Lebens bleiben müssen und nur wenige in freiere Luft und zum Licht hinaufsteigen dürfen. Sie werden vielmehr von dem Standpunkt der großen Geister ausgehen, die sich um eine Erneuerung des Lebens auf Erden bemühen, und werden trotz früheren Mißerfolgen an diese Möglichkeit glauben.

Zahlreich müssen zu Beginn die Fehler in allem Großen und Schweren gewesen sein. Aber es kommt eine Zeit, in der die Erfahrung aus vergangenen Fehlern erfolgreich genutzt werden kann, in der sich das Tor, das so lange Widerstand leistete, öffnet. Wie bei allen großen Zielsetzungen und Bemühungen der Menschheit bedeutet hier eine *a-priori*-Erklärung der Unmöglichkeit ein Zeichen von Unwissenheit und Schwäche. Leitspruch des Suchenden muß das *solvitur ambulando* des Entdeckers sein. Denn nur im Tun lösen sich die Schwierigkeiten. Ein Anfang muß in vollem Ernst gemacht werden. Das übrige muß der Zeit überlassen werden, die bisweilen ein schnelles Vollbringen schenkt oder aber lange, geduldige Arbeit verlangt.

Was getan werden muß, ist so umfassend wie das menschliche Leben. Darum müssen die einzelnen, die den Weg weisen, das ganze menschliche Leben zu ihrem Bereich machen. Nichts wird diesen Vorkämpfern fremd sein. Nichts wird außerhalb ihrer Reichweite liegen. Jedes Teil des menschlichen Lebens muß von dem Spirituellen aufgenommen werden - nicht nur das intellektuelle, ästhetische und ethische, sondern auch das dynamische, vitale und physische. Deshalb werden sie nichts, das aus diesen Bereichen hervorgeht, verachten oder ablehnen, wie sehr sie auch auf einer Wandlung im Spirituellen und auf einer Veränderung der Form bestehen. In jeder natürlichen Kraft werden sie die ihr eigenen Mittel zur Wandlung suchen. In dem Wissen, daß in allem das Göttliche verborgen liegt, werden sie überzeugt sein, daß sie alles zum Mittel spiritueller Selbstfindung gemacht haben, daß alles zum Werkzeug eines göttlichen Lebens verwandelt werden kann. Sie werden die große Notwendigkeit erkennen, das normale in das spirituelle Mentale umzuwandeln und dieses Mentale seinen höheren Bereichen und einem mehr und mehr ganzheitlichen Tun zu öffnen.

Ehe die entscheidende Wandlung sich ereignen kann, muß das tastende, intellektuelle Denken in das klare, erleuchtete, intuitive verwandelt werden. Erst dann vermag es sich in die oberen Bereiche des höheren Mentalen und Übermentalen, der Gnosis, auszuweiten. Der unsichere, tastende, mentale Wille muß zu einem sicheren, intuitiven Willen und zu einem höheren, göttlichen und gnostischen Willen werden. Die psychische Lauterkeit, das Feuer und das Licht der Seele, hinter den Herzen verborgen, *hrdaye guhayam,* muß unsere groben Empfindungen, muß den harten Egoismus und die drängenden Wünsche unserer vitalen Natur wandeln. Aber auch alle anderen Glieder unseres Wesens müssen dank der treibenden Kraft und Erleuchtung von oben eine ähnliche Verwandlung erfahren. Die Führer auf dem Wege zur Spiritualität werden auf den Erkenntnissen und Möglichkeiten aufbauen, die frühere Bemühungen in dieser Richtung ergaben, aber sie werden dies nicht tun ohne notwendige, wesentliche Veränderungen. Sie werden sich nicht unbedingt an stereotype, festgelegte Systeme oder an vorhandene Ergebnisse halten, sondern dem Wirken des Spirits in der Natur folgen. Der Spirit wird den bisherigen Leistungen bei seinem Aufstieg zur künftigen Größe in der Weise Rechnung tragen, daß er das frühere stets neu zu entdecken und zu formulieren sucht, es im Mentalen breiter zusammenfaßt und in seiner Tiefe machtvoll neu gestaltet; denn die Wahrheit, die vorher noch nicht erkannt oder noch nicht geordnet war, hat sich für ihn erweitert und verbreitet.

Dieses Bestreben wird sicherlich schon für das Individuum, um vieles mehr aber für die Rasse eine große und schwierige Arbeit sein. Einmal begonnen, mag sie vielleicht selbst bis zu der ersten entscheidenden Stufe nur langsam vorankommen. Jahrhundertelange Bemühungen mögen erforderlich sein, bis die Fortschritte deutlicher werden. Aber dies ist nicht gänzlich unvermeidlich, denn das Grundgesetz solcher Veränderungen in der Natur scheint eine lange dunkle Vorbereitungszeit zu sein, der eine schnelle Ansammlung und Ausgießung der Elemente in eine neue Geburt folgt, eine rasche Änderung, eine Umwandlung, die in ihren leuchtenden Augenblicken wie ein Wunder aussieht. Auch wenn die erste entscheidende Veränderung geschehen ist, bleibt es gewiß, daß die gesamte Menschheit nicht fähig sein wird, auf diese Ebene aufzusteigen. Es kann wohl nur eine Aufspaltung in jene geben, die fähig sind, auf der spirituellen Ebene zu leben und in jene, die nur im Licht leben können, das von dort in die mentale Ebene herabkommt. Und unterhalb von diesen könnte es immer noch eine große Masse geben, die aus der Höhe beeinflußt wird, aber noch nicht bereit ist für das Licht. Aber auch dies würde eine Wandlung bedeuten, ein Anfang, der weit über alles hinausführt, was bisher erreicht wurde. Eine solche Hierarchie würde nicht, wie in unserem gegenwärtigen vitalen Leben, eine egoistische Beherrschung der Unterentwickelten durch die höher Entwickelten bedeuten, sondern die Führung eines jüngeren Bruders der Rasse durch den älteren, die ständige Bemühung, diesen auf eine höhere spirituelle Ebene mit weiterem Horizont hinzulenken. Auch für die Führenden würde dieser Aufstieg auf die erste spirituelle Stufe nicht eine Vollendung des göttlichen Voranschreitens bedeuten, ein Höhepunkt, der auf Erden nichts mehr zu vollbringen übrig ließe. Noch immer würden höhere Bereiche in der supramentalen Welt als Ziel bleiben. Dies wußten die Dichter der Veden, die von dem spirituellen Leben als einem ständigen Aufstieg sprachen:

> *brahmanas tva satakrato,*
> *ud vamsam iva yemire;*
> *yat sanoh sanum aruhat,*
> *bhuri apasta kartvam.*

»Die Priester des Wortes klimmen auf Dir wie auf einer Leiter empor, o Eigner der hundert Kräfte. Von Gipfel zu Gipfel aufsteigend wächst die Erkenntnis, wieviel noch zu leisten übrig bleibt.«

Ist aber erst einmal der Grund gelegt, entwickelt das übrige sich durch fortschreitende Selbstentfaltung, und die Seele ist ihres Weges gewiß. Auch dies wußten die Sänger der Veden:

> *abhyavasthah pra jayante,*
> *pra vavrer vavris ciketa;*
> *upasthe matur vi caste.*

»Ein Seinszustand wird geboren aus dem anderen; eine Hülle nach der anderen wird sich des Wissens bewußt; im Schoße Der Mutter sieht die Seele.«

Dies zumindest ist die höchste Hoffnung, die mögliche Bestimmung, die sich dem menschlichen Blick öffnet. Es ist eine Möglichkeit, die der Fortschritt des menschlichen Mentalen wieder zu entfalten scheint. Nimmt das aufgehende Licht zu, wächst die Zahl der Individuen, die in sich selbst und in der Welt diese Möglichkeit zu verwirklichen suchen, und nähern sie sich immer mehr dem rechten Weg, dann wird sich der Spirit, der hier im Menschen wohnt und jetzt noch eine verborgene Göttlichkeit, ein sich entwickelndes Licht und eine sich entwickelnde Kraft ist, vollständiger, als der Avatar einer noch nicht erschauten und erahnten Gottheit, aus der Höhe in die Seele der Menschheit und in die großen Einzelnen herabkommen, in denen das Licht und die Kraft am stärksten sind. Dann wird der Wandel vollendet sein, der den Übergang des menschlichen Lebens aus seinen gegenwärtigen Grenzen in jene weiteren und reineren Horizonte vorbereitet; die irdische Entwicklung wird ihren großen Sprung aufwärts getan haben und in einer göttlichen Ausfaltung den offenbarenden Schritt vollzogen haben, bei der die Geburt des denkenden und sich sehnenden Menschen aus der Tiernatur nur eine dunkle Vorbereitung und ein Versprechen für etwas in weiter Ferne liegendes war.

12. Nov 90

*Die kostenlose Gesamtbuchliste
des Werkes von
Sri Aurobindo und Der Mutter
erhalten Sie vom*

*MIRAPURI - VERLAG
Elisabethweg 34
D=8033 PLANEGG*